Die Weltnatur des Menschen

ELEMENTA

Schriften zur Philosophie und
ihrer Problemgeschichte

herausgegeben von

Rudolph Berlinger und
Wiebke Schrader

BAND XLVIII — 1988

Königshausen & Neumann
D - Würzburg

NL — Amsterdam

1988

Rudolph Berlinger

Die Weltnatur des Menschen
Morphopoietische Metaphysik
Grundlegungsfragen

ISBN 90-5183-006-8 (CIP)
ISSN 0013-5933

©Editions Rodopi B.V., Amsterdam 1988
Printed in The Netherlands

Wiebke Schrader
zugedacht

Inhalt

I. Propädeutischer Teil

DIE WELTBETROFFENHEIT DES MENSCHEN

Erster Abschnitt 15

    Metaphysik im Horizont von Welt 15 — Philosophieren ohne Nebenabsicht 16 — Gibt es ein verbindliches Weltbild? 18 — Öffnung des Welthorizontes 20 — Das Suchen nach Grund 20 — Eine seltsame Zumutung 22 — Ist Philosophie ein Weltgeschäft? 24

Zweiter Abschnitt 28

    Abstrahierendes Denken 28 — Sinn und Tatsache 30 — Der Sachverhalt „Betroffenheit" 32 — Inversives Denken 33 — Implikatives Denken 34 — Inversion als Methode 37 — Grundworte „Welt" und „Zeit" 40 — Der Widerpart „Welt" 41 — Der unbefangene Gebrauch des Wortes Welt 42 — Das Gewissen als Ort der Welterkenntnis 43

Dritter Abschnitt 44

    Warum ist denn Welt etwas? 44 — Die Übergängigkeit von Welt 44 — Welt als Geschick des Menschen 46

DIE IRONIE DER FRAGE NACH WELT

Erster Abschnitt 49

    Der ironische Ansatz der Frage nach Welt 49 — Die verstellte Frage nach dem Grund von Welt 51 — Selbstironie und Weltironie 51 — Unumgänglichkeit der Frage nach Welt 52 — Ironie und Skepsis 53 — Die aporetische Bedeutung der Ironie 55 — Der futurale Sinn von Welt 57 — Eine abgründige Frage 58 — Welt als ein Ding „X"? 59 — Gegenwärtigkeit Welt 60 — Weltknoten 61 — Wo endet die ironische Frage nach Welt? 62 — Contingentia mundi 64 — Welt als Urbezüglichkeit 64 — Unerschöpflichkeit Welt 65 — Grund der Möglichkeit 65 — Die Doppelbödigkeit von Welt 65

Zweiter Abschnitt 66

    Eine Laune des Denkens? 66 — Die Engführung des Denkens 67 — Der heuristische Sinn der Ironie 68 — Das Ziel der Ironie 70 — Die Urkategorie Welt 71 — Idole der Daseinsorientierung 72 — Die Frage nach dem Weltsubjekt 73 — Die ethische Aufgabe der Ironie 75 — Die Grenze der Ironie 76

Dritter Abschnitt 77

Leben des Geistes 77 — Bühne Welt 77 — Kommt eine Philosophie der Welt immer zu spät? 78 — Grundlegung von Welt 78 — Philosophia universalis 81 — Sein und Freiheit 81 — Individuum Welt? 82 — Vertauschung des Seinsbegriffes mit dem Weltbegriff? 82 — Die morphopoietische Weltnatur des Menschen 83 — Das Staunen vor der demiurgischen Macht des Subjektes 84 — Welt oder Natur? 85 — Ironie als List 85 — Die Konsequenz skeptischer Ironie 86 — Proteus Welt? 86 — Wirkliche oder utopische Welt? 88

II. Systematischer Teil

VOM DASEIN ZUR EXISTENZ

Zur Orientierung 91

Der Mensch als Weltbürger 91 — Metaphysik der Welt 92 — Das Problem des neuzeitlichen Weltverständnisses 92 — Die Aporie der Welterschließung 93 — Seinsbestand und Gestaltwandel 94 — Entstehen und Vergehen 95 — Raum und Dinge 96 — Ding und Welt 98

Erster Abschnitt 98

1. Was nennt der Name Etwas? 98 — Die Urfrage 99 — Das Ziel der Urfrage 100 — Das sich selbst unterscheidende Etwas 101 — Die Urkategorie Etwas 102 — Das Etwas kommt im Wort zur Sprache 103 — Was ist Etwas? 104 — Allgemeinheit und Notwendigkeit des Etwas 105 — Widerständigkeit und Entzug von Welt 105 — Gegenstrebigkeit von Etwas und Nichts 106 — Ist Gott Etwas? 107 — Der Modalitätscharakter des Etwas 107

2. Der Zeitspielraum des Daseins 109 — Dasein als eine Seinsweise 109 — Sosein und Dasein 111 — Die Sphäre der Endlichkeit 112 — Die gebrochene Weltidentität 113 — Nichts oder Noch-Nicht? 113 — Wie ist Welt? 114 — Der wahre Anlaß der Warumfrage 116 — Kontingenz und Sollen 116 — Die aporetische Seinsweise von Welt 118 — Möglichkeit als Können 119 — Wirkliche Möglichkeit 120

3. Freiheit und Welterprobung 121 — Die Erhabenheit von Welt 122 — Das Risiko der Freiheit 123 — Der erste Schritt der Freiheit 124 — Freiheit und Notwendigkeit 125 — Der Übergang von der Indifferenz zur Differenz 126 — Vom Dasein zur Existenz 127 — Die Paradoxie der Weltgestaltung 128

Zweiter Abschnitt 129

1. Denken im Vorgriff von Welt 129 — Logica naturalis 130 — Vom Sinn des Denkens 131 — Denken und Sein 132 — Die bleibende Bedeutung Parmenides' 133 — Parmenides und Heraklit 134 — Der identifizierende Logos 135 — Die Sinnpotenz des Seienden 136

2. Dialog und Person 138 — Personale Identität 139 — Gattung oder Individuum Mensch? 140 — Idiomatische Differenz 141 — Personale Differenz

142 — Individuierte Personalität 143 — Dialogizität der Person 145 — Der Urakt der Person 146 — Wer ist der Ursprung? 147 — Wenn die Liebe fehlt 148 — Erkenne den Augenblick 149

3. Ontologische Grundgelegtheit des Gewissens 150 — Gewissen und Zeit 151 — Das Gewissen als ontologische Instanz 152 — Dialogische Verantwortlichkeit 152

Dritter Abschnitt 154

1. Entscheidung auf Ewigkeit 154 — Eine methodische Zwischenüberlegung 154 — Das Wesen ohne Vergleich 155 — Die zu zeitigende Existenz 156 — Die philosophische Urnatur des Menschen 156 — Musikalisches Schöpfertum des Einzelnen 157 — Die Unübertragbarkeit des ontologischen Eigentums 158

2. Sprachvernunft und Geschichte 159 — Die Transzendenz der Sprache 160 — Sprache als Formprinzip 161 — Die personale Gestaltung des Individuum Mensch 161 — Gestalten als das Abarbeiten von Endlichkeit 162 — Erfüllung der Gestaltung im Wort 163 — Seinsplan und Lebensziel 164 — Die ausgestandene Endlichkeit 166

3. Ein Phänomen der Unendlichkeit 168 — Auf Ewigkeit hin angelegt 169 — Gedanke, Tat und Wort 170 — Die durchtragende Kraft 171 — Reifen zur Persönlichkeit 172 — Verlautbarung füreinander 174 — Ereignis der Einzigung 174 — Absage an die Zeit 176 — Im Wendepunkt des Todes 177

WELTGESTALTUNG

Erster Abschnitt 180

Aufgabe einer morphopoietischen Metaphysik 180 — Weltgestaltung durch Philosophie 181 — Der Störfaktor Welt 182 — Tatsache Welt 184 — Die Umkehrung des geläufigen Weltbewußtseins 184 — Grundlegungsakt 185 — Zweifel an der Weltgewißheit 186 — Weltgestaltung als endlicher Akt 187 — Die profilierende Differenz 187 — Eine Tat im Schatten der Zeit 188 — Die Kunst der Selbstgestaltung 189 — Im Vorgriff des Gewissens 189 — Weltgestaltung als künstlerische Tat 190 — Die Schwelle der Entmächtigung des Nichts 190 — Kontingenz der Weltgestaltung 191 — Das Kunstwerk als erfüllter Augenblick 191 — Zeitlichkeit der Weltgestalten 192 — Paradoxie und Ironie der Weltgestaltung 193 — Berufung zur Weltgestaltung 193 — Bedingungen der Weltgestaltung 194 — Das Sollen der Weltgestaltung 195 — Theorie und Praxis 196 — Unstimmigkeit von Theorie und Praxis 198 — Das Experiment Weltgestaltung 200 — Weltgestaltung als Sinnbewegung 202

Zweiter Abschnitt 203

Was Natur nicht zu leisten vermag 203 — Weltberuf des Menschen 204 — Natur als Bedingung 205 — Das anthropologische Moment des Schaffensprozesses 206 — Naturbeherrschung oder Weltgestaltung? 206 — Das Problem der Konstruktion 207 — Konstruierendes Denken 208 — Der gefährliche Stoff Natur 208 — Wunder der Wunder 209 — Der Gestaltungsraum von Welt ist zu erweitern 210 — Gestaltet der Einzelne überhaupt Welt? 211 — Der Mensch konstruiert eine neue Natur 212 — Der apriorische Sinngrund 213 — Ungrund kann nicht Grund von Gestalt sein 214 — Die übernatürliche Tat 215 — Das Apriori der Weltgestaltung 216 — Gestaltung als Überwindung von Zeit 218 — Das Geschick der Weltgestalten 219 — Permanente Krise der Weltgestaltung 220 — Ursprung und Ziel der Weltgestaltung 221 — Vom Verfehlen des Zieles 221 — Kairos und Zufall 222 — Die indefinite Indifferenz 223 — Das Maß von allem 224 — Welt als Werk des Menschen 225 — Gegenwärtigung der Transzendenz 226 — Ohne Freiheit keine Weltgestaltung 228 — Die energetische Weltkonstante 229 — Zwischen Pythagoras und Prometheus 230 — Weltmetapher Mensch 231 — Gestalt und Chaos 232 — Destruktive Weltveränderung 232 — Diaphane Vollkommenheit 233 — Probe aufs Exempel 233 — Gestaltete Wirklichkeit des Gewordenen 234 — Konsonanz von Ursprung und Gewordenem 235 — Gestaltgewordene Einmaligkeit 236 — Genesis der Welt 237 — Gestalt und Sein 238 — Gestaltverlust ist Weltverlust 239 — Verödung der Gestalt 240 — Sog zum Nichts 241 — Hinfälligkeit der Gestalt 241

Dritter Abschnitt 242

Was gegründet ist, bleibt 242 — Über die Schwelle des Todes 243 — Der Tod als Zusammenbruch der Zeit 245 — Der begriffene Tod 246 — Ironie des Todes 247 — Unwirklichkeit Tod? 249 — Nähe und Ferne des Todes 250 — Der trennende Riß des Todes 252 — Der befreiende Riß des Todes 254 — Woran der Tod nicht rührt 255 — Sprachgrund der Existenz 256 — Liebe und Tod 257 — Sakrosankte Existenz 258 — Frei von allen Abhängigkeiten 259 — Was im Tode entschwindet 261 — Ars moriendi 261 — Existenz jenseits der Schwelle 262 — Unvordenklichkeit des Todes 263 — Sprachereignis des Todes 263 — Schönheit der Existenz 266 — Dialogische Harmonie 267

III. Paradigmatischer Teil

DER MENSCH ALS WELTBEISPIEL

Erster Abschnitt 271

Was sucht der Mensch? 271 — Morphopoietische Weltmetaphorik 272 — Realpotenz aller Möglichkeiten 273 — Spontaneität aus Freiheit 274 — Welt als Allmaß 275 — Indifferenz und Identität 276 — Der Seinsgrund schaffender Freiheit 277 — Das Prinzip Mensch als Weltbeispiel 278 — Die paradigmatische Bedeutung von Prinzipien 279 — Die Spanne zwischen Urbild und Beispiel 279 — Was sind Beispiele? 280 — Der Maßstabcharakter des Beispiels 281 — Das Beispiel als das resultierte Wesen 282 — Die Erweckungskraft von Beispielen 283 — Das Beispiel als Idealfall 283 — Das tote Beispiel 284 — Beispiel durch Zufall? 285 — Beispiele als Leistungsgrenzen 285 — Das ontologische Beispiel 286 — Das Sein des Beispiels 286 — Der Hang zum Nichts oder der Makel der Zufälligkeit 287 — Verdient ein Beispiel Bewunderung? 288 — Beispiel und Stil 288 — Kreativität und Zeit 289 — Die Provokation durch Beispiele 289 — Absage an eine Metaphysik der Schönheit 290 — Der Mensch als Weltbeispiel 290 — Individuum: Exemplar der Gattung? 291 — Weltspezifikation der Gattung 292 — Das schöpferische Individuum Mensch 294 — Der Mensch als Urkünstler 295 — Individuierte Objektivität „Kunstwerk" 295 — Woher die Amphibolie des Schönen? 296 — Der Grund aller Künste 297 — Die künstlerische Weltnatur des Menschen 297 — Was wird im Kunstwerk anschaulich? 298 — Arbeit und Einbildungskraft 298 — Geschichtlichkeit des Kunstwerkes 299 — Beispiel und Geschichte 300 — Die reine Zeit einer Epoche im Beispiel 301 — Die Profilierungskraft der reinen Zeit 302 — Schellings Appell 303 — Experimentum mundi 304

Zweiter Abschnitt 305

Der Sündenfall des Geistes 305 — Das Beispiel Musik 306 — Der Weltcharakter der Musik 307 — Kunst geht jedermann an 308 — Die Gefahr der Verdinglichung von Kunst 309 — Vollkommenheit in Zeit 310 — Weltgewißheit durch Kunst 310 — Musik als Weltflucht 311 — Faule Subjektivität und Kitsch 312 — Kunst und Wissenschaft 313 — Die zeugende Kraft der Kunst 314 — Kausalität und Motiv 315 — Das Lied der Zeit 316 — Musica ars libera 316 — Janusköpfige Zeit 317 — Freiheit und Zeit 318 — Die metaphorische Natur kreativen Schaffens 319 — Repetition oder Wiederholung 320 — Was macht das Leben der Musik aus? 321 — Unerschöpflichkeit künstlerischer Möglichkeiten 322 — Vernunft als zureichender Grund der Kunst 323 — Einfall und Zufall 324 — Musik als Thema der Philosophie 326 — Gegenwärtigung zeitüberlegener Welt 326 — Die Integrität des kreativen Aktes 328 — Warum treiben wir Musik? 329

DER MENSCH ALS KRISTALLISATIONSPUNKT VON WELT
Sprachontologik 331

Vorbemerkung 331 — „Sein" - ein bloßer Name? 331 — Sein als architektonante Einheit 334 — Welt als Urgestalt des Seins 335 — Der anthropologische Ansatzpunkt 336 — Selbstbeständigkeit 337 — Wesensbestimmung als Wesensdifferenz 338 — Irgendetwas und Beliebigkeit 339 — Dekomposition und Entsprachlichung 340 — Durch Sprache definiert 341 — Ursyntaktik 342 — Originativität und Rationalität von Seiendem 342 — Andersheit und Identität 343 — Logos als Grammatik des Seins 344 — Wesensindividuität von Seiendem 345 — Das diamantene Band 346 — Ist das Nichts aussagefähig? 347 — Durchgängigkeit des Satzes der Identität 349 — Die Frage nach dem Ursprung der Sprache 349 — Das Wissenkönnen als Sprachdifferenz 350 — Der Ursprung ist Sprache 351 — Das Wesen als Sinn 353 — Sinngefüge Welt 353 — Bedeutung und Sinn 355 — Der ermöglichende Grund ontologischer Aussagbarkeit des Weltseins 356 — Sein in Zeit 357

REPRISE

Erster Abschnitt 360
    Der Sachausdruck Metaphysik 360 — Die Stellung der Metaphysik 362 — Was ist also Metaphysik 362 — Der Sinnpunkt 363 — Die Weltaufgabe des Menschen 363 — Was heißt morphopoietische Metaphysik? 365 — Der Weltblick 367

Zweiter Abschnitt 370
    Eine ontologische Wiederholung? 370 — Das mit sich einige Ganze 372 — Weltexperiment 372 — Welt als Phänomen und Idee 373 — Der Weltanspruch des Gewissens 375 — Was interpretieren wir denn, wenn wir Welt auslegen? 376 — Welt erklärt sich durch das Dasein des Menschen 376 — Weltzeit und Weltgewissen 379 — Der Sachverhalt Welt 380 — Welt als Erscheinungsfeld von Wahrheit 381

Dritter Abschnitt 382
    Morphopoietische Individuität und Tod 382 — Der Tod als Widerspruch des Daseins 385

Anmerkungen 387

Nachwort 389

I
Propädeutischer Teil

DIE WELTBETROFFENHEIT DES MENSCHEN

Erster Abschnitt

Metaphysik im Horizont von Welt

Die schicksalhaften Probleme des Menschen mögen sich am Rande oder im Zentrum des Daseins stellen, sie sind, wo immer wir auch auf sie stoßen, auf ihre philosophische Erheblichkeit zu untersuchen. Die Mächte, Kräfte, Ideen, Leitbilder, Vorstellungen, Vorurteile und Voreingenommenheiten, die Weltanschauungen, die Idole und Ideologien des Menschen sind im Hinblick auf ihre philosophische Bedeutung oder Belanglosigkeit anzugehen, falls die philosophische Konstellation oder die Schicksalsarchitektur unseres Zeitalters erkannt oder auch nur festgestellt werden soll.

Man mag dagegen einwenden, es sei zu handeln und nicht zu fragen, es sei zu schaffen und nicht zu sinnieren, es sei das Künftige zu entwerfen und nicht auf das Gewesene zurückzublicken, damit man wissenschaftlich gesicherte und handgreifliche Ergebnisse erarbeiten könne. Es sei keineswegs in leerer Nachdenklichkeit das Laster des „Müßigganges eines Reflektierens" zu entwickeln, das keinen Nutzen zeitigt, keinen Erfolg im Leben verspricht und das doch nur zu einer Muße führt, deren Zeit einfach vorbei sei. Man mag auch noch einwenden, es sei keineswegs vonnöten, Zeit an Metaphysik, die vielleicht eine verkappte Weltanschauung oder eine larvierte Religion sei, zu verlieren. Vielmehr sei alle Mühe des Geistes und jede Anstrengung des Denkens dahin zu lenken, wo ein verläßliches, wissenschaftliches Wissen systematisch und methodisch erarbeitet werde. Eine Theorie sei zu erstellen, die erlaube, die Realität hier und jetzt zu meistern; denn die Wissenschaft habe sich künftighin noch stärker zu bewähren, indem sie ihren Realitätsgrad steigere und damit beweise, daß sie Realitätsbewußtsein und Bewußtseinslage eines Zeitalters bestimme. Wer wäre im Zeitalter der Raumfahrt nicht geneigt, den bestürzenden Erfolgen der Naturwissenschaft zu vertrauen und sein künftiges Geschick dem Fortschritt der technischen Wissenschaften anzuvertrauen?

Wie groß dieses Vertrauen in die Wissenschaft, insbesondere in die Naturwissenschaften und in die Soziologie ist, läßt sich spielend daran erkennen, daß versichert wird, man werde den Gang der wissenschaftlichen Entwicklung und der gesellschaftlichen Verhältnisse genau beobachten, um dann, selbst in Fragen an der Schwelle des Lebens, den einschlägigen Wissenschaften sozusagen ein Mitspracherecht zuzuerkennen, falls ihre Ergebnisse hinreichend gesichert seien, insbesondere dann, wenn es darum gehe, die tradierten Normen ethischen Handelns angesichts der neuen Situation unserer Zeit, angesichts dessen, was unausweichlich auf uns zukommt, zu überprüfen. Das Urteil über Gut und Böse sei dem Stand der Forschung anzupassen. Dann sei man auf der Höhe der Zeit. Diese neue „Weltfrömmigkeit" entzieht sich der Einsicht, daß Wissenschaft in der Bestimmung der künftigen Weltverhältnisse ihrer eigenen Gesetzlichkeit folgt. Das Idol eines wertfreien Denkens, das man mit dem Idol der Sachforschung vertauscht, besetzt weithin das wissenschaftliche Denken der Gegenwart. Eine Sache kann aber nur deshalb Gegenstand der Forschung werden, weil sie allein in einem Sinn- und Bedeutungshorizont untersucht werden kann. Wäre der Mensch nicht ein idee- und darum sinn- und wertbestimmtes Wesen, vermöchte er überhaupt nicht anfangen zu denken, zu fragen und zu forschen.

Wenn Metaphysik innerhalb der Bewußtseinslage unseres Zeitalters selbst in Fragen des Gewissens so fragwürdig geworden zu sein scheint, so ist es wohl der Mühe des Nachdenkens wert: zu prüfen, warum denn mit Fug und Recht von Metaphysik im Horizont von Welt gehandelt werden kann, ja gerade angesichts ihrer Fragwürdigkeit gehandelt werden muß.

Philosophieren ohne Nebenabsicht

Wenn nun in dieser Überlegung zur Metaphysik im Horizont von Welt mit Sinn und Verstand, wissenschaftlich und nicht popularisierend, philosophisch und nicht nach dem Modell irgendeiner enzyklopädisch ausgearbeiteten Weltanschauung gehandelt werden soll, so muß dieser Titel näher umschrieben werden. Erst wenn der Umriß der Thematik, die Durchführung und das Ziel dieser Überlegungen skizziert sind, kann der Leitfaden des gesamten Gedankenganges, der sich im Zuge der Überlegungen zur Metaphysik ergibt, am Ende sichtbar werden. Aus den wenigen Vorbemerkungen mag schon deutlich werden, daß es hier keineswegs darum gehen kann, sämtliche philosophischen Welttheorien unseres Jahrhunderts sozusagen unter der Rücksicht metaphysischer Erheblichkeit durchzumustern, um einen möglichst vollständigen Katalog einer fixierten metaphysischen Begrifflichkeit zu erarbeiten. Die folgenden Überlegungen haben also keinen informativen Charakter. Sie verfolgen nicht die Absicht, die Bildung oder das Wissen zu erweitern, so wie man das zuweilen anhand von Tatsachen zu tun pflegt, um das einzelwissenschaftliche Weltwissen von einst mit dem unserer Zeit vergleichen zu können. Am allerwenigsten aber kann es nun darum gehen, metaphysisches Weltwissen zu übermitteln, das man daraufhin überprüft, wie weit es für irgendwelche Zwecke brauchbar und benutzbar ist. Wo Philosophie im wahren Sinne des Wortes getrieben wird, wird sie um ihrer selbst willen getrieben, denn wo nach Wahrheit gefragt wird, wird um der Wahrheit selbst willen nachgedacht. Dies ist der Sinn der Beschäftigung mit Philosophie. Der Nutzen, den man aus diesem so genannten „Müßiggang des Denkens" ziehen kann, ist allenfalls eine Wirkung dieser Beschäftigung, keineswegs jedoch ihre Ursache oder gar das Ziel dieses rätselhaften geistigen Tuns, das man seit Aristoteles „Philosophieren" heißt. Gelänge es nicht, das Bewußtsein von der unterschwelligen Erwartung des Nutzens zu lösen, so wäre das Philosophieren ein Unterfangen, das auf verwertbare Resultate abzweckt. Man könnte dann allenfalls an das Philosophieren die Frage stellen: „Wie funktioniert es folgerichtig?", nicht aber die Frage: „Warum kann philosophisches Denken überhaupt etwas begreifen?" Dies aber ist die einzig interessante Frage, wenn man versucht, sich über Welt Gedanken zu machen.

18
Gibt es ein verbindliches Weltbild?

Einem authentischen Weltbewußtsein im Horizont von Welt selbst kommen wir in dem Maße näher, als es uns gelingt, Welt, in welcher Epoche der Menschheitsgeschichte auch immer, gerade nicht als ein factum brutum oder als eine bloße Tatsache anzusehen, mit der man mehr oder weniger handsam umzugehen vermag, sondern Welt als die Idee des Ganzen oder als Horizont jener Einheit zu begreifen, ohne die es unmöglich wäre, daß der Mensch sich im Ganzen des Daseins seiner selbst orientiert.

Selbst wenn man zunächst nur in einem äußerlichen Sinne die Begriffe Weltansicht, Weltbetrachtung, Weltanschauung, Weltbild und schließlich Weltideologie nebeneinander stellt und vergleicht, so ist leicht zu erkennen, daß der Fortschritt der Welterkenntnis der Neuzeit — falls wir auch nur die Fiktion machen, man könne mit sachlich guten Gründen von einem Fortschritt der neuzeitlichen Welterkenntnis sprechen — von einer nicht zu übersehenden Tendenz der Versachlichung und Objektivierung des Wissens von Welt bestimmt ist.

Auf diese Weise wird es im Raume der Forschung möglich, daß man von einer Welt der Physik, von einer Welt der Sprache, von einer Welt der Geschichte, von einer Welt des Menschen und schließlich von einer Welt Gottes spricht, falls man zuläßt, daß die Frage nach Gott ein wissenschaftliches Problem sei. Auf diese Weise geraten die Daseinsbezüge, in die die Wissenschaft den Menschen bringt, in ein Ganzes, das man am Ende als wissenschaftlich gesichertes System von Welt begreift. So ist es möglich, den Vorbegriff von Welt, dessen der Mensch von Grund auf schon dadurch gewiß wird, daß selbst sein vorwissenschaftliches Handeln von einem Willen zum Ganzen bestimmt wird, in einen wissenschaftlichen Begriff von Welt zu überführen. Doch dabei unterläuft ein Mißverständnis. Bald wird die Welt der Biologie, bald die Welt der Physik, bald die Welt der Geschichte, bald die Welt der Wirtschaft als Welt schlechthin verbindlich gemacht. Aspekte und Perspektiven von Welt werden stillschweigend als Voraussetzungen für eine Welterkenntnis im Ganzen genommen. Doch es stellt sich die schwerwiegende Frage: Kann man aufgrund von Weltaspekten und Weltperspektiven der Wissenschaften ein authentisches, und dies heißt: ein begründetes Weltverständnis gewinnen? Kann denn ein für den Menschen schlechterdings verbindliches und darum von keiner Zeit anfechtbares Weltbild gesellschaftlich dadurch zur Pflicht gemacht werden, daß aufgrund eines formalwissenschaftlich gesicherten Weltbildes eine Ideologie von Welt entworfen wird, die für das politische Handeln nicht nur universal verbindlich sein, sondern auch durchgesetzt werden soll — und sei es mit Gewalt —, nicht um die Welt zu interpretieren, sondern um sie zu verändern?

Wenn man sich nun darüber Gedanken macht, wieso es denn anhand der geschichtlichen Entwicklung und der Bedeutung von Begriffen wie Weltbetrachtung, Weltansicht, Weltanschauung und Weltbild heute schließlich zum Begriff einer Weltideologie kommen konnte, so könnte im Zuge eines vordergründigen Weltverständnisses eine wissenschaftliche Überlegung durchaus darin ihr Genügen finden, daß man es dabei bewenden läßt zu fragen, welche Wandlungen das neuzeitliche Weltverständnis dadurch erfahren hat, daß es sich am jeweiligen Stand der Forschung, insbesondere jener Wissenschaften orientiert hat, deren Ergebnisse zum Schlüssel der Bestimmung dessen werden, was man ein verbindliches Weltverständnis nennt. Kann es dies überhaupt geben? Kann die Einzelwissenschaft dies leisten, oder überfordert man Wissenschaft, falls man von ihr ein universales und darum allgemein verbindliches Weltbild erwartet? Doch hat nicht das neuzeitliche Weltbewußtsein oder das Wissen um Welt überhaupt darin seinen Ursprung, daß der Mensch die Resultate jener Wissenschaften, die durch Universalität ausgezeichnet sind, zum Kriterium dessen macht, was der Mensch dann *die* Welt nennt, um schließlich die alte Welt von der neuen oder ein durch Wissenschaft angeblich widerlegtes Weltverständnis gegen ein philosophisch begründetes Weltverständnis abzusetzen oder auszuspielen?

Es hat den Anschein, als ob durch einzelwissenschaftliche Forschung ein „verbindliches Weltbild" geschaffen werden könne, das zur Ursache der jeweiligen Weltbewußtseinslage einer Epoche werden kann, da ohne Zweifel das Faktenwissen dann ein Weltbewußtsein zu schaffen vermag, wenn ein Teil für das Ganze angesehen, ein Teilaspekt oder eine Teilperspektive als Erkenntnis des Ganzen der Realität mißverstanden wird.

Öffnung des Welthorizontes

Diese einzelwissenchaftliche Einengung des Welthorizontes stellt dem philosophierenden Nachdenken die Aufgabe, diesen Horizont wieder zu entgrenzen, um Welt durch die Einsicht begreifen zu lernen, daß nicht vom Teil auf das Ganze geschlossen werden kann und Aspekte oder Perspektiven der Sache nicht mit der Sache selbst vertauschbar sind. Das philosophierende Nachdenken deckt darin die Möglichkeit auf, daß der Mensch ein ursprüngliches, weltseiendes Wesen ist. Dies hat zur Folge, daß wir nicht deshalb von dem Weltbewußtsein einer Epoche sprechen können, weil der Mensch durch wissenschaftliche Aspekte und Perspektiven vermeint, etwas über die Totalität Welt aussagen zu können, sondern deshalb, weil dem Menschen ein ursprüngliches Wissen von Welt innewohnt. Der Mensch ist immer schon der Ort der Weltidee in Zeit. Er entwickelt in sich von Grund auf ein geschichtliches Bewußtsein. Deshalb vermag er, unter der Rücksicht der Einzelwissenschaft die physikalischen, die biologischen, die künstlerischen Aspekte von Welt als ungleiche Analogien seiner ursprünglichen Weltvergewisserung zu begreifen. In diesem Sinne besteht zwischen Philosophie und Wissenschaft im Hinblick auf Welt ein Verhältnis ungleicher Entsprechung. Aspekte und Perspektiven des wissenschaftlichen Weltbewußtseins einer Epoche laufen in Wahrheit auf das weltseiende Wesen Mensch zu, das das leibhaftige Kriterium für die Weltbegriffe der Wissenschaft aufgrund seines geschichtlichen Daseins ist, weil der Mensch selbst zwar weltseiend da ist, jedoch im Modus der Geschichte. Deshalb vermögen wir von dem Weltbewußtsein dieser oder jener Epoche zu sprechen.

Das Suchen nach Grund

Der Anfang einer philosophischen Reflexion, die sich über das Thema Welt Gedanken zu machen versucht, stellt den Menschen in eine seltsame Situation, die ihn zunächst befremdet. Die Seltsamkeit dieser weithin unbekannten Lage des Philosophierenden besteht darin, daß er die gewohnte Arglosigkeit, mit Dingen und Menschen Umgang zu pflegen, aufgeben soll. Dies ist keine geringe Zumutung, denn vom langsamen Erwachen des Bewußtseins, das sich wie selbstverständlich im naiven Fragen den tausendfältigen Dingen der Welt zuwendet, bis zum ersten Schritt einer philosophischen Reflexion liegt eine Spanne der Zeit, vielleicht sogar eine Epoche des Lebens. Soll der erste Schritt einer philosophischen Reflexion getan werden, so gelingt er nur dann, wenn das denkende Subjekt in sich die Bereitschaft zu entwickeln vermag, eine deutliche, vielleicht sogar schmerzhafte Zäsur gegen den eingewöhnten Umgang mit Welt und Ding zu setzen.

Die Befremdlichkeit dieser Zumutung, den durch lange Zeit gewohnten Weg zu verlassen, um einen neuen Anfang, nämlich den des Philosophierens, überhaupt setzen zu können, provoziert das Denken. Gewiß sucht das Denken vorreflexiv immer schon diesen rätselhaften Anfang, und zwar dann, wenn es unüberlegt immer und immer wieder „Warum?" fragt. Diese allererste Warumfrage wendet sich zwar Dingen zu, vorbewußt ist sie aber von dem Wunsch geleitet, den Grund von Welt wissen zu wollen, wenn gefragt wird, warum denn dieser Stein so und nicht anders ist, warum denn diese Pflanze sich von jener unterscheidet, warum man denn so und nicht anders handeln darf oder soll, wenn man mit der Welt zurecht kommen will. In dieser hintergründigen Warumfrage, die schon das Kind spielerisch und doch elementar stellt, ist eben dieser befremdliche Anfang, mit dem wir zu philosophieren beginnen, stillschweigend wirksam. Worin aber besteht dann noch die Befremdlichkeit des neuen, philosophischen Anfanges, wenn dieser in Gestalt einer naiv verstandenen Warumfrage immer schon das Denken des Menschen von seinen ersten Schritten an bewegt? Ist der Anfang als Warumfrage gar die bewegende Kraft, die den suchenden Menschen vorreflexiv ein allererstes Verhältnis zu Welt und zu den Dingen gewinnen läßt, vermögen wir jetzt schon zu sagen, daß das unreflektierte „Warum?" des naiven Bewußtseins ein Zeichen ist für die elementare Weltbetroffenheit des Menschen, ob er um sie weiß oder nicht? Ist am Ende die Notwendigkeit, sich in Welt überhaupt zu orientieren, mit Dingen in dem Gehäuse Welt zurechtzukommen, der Antrieb dieser naiven und darum unkritischen, allerersten Warumfrage? Sind gar Welt und Dinge die Kräfte, die nach dem Menschen zu greifen scheinen, mit denen er sich auseinandersetzen muß, die ihn mit der Zeit — je länger, je mehr — geradezu nötigen, ihnen auf den Grund zu kommen?

Eine seltsame Zumutung

Diese allererste Gewahrung der Rätselhaftigkeit von Dingen ist die erste Zumutung, die dem Menschen in dem Augenblick zufällt, da er in einem allerersten, freilich noch unerkannten Wissen genötigt ist, sich zu Welt und Ding zu verhalten. Mit Absicht ist das allererste Wissen, und wir möchten jetzt sagen: „das Urwissen" des Menschen um Welt und Ding als ein Verhalten bezeichnet worden, als eine Relation, als eine Bezogenheit auf etwas und nicht auf nichts, damit deutlich werde, daß das wissende Verhalten zu Welt ein Urvermögen des Menschen ist, das er mit nichts sonst in der Welt zu teilen vermag. Dieses elementare Weltverhalten unterschiede sich freilich dann nicht von der tausendfältigen Relation, in der die Dinge in jenem Ganzen ihres Daseins stehen, das man Kosmos nennt, wenn man dem fragenden Kind für alle Zeiten die Warumfrage entreißen könnte. Doch in dem Maße, als das Weltbewußtsein, wenn auch nur vorreflexiv, im Menschen erwacht, meldet sich die Warumfrage. Sie sucht nach Antwort und vermag auf diese Weise das kindliche Bewußtsein zu beunruhigen, weil der Mensch von Natur aus nicht nur danach strebt, sich zu Welt und Ding irgendwie zu verhalten, sondern wissend! Denn alle Menschen streben ihrer Seins-Natur nach zu wissen. Dieser Ursatz der Metaphysik des Aristoteles hat seine Berechtigung darin, daß der Mensch von Grund auf von einem Ganzen beunruhigt wird, das ihm keineswegs nichts ist, wohl aber etwas.

Wäre der Mensch nicht von Grund auf von diesem Etwas betroffen, dann würde er nicht verletzt sein von jenem Stachel, der Welt heißt, dann würde er nicht mit elementarer Kraft dazu gezwungen, durch sein Verhalten zu Welt und Ding den eigenen Standort in der Welt zu bestimmen. Dann freilich wäre auch der Übergang von einem alltäglichen, vorphilosophischen und vorreflexiven Weltbewußtsein zu einem wahren Wissen um Welt nicht von einer solch seltsamen Zumutung bestimmt. Die Befremdlichkeit dieser allerersten und anfänglichen Erkenntnis von Welt besteht nun keineswegs darin, in die neue Region der Philosophie all das, was man sich bisher an Weltwissen vorreflexiv angeeignet hat, aufzunehmen und zu überführen, sondern darin, dieses alltägliche und arglose Weltwissen von tausend Dingen zu vergessen, abzutragen. Warum? Wozu? Um den allerersten Schritt zum seienden Anfang von Welt zu tun, der „principium" heißt. Principium heißt für uns in diesem Zusammenhang: Beginn, Anfang, Herkunft. Doch Beginn, Anfang und Herkunft von Welt hätten keinen Prinzipcharakter, wenn nicht gezeigt werden könnte, daß der Anfang als Prinzip eine die gesamte Zeit des Daseins des Menschen durchtragende Kraft ist, die schon die allererste Warumfrage des Kindes deshalb ermöglicht, weil sie den Charakter der Idee hat. Dieses Prinzip von Welt, das wir Weltidee nennen, ist jenes noch unerkannte, noch unbedachte, noch vorreflexive Ganze, ist jene noch dunkle Totalität, von der das kindliche Bewußtsein betroffen ist, durch die es genötigt ist, zunächst zwar noch nicht zu fragen: Warum *ist* denn Welt?, sondern: Warum ist denn dieses oder jenes Ding so und nicht anders, warum werde ich geheißen, das eine zu tun und das andere zu lassen? Später läßt jenes Prinzip dann fragen: Warum soll ich mich im Umkreis der tausend Dinge, die mich bedrohend umstellen, überhaupt orientieren? Warum hat es nicht sein Bewenden, daß ich weiß, warum dieses eine Ding so und nicht anders ist? Warum soll ich mich denn im Gesamt der Dinge orientieren lernen? Warum bin ich denn gezwungen, mich unter diesem seltsamen Gewölbe, das mir Welt vorstellt, von hier nach dort zu bewegen? Warum soll ich dies gerade jetzt und nicht später tun? Warum soll ich überhaupt lernen, hier und jetzt, an diesem Ort stehen zu bleiben, zu ruhen, zu verweilen, nachdenklich zu werden, falls ich wissen will, wovon ich denn im Innersten bewegt bin, wenn ich „warum?" frage?

Der ersten Befremdlichkeit über das Rätsel von Ding und Welt, deren ich in der anfänglichen Warumfrage gewahr werde, entspringt eine zweite Befremdlichkeit, nämlich daß ich das gesamte alltägliche Weltwissen abwerfen soll, um in einem langen, mühsamen Weg der Reflexion überhaupt anfangen zu können, nach dem Prinzip der Idee von Welt zu fragen.

Das unreflektierte Staunen über die rätselhaften Dinge und über die Welt muß nun abgelöst werden durch den Zweifel, durch kritisches Denken, das mir erlaubt, mich in dem mir zunächst fremden Bereich der Philosophie zurechtzufinden. Der Übergang von der ersten, unreflektierten Weltbetroffenheit zur zweiten, kritischen Weltbetroffenheit stellt die Schwelle dar, die das Denken zu überschreiten hat, falls es in sich den Mut entwickelt, die Region der Philosophie überhaupt zu betreten.

Dazu ist notwendig, daß das Denken nun einer neuen Linie folgt, daß es eine andere Richtung einschlägt als die bisher gewohnte. Doch damit hat es nicht sein Bewenden. Beginnt man, sich in der Region der Philosophie zu bewegen, so stößt man auf Befremdlichkeit und Zumutung dadurch, daß das denkende Subjekt seiner eigenen Weltbetroffenheit in einem bislang völlig unbekannten Herrschaftsbereich überantwortet ist. Darin ist es nicht mehr bestimmt durch dieses oder jenes Ding, auf das es zufällig stößt, sondern hier ist Welt eine Sphäre, ein Ganzes, eine Totalität.

Ist Philosophie ein Weltgeschäft?

Welt ist nicht als eine beliebige Ganzheit gemeint, nicht als ein Ganzes, das dem Menschen zufallen kann oder nicht, das ihn bald betrifft, bald nicht betrifft, sondern: Welt ist der Herrschaftsbereich der Philosophie, weil sie den Menschen immer schon von Grund auf umfängt und durchgreift, so wie ein Prinzip das ganze Dasein eines Seienden, sei es nun Mensch oder Ding, durchträgt. Warum also ist Welt der Herrschaftsbereich von Philosophie? Ist Philosophie wirklich ein Weltgeschäft, wie die Philosophen behaupten? Ist es eine Anmaßung der Wissenschaft Philosophie, wenn sie diesen universalen Anspruch erhebt? Denn dies heißt nicht mehr oder weniger, als daß sie sich als Inbegriff wissenschaftlicher Welterkenntnis versteht. Wir kennen Kosmologien verschiedener Art und sprechen mit gewissem Recht von einem Weltbild der Physik, von einem Weltbild der Biologie. Weltbilder zu entwerfen ist eine Notwendigkeit endlichen Denkens, sofern es die Welt als Vorstellung begreift. Was aber ist es, das uns dazu zwingt, in sich verschiedene Weltbilder zu entwerfen, so daß wir von einem mythologischen Weltbild und von einem philosophischen Weltbild, ja von Typen von Weltbildern sprechen können? Dazu kommt, daß anstelle des Weltdenkens das geläufige Weltanschauungsdenken tritt.

Nimmt man nun die Versuche, in Weltbildern und Weltanschauungen zu denken, zusammen, so bleibt dennoch die offene Frage, was denn die wirkliche Thematik dieses Denkens in Weltbildern und Weltanschauungen ist. Der gemeinsame Punkt dieses Denkens ist der, daß Weltanschauungen und Weltbilder an sich gar nicht sind. Sie entspringen dem Bedürfnis des Menschen, sich einen Orientierungshorizont zu entwerfen, der erlaubt, sich nicht nur in Welt zu orientieren, sondern mit jenem Ganzen, das man Welt heißt, zu „manipulieren". Der Bezugspunkt der Weltbilder und Weltanschauungen ist also keineswegs ein Etwas außerhalb des Menschen, sondern vielmehr jene Idee des Ganzen, die der Mensch in sich verwahrt. Wenn er von der Perspektive einer Wissenschaft her an einem sogenannten „Teil der Welt" zu arbeiten beginnt, gewinnt dieser für ihn mit der Zeit den Rang eines Ganzen, obgleich der Ursprung seiner Idee des Ganzen in jenem Teil von Welt nicht zu suchen ist, den er gerade von einer Einzelwissenschaft her bearbeitet. Damit erhebt sich die Frage, ob sich die Unterscheidung von Außenwelt und Innenwelt überhaupt halten läßt. Trifft sie nicht zu, dann ist der Mensch, wenn er von Welt betroffen ist, nicht von etwas berührt, das außerhalb seiner selbst liegt, sondern berührt, bewegt und betroffen von einem Willen zum Ganzen, der für ihn die Gestalt eines Weltwissens annimmt.

Besinnt man sich auf die Tatsache, daß es überhaupt diese Vielfalt von Weltbildern gibt, so wird das philosophische Denken in die Frage genötigt, woher es denn kommt, daß die Vielfalt der Einzelwissenschaften sich im Begriff des Bildes zu sammeln scheint. Welche Nötigung steht hinter diesem Vorgang, was bewegt den Menschen dazu, von den Forschungsergebnissen der Einzelwissenschaften auf das Ganze von Welt zu schließen oder die Forschungsergebnisse von Einzelwissenschaft zum Interpretationsprinzip von Welt zu machen? Steht dahinter der Gedanke, daß, von welchem Ansatz man auch immer beginne, Welt zu interpretieren, man in die Frage des Ganzen genötigt werde? Steht dahinter das stillschweigende Wissen, daß man von jeder Einzelwissenschaft her und durch jede ihrer Dimensionen, in der sich die jeweilige Forschung bewegt, in die Frage nach dem

Sinn, nach der Idee des Alls geführt wird? Kann man also sagen, daß philosophisch damit die Aufgabe gestellt sei, die Ergebnisse der Einzelwissenschaften zur Konvergenz zu bringen, um gemäß dem jeweiligen Stand der Forschung eine Universalwissenschaft auszubilden, die Philosophie heiße? Gingen wir so vor, so machten wir die unterschwellige Voraussetzung, daß man in Fragen der Welterkenntnis durchaus vom Einzelnen auf das Ganze, von Einzeltatsachen auf das Prinzip der Tatsächlichkeit von Welt schließen könne. Doch philosophisch ergibt sich die Frage: Besteht zwischen Tatsache und Prinzip oder zwischen Tatsache und Sinn ein Prioritätsverhältnis? Diese Frage verschärft sich um so mehr, als wir uns dessen bewußt werden, daß die Ursache vor der Wirkung, der Grund vor der Folge zu suchen ist, was jedoch jetzt keineswegs heißen muß, daß diese Antecedenz der Ursache vor der Wirkung, des Grundes vor der Folge, zeitlicher Natur sein muß oder gar räumlicher, so wie etwa ein Ding vor dem anderen liegt und ein Ding dem anderen vorwegläuft. Die spezifisch philosophische Frage lautet: Kann das Gegründete so vor dem Grund, das Entsprungene so vor dem Ursprung, die Wirkung so vor der Ursache liegen, wie ein Ding vor dem anderen, ein Augenblick vor und nach dem anderen oder ein Ort neben dem anderen? Oder muß die Frage des Verhältnisses von Grund und Folge, Ursache und Wirkung, von Ursprung und Entsprungenem im Hinblick auf die Seinsverfassung von Mensch und Ding nicht neu gestellt werden? Ein anderes nämlich ist es, ob ich ein Ding im Hinblick auf sein Werden erforsche oder ob ich die Seinsverfassung eines Dinges untersuche. So daß sich mir zunächst nicht die Frage stellt, wie kommt es denn, daß dieses Ding da so wurde, wie es nun geworden ist, sondern ich frage, wie kommt es, daß dieses Ding von Grund auf so ist, wie es der Blick des Geistes erfaßt und der Verstand das Erkannte auf den Begriff bringt?

Die Unterscheidung von Werden und Sein einer Sache legt uns den Gedanken nahe, die Frage geradezu umzudrehen: nicht also zu fragen, ob etwas ist, also den suchenden Blick auf die Tatsache, daß etwas ist, zu lenken, sondern zuförderst zu fragen, warum etwas ist. Dies aber heißt jetzt im Horizont unserer Fragestellung, die das Verhältnis von Sein und Werden in den Blick gebracht hat, der rätselhaften Frage nachzugehen, ob es auch nur denkbar ist, daß der Anfang dem Angefangenen folgt, ob es auch nur denkbar ist, daß die Idee oder der Sinn einer Sache, zumal dann, wenn man nach ihrer Seinsverfassung fragt, eine Folge der Sache ist, oder noch zugespitzter formuliert, ob es auch nur denkbar ist, daß die Wirkung der Ursache vorangehe.

Erst die Umkehrung dieser geläufigen Prioritätsverhältnisse, die wir sonst wie selbstverständlich hinnehmen, zeigt uns, in welchen Engpaß die Einzelwissenschaften das Denken dann führen, wenn wir unbedacht ihre Resultate und Ergebnisse hinnehmen, wenn wir das, was durch Forschung erwirkt wurde, was sich als Folge ergab, was dem suchenden Nachdenken an Erkenntnis zugewachsen ist, als schlechthinnigen Anfang nehmen, um insgeheim so zu tun, als sei die Idee oder der Grund eine Folge von Forschungsergebnissen.

Zwingt uns dieser Engpaß, in den wir geführt wurden durch unsere Überlegungen zum Verhältnis von Wirkung und Ursache, von Folge und Grund, von Entsprungenem und Ursprung nicht dazu, einen Wechsel der Dimension vorzunehmen?

Will man die Reichweite der Möglichkeiten der Einzelwissenschaften, ihre Ergiebigkeit oder Unzuständigkeit für philosophische „Dinge" ermessen, so hat man die Dimension zu wechseln und den Versuch zu machen, in der ursprünglichen Sphäre philosophischen Nachdenkens diese Urfragen erneut zu stellen.

Es muß sich die Frage ergeben, ob denn die Wissenschaften als Wissenschaften überhaupt nur deshalb möglich sind, weil ihnen ein universales Prinzip von Wissenschaft zugrunde liegt. Wir nennen dieses Prinzip deshalb Universalprinzip, weil die Urwissenschaft der Wissenschaften, falls wir diese mit Recht so nennen, der Inbegriff von Wissenschaft überhaupt sein muß. Dies aber heißt, wenn Philosophie die universale Wissenschaft jedweder Wissenschaft ist, so muß sie als Prinzip von Wissenschaftlichkeit überhaupt die Fülle der Möglichkeiten von Wissenschaft in sich begreifen, dann muß sie die Ursache, der Grund und der Anfang von Wissenschaft überhaupt sein.

Führt man unseren Gedanken noch einen Schritt weiter, so ist die Frage zu stellen, ob die Einzelwissenschaften die Erkenntnis von Welt überhaupt aus sich selber gewinnen können oder ob wir uns nicht in die Sphäre dieser Universalwissenschaft begeben müsssen, um die Frage, warum denn Welt überhaupt ist, beantworten zu können. Solange freilich Welt von uns wie irgendeine Tatsache betrachtet und verstanden wird, sind wir noch nicht auf dem Wege zu begreifen, warum denn die Forschungsergebnisse nicht Grund, Ursache und Ursprung von Welterkenntnis sein können, warum die Einzelwissenschaft überhaupt nicht Grundlage für eine universale Welterkenntnis sein kann. Erst wenn uns aufgegangen ist, welcher fundamentale Unterschied zwischen Sinn und Tatsache besteht, vermögen wir zu beginnen, den Boden zu suchen, auf dem wir universale Welterkenntnis gewinnen können.

Zweiter Abschnitt

Abstrahierendes Denken

Nun kommt es darauf an, nicht nur eine präzise Vorstellung von dem Begriff „Weltbetroffenheit" zu haben, sondern wissen zu lernen, wie es in einer methodisch und sachlich zutreffenden Reflexion anzustellen ist, sich selbst einen klaren Begriff von Weltbetroffenheit zu erarbeiten. Es genügt nicht, eine Vorstellung vom Begriff „Weltbetroffenheit" zu haben, mit dem man vielleicht in einer Auseinandersetzung über den Zweck des Daseins oder über den Sinn der Welt operiert, um sich intellektuell zu behaupten; es ist vielmehr wichtig, im bedächtigen Nachdenken den Sinn der Sache „Weltbetroffenheit" dadurch eindeutig zu erfassen, daß mich ihr Sinn zwingt, sie so und nicht anders im Begriff zu fassen.

Die Elemente der Eindeutigkeit eines Begriffes sind: die Sache selbst und der Sinn der Sache. Dieser ist der Grund dafür, daß eine Sache verstanden und erkannt werden kann.

Ist der Übergang geleistet von der Feststellung, daß eine Sache ist, zur Einsicht, warum eine Sache ist, dann kann ich ansetzen, sie dadurch eindeutig zu bestimmen, daß ich sie auf den Begriff bringe. Eine Sache ist dann auf den Begriff gebracht, wenn ich auf dem Weg des systematischen und methodischen Nachdenkens durch die Explizierung ihres Sinnes zu wissen gelernt habe, warum eine Sache mit sich einig ist.

Die landläufige Rede, einer verstehe etwas von seiner Sache, heißt, er weiß, was sie ist, seine Vorstellung von ihr ist klar, seinem Begriff von der Sache kommt objektive Geltung zu. Solche Einsicht aber ist nur möglich auf dem Wege des abstrahierenden Denkens. Damit ist nicht gemeint, daß es Aufgabe des kritischen Denkens sei, eine Sache zu zergliedern oder gar aufzulösen, wie die vulgäre Vorstellung von Abstrahieren meint, sondern abstrahierendes Denken heißt, die Architektur des Sinnes einer Sache, ihre Wesensgliederung herauszuarbeiten, um auf diese Weise ihren Sinn verstehen zu lernen.

Abstrahieren heißt darum, eine Sache von einer anderen abzuheben, aufgrund des ihr innewohnenden Sinnes. Eine solche Abhebung einer Sache von einer anderen entgeht der Sinnverschleifung, der Sinnverwischung und der Unklarheit deshalb, weil die bewegende Kraft der Sinn oder die Idee der jeweiligen Sache ist. Lasse ich mich also auf dem Weg des abstrahierenden oder reflektierenden Denkens auf eine Sache ein, so gewinnt das Vermögen des Verstandes, überhaupt Begriffe zu bilden, in dem Maße an Energie, als es von der Idee einer Sache, von der Eindeutigkeit ihres Sinnes bestimmt wird, genau diesen und keinen anderen Begriff von ihr zu bilden. In solcher Berührung zwischen dem denkenden Subjekt und der Idee einer Sache gewinnt das Vermögen des Menschen, überhaupt Begriffe bilden zu können, selber Gestalt. In diesem Ineinanderspiel von Denken und Idee wird dem Denken gewiß, daß eine Sache nur dann objektiv erkannt wird, wenn sie auf den Begriff gebracht ist.

In dem Maße aber, als das denkende Subjekt den Begriff einer Sache anderen ihr wesensfremden Begriffen zuordnet, schwindet die Eindeutigkeit des Begriffes. Mit dem Zerfallen der Eindeutigkeit aber wird zugleich das Vermögen der Begriffsbildung geschwächt. Es kann zwar sein, daß durch die Auflösung des Sinnzusammenhanges zwischen Sache und Denken die Begriffe dadurch an Schärfe gewinnen, daß das Denken das Sachinteresse einbüßt, doch um den Preis, daß der Begriff inhaltsleer und nun zu einem Begriffsmodell wird, mit dem man operieren kann. Das Operieren mit handhabbaren Begriffen wird jedoch zu einem Manipulieren, wenn ich sie für meine Zwecke oder für die Zwecke der Gesellschaft beliebig gebrauche. Begriffe werden dann einsetzbar, beliebig auswechselbar und bilden miteinander ein bloß vereinbartes, aber kein notwendiges Bezugssystem, weil nun nicht mehr die Sache, sondern das vorstellende Subjekt allein bestimmt, welche Bedeutung diesem, welche jenem Begriff in diesem oder jenem Zweckzusammenhang zukommen soll.

Anstelle eines Sinnzusammenhanges, in dem die Sache steht, tritt ein Zweckzusammenhang, der in Wirklichkeit ein Bezugssystem von Begriffen ist, deren Bedeutung nun nicht mehr gewonnen ist aus dem einer Sache zugrundeliegenden Sinn, sondern aufgrund der Zweckfunktion, die ich einem Begriff zugeschrieben habe. Auf diese Weise werden Begriffe zum Modell im Dienste eines Zwecksystems, das „Gesellschaft" oder „Wissenschaft" heißen kann.

Sinn und Tatsache

Diese methodologische Vorüberlegung zum Problem einer sachgebundenen Beriffsbildung führt uns einen Schritt weiter zur Klärung des Verhältnisses von Sinn und Tatsache. Sie hat gezeigt, daß ich erst dann einen umfassenden und zutreffenden Begriff von einer Sache habe, wenn ich den Schritt von der Erklärung zu ihrer Begründung tue.

Eine Sache erklären heißt zu zeigen, daß sie ist, indem ich sie beschreibe. Eine Sache auf einen begründeten Begriff zu bringen, heißt zu zeigen, warum ich sie als Tatsache nicht nur so beschreiben kann, sondern so beschreiben muß. Nur ein vordergründiges Verständnis von Phänomenologie, ein Methodenbegriff, der in mannigfachen Gebreiten der Wissenschaften heute mit dem einer puren Sachbeschreibung verwechselt wird, kann es bei der Tatsachenbeschreibung bewenden lassen. Wahre Wissenschaft aber entzieht sich niemals der Begründung einer Sache. Sie sieht sich gezwungen, den Übergang vom „daß" zum „warum" zu leisten, weil sie einen klaren, umfassenden und zutreffenden Begriff der Sache, die sie zum Objekt der Forschung erhoben hat, zu geben versucht. Nach den bisherigen Überlegungen können wir daher sagen: Ein Begriff ist um so klarer, umfassender und zutreffender, je abstrakter er ist, je mehr er den Grund der Eindeutigkeit einer Sache dadurch faßt, daß er sie von einer anderen abhebt und somit die Differenz beider einsichtig macht.

Abstrakt denken heißt also, eine Sache von der anderen abzuheben, den Übergang von der Erklärung einer Sache zu ihrer Begründung zu leisten, den Grund der Differenz zwischen einer Sache und einer anderen herauszuarbeiten. Denkt man abstrakt, so erfaßt man den Grund der Wirklichkeit einer Sache, indem man von einem arglosen zu einem begründenden Denken übergeht.

Demnach ist zu unterscheiden zwischen zwei Begriffen von Abstraktion, nämlich der formalen oder leeren Abstraktion (dem Denken in Begriffsmodellen) und der inhaltsbestimmten Abstraktion des Sinnes einer Sache.

Letztere meint im Begriff nicht nichts, sondern etwas. Dieses Etwas heißt Idee. Abstraktes Denken ermöglicht es, Wirklichkeit so auf den Begriff zu bringen, wie sie kraft der Idee von Grund auf so und nicht anders wirklich ist. Ist dies erkannt, dann schwindet die Furcht vor abstraktem Denken in dem Maße, als die wissenschaftliche Erkenntnis von Wirklichkeit über den Weg der Abstraktion führt.

Nehmen wir unser Thema „Die Weltbetroffenheit des Menschen" in den Horizont abstrakten Denkens, so vermögen wir schon in dieser ersten Explikation zu unserem Thema das Ziel zu nennen, auf das unsere Gesamtüberlegungen zulaufen: Erkenntnis der Wirklichkeit Welt.

Wovon ist der Mensch betroffen, wenn ihn Welt anzurühren scheint, wenn er vor ihr staunt oder gar vor ihr erschrickt? Das Staunen oder Erschrecken vor oder durch Welt ist erwirkt durch die Wirklichkeit Welt. Ist also die Wirklichkeit dieses noch unaufgeklärten Ganzen, das wir zunächst Welt heißen, jenes Unfaßbare, das sich entzieht, indem man danach greift? Ist am Ende gar der abstrakte Charakter der Welt die Ursache dafür, daß wir sie uns nur dann zugänglich machen können, wenn gewiß geworden ist, daß das Abstrakte das Wirkliche ist? Trifft dies zu, dann bildet sich unser Sinn für Welt in dem Maße aus, als wir Sinn und Verständnis gewinnen für die Notwendigkeit der Einübung in abstraktes Denken.

Vielleicht geht uns damit schon auf, warum das kritisch durchreflektierte Bewußtsein der Neuzeit zwar nicht mehr mit dem Begriff des Staunens beginnen kann und darf, falls es sich nicht selbst widerlegen will, wohl aber mit dem Begriff der Betroffenheit oder dem des

Erschreckens, wenn es die Wirklichkeit Welt in den Begriff des Denkens bringen will. Die Härte, mit der Welt zunächst dem Denken widersteht, hat ihren Grund im abstrakten Charakter dessen, was wir die Wirklichkeit jenes Ganzen nennen, das das Schicksal des Menschen ist.

Der Sachverhalt „Betroffenheit"

Um zu klären, welche Rolle der Begriff der Betroffenheit für ein wahres Weltverständnis des Menschen spielt, ist nun kurz der Sachverhalt „Betroffenheit" zu analysieren.

Wir sprechen vom Sachverhalt „Betroffenheit", weil dieser Begriff das eigenartige Verhältnis von Welt und Mensch meint. Wir sprechen vom Verhalten oder von der Relation einer Sache zu einer anderen, insofern es uns darauf ankommt, einen objektiven Begriff von der Wirklichkeit „Welt" zu gewinnen, die das Weltsein des Menschen erweist.

Wir werden diese These explizieren, um zu begründen, was denn das Weltsein der Welt ist. Es wird sich zeigen, daß das Weltsein der Welt der weltseiende Mensch ist oder daß die Wirklichkeit der Welt das Sein des Menschen ist. Bei der Formulierung der These ist jedoch nicht zu übersehen: Wir nannten die „Betroffenheit" einen Sachverhalt; wir sprechen jetzt nicht von Welt, sondern vom Weltsein; wir sprechen nicht vom Menschen, sondern vom weltseienden Menschen. Wir ordnen einander zu: das Sein oder die Wirklichkeit Welt und den seienden Menschen. Die Wirklichkeit Welt nehmen wir als einen Sachverhalt. Also ist die Frage: Wie verhält sich das Sein (Welt) zu Seiendem (Mensch)? Warum kann von Welt überhaupt nur als Sachverhalt, als Relation, als Zuordnung oder als Urfügung, deren Name weltseiender Mensch heißt, gesprochen werden? Der Titel „Weltbetroffenheit des Menschen" meint also den Sachverhalt „Welt", deren Repräsentativ oder Gegenwärtigung das Sein des Menschen ist. Deshalb kann gesagt werden, die Weltbetroffenheit des Menschen ist seine Selbstbetroffenheit. Die Wirklichkeit aber, von der der Mensch durch sich selbst betroffen ist, ist das Sein von Welt oder das Weltsein seiner selbst.

Dies ist die Weltbetroffenheit des Menschen, daß er nicht von irgendetwas in der Welt betroffen wird, sondern daß er im Gedanken „Welt" durch sich selbst als Weltgedanke betroffen ist.

Um nun die philosophischen Implikationen dieses Satzes herauszuarbeiten, ist es notwendig, daß wir uns zunächst Gedanken darüber machen, was wir mit dem Begriff des Traktates meinen.

Inversives Denken

Nimmt man den Begriff des Traktates zunächst in einem äußeren Sinne, so bezeichnen wir ein ganz bestimmtes Genus oder die Art und Weise, wie ein Thema wissenschaftlich vorläufig abgehandelt werden soll. Das Wort „tractatus" heißt, wie im lateinischen Wörterbuch zu lesen ist: „Behandlung, Beschäftigung, Bearbeitung und Erörterung". Verstehen wir tractatus als Erörterung, Besprechung, gar als Überdenkung und Überlegung, so werden wir darauf hingewiesen, auf welche Weise — inhaltlich gesehen — die Behandlung, Beschäftigung eines Problems geschehen soll. Das Problem soll an seinem sachgemäßen Ort entdeckt werden. Damit ist gemeint, daß auf erörternde Weise der Ort ausgemacht werden soll, durch den die Sache, die verhandelt werden soll, determiniert ist. Das Wort „Ort" ist im Sinne des lateinischen Wortes „terminus" zu nehmen. Sprechen wir also von Traktat, so meinen wir dies in einem topologischen Sinne. Der Traktat will an jenen Ort führen, der maßgebend ist für die Sach- und Begriffsgrenzen eines Problems. Im Begriff des philosophischen Traktierens ist also unausgesprochen eingeschlossen, daß er die Wesensgrenzen einer Sache abzuschreiten hat, um das Denken dahin zu bewegen, daß es sich am Wesensort der Sache sammelt. In der topologischen Überlegung versammelt sich das Denken im Wesen der Sache, das zur reflektierenden Erörterung steht.

Will man also erfassen, was Traktat heißt, so verbindet man mit dem Wort „Traktat" den Begriff des Topos oder des Terminus, also den des Ortes oder der Grenze. Soll aber die Bewegung des Denkens nach Art eines Traktates erfaßt werden, so ist das Verbum „trahere" hinzuzunehmen, das wir als „zusammenziehen" oder als „versammeln" auslegen.

Mit dem Begriff des Zusammenziehens verbinden wir den der Rückwendung. Zieht sich das Denken auf den Wesensort der Sache zurück, so hat es sich der Sache selbst zugewandt. Diese Rückwendung auf die zur Rede stehende Sache nennen wir Inversion, im Sinne von Hinwendung oder Rückwendung. Erörterung heißt also jetzt für uns: Inversion oder Rückwendung auf die Sache in der Dimension des Bewußtseins.

Die eigentliche philosophische Arbeit, die im reflektierenden Denken zu leisten ist, besteht nun darin, daß man in einer doppelzügigen Bewegung sich dadurch der Sache Welt zuwendet, daß man sie in der Dimension des Bewußtseins zu bearbeiten beginnt.

So verbindet sich mit dem Begriff des Topos der der Inversion. Es wäre nun ein Mißverständnis, wollte man durch die Handhabung eines unkritischen Denkens meinen, den Wesensort einer Sache aufzusuchen, heiße, man solle sich wie an Orten von da nach dort bewegen. Um deutlich zu machen, in welchem Sinne ein topologisches Vorgehen zu verstehen ist, muß zu dem Begriff der Inversion der der Abstraktion kommen. Die Inversion des Denkens, die den Wesensort einer Sache sucht, ist ein Akt des Abhebens oder der Abstraktion. Die philosophisch zu bearbeitende Sache wird also dadurch inversiv zurückgeführt in die Dimension des Bewußtseins, daß der Bereich der Gegebenheiten dessen, was uns, wie wir zu sagen pflegen, natürlich vor Augen liegt, verlassen wird, um nun den Bereich des Bewußtseins als den Topos oder den Ort philosophischer Überlegungen begreifen zu lernen. Es ergibt sich, daß der Topos oder der Terminus einer philosophischen Überlegung die Dimension des Bewußtseins ist. Dies hat für unsere Überlegungen zur Weltbetroffenheit des Menschen die Folge, daß der Ort, an welchem wir nach ihr suchen, der weltseiende Mensch ist.

Implikatives Denken

Wenn es nun zutrifft, daß es das Wesen des philosophischen Traktates ist, auf dem Wege eines inversiven Denkens in der Dimension des Bewußtseins an den Nerv der zu behandelnden Sache zu rühren, so wird es darauf ankommen, auch den umgekehrten Weg zu gehen, nämlich auf dem Wege der Deduktion alles, was sich in einem philosophischen Traktat zusammengezogen hat, was sich impliziert hat, wiederum zu entfalten, und zwar mit dem Ziel, die Problemarchitektur durchsichtig zu machen, um auf diese Weise den Sinn der Sache Welt einsichtig zu machen. Das inversive Denken als Methode ist gebunden an die Sache, die der Maßstab des philosophischen Verfahrens ist, um zu ihrem Prinzip, ihrer Idee zu gelangen. Steht das Problem Welt in Rede, so schreibt die Sache Welt das inversive Vorgehen vor. Wenn wir den Sachverhalt Welt überdenken, so halten wir uns an den Begriff des Ganzen. Denn gerade das zeichnet Welt aus, daß sie als Welt ohne Teile ist. Wir sprechen zwar in geographischem Sinne von Weltteilen, doch die Weltteile selber sind einbegriffen in ein Ganzes, das man Universum nennt. Wenn schon die Kugel die einzig sinngemäße Methapher für Welt ist, wenn wir die geistige Welt als „globus intellectualis" bezeichnen, so ist damit der Maßstab genannt, der den Begriff des inversiven Denkens näher bestimmt. Das Ganze Welt oder der Globus schreibt vor, wie diese Inversion des Denkens zu vollziehen ist.

Es ist kein Zweifel, daß das inversive Denken sich von der sinnenfälligen Welt abhebt, um in der Dimension des Bewußtseins den Weltbegriff zu erarbeiten; dies ist keineswegs als eine lineare Inversion zu verstehen, so daß es nur eine Art Kehrtwendung, nämlich weg von der Sache und zurück in das Bewußtsein bedürfe, um beginnen zu können, sich über die Welt philosophische Gedanken zu machen. Die hier zu vollziehende Inversion des Denkens schreitet also nicht linear von einer sinnfällig gegebenen Sache zurück in die Dimension des Bewußtseins. Zwar geht das nur reflektierende Denken den Schritt von einer den fünf Sinnen gegebenen Welt zunächst linear zurück, doch dieses lineare Vorgehen wird in dem Maße zu einem Umkreisen der Sache, als das Bewußtsein sie sich vorstellt, als die Denkbewegung sich von der Ganzheit Welt bestimmen läßt.

Diese Inversion würde freilich zu einem in sich kreisenden Leerlauf, wenn das Denken nicht auf die Idee oder das Prinzip „Welt" zuliefe. Denn die das Denken zentrierende Kraft ist die Idee des Ganzen. Will ich wissen, was Welt ist, so hat das Denken sich vom Umriß dieses Ganzen, von der Oberfläche der Kugel wegzudenken, um sich auf sich selbst hinzukehren, sich dieses Ganze vorstellig zu machen. Durch die Vorstellung des Ganzen, der Sachlogik des Ganzen folgend, ist zu fragen, wie denn das Prinzip oder die Idee geartet sein muß, die diesem Ganzen zugrunde liegt, falls Welt in sich konsistent sein soll.

Damit stellt sich zur Klärung unseres Problems die Frage ein, warum denn Welt überhaupt keine Teile haben kann, weshalb man im philosophischen Sinn nicht von Weltteilen oder Weltstücken reden kann. Welt ist deshalb philosophisch nicht teilbar, weil sie sonst aufhören müßte, eine Ganzheit zu sein. Das Ganze als Prinzip ist unteilbar. Das Ganze als Idee ist keiner Verbesonderung fähig.

Doch wir sprechen von Welten in der Welt. Jedwedes Seiende, das in sich eins und ganz ist, ist darum welthaft, weltartig und welthaltig. Denn jedwedes Ganze, das in sich einig ist, ist deshalb welthaft, weil es nach Art von Welt in sich einig ist. Jedwedes Seiende, das in sich einig ist, ist weltartig, weil es nach Artung von Welt ganz ist. Jedwedes Seiende, das in sich einig ist, ist deshalb an jedem Punkt seines Wesens und Daseins ganz von Welt betroffen, weil in jedem Teil des Seienden Welt ganz gegenwärtig ist.

Diese Welthaftigkeit, Weltartigkeit, Welthaltigkeit des Seienden ist für uns der Anlaß, nach der weltzentrierenden Kraft der Idee zu fragen, die das Denken ergreift, wenn es die Idee des Ganzen zu erkennen versucht, um es durch eine inversive Spiralbewegung im Wesensort von Welt, der Idee, dem Prinzip oder Sinn von Welt zu versammeln.

Auf diese Weise soll das, was uns als verwickeltes Problem erscheint, entflochten werden. Dazu muß die in das Wesen einer Sache versenkte Idee aus der Verflechtung in Zeit, Geschichte und Endlichkeit gelöst werden. Das implikative Denken setzt voraus, daß der der Sache Welt zugrunde liegende Sinn zum Verstehen gebracht werden kann. Indem es zu einem explikativen Denken wird, erlaubt es, den der Sache eingefalteten Sinn zu entfalten oder zu explizieren. Gehen wir also den der Sache Welt innewohnenden Implikationen nach, so ist es entscheidend, daß der Umschlag zu einem explikativen Denken gelingt. Das eine, in dem sich das Denken nun versammelt, zusammenzieht, invertiert, ist die Idee von Welt. Ihre Explikation ist der Sinn eines implikativen Denkens. Der sachliche Grund, über Welt in Gestalt eines Traktates zu handeln, ist der Sachverhalt, daß wir über Welt nur auf dem Wege von Implikation und Explikation sachgerecht nachzudenken vermögen. Erst wenn ein philosophischer Text die Gestalt eines Traktates gewonnen hat, ist er interpretationsfähig. Darum heißt in diesem Zusammenhang, Welt zu interpretieren, ihre

Sinnexplikation herauszuarbeiten. Dies aber ist gemeint mit einer explizierenden Interpretation. Hält sich also die Interpretation von Welt nicht an die Idee von Welt, verliert das Denken seinen Sachgrund und die Interpretation ihre Berechtigung.

Ist die Inversion vollzogen, dann ist es Aufgabe des Denkens, herauszuarbeiten, welche Sinnimplikation dem Begriff Welt oder welche Sinnarchitektur der Idee Welt zugrunde liegt. Bei der Herausarbeitung dessen, was die Idee Welt an Sinnfülle in sich schließt, geht es darum, den entdeckten Schatz der Idee zu heben, ihn zu analysieren, die Elemente seiner Sinnarchitektur bloßzulegen, um wissen zu können, wie denn ein Seiendes geartet sein muß, wenn wir sagen, es sei welthaltig, weltgeartet, ja welthaft überhaupt.

Inversion als Methode

Warum muß das Denken, wenn es sich das Thema der Ganzheit von Welt stellt, der Methode Inversion folgen? Deshalb, weil der Sache Welt eine Idee oder ein Sinn zugrunde liegt. Will man nun die Methode des Erdenkens einer Weltvorstellung oder den Weg, den ein Denken zu gehen hat, das wissen will, was Welt ist, will man das Denkverfahren beschreiben, das erarbeiten will, warum Welt ist, so ist in vier Denkschritten vorzugehen:

Soll ich das unteilbare Ganze von Welt denkend erfassen, so habe ich mich von der sinnfälligen Welt abzuwenden, um mich hinzuwenden in die Welt des Bewußtseins, das Welt vorzustellen, das den Sinn von Welt zu verstehen vermag, das das Prinzip von Welt entwickeln kann, weil der Grund des Bewußtseins Vernunft ist.

Zweitens ist diese Inversion des Denkens dann methodisch sachgerecht, wenn sie nicht linear vorgeht, sondern der Ganzheit der Sache Welt in einer Spiralbewegung folgt; denn weil sie Ganzheit ist, schreibt sie vor, daß sie nur umkreisend in ihrem Wesen erfaßt werden kann. Aus diesem Grunde sprechen wir von einer zirkulären Inversion.

Durch die Methode der zirkulären Inversion für die Erkenntnis von Welt wäre kaum etwas gewonnen, wenn sie nicht bewegt wäre von einer Kraft, die den Akt des Erdenkens von Welt auf sich zu zentrieren vermag. Aus diesem Grunde muß drittens die Kreisbewegung des Denkens, bewegt durch die Kraft der Idee von Welt, zu einer Spiralbewegung werden, welche die Vorstellung, die Idee, das Prinzip von Welt in einem Punkte einkreist.

Obwohl durch die zirkuläre Inversion die Amplitude oder die Spannweite ihrer Denkbewegung bei jedem weiteren Schritt des Denkens enger wird, bis es sich selber immer weiter in den Engpaß gebracht hat, obwohl es zwar um seine Vorstellung der Idee von Welt mit Gewißheit weiß, bleibt ihr trotzdem noch verschlossen, warum Welt von Grund auf mit Notwendigkeit so und nicht anders ist. Daher hat das Denken eine weitere Wende zu vollziehen, um die Implikationen der Weltidee, das, was in ihr an Sinn noch beschlossen ist, offenzulegen. Deshalb hat sich viertens mit dem Begriff der zirkulären Inversion der der Deduktion zu verbinden.

Was in der Idee von Welt noch an Sinn verschlossen ist, ist nun zu entrollen. Die Architektur der Weltidee ist auszuarbeiten, ihr Sinn ist zu explizieren, indem er deduziert wird. Was die Idee von Welt an Sinn enthält, ist begrifflich auszuarbeiten. Auf diesem Weg einer deduzierenden Explikation kann sich dann zeigen, daß, wie, was und warum jedwedes Seiende, sofern es in sich eins und ganz ist, nach Art von Welt ist und sein Sosein deshalb in sich Welt enthält, weil die ihm zugrunde liegende Idee das Prinzip seiner Ganzheit ist. Wo immer etwas ganz das ist, was es ist, kann man von seiner Weltartung sprechen.

Es mag den Anschein haben, daß die hier angestellte Reflexion über die Methode philosophischer Welterkenntnis doch eine äußerliche Sache sei, denn schließlich gehe es um die Wirklichkeit Welt und nicht um eine wissenschaftliche Methode. Doch weil Seiendes zwar als solches ontisch gegeben ist und Welt nur als Ganzes in Gestalt von Seiendem zur Erscheinung gebracht werden kann, deshalb ist die Methodenfrage für die Klärung der Sachfrage Welt nicht beiläufig, sondern integrierend. Dies heißt, ein Denken, das auf solche Weise verfährt, gerät notwendig an das Problem Welt. Wo immer nämlich nach dem Prinzip einer Sache gefragt wird, die in sich eins und ganz ist, dort ist die Frage nach ihrer Welthaltigkeit, nach ihrer Weltartung und schließlich nach ihrer Welthaftigkeit mit eingeschlossen.

Welt ist die Grundimplikation von Seiendem. Frage ich nach der Idee eines Seienden oder nach seinem Grund, so ist immer die Frage nach Welt implizit mit gestellt. Ich kann nicht nach der Natur eines Seienden fragen, ohne an das Problem Welt zu rühren. Deshalb kann man von der elementaren Weltbetroffenheit des Seienden sprechen.

Wo immer man versucht, der Natur einer Sache, ihrer Idee oder ihrem Prinzip auf den Grund zu kommen, arbeitet man mit an der Welterkenntnis. Das Denken vermöchte überhaupt nicht die Frage nach Idee, Prinzip oder Grund einer Sache zu stellen, wenn Welt nicht im Denken arbeitete, indem sie es antreibt, alles, was ist, im Ganzen oder im Horizont von Welt zu begreifen. Dieses Ganze Welt aber ist der Vorbegriff oder die jedem Fragen nach Welt vorauslaufende Weltbewegung, die das Denken auf die Idee oder das Prinzip deshalb zentriert, weil die Erkenntnis des Ganzen oder der Wille zum Ganzen der Antrieb philosophischen Denkens ist. Denn das Denken ist dann wahr, wenn es das Ganze oder das Prinzip einer Sache gedacht hat, was und warum sie auch immer sei.

Durch diese Methodenüberlegung zum Weltbegriff hat sich nun gezeigt, daß die jedwedem Seienden und dem Sein des reflektierenden Denkens zugrunde liegende Idee von Welt die bewegende Kraft ist, die das Denken auf dem Weg der Ablösung einer sinnfälligen Vorstellung in die zirkuläre Inversion bringt, auf sich versammelt und durch den Erkenntniswillen nötigt, Idee und Prinzip von Welt dadurch zu explizieren, daß Welthaftigkeit, Weltartung und Welthaltigkeit jedwedes Seienden herausgearbeitet wird. Auf diese Weise kehrt nun das Denken zwar nicht zu der sinnenfällig gegebenen Welt zurück, aber auf dem Weg der Explikation der Weltidee ist es an jedwedes Seiende verwiesen.

Das Medium, in welchem die dem Sein des Denkens zugrundeliegende Idee von Welt als Kraft wiederum wirksam werden kann, ist „Endlichkeit" als Inbegriff von Raum und Zeit. Deshalb vermag das Denken Welt zwar zu erkennen, das Sein von Welt aber nicht schlechthin zu setzen. Versucht man, sich auf dem Wege der zirkulären Inversion einen Begriff von Welt zu erarbeiten, arbeitet man mit Welt; denn Welt artikuliert sich dann, wenn sie erkannt wird, als Sein der Wirklichkeit des endlich Seienden.

Wäre es möglich, auf dem Wege des Nachdenkens die Dialektik von Implikation und Explikation im Prozeß der Welterkenntnis zu überwinden, dann vermöchten wir uns absolute Welterkenntnis zu erarbeiten. Der Verlauf der zirkulären Inversion im Medium der Zeit durch den Raum von Welt ist der Störungsfaktor einer absoluten Welterkenntnis und macht sie unmöglich. Aus diesem Grunde kann das Philosophieren über Welt nie ans Ende kommen. Welt bleibt daher eine unendliche Aufgabe der Erkenntnis, die ein endliches Subjekt vollzieht.

So wird deutlich, daß es schließlich die Endlichkeit von Welt ist, die das Denken auf den Weg der zirkulären Inversion führt, damit es den Sinn von Welt dadurch zu verstehen lernt, daß es sich das Prinzip von Welt als Idee erschließt. Der Prozeß dieser Erschließung von Welt ist zeitgebunden und darum endlich. Deshalb muß durch alle Gezeiten der Weltgeschichte hindurch immer aufs neue zur Welterkenntnis angesetzt werden.

Grundworte „Welt" und „Zeit"

Es mag bei diesem Verfahren der Anschein entstehen, als ließen wir den lebendigen Vollzug des Gedankenganges außer acht. Geschähe dies wirklich, dann würden wir den Sachverhalt übergehen, daß Grundworte des Daseins der Endlichkeit seiender Dinge und des weltseienden Menschen nur auf dem Wege einer Explikation ihres Sinnes zu verstehen sind. Zu diesen Grundworten des Daseins der Endlichkeit seiender Dinge und des Menschen gehören zweifellos die Worte „Welt" und „Zeit".

Stecken wir uns das Ziel, den Sinngehalt von Welt und Zeit herauszuarbeiten, so sind wir daran, die Sachimplikation herauszustellen. Denn es läßt sich die Frage nicht unterdrücken, welches denn die den Begriffen Welt und Zeit innewohnenden Kräfte sind, die unser Nachdenken bewegen, ihren Sinn verstehen zu wollen. Wären die Grundworte Welt und Zeit inhaltsleer und damit sachfrei, vermöchten sie unser Denken nicht dahin zu bewegen, dem Sinn auf den Grund kommen zu wollen. Dem Sinngehalt von Worten auf den Grund kommen zu wollen, heißt nichts anderes, als den Sinnerv solcher Worte freizulegen, ihren Sinngehalt auf den Begriff zu bringen, ihre Idee verstehen zu wollen, das Denken von dem jeweils innewohnenden Prinzip bewegen zu lassen. Der Nerv einer Sache, ihr Begriff, ihre Idee, ihr Prinzip sind jene bewegende Kräfte, durch welche sich uns ihr Sinn im Laufe des Nachdenkens artikuliert.

Grundworte wie Welt und Zeit zur Selbstartikulation für das begreifende Denken und zur Selbstevokation für die vernehmende Vernunft zu bringen, ist das Ziel eines Denkens, das nicht nur wissen will, ob Welt sei, was Welt sei, wie Welt sei, sondern: warum denn alles Etwas ist.

Der Widerpart „Welt"

Doch die Tatsächlichkeit von Welt ergibt sich erst, wenn wir den Begriff von Welt nicht als leeren Begriff nehmen, sondern als sach- und sinnbestimmte Idee der Ganzheit seiender Dinge und des Menschen.

Wollen wir jedoch herausbringen, warum denn Welt uns dazu antreibt, die Frage ihrer Tatsächlichkeit und ihrer Herkunft zu stellen, so hat unser Blick nicht so auf Welt zu fallen, als sei sie ein Ding, sondern wir haben uns jener Kraft in uns selber zuzuwenden, die so lange in uns arbeitet, als unser Wissen von Welt sich noch nicht artikuliert hat. Es ist dabei zu bedenken, welche Leistung das Denken zu vollbringen hat, um den Schritt von einer Welt als Gegebenheit zu Welt als arbeitender Kraft in uns selber zu tun. Wenn wir uns Welt unbefangen zuwenden, so arbeitet sie schon in uns, provoziert uns, steht in uns selbst uns entgegen und ist trotz ihrer unvergleichlichen Nähe in uns selber ein Widerpart. Der Widerpart Welt steht uns nicht irgendwo oder irgendwann im Raum oder in der Zeit entgegen, sondern in uns selber, ehe wir darum zu wissen beginnen.

Der Begriff der Gegenständlichkeit von Welt muß also umgedacht werden in den der Gegenständigkeit von Welt. Soll diese Gegenständigkeit aber greifbar werden, so müssen wir lernen, zu wissen, warum Welt uns widerstrebt, warum sie sich uns entzieht, wenn wir nach ihr wie nach einem Gegenstand greifen, warum Welt diaphan ist, durchscheinend, warum sie sich als Bewegung erweist, indem sie uns entgleitet und sich darum widersetzt. Wo aber muß die Gegenständigkeit von Welt zur Greifbarkeit gebracht werden? Sie muß dort, wo sie dem welt-wissen-wollenden Menschen am nähsten und fernsten zugleich ist, nämlich in ihm selber, als Widerpart gewahrbar werden.

42

Der unbefangene Gebrauch des Wortes Welt

Daß wir das Wort Welt aber meist unbefangen gebrauchen können, vermögen wir deshalb, weil Welt jedwedem Seienden, das uns gegeben ist, nicht nur zugeordnet ist, sondern es umgibt und umkreist, weil jedwedes Seiende einfach dadurch, daß es ist, eine Welt nach sich zieht, indem es sie hervorbringt. Dies ist der Grund, weshalb wir Welt bald dem Tier, bald dem Menschen, bald der Kunst, bald der Technik, bald der Wissenschaft, bald dem Mythos, bald der Physik, bald der Biologie, bald der Geschichte, bald der Soziologie zuordnen können. Doch dies liegt nicht daran, daß wir es sind, die jedwedem Seienden Welt zuordnen, sondern daran, daß jedwedes Seiende, sofern es überhaupt etwas ist und nicht nichts, seine Welt nach sich zieht, indem es diese durch sein So-Sein hervorbringt. Wie leichtfertig es aber ist, von Welt im Sinne eines „milieu divin" zu sprechen, ehe das Problem überdacht ist, ob Gott als Sein überhaupt unter den Begriff des Seienden zu bringen ist, liegt auf der Hand, denn es ist keineswegs selbstverständlich, daß Gott, der nie geworden sein kann, falls er ist, in sich selbst Welt hervorzubringen vermag, falls sich zeigen läßt, daß Welt der Index ist für das Ganze der Endlichkeit.

In den Bereichen eines unbefangenen Gebrauches des Wortes Welt sind all jene Bemühungen um ein gesichertes Weltbild, um eine umfassende Weltansicht, um eine vertretbare Weltauffassung, um eine überzeugende Weltanschauung mit einzubeziehen.

Sichtet man die verschiedenen Bezüge, in die Welt, angefangen von Mensch und Tier bis hin zur Überzeugung des Menschen, die man Weltanschauung nennt, gebracht wurde, so ergibt sich die befremdliche Frage, ob denn Welt, die im Menschen arbeitet, die dazu treibt, daß der Mensch in sich ein Weltbewußtsein entwickelt, am Ende es selber ist, die diesen unbefangenen Gebrauch ihrer selbst zuläßt, so daß wir an die Ursache für den so konfusen Gebrauch des Wortes Welt, für die Vieldeutigkeit des Begriffes Welt, für die Verschleifung der Eindeutigkeit ihres Sinnes durch Welt selber rühren.

Ist also Welt selber jener dem Menschen innewohnende Bezugspunkt eines Ganzen, der ohne jede inhaltliche Bestimmung ist? Wollte man die Konsequenzen, die sich aus dem unbefangenen und konfusen Gebrauch des Wortes Welt ergeben, auf die Spitze treiben, so läge es nahe zu sagen, Welt sei als Bezugspunkt des Ganzen in Wahrheit die Leere oder das Nichts selber, das als Negation zuläßt, daß Welt in diese vielfältige Bezüglichkeit gebracht wird, daß die Ganzheit von Welt leere Bezüglichkeit ist.

Nach dieser Überlegung würde sich also ergeben, daß Welt selber als das dem Menschen innewohnende Nichts einer leeren Ganzheit diesen unbefangenen Gebrauch des Wortes Welt veranlasse, daß Welt selber der Anlaß dafür sei, daß sie keinen eindeutigen Sinn zu gewinnen vermag, daß ihr Begriff vieldeutig und darum beliebig verwendbar sei, wo immer der Erkenntniswille des Menschen auf ein Ganzes zielt, wann, wo und was auch immer dies sei. Somit schiene es also Welt selbst zu sein, die das Denken in den Engpaß der Sinnindifferenz oder der Bedeutungsleere oder der Inhaltslosigkeit aller leeren Ganzheit, in das Nichts, dessen Ort und Zeit der Mensch selber ist, drängt.

Das Gewissen als Ort der Welterkenntnis

Das Problem, das sich nun stellt, ist die Überwindung der Sinnbeliebigkeit des Wortes Welt. Welchen Sinn hat diese Sinnindifferenz dieses Wortes Welt für das Streben nach dem Wissen, was denn Welt sei und warum denn alles Etwas ist? Das Denken muß an den Rand des Nichts in sich selber geführt werden, es muß seiner Endlichkeit radikal überantwortet, auf den Nullpunkt seiner selbst gebracht werden, seine leere Nichtigkeit entdecken, damit ihm der Umschwung zu der dem Menschen innewohnenden Idee des Ganzen gelingt. Dann wird deutlich, daß die Negativität des Nichts der Endlichkeit des Daseins allein durch die Positivität der Idee des Ganzen überwunden werden kann. Darum ist das Gewissen für die Welterkenntnis von konstitutiver Bedeutung; denn es geht in jeder Gewissensentscheidung um alles oder nichts. Darin gibt sich der Weltcharakter des Gewissens kund.

Deshalb ist die Weltbewegung des Gewissens immer inversiver Natur; denn jede Gewissensentscheidung wendet das Denken in den Urbezugspunkt von Welt. Da dieser aber Idee ist, wird in jeder Gewissensentscheidung zwischen Welt und Nichts unterschieden und geschieden. Allein wenn unser Weltbewußtsein invertierend in sich geht, vermag es den Urbezugspunkt Welt in Gestalt des Gewissens als Idee zu finden.

Dritter Abschnitt

Warum ist denn Welt etwas?

Die uns geläufige, aber zunächst dunkle Frage: „Warum *ist* denn Welt etwas?", beginnt dann Umriß zu gewinnen, wenn wir sie in die Frage wenden: „Warum *ist* überhaupt Welt?" und sogleich fortfahren: „Warum ist Welt nicht überhaupt nicht?". In dieser gewohnten Bahn des Denkens könnte sich unsere Frage nach der Weltbetroffenheit des Menschen wenden, falls wir uns dem Ziel des Fragens überlassen.

Die Bedeutung der Frage: „Warum ist denn Welt etwas?" beginnt uns freilich erst dann aufzugehen, wenn wir fragen: „Warum ist Welt nicht nichts?" und dieser Frage die andere hinzufügen: „Ist Welt?". Ist das, was wir blindlings „Welt" zu nennen pflegen, überhaupt? Ist gar das Nichts der Grund von Welt, so daß wir mit Recht sagen könnten, Welt ist ohne Grund? Ergäbe sich am Ende unserer Überlegungen die Einsicht, daß das Nichts der Grund von Welt ist, dann müßte die Frage: „Warum ist überhaupt Welt?" dahin beantwortet werden, daß wir sagen: „Welt ist, weil sie nicht ist." Dies scheint ein offenkundiger Widerspruch zu sein. Wie kann das sein, von dem wir sagen, es sei nicht? Ist die Frage: „Warum ist Welt etwas?" abwegig? Doch die Frage: „Warum ist Welt?" gewinnt dann einen spezifischen Sinn, wenn wir in die Seinsfrage der Welt die Frage des Werdens aufnehmen.

Die Übergängigkeit von Welt

Ist also Welt der grundlose Grund, damit aus Nichts etwas werde? Oder wendet sich die Frage nochmals zurück? Ist also Welt am Ende das amorphe Sein, aus dem Vernunft durch Freiheit etwas anlockt, so daß der Anschein entsteht, der Mensch schaffe aus Nichts etwas, während in der Tat das Sein von Welt der Grund der Möglichkeit ist, daß überhaupt etwas werden kann?

Wie immer wir die Frage nach dem Grund des Werdens wenden mögen — wo immer in Endlichkeit etwas geschieht, geschieht es „in" Raum und Zeit. Die Kontinuität der einen Zeit und die Homogenität des einen Raumes sind das „Quasi-Nichts" der Endlichkeit, das der Antrieb des Schaffens ist.

Es ist kein Zweifel, daß Welt nicht der schlechthin zureichende Grund ihrer selbst sein kann. Andernfalls wäre Welt sowohl „causa sui" als auch „ratio sui". Gegen die Selbstkonstitution von Welt spricht die Tatsache, daß Welt sich allein am Rande des Nichts ereignet, dort, wo Zeit sich ins Nichts verliert und der Raum in die Unbestimmtheit verläuft, denn in Unendlichkeit ist weder der Augenblick fixierbar, kann also weder Zeit in Raum überführt werden, noch ist der Ort bewegbar, kann also Raum in Zeit überführt werden.

Und warum? Weil die Kontinuität der Zeit die Ausdehnung des Raumes bestimmt und weil die Homogenität des Raumes die Einheit der Zeit bestimmt. Dadurch aber wird deutlich, was wir meinen, wenn wir sagen, Welt sei endlich. Dies heißt, Welt verläuft in den drei Dimensionen der Zeit, der Vergangenheit, Gegenwart und Zukunft, deren Einheit der Raum ist. Welt ereignet sich in einem Raum der Endlichkeit, dessen Homogenität der Fluß der Zeit ist.

Wie Zeit immer, jeden Augenblick, den Fluß der Endlichkeit der Welt bestimmt, wie der Raum an jedem Orte der Welt ihre Begrenztheit bestimmt, so durchdringt das Nichts oder die Negativität immer und überall das Sein der Welt.

Wann und wo ist also Welt? Immer und nie, überall und nirgends. Aus diesem Grunde sagten wir, die Endlichkeit der Welt ereigne sich am Rande des Nichts, darum sei Welt ein „Quasi-nihil", schier nichts.

Wie immer wir also die Frage angehen, was denn — der Zeit und dem Raume nach — das erste von Welt sei, ist zu antworten: Das erste von Welt ist nicht etwas, das vorhanden ist, sondern der Übergang am Rande des Nichts, so daß wir sagen können: Welt ist der Übergang von Nichts in Sein, jedoch zugleich der Übergang von Nichts in Zeit. Diese Übergängigkeit von Welt, die wir nun gegen ein Selbstüberschreiten der Welt setzen, zwingt dazu, wann und wo immer wir in Welt sind, unsere Zeit und unseren Raum als Weltzeit und Weltraum zu bestimmen.

Darum ist der Rand des Nichts der Horizont von Welt. Nicht dadurch ist Welt wirklich, daß wir im Überschreiten der Endlichkeit das immerwährende Werden der Welt überwinden, sondern dadurch, daß sich unser Sein bewußt als „Sein der Welt" an unserem durch Zeit bestimmten Weltaugenblick und durch Raum festgelegten Weltort ortet und zeitigt. Will man sich also in Welt ihrer zufälligen Nichtigkeit entziehen, will man den Zufall Welt überwinden, so kann das nicht dadurch geschehen, daß man Zeit und Raum als Augenblick und Ort fixiert, sondern dadurch, daß man sich von der Übergängigkeit der Welt am Rande des Nichts ergreifen läßt, also dadurch, daß man als dieser Seiende hier und jetzt Welt in sich selbst Raum gewährt, indem man ihre Endlichkeit am Absolutpunkt des Gewissens scheitern läßt. Im Absolut-Punkt des Gewissens wird Welt jetzt nicht mehr als Nichts der Endlichkeit gewiß, sondern als etwas, das bestimmt ist durch die Idee „Mensch", der zwar endlich ist, doch die Endlichkeit im Gewissen dadurch überwindet, daß sein Spruch universal, an jedem Ort, in jedem Augenblick über den Rand der Endlichkeit hinaus verbindlich bleibt.

Diese nicht transzendierende, sondern regredierende Übergängigkeit führt an jedem Ort des seienden Menschen und in jedem Augenblick dazu, daß das Problem Ewigkeit akut wird. Welt ist darum etwas, weil sich ihre Ewigkeit, allerdings in Gestalt eines endlichen Ortes und einer endlichen Zeit, im Gewissen des Menschen gegenwärtigt. Der Mensch ist deshalb ein weltseiendes Wesen, weil er sich im Medium der Endlichkeit genötigt sieht, sich im Augenblick und Ort des Gewissens zu vergewissern, daß Welt doch etwas ist. Diese Einsicht freilich wird vermittelt durch die Überwindung einer Zeit, die verläuft, und eines Raumes, der nicht bestimmt ist. Der Mensch ist vielmehr durch sein Sein die Gegenwärtigung der Ewigkeit von Welt.

Welt als Geschick des Menschen

Schon das naive Weltbewußtsein kann sich der Einsicht nicht entziehen, daß Welt, wie immer wir diesen Begriff auch fassen, das Geschick des Menschen zu sein scheint. Dieser geschickhafte Charakter unseres naiven Weltbewußtseins zeichnet sich durch den Tatbestand ab, daß niemand sich dem Zugriff von Welt entziehen kann. Dies heißt, Welt stellt den Menschen, sie zwingt ihn in die Auseinandersetzung mit ihr, sei es in den Situationen des alltäglichen Daseins, sei es durch die Notwendigkeit der wissenschaftlichen Beherrschung von Welt, sei es durch den Willen des Menschen, auf dem Wege der Reflexion jedwedem Seienden auf den Grund zu kommen. Es scheint also unmöglich zu bestreiten, daß Welt ist.

Doch wie vermag der Mensch innezuwerden, daß er von Grund auf durch Welt betroffen ist? Diese vorphilosophische Einsicht des Weltbewußtseins ist nur möglich, weil der Mensch immer im Vorgriff von Welt ist, schon ehe er ihrer als Geschick inne wird. Diesen Sachverhalt nennen wir „die antecedierende Weltbetroffenheit des Menschen". Entscheidend ist, das Augenmerk auf dieses „ante" zu wenden. Wir sprechen von einem Vorgriff deshalb, weil Welt in Gestalt des Ganzen der Endlichkeit von Zeit sowohl auf den Menschen zuzukommen scheint, als auch in Gestalt der Vergangenheit sich ihm vom Rücken her entzieht. Durch diesen Sachverhalt der Antezedenz von Welt, dadurch, daß der Mensch sowohl im Hinblick auf Vergangenheit als im Hinblick auf Zukunft immer schon eingeholt ist, gewinnen wir einen ersten Zugang zum Verständnis der Gewahrung, daß Welt den Menschen zwar umgreift und durchgreift, ihn aber dennoch deshalb nicht zu überschreiten vermag, weil beide endlich sind. Daher sprechen wir von einer Antezedenz von Welt, nicht aber von ihrer Transzendenz. Dies würde nämlich voraussetzen, daß Welt nicht endlich, wohl aber absolut sei.

Der Mensch ist zwar immer im Vorgriff von Welt, weil sie sein Geschick ist; doch Welt selbst ist deshalb nicht der Überstieg oder Transzendenz, weil Welt und Mensch durch Endlichkeit signiert sind.

Diese Unterscheidung von Antezedenz und Transzendenz von Welt wird für uns deshalb wichtig, weil uns bei der Analyse des Weltbegriffes die Frage bedrängen wird, weshalb der Ort des Transzendierens die Innerlichkeit des Menschen ist. Wir werden dann der Frage nachzugehen haben, warum denn das Gewissen der Ort ist, an welchem Welt sich zwar überschreiten läßt, selbst aber endlich bleibt.

Wollte man also von einer Transzendenz von Welt sprechen, so vermöchte man dies nur dann, wenn man einsähe, daß Welt eben nicht autonom ist, sondern allein durch die Vermittlung des Menschen, durch seinen Zugriff nach ihr in die transzendierende Bewegung des endlichen Geistes einbegriffen ist. Schon die naive Weltbetroffenheit des Menschen zeigt also, daß der Mensch geschickhaft in Welt verflochten ist. Welt ist das vorbewußte Geschick des Menschen.

Diese Betroffenheit des Menschen durch das Sein der Welt nennen wir „die ontologische Weltbetroffenheit des Menschen". Weil Welt das Geschick des Menschen ist, deshalb geschieht alles, was durch Menschen geschieht, in der Sphäre der Welt. Der ontologische Charakter der Weltbetroffenheit des Menschen hat die Einsicht möglich gemacht, daß jedwede Vorstellung von Welt zurückgeführt werden muß in die Innerlichkeit des Menschen, denn allein aus der Subjektivität des denkenden Subjektes ist ein zutreffender Weltbegriff zu gewinnen.

Daraus ergibt sich die These: Allein der Mensch hat Welt. Denn er vermag um das Sein dieses Ganzen zu wissen, repräsentativ für alles endlich Seiende.

DIE IRONIE DER FRAGE NACH WELT

Erster Abschnitt

Der ironische Ansatz der Frage nach Welt

Die Formulierung des Themas: „Die Ironie der Frage nach Welt" mag zunächst stutzig machen. Soll durch diese Inschrift gesagt sein, daß die Urfrage der Philosophie nach dem Grund von Welt seit den Anfängen der abendländischen Philosophie in Wahrheit in die Irre geführt habe oder zumindest den Blick für das Phänomen Welt verstellte? Hat sich das Ringen um die Beantwortung der Frage nach dem Anfang der Welt Jahrhunderte hindurch deshalb als vergeblich erwiesen, weil man die Alltagswelt als bare Münze naiv hinnahm? Hat man diese naheliegende und darum so verfängliche Frage nach Welt vielleicht deshalb mißverstanden, weil der sokratische Anfang philosophierenden Denkens, die Ironie, aus dem Spiele blieb? Mußte nicht allererst die Kunst ironischen Denkens wiederentdeckt werden, damit das philosophische „Meisterstück der Verstellung" gelingen konnte. Mußte nicht die Nachdenklichkeit eines fragenden Subjektes in Verlegenheit gebracht werden, um die Ironie der Frage nach Welt überhaupt verstehen zu können?

Gewiß, die Frage, ob denn Welt überhaupt wirklich sei, muß einem in die Tatsachen der Alltäglichkeit eingefuchsten Denken abwegig erscheinen. Denn was scheint uns denn selbstverständlicher gegeben zu sein als eine kompakte Welt?

Bestritten wir dies, so könnte uns der bedenkliche Vorwurf treffen, es mangele uns an Realitätsbewußtsein. Dies sei die Ursache dafür, an der zwar nicht greifbaren, aber doch so kompakten „Existenz der Welt" zu zweifeln oder sich gar auf die Frage einzulassen, ob Welt selber es mit uns nur ironisch meine, indem sie uns allein im Spiel und Widerspiel von Wirklichkeit und Schein zugänglich sei, so daß man sich von der Tatsache beirren lasse, daß Welt uns nur vermeintlich als raum-zeitlich bewegtes Dasein erscheine. Man stütze hierauf zwar die Rede von der Ironie der Welt, bleibe aber bei der Berührung ihrer Oberfläche und verfehle damit ihre doch immer und immer sich selbst gleiche Existenz.

Wozu aber die Frage nach der Ironie von Welt oder die noch bedächtigere Frage nach der Ironie der Frage selbst, wenn sie gar nicht anzugeben vermöchte, weshalb sie ironisch intoniert werden müsse, falls sie Welt zum Problem werden lasse?

Dieser skeptische Einwand verliert dann an Gewicht, ja fällt in sich zusammen, wenn man sich darauf zu besinnen beginnt, warum ein Denken es sich überhaupt einfallen lassen kann, die Frage nach dem Grund von Welt als Frage nicht erneut ironisch zu nehmen. Denn warum kann es sich ein Denken einfallen lassen, die Skepsis einem alltäglichen Weltverständnis gegenüber dadurch umzukehren, daß es diesen Zweifel selbst zum Anfang der Frage nach Welt macht?

Damit erhebt sich die Sachfrage, ob es am Ende nicht gerade unsere massive Vorstellung der Realität eines raumzeitlichen Daseins von Welt ist, die es mit uns ironisch aufnimmt, und zwar dadurch, daß die harte Realität einer angenommenen Welt uns zuspielt, sie sei die wahre Wirklichkeit, während sie uns in Wahrheit einen Schein vorspiegelt, sich verstellt, uns narrt und die philosophische Erhellung des Dunkels verhindert, indem sie bloß die Alltäglichkeit einer raum-zeitlich bestimmten Tatsachenwelt ironisiert.

Wäre es so, dann wäre die Ironie der Frage nach Welt in der Tat bedingt durch die Ironie *dieser* Welt selbst, zumindest durch die Paradoxie ihrer raum-zeitlichen Erscheinung, die etwas anderes vorspiegelt als sie in Wirklichkeit ist. Dann eröffnete sie uns nur einen Schein von Wirklichkeit, nicht aber eine kompakte Realität, die es gar nicht geben kann. Wo aber ist Welt zu fassen? Wann stellt sie sich dem Denken? Etwa dann, wenn sie sich uns verstellt?

An diesem Punkte unserer Überlegung beginnt sich bereits zu zeigen, daß das gebotene „Meisterstück der Verstellung", daß der ironische Ansatz der Frage nach Welt in einer zweifachen Weise unumgänglich ist, nämlich sowohl durch den sokratischen Anfang philosophischen Fragens, die Ironie, die sich quer durch die Entstehungsgeschichte philosophischen Denkens durchgehalten hat, als auch durch die Erscheinung dessen, was wir in einem rohen Verstande gemeinhin die Realität von Welt zu nennen pflegen.

51

Die verstellte Frage nach dem Grund von Welt

Wenn wir nach einem Grund von Welt fragen, bewegen wir uns im Medium der Endlichkeit. Wir versuchen in dieser Bewegung die sogenannte Welt zu überschreiten; denn immer und überall sind wir selbst mitbefragt, stellt sich uns das Problem nach Grund und Ursprung des Menschen selbst.

So könnte man also auf den Gedanken kommen, daß die Frage nach Welt in Wahrheit eine List der menschlichen Vernunft sei, die sich selbst hintergeht, die sich philosophisch überspielt, und zwar mit der heimtückischen Absicht, vor sich selbst nicht eingestehen zu müssen, daß die Frage nach dem Grund von Welt in der Tat die Frage nach dem Grund des denkenden Subjektes selber ist, das die Skepsis gegenüber sich selbst durch die Frage nach dem Sinn von Welt larviert und maskiert.

Verleitet also die Ironie dazu, daß das denkende Subjekt zur Maske von Welt wird, falls es mit Grund wissen will, was und warum Welt ist?

Ist die Frage nach Welt die Ironie des Menschen angesichts von Welt oder die List, mit der er sich selbst überspielt oder durch die Welt sich überspielen läßt, also die uneingestandene Verlegenheit oder die intellektuelle Verstellung seiner selbst vor sich und anderen, durch die er dem Eingeständnis zu entgehen versucht, eben noch nicht den Anfang des Wissens gefunden zu haben, der ihm philosophisch, und dies heißt jetzt: mit Grund, den Sinn dieser Selbstironie des Denkens als Sachironie von Welt erschließt?

Selbstironie und Weltironie

Diese Welt- und Selbstironie des Menschen scheint das nachdenklich gewordene Subjekt Mensch dahin zu drängen, sich einer Paradoxie stellen zu müssen.

Warum soll aber durch diese ironische Selbstbehauptung des denkenden Subjektes die Welt zwar nicht ausgelegt, wohl aber verändert werden? Auf diese Frage sind im Laufe der Weltgeschichte des Denkens manche Antworten gegeben worden. Nehmen wir ad experimentum einmal die Antwort: Um die Daseinsbedingungen des denkenden Subjektes, seine zeitgenössische Realität zu verbessern oder gar selbst zu bestimmen — also zu definieren, was dann künftighin das Da- und Hiersein in dieser raum-zeitlichen Realität, genannt Welt, sein soll.

Ist die Ironie der Frage nach Welt nicht der Ausdruck dafür, daß wir schon eh und jeh von Welt betroffen sind? Ist sie gar ein Motiv dafür, daß die Philosophie bald mit Staunen, bald mit Skepis, bald mit Schrecken nach dem Anfang von Welt gefragt hat? Mit dem Staunen darüber, daß überhaupt etwas ist und nicht nichts? Mit dem Zweifel, ob Welt wirklich so ist, wie sie uns erscheint? Mit dem Erschrecken darüber, daß das Subjekt Mensch dieser Totalität ausgeliefert zu sein scheint, ja, daß er in diesem Schrecken gewiß wird: Welt ist das Geschick des Menschen?

Sind also die Weisen philosophischer Weltbetroffenheit und Nachdenklichkeit — sei es im Staunen, im Zweifel oder im Erschrecken — die Voraussetzung für den Beginn des philosophischen Anfanges der Frage nach Welt? Dies aber bedeutet, daß der ironische Anfang philosophischen Denkens die Positivität des Staunens mit der Negativität von Zweifel und Erschrecken vereint. So erst ist es verständlich, daß das Denken zwischen Positivität und Negativität durch die Kraft der Ironie sich dazu genötigt sieht, ein philosophisches Weltwissen zu erarbeiten, um Stand zu fassen.

Unumgänglichkeit der Frage nach Welt

Nun aber runden sich unsere Überlegungen dadurch, daß wir mit der Einsicht der Unumgänglichkeit der Frage nach Welt die Erkenntnis von der Unumgänglichkeit der Philosophie verbinden. Man kann sich der Philosophie ebensowenig entziehen wie der Welt. Man mag einwenden, daß man dies doch könne. Aber für uns ist entscheidend, um welchen Preis man sich denn dem Problem der Ironie der Frage nach Welt und Welt selbst entziehen kann, nämlich um den Preis, daß man die bare Tatsache einer Alltäglichkeit des Kosmos unbedacht, und dies heißt jetzt, unwissend, und dies bedeutet, sich ihr selber ausliefernd, hinnimmt. Dies hat zur Konsequenz, daß man

Welt und damit sich selbst dem manipulatorischen Zugriff von Instanzen überläßt, die die Herrschaft über die dem Anscheine nach bewältigte Tatsächlichkeit des Daseins jeweils angetreten haben. Spart man die Beantwortung der Frage nach der Ironie der Welt aus, so spart man sich selbst aus und überläßt sein Weltgeschick den anonymen Mächten der jeweiligen Stunde oder dem Zeitgeist.

Ironie und Skepsis

Ironie und Skepsis sind nicht als elementare Denkhaltungen zu nehmen, mit denen wir sozusagen von Natur aus geboren werden. Sie sind vielmehr Haltungen der Subjektivität des seiner selbst und über sich selbst bedenklich gewordenen Subjektes. Durch die Bewußtseinshaltung des Wissens in Gestalt der Skepsis wird allerdings der Philosoph in jedem Menschen geboren, und zwar dann, wenn das Subjekt Mensch wie Sokrates in sich den Anfang oder das Prinzip des Denkens entdeckt, das ihn ermächtigt, ja dazu nötigt, von sich und der Welt um des Wissens seiner selbst in der Welt willen Abstand zu nehmen, um das Weltexperiment in ironischer Distanz selbst zu machen.

Es scheinen drei Denkpositionen möglich: die ironische Distanz, die skeptische Schwebe und die unterschwellige Fiktion. Sind diese drei Denkpositionen nicht Bewußtseinshaltungen, Verhaltensweisen, Sichtweisen der Subjektivität des Subjektes, die einzunehmen das Subjekt schlechterdings deshalb genötigt ist, weil seine zwar zunächst kompakte, aber von ihm gesetzte und von ihm angenommene Welt zu zerfallen scheint, sobald es versucht, sich der Welt reflektierend zuzuwenden und dabei entdecken muß, daß sich die bisher so selbstverständlich hingenommene Welt als ein „X" entlarvt?

Wie aber komme ich auf den Gedanken, daß die Welt ein X sei, ein vielleicht nicht zu bestimmendes Etwas? Warum lasse ich mir denn angesichts einer gegebenen Welt einen solchen wesenlosen Gedanken überhaupt einfallen? Oder fällt mir der Gedanke, die gegebene Welt sei in Wahrheit ein X, einfach zu, ehe ich ihn auf seine Stichhaltigkeit zu prüfen begonnen habe?

Ist es am Ende die Reflexion eines Ich, das diese vermeintliche Totalität verrätselt? Oder ist diese Totalität Welt gar ein dem Denken von Natur aus anhangendes Rätsel? Oder ist es die nicht zu stillende Neugierde, nicht nur dieses oder jenes wissen zu wollen, sondern das Ganze, das Prinzip wissen zu müssen, falls ich nicht hier und jetzt, da oder dort, dann oder wann da sein soll, mein Dasein nicht nur von Fall zu Fall anzunehmen oder gegen es aufzubegehren habe? Hieße dies aber nicht, daß ich unter tausend Vorkommnissen ein Vorkommnis bin, eine Beiläufigkeit unter Beiläufigkeiten, vielleicht ein Zufall unter Zufällen, vielleicht eine Ironie oder ein Scherz? Aber das Wissenwollen des Ganzen ist die Bedingung, den Übergang von einem puren und glatten Alltagsdasein zu einer Weltexistenz überhaupt leisten zu können.

Muß also diese vermeintlich gegebene Welt allererst durch mich — um ein Wort aus dem Deutschen Idealismus aufzunehmen — vermeinigt werden, um mich als Weltexistenz überhaupt zeitigen zu können? Damit ist aber gemeint: Mich als jenen Weltmittelpunkt begreifen zu lernen, der mich begleitet in jedem Augenblick und an jedem Orte.

Dieser Übergang der Vermeinigung von Welt ist die Problemschwelle, die überschritten werden muß, damit ein begründetes Weltbewußtsein entstehen kann. An ihr beginnt das sokratische Weltbewußtsein, und zwar dadurch, daß ich mich von der Umgangsrede über Welt distanziere, indem ich mir nun reflektierend den Blick auf die empirische Welt verstelle, sie zu verdecken scheine, ja zu verspotten beginne.

Warum aber ist diese ironische Distanz und skeptische Schwebe überhaupt notwendig? Warum muß ich zunächst die unterschwellige Fiktion machen, daß diese empirische Welt überhaupt nicht sei? Allein darum, um den Schritt über die Schwelle vom blassen Dasein zur wissenden Weltexistenz zu tun. Die Beliebigkeit einer beiläufigen Nachdenklichkeit über das so genannte Welträtsel, das Grübeln über die Welt zerfällt in sich, da ich mich der Notwendigkeit ausgesetzt sehe, durch die saure Arbeit der Reflexion ein philosophisches Weltbewußtsein der Subjektivität des Ich, das nach dem Warum von Welt fragt, zu entwickeln.

Denn von einem Weltbewußtsein zu sprechen, heißt, den alltäglichen Gedanken Welt dadurch nach und nach philosophisch werden zu lassen, daß ich das Entstehen eines solchen Gedankens von einer vermeintlichen Totalität und Einheit von Welt mit jenem skeptischen Wissen der Ironie begleite, das die philosophische Frage nach dem Warum von Welt allererst entstehen lassen möchte. Nach Welt wird jetzt allerdings nicht mehr gefragt, ob sie empirisch gegeben ist, sondern es wird nach dem Grund der Möglichkeit gefragt, warum sich eine sogenannte empirische Welt überhaupt geben kann. Skepsis und Ironie entspringen also nicht der Unverbindlichkeit eines Denkens, das sich seines Daseins zu versichern zufällig noch nicht begonnen hat. Das Gegenteil ist der Fall.

In dem Augenblick, da ich beginne, mich gegen den Gedanken, ich sei ein Vorkommnis unter tausend Vorkommnissen eines eben doch dunklen Daseins, zu wehren, überschreite ich die Problemschwelle, verlasse ich die Dimension einer blinden Daseinsgläubigkeit und eines Vertrauens auf die Vorhandenheit einer Welt.

Nur so lange kann mich die Welt allerdings zum Narren und zum besten halten, als mir ihre Paradoxie, ihre Unstimmigkeit und Amphibolie, ihr schillerndes Hin und Her noch nicht aufgegangen ist, als mir der amphibolische Charakter der Welt noch nicht bewußt geworden ist, solange sich also die Welt im Spiel und Widerspiel des Daseins mir gegenüber zu behaupten scheint.

Die aporetische Bedeutung der Ironie

Welches ist aber die Dynamis, das Vermögen, einen möglichen Begriff des Ganzen überhaupt zu bilden, so daß es zur Entstehung eines Weltbegriffes kommen kann? Oder enthüllt sich das, was wir das Ganze, das All oder das Universum nennen, am Ende gar als das Einzelne, als das Besondere, das wir lediglich als die Mannigfaltigkeit der Dinge, als eine „universalitas rerum" bezeichnen? Das hieße jedoch, in Wahrheit nur eine Universalisierung des Einzelnen zur Weltordnung, eine Idealisierung des Besonderen zum Prinzip, zur Idee des Ganzen zu begehen. Ließen wir damit nicht Welt zu einer Chimäre, zu einem Unding werden? Meinen wir damit nicht das von Natur aus Unverträgliche in eine Gestalt zwingen zu können oder zumindest als eine Gestalt erscheinen zu lassen? Unterläuft uns dabei nicht, daß wir den Gedanken eines Universums unversehens als Totalität einer Wirklichkeit mißverstehen? Jedoch könnte es gerade auch die skeptische Negation der Ironie sein, die uns die Unwirklichkeit eines Undinges, einer Chimäre, zum Substrat oder zur Grundlage, zum Hypokeimenon unseres Daseins werden lassen will.

Aber diese Grundlage, diese „Urmaterie" Welt, kann es gar nicht geben, es sei denn in der Weise des Zufalls, der gar nicht erst zu Fall gebracht werden muß, wenn wir uns von der so genannten empirischen Welt ironisch distanziert haben. Oder ahnt die Ironie der Frage nach Welt den Sinn, uns allererst zweifeln zu lehren an alltäglichen Weltvorstellungen und an Weltunterstellungen in Gestalt von Idealisierungen, Utopisierungen und Hypostasierungen, als Weisen der Verdinglichung von Weltgedanken? Dies aber wäre dann die aporetische Bedeutung der Ironie, daß sie uns angesichts der empirischen Welt in eine aktive, den Zweifel erweckende Verlegenheit und Verstellung bringt, damit wir all die vorschnellen Weltunterstellungen und Weltvorstellungen der Alltäglichkeit auch erkennen lernen.

Will also die ironische Frage nach Welt das Denken in den Engpaß und in die Klemme des Zweifels und somit in die Aporie treiben, damit die Ironie als Voraussetzung des Zweifels erkannt wird? Dadurch aber würde das skeptische Moment der Ironie produktiv. Denn es ist nun die Chance gegeben, falls Verstellung und Verlegenheit sich mit dem Zweifel verbinden, daß in der Frage nach Welt sich jener aporetische Umschlag des Denkens vollzieht, der zur Einsicht bringt, daß Welt selber ein amphibolisches Phänomen ist, in welchem sich Werden und Vergehen, Schein und Wirklichkeit als Einheit dem Anscheine nach zur Erscheinung bringen.

Wo aber kann allein die Entscheidung über Wirklichkeit oder Schein von Welt anders fallen als in der Subjektivität des reflektierenden Weltsubjektes Mensch selbst? Denn erst wenn das weltseiende Wesen Mensch die empirische Welt dadurch im Begriff gefaßt hat, daß Welt aufgrund des Prinzips Mensch philosophisch durchdacht ist, dann erweist sich, daß allein das weltfähige und welthaltige Subjekt Mensch eine verbindliche und damit objektive Aussage über Welt begründet zuwege bringen kann. Dies aber kann nur gelingen, wenn durch Reflexion der Schritt vom schieren Dasein einer Subjektivität des Subjekts zur gezeitigten Objektivität der Weltexistenz des denkenden Subjektes getan ist.

Ironisch zu bedenken ist also die Unschärfe des alltäglichen Weltwissens und einer alltäglichen Weltvorstellung, die uns dazu verleitet, ein vermeintliches Weltwissen für Wahrheit zu nehmen, ohne uns der Aufgabe unterzogen zu haben, das vermeintliche Weltwissen der Empirie wahrhaft im Akt der Reflexion vermeinigt zu haben.

Der futurale Sinn von Welt

So ist also die Unschärfe unseres ungefähren Weltwissens im Schmelztiegel der Ironie durch die Härte der Aporie, des Spieles und Widerspieles von Wirklichkeit und Unwirklichkeit auf ein Weltwissen hin zu überwinden. Die Unschärfe kann als Unschärfe, die Amphibolie von Welt als Amphibolie erkannt werden, und die Identität von Welt erweist dann, daß sie allein als gebrochene Identität durch ein raumzeitlich bedingtes Denken erkannt werden kann. Ist dies geleistet, dann erst gewinnt die verwandelnde Idealisierung von Welt, also die Zurückführung auf ihr Prinzip einen futuralen Sinn; denn allein in dem Reduktionsakt der Verwandlung von Empirie in ihr Prinzip kann die Einsicht gewonnen werden, was und wie Welt sein soll, nämlich: indem sie wird, was sie ist. Warum aber vermag sie dies? Weil sie aufgrund des Weltsubjektes ist. Durch das Weltsein des Weltsubjektes Mensch aber gewinnt die Welt der Daseinsempirie, die Welt der Zwecke, ihren Sinn. Was diese Daseinsempirie soll, bestimmt der Sinn des weltseienden Subjekts Mensch.

Dieser futurale Weltimperativ des Sollens ist inbegriffen in die Ironie der Frage, nun nicht mehr nur und geradezu nach Welt, sondern nach ihrem anthropologischen Sinn, nach ihrer anthropologischen Topologie und Chronologie, dies heißt: der Ironie der Frage nach dem Weltaugenblick und dem Weltort des weltseienden Wesens Mensch, das zwar kosmisch vorhanden ist und vorkommt wie ein Ding unter Dingen, jedoch allein dann welthaft existiert und sich als das Weltprinzip – wenngleich in gebrochener Weise – erweist, wenn es die empirische Welt im Schmelztiegel von Ironie und Aporie auf die Frage nach ihrem Grund und Ursprung zurückgeführt hat, auf jenen Grund und Ursprung, der allein in und durch das weltseiende Wesen Mensch geortet und erlotet werden kann.

Der Fußpunkt der Weltgestalt ist das Weltsubjekt Mensch, das allererst die Weltanschaulichkeit seiner selbst in den Gestalten der Kultur werden kann. Ist dies geschehen, dann hat Welt Objektivität für das Handeln gewonnen, dann wird die Weltförmigkeit des Handelns zur Voraussetzung dessen, was man die Verantwortlichkeit für Welt nennt. Dieses aber wird der Willkür einer zufälligen und darum dekretierten Weltauffassung entzogen. Was Welt sein soll, wird dann nicht durch diejenigen bestimmt, die die „Macht über Welt" zufällig an sich gebracht haben, sondern durch diejenigen, denen die Seinsverfassung ihrer selbst nun als die begriffene Welt des weltseienden Menschen sich gegenwärtigt und die diese zum Maßstab ihres Handelns sich haben werden lassen.

Eine abgründige Frage

Die Ironie der Sache Welt, die diese mit uns zu treiben scheint, ist von Grund auf ein ontologisches Problem, denn schließlich muß sich die Ironie in eine Aporie kehren, falls wir den Schritt tun von der Frage: „Wie ist Welt überhaupt möglich?" zu der Frage: „Warum ist denn Welt überhaupt möglich?" — Was ist Welt denn nun wirklich, welches ist ihre Seinsartung oder ihre ontologische Konstitution, ja ihr wirklicher Grund, wenn uns doch diese zwielichtige und zwiespältige Doppeldeutigkeit der Tatsache eines raum-zeitlich bewegten Daseins gar zu der abgründigen Frage Anlaß sein kann: „Ist Welt alles oder ist sie nichts?" Formulieren wir dies in der Sprache Schellings, so heißt es:

„Auf die Frage, die der am Abgrund der Unendlichkeit schwindelnde Verstand aufwirft: *Warum ist nicht nichts, warum ist überhaupt etwas?* ist nicht das Etwas, sondern nur das All oder Gott die vollgültige Antwort. Das All ist dasjenige, dem es schlechthin unmöglich ist nicht zu seyn, wie das Nichts, dem es schlechthin unmöglich ist zu seyn. Dem Nichts ... ist daher nur das All schlechthin entgegengesetzt. Keineswegs aber das Ding, sondern dieses nur beziehungsweise und zum Theil, denn es ist ihm nicht schlechthin unmöglich nicht zu seyn, sondern nur sofern es mit anderen Dingen und im Verhältnis zu ihnen ist. Es ist daher nur Realität mit Nichtrealität gemischt und ein bloßes Mittelwesen." (Schelling, Werke 1927, Band IV, S. 108)

Stellt man nun die abgründige Frage Schellings im Zusammenhang unserer Überlegungen, dann fällt weniger seine Antwort auf die Warum-Frage ins Gewicht, so unheimlich sie auch ist, als vielmehr daß es heißt, dem Nichts sei nur das All, keineswegs aber das Etwas entgegengesetzt.

In der Konfrontation von Nichts und Etwas oder Ding, in ihrer Bezüglichkeit aufeinander, kommt aber ans Licht, daß Welt dann für uns zu einer Sachaporie, zu einem Mittelwesen wird, wenn wir sie dinghaft zu fassen versuchen. Dann aber führen und zwingen die Sachbedingungen unser Denken dazu, ironisch zu verfahren. Wir stoßen auf die ungleiche Einheit oder auf die gebrochene Identität von Welt als Realität und Nichtrealität, von Ding und Nichts in einem.

Welt als ein Ding „X"?

Die Welt scheint ein Ding an sich, ein X zu sein, und doch weist dieses rätselhafte X das Denken dann in seine Schranken, wenn wir es dingfest denken. Aber müssen wir die Welt so denken? Sind wir denn auf sie fixiert wie auf ein Ding? Dieser Engpaß oder diese Amphibolie von Realität und Nichtrealität des einen Alls, das uns betrifft, zwingt uns dazu, die Frage nach Grund und Ursprung von Welt so lange ironisch zu nehmen, solange wir Welt als verdinglichte Allheit von Realität und Nichtrealität nehmen, solange wir diese unüberwindbare Negation in unserem Weltbegriff nicht zu eliminieren vermögen. Diese unausweichliche Weltaporie wird bestimmt durch die Negation, ohne die ja Realität überhaupt nicht seiend gedacht werden kann, da etwas von etwas anderem unterschieden sein muß, falls diese Etwasse, genannt Dinge, in die Unterscheidung der Nachdenklichkeit mit Grund gebracht werden sollen.

Gegenwärtigkeit Welt

Unsere paradoxe Frage lautet darum: Wie verhalten sich Schein und Wirklicheit der Welt zueinander? Denn das Phänomen Welt nötigt zu der Frage: Wie erscheint uns Welt? Was ist Welt wirklich, welches ist denn die wirkende Kraft, die im Schein der Endlichkeit von Welt eine Totalität der Wirklichkeit zeigt, der wir zwar ausgeliefert sind, die uns ebenso bedrängt wie beglückt, die sich dennoch kaum fassen läßt? Denn falls wir fragen, wo denn diese Totalität Welt sei, müssen wir antworten: Überall, ubique. Falls wir fragen, wann aber diese Welt ist, die uns als Phänomen der Ungreifbarkeit beunruhigt, so müssen wir antworten: Immer, semper. Welt aber scheint sich schon bei einer ersten Begegnung mit unserer Reflexion als die Einheit eines „ubique et semper" zu zeigen. Oder sind gar wir es, ist es unser nachdenkliches Bewußtsein, das sich die Welt in Gestalt von Raum und Zeit nur vorstellt?

Wir sehen, das Phänomen Welt läßt sich anscheinend nur als Tatbestand fassen in den paradoxen Formulierungen:

Welt ist, indem sie wird,
Welt wird, indem sie ist.
Welt ist, indem sie ein Werden im Vergehen ist.

Ist Welt aber immer und überall, also immerdar gegenwärtig, oder die Gegenwärtigkeit selbst, ist Welt an jedem Orte, also allerorten und damit an jeder Stelle, so heißt dies doch, daß ihr raumzeitliches Vorhandensein es ist, das uns foppt, ja nicht nur dies, auch daß sie zugleich kraft ihrer Erstreckung, kraft ihres Ausgriffes von der Vergangenheit her immer schon gewesen ist, ehe wir ansetzten, Welt als Augenblick oder Ort zu stellen. Sie scheint uns immer schon davongelaufen und darum uneinholbar zu sein. Sie scheint immer schon gewesen zu sein, ehe unsere Nachdenklichkeit sich auf sie zurückbesinnt, also auf sie zu reflektieren beginnt. Sie scheint immer schon im voraus der Zukunft zu sein, ehe wir uns mit Vorsatz, also frei darauf einlassen zu fragen, was und wie denn Welt sei. Obgleich wir noch nicht wissen, ob sie überhaupt ist und was sie überhaupt ist, wollen wir auch schon wissen, warum sie überhaupt ist. Welt scheint uns immerdar voraus zu sein, noch ehe wir auf Zukunft hin zu fragen begonnen haben, was uns denn erwartet, was denn dieses so seltsame, beunruhigende Etwas ist, jene besorgniserregende Totalität, die auf uns zukommt, obgleich sie uns zu enteilen scheint, und die uns dennoch schon entglitten ist, ehe wir begonnen haben, durch einen intellektuellen Eingriff nach ihr zu greifen.

Was also hat es denn auf sich damit, daß Welt, die wir als Raum zu orten meinen, daß Welt, die wir als Zeit zu punkten meinen, — wir sprechen ja von Zeitpunkten — jetzt ist und hier ist? Daß also Welt die Gegenwärtigkeit selber zu sein scheint und doch immer schon entflohen ist, auch wenn wir sie als das immer schon Gewesene oder als das immer schon Künftige fassen? Daß sich Welt also keineswegs in ihrer raumzeitlichen Gegenwärtigkeit fassen läßt? Daß Welt dennoch allenthalben ist?

Weltknoten

Wenn wir uns gar vergegenwärtigen, daß wir dieser vermeintlichen Welt nicht nur ausgesetzt sind, sondern daß sie in uns verknotet zu sein scheint, daß die Härte ihres Zugriffes unausweichlich ist, dann ist es wohl dieser Weltknoten, den zu lösen uns aufgegeben ist, dann ist es wohl die Aporie der Welt, die mittels ihrer Raumzeitlichkeit ist, indem sie wird, und wird, indem sie ist, die unser Denken bedrängt, beunruhigt und belästigt. Dann aber zeigt sich, daß Welt nicht nur vor eine intellektuelle Provokation stellt, die wir Ironie nennen, sondern daß diese intellektuelle Provokation ihren Grund in der Aporie oder Unstimmigkeit der Seinsverfassung des weltseienden Menschen hat, in ihrer Gegensätzlichkeit und Widersprüchlichkeit selbst: zu sein und sich doch dem Zugriff des Denkens zu entziehen, eine Potenz zu sein, die uns, allein schon um der Selbstbehauptung willen, zum Handeln treibt und die sich letztlich doch nicht gestalten oder gar beherrschen lassen will.

So geht es also nicht nur darum, Ironie als eine Weise zu fassen, wie sich die Subjektivität des Weltsubjektes Mensch durch sich selbst von dieser Allheit betroffen, beunruhigt oder bedroht weiß. Es geht vielmehr darum, den Grund der Unausweichlichkeit dieser Aporie aufzudecken, also ihre ironische Verschleierung oder Umschleierung als solche zu erkennen, um die Wirklichkeit ihres raumzeitlichen

Daseins selbst als Aporie, als Engpaß, als die Raum- und Zeitenge, spatiale und temporale Beengung, also das An-Sich ihrer Räumlichkeit, Zeitlichkeit und Nichtigkeit zu fassen.

Ist es gar — und dies ist für uns die zentrale Frage — nicht nur die Weise, wie wir das Weltphänomen fassen, die unser ironisches Verhalten hervorruft, sondern ist es die Artung oder die Gestalt der Welt selbst, die uns dazu zwingt, uns ironisch zu verhalten? Treibt sie selbst uns in die Verlegenheit, das Weltspiel mit ihr spielen zu müssen? Zwingt sie selbst uns zur Erkenntnis, daß sie ein unauflösbarer Knoten ist, ein Rätsel, eine Frage, ein Problem, dem es in sich deshalb gebricht, sich eindeutig fassen zu lassen, weil es selbst aporetisch ist?

Angenommen, es sei erkannt, daß dies so ist, daß die Welt der Januskopf, also die Doppelgesichtigkeit des Alls der Realität unsrer selbst ist. Ist es dann gar dieser Mittelbereich zwischen Etwas und Nichts, zwischen Wirklichkeit und Schein, in dem Raum und Zeit sich entfalten, und zwar angetrieben, bewegt durch den Widerstand, durch die Widerspenstigkeit, die das Nichts gegen die Wirklichkeit leistet in den negativen Gestalten der Endlichkeit: Zeitlichkeit, Räumlichkeit und Nichtigkeit?

Ist es also gerade dieser Zwischenbereich von Etwas und Nichts, der uns nötigt, an Welt leidenschaftlich interessiert zu sein? Ist es die Unmöglichkeit der Synthesierung oder der Verknüpfung von Etwas und Nichts, die uns den Weltknoten nicht auflösen läßt, so daß wir darum allein dann angemessen nach der Welt fragen, wenn wir dies ironisch tun? Hindert uns dieser Zwischenbereich daran, als Subjekt eine definite Aussage über Welt zu machen, also sie durch ein Urteil zu fassen?

Wo endet die ironische Frage nach Welt?

Ist es am Ende die aporetische Seinskonstitution von Welt, die uns aus der ironischen Schwebe darum nicht entläßt, weil das Phänomen Welt selbst dazu verurteilt zu sein scheint, diese Allheit uns nur im Zwielicht der Aporie erscheinen zu lassen?

Ist es also der Sinn eines ironischen Fragens nach Welt, daß wir allein durch die aporetische Welthaltigkeit der Seinsverfassung des Subjektes Mensch die Einsicht gewinnen können, daß wir in Sachen der Welterkenntnis uns nur zwischen Wissen und Nichtwissen bewegen?

Ist ironische Welterkenntnis dann geleistet, wenn wir uns durch uns selbst haben von der Einsicht berühren lassen, daß das Nichtwissen über die Welt das einzige angemessene Weltwissen ist? Erst wenn ich weiß, warum ich nicht weiß oder nicht wissen kann, was Welt ist, falls ich meine, sie im direkten Zugriff erfassen zu können, ist die ironische Frage nach Welt beantwortet.

Erst wenn ich denkend das Warum dieser Erkenntnis, ihre ratio, entwickelt habe, also vom Daß zum Wie, zum Was, zum Warum von Welt erkennend fortgeschritten bin, wenn ich mir also den Gang des begründenden Denkens nicht erspart habe, kann ein Titel wie „Die Ironie der Frage nach Welt" mehr als eine deklamatorische Bedeutung haben. Dann hat sich die Frage nach Welt von der raumzeitlichen Weltbewegtheit, ihrer Dynamis, bewegen lassen, dann sind wir nicht nur von Welt betroffen, sondern auch betroffen durch die Negativität des Nichtwissens.

Ist also unser Weltinteresse angesiedelt in dem Zwischenbereich von Etwas und Nichts, so wird es bewegt und beunruhigt von der Kraft der Negativität der Endlichkeit dieses raumzeitlichen Daseins. Es ist bestimmt durch die Amphibolie und Aporie, durch die doppeldeutige Zwielichtigkeit und Widersprüchlichkeit dieser Totalität Welt, die ist, indem sie wird, und wird, indem sie ist. Wollte man mit Hölderlin formulieren, so müßte es heißen: „Welt ist Werden im Vergehen." Dies aber heißt, daß die ironische Frage nach der Welt in ihrer Aporie endet.

Doch das denkende Subjekt vermag diese gepunktete Weltbetroffenheit nur im Spannungsfeld von Etwas und Nichts zum Austrag zu bringen. Der Punkt aber dieses Austrags ist die Verknotung von Etwas und Nichts in der Welthaltigkeit des denkenden Subjektes, das an der Auflösung des Weltknotens zu arbeiten hat, solange es da ist.

Contingentia mundi

Ist die Formel: „Welt ist, indem sie wird" nur ein Ausdruck für das, was wir die „contingentia mundi" nennen? Ist dies so, dann ist die Rede von der Ironie der Frage nach Welt in Wahrheit eine Rede von der Amphibolie, von der Paradoxie und von der Antinomie; dann ist sie nur der ontologische Ausdruck für die Möglichkeit Welt, nicht aber für ihre Notwendigkeit. Dies heißt, daß Welt zwar sein kann, aber nicht sein muß.

Dieses Vorwissen versteckt sich in der Frage: Wie ist es denn möglich, daß die Welt überhaupt ist? Könnte sie ebenso gut nicht sein?

Ist es nicht denkbar, vielleicht auch nur vorstellbar, daß sie immer ist und darum unvergänglich, daß sie überall ist und darum von keinem Standpunkt aus wegzudenken ist? Ist es nicht denkbar, daß sie überall ist und darum in jedem Augenblick mitbedacht werden muß, daß sie allseits ist und darum durch jede Perspektive mitgedacht werden muß, daß sie umfassend ist und darum von allen Gesichtspunkten aus zu sichten ist?

Dies hat zur Folge, daß Welt die Gegenwärtigkeit von allem und jedem ist und darum eben nicht nichts ist, weil sie — wo, wann und wie immer — etwas ist, dieses Etwas aber seine Gegenwärtigkeit nur bestimmen kann, wenn angebbar ist, wann und wo dieses Etwas überhaupt ist.

Welt als Urbezüglichkeit

Damit wäre also Welt die Urbezüglichkeit für jedes Etwas, so daß sein Standpunkt und sein Zeitpunkt, sein Wo und Wann, bestimmt werden können. Damit wird Welt aber zum Punkt der Punkte, zum Fußpunkt des Daseins. Denn der Punkt hat weder eine räumliche noch eine zeitliche Ausdehnung und Erstreckung und ist darum das All oder die Welt von Raum und Zeit selbst. Deshalb kann Welt der Urbezugspunkt von allem sein. Ohne Welt wäre nichts ortbar, ohne Welt wäre nichts zeitlich bestimmbar. Schon aus diesem Grunde ist Welt nicht ein totes Einerlei, sondern eine raumbestimmte und zeitbewegte Realität des Daseins. Sie ist die Wirklichkeit dessen, was kommt, um zu vergehen, was wird, weil es sein soll.

Unerschöpflichkeit Welt

Dies aber ist die Möglichkeit der Möglichkeiten selbst. So nur läßt sich die raumzeitliche Unerschöpflichkeit und grenzenlose Ergiebigkeit von Welt verstehen, so daß sich trotz Raum und Zeit oder gerade deswegen auf Zukunft hin eben nichts berechnen läßt.

Dies wird dann um so einsichtiger, wenn man erkannt hat: Erst die Loslösung und Losschälung des Denkens aus der Verflechtung und Verkettung mit der Empirie gibt uns die Möglichkeit, wissen zu können, warum Welt gerade ob ihrer Raumbestimmtheit und Zeitbewegtheit auf Zukunft hin unerschöpflich ist. Weil gezeigt werden kann, daß Welt zwar möglich, aber nicht notwendig, daß sie zwar das All der Endlichkeit, nicht aber das Sein von Ewigkeit ist. Gerade darum ist Welt die lockende Fülle unerlotbarer Möglichkeiten für jedes Denken und Bewußtsein und für jedes freitätige Handeln, das zwar ihre Unerschöpflichkeit ausschöpfen will, aber nicht kann.

Grund der Möglichkeit

So muß sich die Frage nach Welt durch die andere verschärfen: Warum ist denn Welt überhaupt, wenn sie nur möglich sein kann?

Die Frage nach dem Grund der Möglichkeit ist für uns nicht gegenstandslos, da es doch nicht bestreitbar zu sein scheint, daß Welt zumindest hier und jetzt ist. Dies trifft zu. Welt wird zwar, doch sie vermag nicht als sie selber zu sein. Dies aber ist die Sachaporie, die sich dem Denken in Gestalt der Ironie stellt.

Was meinen wir mit Sach-Aporie? Wir meinen die Widersprüchlichkeit von Welt, ihre Gegenwendigkeit: die Aufhebung von Sein in Werden und umgekehrt, so daß die Gedoppeltheit des Begriffes „Aufhebung", sein konservativer und destruktiver Sinn, deutlich wird.

Die Doppelbödigkeit von Welt

Dies ist gemeint, wenn wir von der Doppeldeutigkeit, Doppelbödigkeit oder Amphibolie von Welt sprechen. Diese hat ihren Grund in der Unverträglichkeit von Sein und Werden der einen Welt. Ihre Widersprüchlichkeit zwingt in die Aporie des Denkens, das zweifelt, ob Welt überhaupt wirklich sein kann. In diesem Sinne meint Ironie die Bedenklichkeiten gegenüber Welt oder den Zweifel an ihr, den sie selbst in uns hervorruft. Die Fähigkeit zu zweifeln hat ihren Grund nicht nur in der Ermächtigung des Denkens zum Irrtum oder in der Freiheit, denken zu können, was man will, sondern auch in der Tatsache, daß Welt zwar möglich, aber nicht notwendig ist.

Zweiter Abschnitt

Eine Laune des Denkens?

Die Ironie der Frage nach Welt scheint an eine Selbstverständlichkeit unseres Daseins rühren zu wollen. Dies erscheint seltsam, da doch niemand, der gesunden Sinnes ist, sollte bestreiten wollen, daß Welt ist.

Besieht man die Formulierung des Titels genauer, so fällt auf, daß zunächst das Wort „Ironie" auf das Wort „Frage" bezogen wird, und zwar dergestalt, daß der Frage nach der Wirklichkeit Welt zumindest kein stillschweigender Zweifel unterschoben wird. Was hat es also mit der Skepsis auf sich, durch die wir die Frage nach Welt einleiten?

Wie kommt eine Reflexion, die doch dem Durchschnittsbewußtsein einer alltäglichen Weltvorstellung zu entspringen scheint, auf diese Frage? Was bewegt das Denken und treibt es dazu, die ganz selbstverständliche Frage — die die Philosophie seit eh und je stellt — nach dem Grund von Welt, nach ihrem Ursprung und Ziel, nicht ganz so ernst und selbstverständlich hinnehmen zu wollen, wie dies die wirkliche Welt doch zu fordern oder wenigstens nahezulegen scheint?

Setzen wir uns mit dem Thema: „Die Ironie der Frage nach Welt" nicht eine abstruse Aufgabe, die in Angriff zu nehmen sich erst gar nicht lohnt? Entspringt dieses merkwürdige Thema vielleicht einer Laune des Denkens oder einem schieren Einfall, mit dem das Denken zwar spielt, dessen Nichtigkeit es aber sogleich erkennt, wenn es ihn ernst zu nehmen beginnt?

Die Engführung des Denkens

Oder heißt dies, ein Denken in die Enge zu führen? Wodurch sollte dies geschehen? Die Engführung eines Themas heißt, es zuzuspitzen, den springenden Punkt herauszuarbeiten, und zwar dadurch, daß das zuspitzende Instrument das Fragen selber ist. Dabei soll das Denken gestellt, seine Fähigkeiten beansprucht, sein Willen gestärkt werden.

Wenn dabei zunächst die Antwort offen bleibt, so soll durch das insistierende Fragen das Denken des Subjekts finden lernen und darauf kommen, wie es dieses „Instrument" gebrauchen kann und was es zu leisten vermag.

Doch wenn sich interrogativ Frage auf Frage häuft, wenn das Denken mit sich selbst ungeduldig wird, wenn es den Fragen widerspricht, wenn unter der Hand die Lust, wissen zu wollen, immer mächtiger wird und andererseits das Fragen des Denkens bis zum Zerreißen angespannt ist, so kommt das Denken zu dem Punkt, da das Fragen sich selbst verschließt, indem es entweder erlahmt und das Wissenwollen aufgibt oder in ein Problematisieren übergeht.

Ist dies geschehen, dann ist die erste Phase der Engführung abgeschlossen. Denn was durch die Entwicklung einer Fragestellung erzielt werden kann, ist eine klar umrissene Fragerichtung, die nun zeigt, was noch nicht gewiß war, was ich vielleicht noch gar nicht wissen wollte oder konnte, worauf ich durch die heuristische Engführung des fragenden Denkens hinaus wollte. Das Ziel ist eine klare Herausschälung der Problemstellung, so daß ich jetzt fragen kann: Was ist denn fraglich? Was ist der springende Punkt? Worauf muß ich denn hinaus? Eine klare Fragestellung läßt sich nur herausarbeiten, wenn ich mich durch das insistierende Denken oder durch die Beharrlichkeit des Fragens habe stellen lassen, und zwar in der Hinsicht, daß ich nämlich noch nicht wußte, als ich zu fragen begann. Die Beharrlichkeit des Fragens ließ langsam das Bewußtsein des Nichtwissens entstehen. Es ist also das Nichtwissen als Widerspruch zum Wissen, das mir die Kraft gibt, die Spannung des Fragens aus-

und durchzuhalten, mein Denken anzustrengen. Diese Engführung des Denkens ist Arbeit; sie erlaubt mir, jene Energie zu entwickeln, die befähigt, die künstlerische Arbeit der Gestaltung einer Problemstellung überhaupt zuwege zu bringen.

Das Ziel einer interrogativen Engführung des Denkens ist erst dann erreicht, wenn es zum Bewußtsein bringt, daß Philosophieren Arbeit ist, und mich in die Alternative gebracht hat, entweder das Fragen einzustellen, um mich damit meiner Unwissenheit zu überlassen, oder die künstlerische Leistung auf mich zu nehmen, die Gestalt einer Fragestellung zu entwickeln, damit ich überhaupt beginnen kann, etwas zu wissen!

Der heuristische Sinn der Ironie

Wenn wir uns daher gefoppt und verspottet fühlen durch die ironische Fragestellung, dadurch, daß wir einmal probieren herauszubringe, ob denn diese Frage selbst uns in ihrer ironischen Intonation auf etwas hinweisen will, das wir bislang vielleicht übersehen haben, was uns jedoch anzugehen scheint, wenn wir uns jetzt durch den nagenden Zweifel der Ironie an der Wirklichkeit Welt, wie sie uns allenthalben und allseits zu umfangen scheint, hintergangen fühlen, dann scheint diese Art des Fragens zu bewirken, daß die schiere Wirklichkeit einer schlicht hingenommenen Welt keineswegs für uns so offen zutage liegt, als wir dies vermeinen. Die wahre Welt scheint sich vor uns zu verstecken und zu verstellen. Wir sehen uns genötigt, sie aus ihrem Versteck, aus ihrer Umhüllung, aus ihrer Verschleierung und Verdeckung allererst zu befreien, falls wir wissen wollen, welches denn ihr Grund oder ihr Ursprung sei. Es sei denn, wir klammern die Frage ein, warum denn Welt überhaupt ist, wie es denn möglich sei, daß sie ist oder ob sie wirklich das ist, als was sie uns so selbstverständlich erscheint, oder ob sie nur so erscheint, wie sie zu sein scheint, während die wirkliche Welt ganz anders ist, als der Schein uns vorspiegelt.

Doch wenn es der Frage in Gestalt der Ironie gelingt, uns nachdenklich zu machen, unser alltägliches Weltverständnis in die Schwebe zu bringen, um dadurch den Zweifel an ihr zu wecken, dann gewinnt die Ironie einen heuristischen Sinn und hilft uns, das philosophische Problem der Welt zuwege zu bringen.

Die Frage nach Möglichkeit und Grund von Welt scheint sich unversehens in unserem Gedankengang wie von selbst gegeben zu haben. So könnte es nahe liegen, zu vermuten, daß der Sinn der ironischen Frage nach Welt darin besteht, uns auf unsere Gutgläubigkeit aufmerksam zu machen, den Zweifel in die Selbstverständlichkeit des Wissens um eine hingenommene Welt zu setzen, damit wir einsehen, daß die Ironie der Frage einen Fingerzeig geben will, wie mittels des Zweifels ein geläufiges Wissen auf seine Stichhaltigkeit zu überprüfen ist.

Denn trifft dies alles zu, dann hat die Ironie der Frage nach Welt eine heuristische Funktion. Sie soll uns helfen, durch Absehen von Vorurteilen eines alltäglichen Weltwissens die Frage nach dem Weltgrund überhaupt zustande zu bringen. Dies ist der heuristische Appell dieser Frage, die zunächst gar nicht auf diese wie selbstverständlich immer schon vorausgesetzte Ganzheit von Welt zielt, sondern an die vorausgesetzte Zuverlässigkeit unseres Weltwissens appelliert, so daß die ironische Frage nach Welt dazu bewegt, uns auf jenes Weltwissen zurückzunehmen, das nicht mehr selbstverständlich ist.

Die ironische Frage thematisiert also gar nicht Welt, sondern das Bewußtsein unseres alltäglichen Weltwissens, denn es ist nicht von ungefähr, daß mit der erstmaligen Entdeckung der subjektiven Subjektivität des Subjektes, mit dem Imperativ „cognosce te ipsum" zugleich methodisch die sokratische Ironie nicht nur entdeckt, sondern geübt wurde.

Die ironische Kunst philosophischen Denkens versteht sich zunächst als Verstellungskunst. Dies heißt: Tue so, als ob du noch gar nichts wüßtest oder gar gewußt hättest, warum überhaupt Welt ist, wie sie möglich ist, ja ob sie überhaupt so ist, wie sie sich gibt. Die Kunst philosophischen Denkens scheint uns also durch Ironie zu einer Verstellung bewegen zu wollen, deren Ausdruck die Fiktion des Nichtwissens oder der Unwissenheit ist.

Das Ziel der Ironie

Durch Ironie soll das Denken zur Einsicht gebracht werden, warum es überhaupt noch nicht so recht zu wissen scheint, was denn diese vermeintliche Wirklichkeit Welt wirklich ist. Das Denken soll zur Einsicht gebracht werden, warum es nicht nachlassen soll, die Ironie der Frage nach Welt zu verschärfen, um in einer Engführung des Nachdenkens alle Beschwichtigungen eines vordergründigen Wissens abzuschütteln, welcher Natur sie auch seien, Vorurteile, Denkgewohnheiten – auch der Wissenschaften, denen wir unbedacht eine Leistung unterstellen, ein Resultat des Weltwissens, das sie nach ihrem Selbstverständnis gar nicht erbringen wollen. Die Ironie des Fragens will durch eine Engführung die Denkbewegung auf den Punkt bringen, so daß die Frage: „Warum ist Welt überhaupt etwas?" unausweichlich wird.

So läßt uns die Ironie durch Fragen die Klärung der Frage nach dem Weltgrund selbst fraglich, also zweifelhaft werden. Somit scheint die alltäglich erfahrbare Welt, mit der wir einfach konfrontiert sind und werden, nun selber ihre Wirklichkeit einzubüßen. Wir kommen in die Verlegenheit, etwas als wirklich, Welt als selbstverständliches Universum oder als Kosmos vorausgesetzt zu haben, das sich so gar nicht von selbst versteht.

Wenn sich bei der Engführung des Nachdenkens am Ende eine Klemme ergeben sollte, jene angustiae mundi, da sich Wirklichkeit und Unwirklichkeit, Wahrheit und Trug, eine wahre Welt und eine mir erscheinende Welt hart im Denken stoßen, dann wird die Methode des Fragens zur Sache des Fragens. Dann wird die Ironie, die verdeckende Verstellung des Grundes der Wirklichkeit zur Aporie der Wirklichkeit Welt.

Ist Ironie über den Weg der Erkenntnis zur Aporie von Welt, die endlich und unendlich in Einem ist, amphibolisch geworden, dann leuchtet ein, daß eine so kompakt erscheinende Welt in Wahrheit das Problem unserer selbst ist; denn das Universum Welt ist nur insofern, als wir alles sind, was Welt ist.

Damit ist gesagt, daß das Problem Welt nicht da oder dort, sozusagen im Gehäuse eines Raumes zu finden ist, nicht jetzt oder dereinst im Verlauf der Zeit, sondern daß die Seinsverfassung des Menschen es ist, die zum Verlauf der Zeit wird, in welcher sich Welt zeitigt. Es ist die Seinsverfassung des Menschen, wodurch sich Welt verräumlicht und als Leib anschaulich wird, wodurch sich Welt im Verlauf der Zeit als das Werden seiner Existenz zeitigt. Haben wir das erkannt, dann suchen wir weder den Raum noch die Zeit, was ein vorphilosophisches Weltbewußtsein wie selbstverständlich zu tun pflegt, als ein durch eine Beschreibung feststellbares und umschreibbares Etwas, genannt Welt.

Die Ironie entzieht uns das natürliche Weltbewußtsein durch die Weltaporie, die wir selber sind, nämlich endlich und unendlich, zeitlich und ewig in Einem zu sein.

Die Urkategorie Welt

Könnten wir überhaupt von einer Welt der Idee, einer Welt des Seins oder des Geistes sprechen, wenn nicht alle Gesichtspunkte, Perspektiven oder Standpunkte schließlich zentriert sind in dem Universalbegriff Welt? Dieser gewinnt für uns um so mehr Gewicht, als er uns zum Prädikament oder zur Urkategorie wird, mittels der Seiendes allein ist und verstanden wird.

Wir sprechen oft leichtfertig von einem Weltverständnis, von einer Weltauslegung, von einer Weltanschauung, von einem Weltbild, etwa der Wissenschaften, und übergehen dabei die Problemfrage, welches denn der Grund der Möglichkeit des Verstehens, der Auslegung, der Anschauung von Welt oder der Entwicklung von Weltbildern ist, welches also jener Grund ist, der zuläßt, daß wir Kriterien ausbilden können, die uns erlauben, zu unterscheiden und zu entscheiden, ob das Weltverständnis, die Weltbedeutung, die Weltbilder, die Weltanschauung oder die Weltbegriffe vielleicht nur Wunschbilder, Gedankengänge, Abstraktionen und Objektivierungen einer Wirklichkeit sind, die es gar nicht geben kann, einer Wirklichkeit, die ein Unding ist und darum nichts in sich begreift, verbildlicht oder gar zur Anschauung bringt, so daß sich in diesen vermeintlichen Weltvorstellungen schlechterdings weder etwas noch nichts zur Erscheinung bringt, so daß sie unsere rudimentären Weltvorstellungen nicht einmal als Alternativen von etwas oder nichts zu Gesicht bringen können.

Ihre Unwirklichkeit und Belanglosigkeit beweisen sie dadurch, daß sie selbst des Widerspruches und der Negation unfähig sind, ohne welche weder etwas noch nichts überhaupt gedacht werden kann, ohne die schon gar nicht alles, — das All —, also Welt zu begreifen ist.

Idole der Daseinsorientierung

Wir können uns nicht orientieren: ohne die Unterscheidung von etwas und nichts, ohne die Differenz von alles und nichts, ohne die Unterscheidung, ob Welt überhaupt das ist, was wir Welt zu nennen pflegen, ob sie lediglich eine ungeprüfte Ganzheit ist, die wir uns ausdenken, die wir uns konstruieren, um uns in einem Aggregat von Dingen, Vorgängen und Abläufen zurechtzufinden.

Geschieht dies, dann ist uns Welt entglitten; wir werden dann von einem Unding, das wir Kosmos nennen, hin- und hergetrieben im Raume und in der Zeit. Wir bewegen uns in einem Raume und in einer Zeit, die es als objektive Tatsachen gar nicht geben kann. Denn wo soll denn dieses Unding Raum anzutreffen sein? Es sei denn, in dem Subjekt, das allein nach Raum und Zeit in sich selbst, vom Zweifel getrieben, zu suchen vermag, das des Spottes über seine Zeit- und Raumvortäuschungen fähig ist und diese Idole der Daseinsorientierung als Vortäuschungen ironisch zu entlarven vermag.

Solche Weltorientierungspunkte legen wir wie fixe Tatsachen außerhalb unserer selbst fest und können sie darum wie dogmatisch bestimmte Fixpunkte fassen. Doch sie sind austauschbar, können ausgewechselt werden. Es wäre aber ein verhängnisvoller Irrtum zu meinen, man könne solche Standpunkte nach Belieben einnehmen, willkürlich verändern oder gar festsetzen, ohne sich des Prinzips versichert zu haben, das uns der ruhende Punkt in der Flucht der Erscheinungen ist.

73

Die Frage nach dem Weltsubjekt

Sprechen wir von der Ironie der Frage nach Welt, so wenden wir uns durch uns selbst von einer spezifisch kosmologischen Fragestellung ab, weil nach dem Weltgrund und -ursprung, nach dem Weltsinn von keiner Tatsachenbasis aus gefragt werden kann; es sei denn, die vermeintlich so unumstößliche Tatsache Kosmos wird durch die ironischen Eingriffe eines zweifelnden Denkens, das nichts mehr schlechtweg als bare Münze hinzunehmen gelernt hat, dazu genötigt, nach der Tatsächlichkeit der Tatsachen, nach der Faktizität von Fakten, also nach dem Prinzip des „Urfaktum" Welt zu fragen.

Was aber meinen wir denn, wenn wir nach der Tatsächlichkeit der Tatsache Kosmos fragen, also das „Prinzip Welt" zum Thema machen? Diese Fragestellung wiederum führt den Gedanken bei sich, wo und wann denn das Prinzip Welt vorfindbar sei.

Doch ist damit bereits ironisch nach Welt gefragt? Ein Denken, das unterscheidet, weiß wohl, daß die Frage, wo und wann sich das Prinzip Welt finden oder erdenken lasse, zurückfällt auf den, der danach fragt: auf das Weltsubjekt Mensch, das allein die kosmische Prinzipienfrage zu stellen ermächtigt ist aufgrund der Weltverfaßtheit seiner selbst.

Soll also eine Weltorientierung, ein unumstößlicher Ansatzpunkt für diese Frage gefunden werden, so kann dieser allein im Weltsubjekt Mensch liegen.

Diese Frage kann aber nur ironisch eingeleitet werden, bewegt durch die Negation, daß der vorfindbare Tatsachenkosmos nur Anlaß, nicht aber zureichender Grund für die Aufdeckung des Weltprinzips sein kann, da die Weltverfaßtheit des denkenden Subjektes nur amphibolisch, in zwielichtigem Austausch von Ja und Nein zugänglich sein kann, im Übergang vom Dasein zur Existenz[1], im Vollzug der Unstimmigkeit und Widersprüchlichkeit von Dasein zur Existenz.

Die unterscheidende Reflexion, der Schritt von der daseienden Tatsache Kosmos zur Frage nach dem Grund, warum Welt ist, kann allein dadurch getan werden, daß ich selbst nicht abseits des Weltspieles bleibe, sondern es so spiele, daß ich mich als nicht nur Daseienden, sondern als wahrhaft existierendes Weltsubjekt zeitige.

Damit ist die Aufgabe gestellt, den Weltknoten als Metapher für die ironische, aporetische und amphibolische Weltverfaßtheit des Menschen so zu lösen, daß der Knoten nicht nur als vorhanden, sondern als Knoten erkannt wird, daß er nämlich in sich die Nötigung verschlungen und verschleiert hält, die dazu treibt, „Warum?" fragen zu müssen und „warum Warum?".

Warum vermag ich dies? Weil das Weltsubjekt, das sich auch als Ding unter Dingen, als Vorkommnis unter Vorkommnissen tätigen kann, erst dann als Existenz dasein kann, wenn es sich seiner Aufgabe stellt.

Geschieht dies nicht, dann hört das Weltsubjekt zu existieren auf, obgleich es vorhanden ist, es verliert den Herrschaftsanspruch auf Welt und gibt damit sich selbst und Welt preis.

Denken wir Welt als das Weltsein des Menschen, so stellt sich freilich die Gefahr ein, daß wir den Einzelnen universalisieren, ihn in dem Sinne als Weltsubjekt fassen, wie sein Handeln universal, dies heißt, von der Allgemeinheit von Welt bestimmt wird, in dem Maße, wie er sich als Organ von Welt begreift, wie er mit dem Sinn für Welt, für das Universale, den Sinn für sich selbst besitzt, nämlich für das Universalisierte, das er als Einzelner, als dieses handelnde Subjekt, hier und jetzt, ist.

Das substantiale Handeln aber geschieht weltförmig, wird bestimmt und gemessen durch das Prinzip Welt, durch das Weltsein, nicht aber durch den universalisierten Einzelnen. Dieser ist als Weltpunkt nicht absolut, sondern wird, wenn er als Subjekt handelt, zum Weltknotenpunkt, in welchem er das Rätsel der gebrochenen, eingeschränkten Identität von Zeitlichkeit und Ewigkeit als das Ganze, als Welt umfaßt.

Wie aber soll dieses Rätsel der Verknotung des Weltsubjektes gelöst werden, vor das es sich um so mehr gestellt sieht, als es zu handeln sich genötigt weiß, als es in sich die Situation zeitigt, in welcher ihm einsichtig wird, daß von seiner Entscheidung im Augenblick und an dieser Stelle des Daseins alles abhängt? Von ihm hängt Welt ab, weil im Rätsel seines Weltseins die Freiheit, als Einzelner handeln zu müssen, allererst aus der Unfreiheit, aus der Universalisierung, gelöst und damit individualisiert werden muß.

Steht das weltförmig handelnde Subjekt damit nicht vor der unlösbaren Aufgabe, Unverträgliches vereinen zu sollen? Soll dem Menschen als dem handelnden Weltsubjekt aufgegeben sein, im Akt der Handlung seine Tat weltförmig zu individualisieren, Unfreiheit mit Freiheit zu vermitteln? Heißt dies nicht, das Allgemeine im Besonderen, das Universalierte individualisiert aufheben zu müssen?

Wie soll ich die selbständige, nun mich selbst bestimmende, substantiierte Gewissenstat widerrufen können, nachdem sie ihre Weltartigkeit, ihre Welthaltigkeit, und dies heißt, die Wirklichkeit dessen, was sie entschieden und damit gesetzt hat, offenbar geworden ist? Was aber ist offenbar geworden? Die geschichtliche Verknotung von Allgemeinem und Besonderem im Weltsubjekt Mensch, das sich dem Hier und Jetzt schon im Hier und Jetzt müßte entziehen können, sollte die Unstimmigkeit und Widersprüchlichkeit der gebrochenen Identität Mensch durch das geschichtliche Handeln des Einzelnen gelöst werden können.

Die ethische Aufgabe der Ironie

Geschichte ist es, die uns zwingt, den Weltknoten oder die Aporie der Welt darzulegen und darzutun, die Spanne zwischen Nichts und Etwas, zwischen Leben und Tod, durchzustehen.

Nun ist die ethische Aufgabe der Ironie, diese Spanne der Unstimmigkeit, der Widersprüchlichkeit, der Aporie des Weltsubjektes Mensch eben nicht selbst zu verdinglichen oder verdinglichen zu lassen.

Die Spannung ist vielmehr gerade ob ihrer Verstellung, Verdeckung und Verschleierung durch das Handeln der Alltäglichkeit in der Schwebe zu halten, damit durch die ironische Schwebe, die in Wahrheit eine Gestalt der Indifferenz der Freiheit ist, die Kraft der Weltpotenz des einzelnen Subjektes bewahrt, und dies heißt: produktiv und schöpferisch bleibt.

Darum zielt die Ironie der Frage nach Welt darauf ab, durch Skepsis die Verdinglichung des Allgemeinen in seiner Verbesonderung, die Fixierung der Energie der Welt in ihrer Individualisierung zu vereiteln, damit der Weltknoten zum produktiven Weltpunkt des Gewissens werden kann.

Das geschieht, wenn ich weltförmig handele. Dies vermag ich deshalb, weil ich welthaltig und darum frei bin gemäß der Allgemeinheit Vernunft, weil ich kraft der substantialen Sittlichkeit der universalen Welt mein Vermögen der Freiheit und damit mich selbst zur Existenz zu zeitigen vermag.

Weil dies nicht absolut, wohl aber zeitbedingt und zeitbeschränkt geschieht, kann der Anfang der Substantialisierung meine Tat sein und datiert werden; nicht verabsolutiert, sondern vielmehr geschichtlich universalisiert werden. Dies aber heißt, daß der Mensch auch darum als Weltsubjekt des Weltseins der Welt seine Weltzukunft von Tag zu Tag freitätig entscheidend bestimmen muß.

In dem Maß aber, als die Weltexistenz des Menschen Gestalt gewinnt, bejaht er Ironie und Aporie von Welt, bleibt seine Freiheit produktiv und kann damit die Weltwirklichkeit seines Seins zum Ausdruck bringen.

Doch Existenz gibt sich nicht nahtlos, sie kann nur weltförmig gezeitigt werden, wenn in der Spanne der Aporie die Negation abgearbeitet wird. Aufzuarbeiten ist sie solange, wie wir genötigt sind, als raum-zeit-bestimmte Weltwesen den Übergang vom Dasein zur Existenz, vom Wissen dessen, was Welt ist, zum Wissen dessen, warum überhaupt Welt ist, durch Abarbeitung der Aporie zu tun, und zwar solange, bis diese Freiheit im Akt des Sterbens, der allein Ironie auflöst, endgültig aufgearbeitet ist.

Die Grenze der Ironie

Die Grenze des Todes ist die Grenze der Ironie. Der Tod des Sokrates hob die Ironie auf, indem er sie durch Einsicht vernichtete, um das wahre Weltsein frei von jeder Unstimmigkeit und Widersprüchlichkeit zu gewinnen. Für die Existenz im Tode aber gilt nicht mehr, daß wir sind und zugleich nicht sind, sondern *im Tode, der nur das Leben selber ist, sind wir allein die universale Wirklichkeit der Weltgestalt einer individuellen Existenz*, die nun zeitlos geworden ist, nachdem der Übergang von Dasein zur *Existenz* gelungen ist.

Dritter Abschnitt

Leben des Geistes

Was aber ist das Leben des Geistes, der sich nun aus der Unfreiheit eines begrenzten Daseins gelöst hat, um immerdar eine zeitlose Zukunft zu leben, die kein Ende kennen kann, die endlos ist, da die Individualität des als Universum getätigten Einzelnen sich als nie endende Zukunft des individuellen Geistes weiß, weil der Einzelne im Tod in der Weltgestalt seiner Existenz als Geist frei gesetzt ist und darum immerdar inständig bleiben kann? Es ist Freiheit.

Freiheit erweist sich als Substanz der Welt, die durch die Existenz des Einzelnen die produktive Weltexistenz gewonnen hat. Darum ist die gezeitigte Weltexistenz, die durch den Tod gegangen ist, die Unerschöpflichkeit des Geistes selbst, die Einzelexistenz nach dem Tode, sofern wir hier überhaupt noch von einem Vorher oder Nachher sprechen können.

Bühne Welt

Welt wird im Akt der Ironie, im Akt der Verstellung, der Verdeckung, der Maskierung dessen, was sie wirklich ist, zur Bühne der Subjektivität, auf der die Komödie Welt spielt. Doch der Zuschauer wird zum Akteur, zum Schauspieler; denn die Komödie des Daseins der Welt ist in Wahrheit die seine.

Die Ironie der Frage nach Welt erfüllt zunächst ihren Sinn darin, daß sie zur Komödie, zur Szene der Wirklichkeit wird, zum Spiel auf der Bühne, zum Widerspiel und zur Widerspiegelung der Doppelbödigkeit des spielenden Weltsubjektes Mensch selber wird.

Da aber das Weltsubjekt Mensch in diesem Akt der unlösbare Knotenpunkt, der antinomische Kreuzungspunkt von Etwas und Nichts, von Endlichkeit und Unendlichkeit, von Wahrheit und Trug ist, vollzieht sich im Gewissen des weltseienden Subjektes Mensch, wenn es sich von der Komödie abkehrt, die Rückkehr zur Tragödie, in welcher der wahre Anlaß der Frage nach Welt beschlossen ist.

Kommt eine Philosophie der Welt immer zu spät?

„Um noch über das Belehren, wie die Welt seyn soll, ein Wort zu sagen, so kommt dazu ohnehin die Philosophie immer zu spät. Als der Gedanke der Welt erscheint sie erst in der Zeit, nachdem die Wirklichkeit ihren Bildungsprozeß vollendet und sich fertig gemacht hat." (G.W.F. Hegel, Grundlinien der Philosophie des Rechts, Jubiläumsausgabe, hrsg. von H. Glockner, 7. Bd. 1964⁴, S. 36)

Nun ist es allerdings eine Frage, die sich die Philosophie selbst zu stellen hat, ob es denn in der Tat ihr Schicksal ist, immer zu spät zu kommen, falls sie sagen will, *was* Welt sein soll. Muß Philosophie immer zu spät kommen? Wäre dies ihr Geschick, dann hätte man allen Grund, an Philosophie selbst zu zweifeln.

Doch ob Philosophie immer zu spät kommt, hängt davon ab, wann und wo sie anfängt. Der *Anfang* ist das Schicksal der Philosophie.

Aus diesem Grunde muß die Philosophie die Frage nach Welt bedenken, ob sie in der Zeit anfängt. Dadurch entscheidet sie über ihr Schicksal in der Zeit. Soll sie mit der Ironie beginnen, um den arglosen Glauben, Welt sei eben so, wie sie uns nun einmal gegeben ist, gerade nicht auf sich beruhen zu lassen? Nötigt nicht das Weltsein des Menschen zu dem Wagnis, nach dem Prinzip einer nur vermeintlichen Welt im Menschen selbst solange zu suchen, als er ist?

Grundlegung von Welt

Es hat nun den Anschein, als ob bei unseren Überlegungen zur Ironie der Frage nach Welt ein Methodenproblem erster Ordnung akut werde, das freilich schon die Philosophie Platons, wenn man etwa an die Periagogae denkt, nicht minder bestimmt, wie etwa das Denken Schellings oder die metaphysischen Versuche der zeitgenössischen Philosophie. Wir greifen auf einen Topos der Philosophie Schellings zurück. Es ist die Rede von einer καταβολὴ τοῦ κόσμου oder von einer Grundlegung von Welt, von einer „constitutio mundi", welchen Akt Schelling als „universio" bezeichnet. Es ist nun interessant, daß Schelling diese universio als eine durchgehende Ironie bezeichnet.

Wir versuchen nun, dieses Theorem Schellings für unsere Fragestellung fruchtbar zu machen. Wir lassen uns dabei von dem Problem leiten, wie denn der Übergang zu leisten ist von der Unbefangenheit eines vorwissenschaftlichen Weltbewußtseins zu einem begründeten Weltbegriff, der sich keineswegs auf die bare Tatsache Kosmos stützen kann. Wie finde ich den Weg von einem unbefangenen Weltbewußtsein, das noch nicht begonnen hat, um sich zu wissen, zum Anfang eines Wissens um Welt, das die Tatsache Kosmos auf den Anfang seiner Tatsächlichkeit befragt, das sich von der Frage bewegt weiß, wie es denn möglich sein soll, daß die Tatsachenwelt Kosmos mir zum Universum wird?

Es geht um den Übergang von einer vermeintlichen Einheit, genannt Kosmos, die in Wahrheit ein Aggregat mannigfaltiger Dinge ist, zum Prinzip Welt, dem ich mit Recht den Namen Universum gebe, das nun nicht mehr mit der universitas rerum zu verwechseln ist.

Damit wird dieser Weltreflexion die Leistung abgefordert, nicht aus den Vielen ein Eines, aus dem Mannigfaltigen ein Ganzes zu machen, das wir dann leichthin Welt nennen. Das Problem ist nicht das der Vereinfachung des Vielen, der Zurückführung des Mannigfaltigen auf das Eine, sondern die Kehre des Denkens, seine Katabolé, seine universio, worin das Weltsubjekt den Anfang des einen Universum zu begreifen lernt.

Wie komme ich zu dieser universio, um die Differenz zwischen dem Einen und Vielen, zwischen der universitas rerum und dem Weltall *neu* bestimmen zu müssen? Wie kann ich in diesem Umschwung des Denkens je den Anfang finden, der erkennen läßt, daß mit der Ermöglichung des Satzes „ich bin" für mich zugleich Welt als Universum mitgedacht ist?

Ist das Denken durch diese Frage nicht vor die Aufgabe gestellt, die Beliebigkeit eines mannigfaltigen Kosmos der Einzelheiten, also einen zufälligen Kosmos, vielleicht sogar einen Urzufall oder die kosmische anarchia, die Prinzipienlosigkeit, mit deren Notwendigkeit zu verbinden? Heißt dies nicht, das empirische Weltbewußtsein, das bedingt ist in der Überwindung der Unbefangenheit eines Denkens, das sich noch nicht selbst wissend erfaßt hat, dadurch erklären zu wollen, daß ich den unzerreißbaren Zusammenhang von Ich und empirischer Welt (Außenwelt) durch den Rückgang in die transzendentale Geschichte des Ich vollziehe?

Erweist sich damit nicht die Empirie der Welt als der Zwiespalt von Natur und Geschichte? Muß nicht Naturgeschichte mit Weltgeschichte vereint werden? Ist ihre Dissonanz aufhebbar? Wird diese Dissonanz nicht um so schärfer, je mehr das Ich sich als Welt zu wissen beginnt, je mehr die Beliebigkeit einer zufälligen Natur mit der Notwendigkeit des Weltprinzips vereinigt werden soll? Steht damit nicht der Urstand des Universum (Welt des Ich) einem Urzufall des Kosmos gegenüber, der auch dadurch nicht aufgehoben wird, daß Welt die Geschichte des Menschen ist?

Wird damit die Geschichte der Natur zur Geschichte des weltseienden Ich, also zur transzendentalen Geschichte der Welt selbst? Oder ist das, was wir Urzufall nennen, am Ende die Freiheit des Weltsubjektes Mensch, die zur Macht über den Zufall wird, so daß der Urzufall im Übergang von Natur zu Geschichte aufgehoben und zerstört wird? Es empfiehlt sich daher, sich in Erinnerung zu rufen, was Katabolé bedeutet. Katabolé bedeutet universio, Umwendung oder Grundlegung, Zugrundelegung, also: constitutio mundi.

Wird durch die universio nicht eine Verinnerlichung der Äußerlichkeit Kosmos dadurch vollzogen, daß Welt auf ein Subjekt bezogen wird, das des Weltgedankens deshalb fähig ist, weil es den Gedanken des Prinzips als den des durchtragenden Grundes entstehen zu lassen vermag?

Aber ist denn Welt ein System für sich, ein architektonantes durchgestaltetes Ganzes, oder wird sie es erst hierzu durch das denkende Subjekt, durch sein Ganzheitsbedürfnis, durch sein Prinzipienverlangen, durch seinen Gesetzeswillen? Ist also der Mensch das Ganze und System von Welt einfach dadurch, daß er ist, daß er das ist, was er ist, oder findet er Welt als System vor?

Philosophia universalis

Diese Fragestellung wird um so deutlicher, als wir uns genötigt sehen, eine philosophia universalis, eine durch das Universum Mensch bestimmte Philosophie zu entwickeln, die man durchaus als allgemeine Philosophie bezeichnen könnte.

Nun aber, nachdem die Frage entsteht: „Wie kann der Kosmos mir zum Universum werden, warum muß er mir zum Universum werden, wie ist es denn möglich, daß der Kosmos mir zum Universum überhaupt werden kann, daß ich also das Sein, die Wirklichkeit dieses Universums bin?" können wir mit Recht von einer philosophia universalis, von einer weltbestimmten und weltbetonten Philosophie sprechen. Darum heißt sie philosophia universalis, weil das weltseiende Wesen Mensch sich den Kosmos und damit die Dinge zum Universum werden lassen kann.

Das Weltsubjekt Mensch, das hypokeimenon oder die bleibende und durchtragende Kraft oder das Weltsubjekt als Prinzip, macht, daß diese Ganzheit, genannt Universum, ein Eines bleiben kann, weil ihm durch das Subjekt die Einheit des Individuum zugrunde gelegt ist.

Darum ist Welt in sich indifferent, nicht im Sinne leerer Gleichgültigkeit, sondern im Sinne von Potentialität, die etwas werden lassen kann, weil sie in Wirklichkeit grundgelegt ist.

Das Weltsubjekt ist so als Prinzip und damit als die Welt der Welten der Inbegriff von Welt, weil es das Mannigfaltige zum Einfältigen werden lassen kann, so daß es sich nun durch die Erstreckung des Raumes und die Ausdehnung in der Zeit, durch das Nach- und Nebeneinander, als Prinzip und Kraft der Welteinheit entfalten kann. Durch die Katabolé wird die Äußerlichkeit zur Innerlichkeit, der Kosmos zum Universum, da die Äußerlichkeit auf das Einzigeine, auf das Prinzip der Einheit des Subjektes zurückgeführt wird und damit ihren Grund gewinnt.

Sein und Freiheit

Wäre nun aber das Sein nicht Ursache der Freiheit, dann entspränge Freiheit der Leere des Nichts. Damit wäre Freiheit der Bodenlosigkeit oder einer unbeschriebenen Indifferenz entsprungen und damit machtlos, blind und lahm.

Die Kraft der Freiheit aber beruht darin, daß sie der Fülle des weltseienden Menschen entsprungen ist. Wäre Freiheit nicht weltgebunden, vermöchte sie nicht, sich wollend Welt im Ganzen zuzuwenden oder dem Menschen, um durch den Menschen Welt zu zeitigen, Welt zu vermehren.

Freiheit ist die Kraft der Gestaltung von Welt im Menschen selber. Darum ist Freiheit eben nicht nichts, sondern die schwebende Macht des Seins, die sich durch und in dem Menschen als Gestalt von Welt ereignet. Freiheit kann nie ruhender Besitz sein, sie ist wirkende Macht als Welt im Ganzen, sie ist der weltseiende Mensch.

Individuum Welt?

Welt ist die Ganzheit des Seienden selbst, seine Unteilbarkeit und damit der Urstand der Inständigkeit, der sich im Weltsein des Menschen verlautbart. Und doch ist Welt kein Individuum, denn ihre unteilbare Einheit ist nicht sie selbst, sondern das weltseiende Subjekt Mensch.

Wohl vermag der Kosmos als die zusammenfassende Einheit der Dinge, als das Allgesamt der Dinge, als die universitas rerum ohne den Menschen faktisch zu sein, nicht aber vermag dies Welt, wenn sie uns zum Universum geworden ist. Die universitas rerum kennt ein Früher oder Später, denn sie ist zeitbedingt. Sie kennt ein Hier und Dort, denn sie ist raumbestimmt. Das Universum aber ist immerdar und allüberall in Zeit und Raum, denn es ist gegründet durch das prinzipienfähige Subjekt. So kann das Universum als der auf die Einheit der Einzigartigkeit des Menschen gekehrte Kosmos gedacht werden. So erst hat der Kosmos seine Weltwirklichkeit gefunden und daher ist die Frage überholt, ob er in der Tat wirklich sei oder nur Schein.

Vertauschung des Seinsbegriffes mit dem Weltbegriff?

Doch vertauschen wir nun nicht stillschweigend den Seinsbegriff mit dem Weltbegriff? Wir tun dies gewiß, sofern wir unter Sein das „esse in genere" oder das „esse universale" verstehen und eben nicht das Sein in einem weltlosen Sinne, so wie man im deutschen Idealismus von einem weltlosen Gott gesprochen hat. Dieses esse universale rerum ist freilich die Bedingung dafür, daß ein denkendes Subjekt durch den Akt der universio des Kosmos ihn zum Universum werden lassen kann. Wäre der faktische Kosmos nicht Bedingung dafür, daß dieser sich im Akt der universio als das Weltsein des Subjektes Mensch begreifen läßt, hätte die Tat der universio überhaupt nicht beginnen können. Fragt man aber nach dem Grund der Möglichkeit eines solchen Beginnens, so ist die Einsicht unerläßlich, daß erst das esse universale, in dessen Vorgriff Kosmos und Weltsubjekt Mensch immer schon sind, das Universum als das Weltsubjekt Mensch und damit als Weltprinzip wirklich sein läßt.

Eine Vertauschung von Sein und Welt geschieht nun darum nicht, weil von der Wirklichkeit des esse universale, das das denkende Subjekt als Universum auslegt, nur im Hinblick auf das demiurgische Subjekt Mensch die Rede ist, das als Weltinbegriff, als „orbis", als „orbis hominis" zum Weltpotential für Kultur, Kunst und Wissenschaft wird.

Die morphopoietische Weltnatur des Menschen

Die morphopoietische Weltnatur des Menschen ist es, die durch die geschichtlichen Epochen der Kultur hindurch Welten hervorbringt. Wenn wir von der demiurgischen Weltpotenz oder vom kreativen Weltgrund des Subjektes Mensch sprechen, der sich das Universum seiner selbst in den Gestalten der Kultur und Wissenschaft anschaulich werden läßt, ist dies nicht mehr eine Welt indifferenter Notwendigkeit, sondern die logoide Welt der Freiheit.

Der Mensch vermag sich zwar als Demiurg, als Weltbaumeister zu begreifen, nicht aber als Schöpfer der Welt, denn er vermag die Endlichkeit seiner Freiheit nicht aufzuheben, nicht einmal im Tode. Sonst vermöchte er die Ursache seiner selbst zu sein, er wäre absolut frei, weil er immer schon bei sich wäre. Doch gerade dies ist das Ziel des Aktes der universio, daß das Weltsubjekt auf dem Wege vom Dasein zur Existenz allererst seine Freiheit gewinne, um in der Ekstatik des Todes sich als Weltexistenz zu substantiieren. Stünde jedoch das

Weltsubjekt selbst nicht immer schon im Vorgriff eines esse universale, wie sollte es sich dann als wahrhaft weltseiend im Tode zur Inständigkeit werden können?

In Rede steht also das demiurgische Weltsein des Subjektes Mensch, das nun in der Tat der Anfang des Universum ist. Ihm muß der Kosmos nicht zur ungestalten Materie werden, falls das Universum hervorgebracht werden soll, sondern das schaffende Subjekt ist selbst die entworfene Architektur seines Weltmodelles, dessen Maß freilich das Weltsein des Menschen ist, nicht dafür, daß der Kosmos ist, sondern dafür, wie er einem denkenden Subjekt, das sich die Vorhandenheit eines Kosmos zur begriffenen Welt werden läßt, zum Universum werden kann.

Wenn dieser Schritt getan ist, ist die Skepsis der Ironie aufgehoben, und das philosophische Staunen kann nun einsehen lernen, daß ein endliches Subjekt in der Tat zum Prinzip der Welt seiner Welten werden kann, ein Subjekt, das zwar der Notwendigkeit des Weltseins seiner selbst ausgesetzt ist, aber dennoch diese Welten aus seiner Selbstanschauung entspringen läßt.

Diese καταβολὴ τοῦ κόσμου, diese constitutio oder universio mundi kann allein durch das demiurgische Weltsubjekt geleistet werden. Die Weltarchitektur seines Seins ermöglicht den demiurgischen Anfang des Universum, der aus der Indifferenz des Weltpotentials der Freiheit des Weltsubjektes Mensch entspringt, das nun als Universum seiner selbst nach dem Paradigma, dem Modell, dem Inbegriff der Architektur von Welt, die Welten von Wissenschaft und Kunst zu schaffen vermag.

Das Staunen vor der demiurgischen Macht des Subjektes

Auf diese Weise aber ist das anfängliche Staunen ob der „Natürlichkeit der Natur", wie sie faktisch begegnet, nun nicht ein egologisches Pathos des Philosophen. Das Denken staunt jetzt darüber, daß es sich dem Kosmos zugrunde zu legen vermag, indem es ihn als Universum konstruiert. Das Staunen ist erfüllt von dem Wissen, daß der Mensch in diesem Akt der universio vom Kosmos zur Welt sich selbst als Weltnatur erkennt und sich so als Weltsubjekt konstituiert.

Nun stellt sich noch einmal die Frage, warum der Mensch überhaupt Weltprinzip sein kann. Ist er dies, weil er sich kraft des universalen Seins seiner selbst als Welt zu entwerfen vermag? Wenn dies aber so ist, dann ist er nicht mehr als eine Abbreviatur des faktischen Kosmos mißzuverstehen. Damit fällt die Vorstellung, er sei ein eingefalteter Kosmos oder sein Abbild und somit eine „imitatio universi".

Welt oder Natur?

Oder ist es vielleicht Natur, die dem Sein des Menschen zugrunde liegt, so daß sie den Weltgedanken ermöglicht? Läge dem Menschen das esse universale nicht als seine Seinsnatur zugrunde, dann könnte sein Weltbegriff nicht ontologisch fundiert werden.

So aber ist der Mensch die Inständigkeit der Welt, also das einzige Wesen, das sich als Universum auszuweisen vermag. Dieses mundane Prinzip ist die Gegenwart des Universum in jedwedem Seienden, sofern es ein Ganzes, also welthaft ist. Der Grund dieser Gegenwärtigkeit des Universum ist das Weltsein des weltseienden Menschen, der das Sein des Kosmos als Universum begreift.

Ironie als List

Im Horizont unserer Frage nach Welt ist Ironie eine List der Vernunft, welche die empirische Welt in die Schwebe geraten läßt, indem sie ihre Realität zu bezweifeln beginnt. Führte sie dagegen bloß in die Gleichgültigkeit gegenüber der Realität Kosmos, so wäre sie Ausdruck der faulen Vernunft eines Denkens, das zu träge ist, wissen zu wollen, was denn Welt wirklich ist, ob sie so ist, wie sie sich zeigt, warum sie überhaupt ist.

So kann es dahin kommen, daß durch das ironische Bewußtsein einer feigen Vernunft (ignava ratio) die Frage der Wirklichkeit Welt aus dem Bereich des intellektuellen Interesses hinausgespielt wird. Damit aber wird durch die faule Vernunft, die es bei dem blanken Nichtwissen beläßt, die Frage nach Welt, die in die Schwebe gebracht ist, der Beliebigkeit überantwortet, bis sie ins Wesenlose versinkt und uns in der Tat gleichgültig lassen muß.

Die Konsequenz skeptischer Ironie

Die Ironie mag durch die infizierende Skepsis, die sich der Erheblichkeit philosophischer Welterkenntnis entzieht, die Unschuld eines arglosen Naturvertrauens in die Tatsachenwelt des Kosmos erschüttern oder zerreißen, sie mag den notwendigen Sündenfall des Denkens, die Auflösung der Gutgläubigkeit in den Lauf der Natur, gegenstandslos werden lassen. Dennoch wird das Denken, falls es den Willen betätigt, wissen zu wollen, worin denn die konsistente Kontinuität des faktischen Kosmos letztlich ihren Grund habe, den „Sündenfall der Reflexion" begehen müssen. Die Nötigung des Subjektes durch sich selbst, sich in dieser sogenannten Natur, die wir nun einmal Kosmos nennen, behaupten zu müssen, um überhaupt dasein zu können, drängt zu der Konsequenz, den Schritt von einer arglosen Weltbetrachtung zu einem durchdachten Weltwissen zu tun.

Dabei wird das denkende Subjekt in dem Maße, als es die Ironie produktiv werden läßt, gewahr, daß es selbst Weltsubjekt ist, nämlich das Urparadigma, Modell, Figur, Inbegriff, nach welchem der Kosmos zur begriffenen Welt gestaltet wird. Das denkende Subjekt beginnt nun langsam zu wissen, warum es sich selbst zum Grunde eines begründeten Weltwissens nimmt.

Durch dieses Wissen ist das Subjekt gewiß, daß es durch das ihm zugrundeliegende Weltpotential zum Weltarchitekten, zum Weltbildner seiner selbst, aus dem Grunde seiner selbst ermächtigt ist.

Dies nämlich ist gemeint, wenn wir vom Weltpotential des Menschen sprechen, von seiner weltbildnerischen Kraft und ihn in Erinnerung an den Demiurgen Platons einen Weltbaumeister nennen.

Proteus Welt?

Aber wir geben uns noch einmal selbst zu bedenken, ob denn der sogenannte Kosmos nicht etwas ist, das uns in der Tat mehr angeht als manches Ding. Entwickelt das Allgesamt der Dinge, die universitas rerum, nicht eine Kraft, der wir kaum gewachsen sind, die uns im Banne hält, fesselt und bestrickt, die uns verzaubert, verführt und verlockt, die uns Lust bereitet, die uns zur Daseinslust an dieser Welt gereichen kann?

Ist diese Kraft des Kosmos, wie immer wir es auch anstellen mögen, uns nicht überlegen, gleich einem Geschick, das wir meinen einholen zu müssen, um ihm zu entgehen?

Haben uns diese Hinweise auf das Phänomen Kosmos nicht eine Phantasmagorie gezeigt, die uns ironisch eine Welt beschreiben und erklären hieß, von der wir mit der Zeit zu wissen meinen, sie sei eine Chimäre? Haben wir gar in dieser Phantasmagorie einen Proteus im Blick, dem wir den Namen „Verwandler der Welt" zu geben gewohnt sind, an dessen Spiel wir uns jedoch gewöhnt haben, obgleich er uns täuscht?

Verwechseln wir den Proteus Welt am Ende nicht mit der Natur, so daß es gar nicht überrascht, wenn der oft beschworene Gestaltwandel der Natur, ihre Metamorphose, die Ursache dafür ist, daß wir nach der Ironie der Welt nicht nur meinen fragen zu können, sondern zu müssen, falls die Weltunsicherheit durch ein begründendes Wissen überwunden werden soll, obgleich wir darüber ironisch belehrt wurden, daß das Phänomen Kosmos sich einem direkten Zugriff des Denkens entzieht?

Unterläuft uns bei dieser erwägenden Weltbeschreibung nicht doch, daß wir eine sogenannte Welt mit dem Kosmos oder Natur verwechseln? Sind Natur und Kosmos von Grund auf eins im Bereich des Vorfindbaren, das doch unzweifelbar da zu sein scheint? Ist es nicht müßig, an dem Dasein von Welt zu zweifeln, sie durch ein umständliches Denken zum Problem werden zu lassen? Müssen wir nicht doch zwischen Natur, Kosmos und Universum unterscheiden, falls wir verbindlich wissen wollen, warum wir wissen sollen, was Welt ist?

Ist das Wort Universum doch nur ein anderes Wort für Kosmos oder Natur? Sprechen wir darum von der universitas rerum oder vom orbis terrarum, um uns das Verständnis von Welt zu vereinfachen?

Was ist denn wirklich gewonnen, wenn wir von der Metapher Weltenrund zum Begriff Welt wechseln, wenn wir vom Bild des Kosmos zum Begriff des All übergehen oder von der Totalität Natur zum Prinzip Welt?

Geschieht dies alles, damit wir uns in dieser universitas rerum orientieren können, um trotz der beliebigen Vielfalt der Dinge im

Denken Stand zu fassen, einen festen Punkt zu finden, der uns vielleicht zum Drehpunkt oder Fußpunkt wird, der erlaubt, daß das Subjekt Mensch sich überhaupt zu dem sogenannten Kosmos begreifend zu verhalten vermag?

Muß also nicht zu allererst der Problemblick des Denkens geöffnet werden, um einen „point de vue" zu finden, der uns erlaubt, überhaupt mit der Bildung eines Weltbegriffes anfangen zu können?

Solange dieser Fußpunkt des Denkens nicht erreicht ist, solange die Selbstsicherheit eines arglosen Weltverständnisses noch nicht erschüttert ist, geben wir immer noch vor, Welt sei uns ein immer schon übermachter Besitz; denn diese Welt sei fraglos unser. Sie begreifen zu wollen, sei allenfalls ein Müßiggang des Denkens.

Wirkliche oder utopische Welt?

An diesem Punkte der Überlegung könnte sich nun die Frage einstellen: Welches ist die Kraft, die dazu treibt, einen Begriff von Welt gewinnen zu wollen?

Enthüllt sich das, was wir so unerschrocken Welt nannten, gar als das Einzelne und Besondere, gar als die Mannigfaltigkeit der Dinge, die wir durch Systematisierung uns zur Weltordnung werden ließen? Wurde das Besondere zur Idee des Allgemeinen, zur Gestalt von Welt idealisiert, so daß diese Idealisierung am Ende zur Pseudowelt einer Utopie umschlug, die eine Chimäre oder ein Unding ist? Oder hatte Ironie nicht doch gerade diesen produktiven Sinn, nämlich unseren Zweifel an diesen Weltunterstellungen zu verschärfen?

Die Ironie, die unsere Einsicht dahin bewegen will, zu erkennen, daß wir zwischen einer wirklichen und einer utopischen Welt zu unterscheiden haben, hat darin aporetische Bedeutung. Die ironische Frage nach Welt will also das Denken in die Klemme der Unstimmigkeit bringen, damit das Denken allererst die Kraft der Unterscheidung übe.

II
Systematischer Teil

VOM DASEIN ZUR EXISTENZ

Zur Orientierung

Der Mensch als Welt-Bürger

Als Sokrates einmal gefragt wurde, wann und wo er geboren sei, soll er, anstatt den Tag und den Ort seiner Geburt zu nennen, geantwortet haben: Er sei Bürger der Polis. Mit „Polis" ist hier nicht eine bestimmte Stadt in Griechenland gemeint, sondern „Welt schlechthin".

Wenn also Sokrates sagt, sein Geburtsort sei Welt, so gibt er uns zu verstehen, daß die von ihm gemeinte Welt weder durch Ort noch durch Zeit bestimmbar ist. Er denkt nicht einen Kosmos, in welchem sich der Mensch zu orientieren hat, sondern er denkt den globus intellectualis, die Weltgestalt, die der Mensch zu entwerfen beginnt, wenn er eine Antwort auf die Frage sucht: Warum ist Welt? Denn selbst die Frage, was etwas ist, ist nicht zu beantworten, ohne das Wissen, warum etwas ist. Wesen und Ursprung einer Sache, ihre Natur, ihre Herkunft und ihr Ziel müssen zusammengedacht werden, wenn man eine Sache „ganz" erfassen will, falls ihr Weltcharakter oder das, was sie ganz und ungeteilt ist, in den geistigen Blick treten soll.

Daher ist für Sokrates das Thema der Philosophie nicht mehr der Kosmos der „Naturphilosophen", nicht mehr die tausendfach gegebenen Dinge und Tatsachen der sinnenfälligen Welt, die man künstlich zu einer Einheit „Natur" zusammenfaßt, sondern nunmehr der Mensch selbst.

Der Kosmopolit Sokrates setzt sich somit von der vorhandenen Welt, vom faktischen Kosmos, von der sinnenfälligen Natur ab, um die Welt der Prinzipien zu entwerfen, die allererst erlaubt, die Wirklichkeit auch des Kosmos zu verstehen.

Indem wir so an Sokrates erinnern, gemahnen wir das einsichtsuchende Denken daran, die landläufige Vorstellung von Kosmos als einem gegebenen All, gar einem Weltall, das wir uns durch Wissenschaft und Technik zu unterwerfen suchen, einer tiefgreifenden Revision zu unterziehen, da sonst der Gedanke einer Metaphysik der Welt nicht gefaßt werden kann, an dem aber das Geschick des Menschen hängt.

Metaphysik der Welt

Was meinen wir mit dem Wort „Metaphysik"? Metaphysik hat es im traditionellen Sinne mit dem Sein als solchem zu tun. Nehmen wir aber den Begriff im neuzeitlichen Sinne, so steht das Sein von Welt in Rede, und zwar so, wie dieses Sein durch das Prinzip Mensch zugänglich wird. Diese Weise, das Sein als Welt im Menschen zugänglich zu machen, ist allerdings durch die Unreimbarkeit, durch die Aporetik von Etwas und Nichts gekennzeichnet.

Dennoch bleibt Welt die unhintergehbare Voraussetzung unserer Frage nach Sein, Ursprung und Grund. Daher hat die Sachgebundenheit unseres Nachdenkens, wie Welt von Grund auf ist, nichts mit jener sich bescheiden gebenden Sachlichkeit zu tun, die den Menschen auszuschalten versucht, damit die Objektivität des Vorgehens durch keine subjektiven Zutaten gestört werde. Wohl müssen wir Welt und Mensch begrifflich unterscheiden, aber es ist dabei stets zu beachten, daß sie nur als ungeschiedene Einheit unserer Nachdenklichkeit zugänglich werden können.

Das Problem des neuzeitlichen Weltverständnisses

Verfolgt man die Geschichte des neuzeitlichen Denkens, so fällt auf, daß sich seit den Philosophien des Nominalismus und der Renaissance eine Umkehrung des Weltverständnisses vollzogen hat. An die Stelle einer Metaphysik der Welttranszendenz trat eine der Weltimmanenz, die schließlich von einem metaphysikbefreiten Weltverständnis abgelöst wurde.

In diesem geschichtlichen Prozeß vollzog sich im Bewußtsein die Umkehrung von Grund und Folge, Ursache und Wirkung, Sinn und Ziel, Mittel und Zweck. Was aber bedeutete diese Umkehrung anderes, als daß einerseits die Differenz zwischen Grund, Ursache, Sinn und Zweck und andererseits von Folge, Wirkung, Ziel und Mittel mehr und mehr aufgehoben wurde. Auch wenn man diese Aufhebung in dem doppelten Sinne von Bewahrung und Destruktion faßt, stellt sich unter beiden Aspekten in aller Schärfe das Problem, wie Welt überhaupt möglich ist. Es erheben sich aber berechtigte Zweifel, ob dieses Problem sachgerecht angegangen werden kann, ohne die Frage nach dem Wie in die Frage nach dem Warum von Welt zurückzunehmen. Denn das Wie wäre grundlos, prinzipienlos, wenn es nicht in dem Warum verwahrt würde.

Selbst wenn es so sein sollte, daß Welt Gründe, Zwecke, Ursachen, ja Sinn selbst hervorzubringen vermag, — wie dies durch Wissenschaft heute zu geschehen scheint, bleibt uns die Frage nach dem Grund der Möglichkeit von Welt nicht erspart. Selbst wenn der Mensch als weltseiendes Wesen Sinn zu setzen vermag, ist die Frage gleichwohl nicht beantwortet, warum es denn gerade der Weltcharakter des Menschen ist, der ihm eine solche Sinnsetzung ermöglicht.

Man mag also die Frage des Verhältnisses von Wie und Warum drehen und wenden, wie man will, stets verweist das Wie der Welt in den Grund der Möglichkeit dieses Wie.

Die Aporie der Welterschließung

Freilich geraten wir dabei an das Problem, wie nun seinerseits das Warum im Wie der Welt beschlossen ist. Denn Welt ist immer nur als Erscheinung von Etwas, als Phänomen, das auf Etwas verweist, und als Sphäre, in welcher sich dieser Prozeß des Erscheinens und Verweisens von und auf Etwas vollzieht. Welt ist nicht eine tote Ganzheit, sondern eine ursprünglich bewegte Totalität. Der Begriff der Erscheinung und der Sphäre von Welt meint ihr Geschehnis; denn ohne daß sich in Welt Etwas begibt, sich Etwas ereignet, käme durch diese Totalität weder Etwas zur Erscheinung, noch vermöchte sie auf Etwas zu verweisen.

Will man Welt als Phänomen sichten, so ist von ihrer Bewegtheit auszugehen, nämlich daß Welt ist, indem sie wird. Das Sein als Welt jedoch heißt, daß Welt ist, die sie ist. Dies ist ihre ontologische Paradoxie. Ihr Sein nur im Phänomen fassen zu können, führt in die Verlegenheit, daß sich das Denken Welt nicht an sich, sondern nur auf indirektem Wege zu erschließen vermag.

Welt läßt sich nicht unvermittelt in den Griff des Denkens bringen, weil sie das universale Sein für jedwedes Seiende ist, von dem wir sagen, daß es überhaupt ist. Machen wir also von einem Seienden die Aussage, es sei nicht dieses oder jenes, sondern es sei lediglich, wobei wir die Frage, ob es hier oder dort ist, aussparen, so meinen wir, daß der Horizont des Seins eines Seienden Welt heißt. Wäre also nicht jedwedes Seiende von Welt betroffen, könnte aus jedwedem Seienden nicht seine Welthaftigkeit entwickelt werden, so vermöchte es hier und jetzt überhaupt nicht zu sein.

Seinsbestand und Gestaltwandel

Auf diese Weise muß der Seinsbegriff als Welt ausgelegt werden. Dies hat darin seinen Grund, daß das Sein von Welt jene Ganzheit oder Totalität ist, die jedwedes Seiende als es selbst hier und jetzt wirklich sein läßt. Der Wirklichkeitsrang eines Seienden ist am Maß seiner Welthaftigkeit zu ermessen. Welt ist also der zeitbedingte Grund der Selbigkeit jedwedes Seienden. Denn wäre Seiendes nicht mit sich identisch und darum welthaltig, zerfiele es in sich selbst. Deshalb hat Welt für den Bestand von Seiendem konstitutive Bedeutung. Sprechen wir vom Sein eines Seienden, so meinen wir seine Welthaftigkeit. Diese allerdings artikuliert sich in jedwedem Soseinssinn eines Seienden.

Wäre nicht jedwedes Seiende nicht nur in die Universalität des Weltall einbezogen, sondern auch durch seine Soseinsartikulation die Gegenwart von Welt, gerade durch seine Welthaltigkeit, dann wäre es Nichts. — Dies soll es heißen, wenn wir sagen, jedwedes Sein eines Seienden ist von Welt um- und durchgriffen. So allein hat es Bestand.

Die entscheidende Frage also lautet nicht, welches der Sinn von Sein, sondern welches denn der Sinn von Welt ist. Der Sinn von Welt aber ist dieser: den Soseinssinn jedwedes Seienden wirklich sein zu lassen. Dies aber heißt, ihm die Wirklichkeit eines Ganzen zu gewähren. Allein weil jedwedes Seiende welthaltig ist, bleibt es durch alle Modifikationen seiner Zeit hindurch ein und dasselbe.

Zwar ist Zeit eine weltwandelnde Kraft, doch was sich wandelt, ist die phänomenale Gestalt von Welt; was aber bleibt, ist ihr logoides Sein. Aus diesem Grunde wird die Gestalt von Welt in jeder Epoche eine andere. Der durchtragende Grund dieser Wandlung ist das unveränderbare Sein von Welt. Dies aber ist nur möglich, weil das Sein von Welt unerschöpflich ist, trotz der je und je verschiedenen Welthaftigkeit, die es dem jeweiligen Seienden zumißt.

Entstehen und Vergehen

Untergehen kann zwar das Seiende, sofern es hier und jetzt ist, nicht aber vergehen kann seine Welthaltigkeit. In diesem Sinne ist jedes Seiende immerdar und zeitlich zugleich; immerdar, weil es von Welt betroffen ist, zeitlich, weil es trotz der Betroffenheit vom Sein der Welt in den Sog der Zeit geraten kann, die dieses oder jenes Seiende hinfällig macht; was jedoch durch die Zeit nicht hinfällig werden kann, ist seine Welthaftigkeit.

Entstehen und Vergehen verweisen so auf die sich in Welt tätigende Negativität. Ohne Negativität wäre allerdings Welt überhaupt nicht als die Totalität des Endlichen denkbar. Welt ist somit immerdar Werden im Vergehen und Vergehen im Werden, wobei nicht zu verkennen ist, daß der Widerspruch in Welt die Negation der Absolutheit des einen oder anderen ist.

Es käme nun aber nicht einer Kontrarietät, sondern einer Absurdität gleich, wollte man meinen, daß die Negativität Weltprinzip sei, weil Welt immerdar überall und überall immerdar ist, weil ihre Raum-Zeitlichkeit das Momentum der Endlichkeit ist oder weil gerade die Momente der Zeitlichkeit und Räumlichkeit die Realität als Endlichkeit bestimmt. Die Realität als Endlichkeit, daß sie immer und überall ganz ist, ist überhaupt nur denkbar, weil sie sich durch die über- und umgreifende Endlichkeit Welt im Werden als Vergehen und im Vergehen als Werden erweist. Obwohl sie überall ist, ist sie doch nie Raum, der sich ermessen läßt; und obwohl sie immerdar ist, ist sie doch nicht Zeit, die sich stellen läßt.

Raum und Ding

Um den Begriff Welt von der alltäglichen Raumvorstellung zu unterscheiden, fragen wir nun danach, was denn Welt wäre, wenn es keine Dinge gäbe. Wäre dann wohl Welt überhaupt? Sind wir gar gezwungen, stets Dinge vorauszusetzen, falls wir uns den Begriff Welt sollen bilden können? Oder ist es am Ende gar die Vernunft des Menschen, die Welt entwirft? Ist dieser Entwurf der Endlichkeit eines Ganzen eine Fiktion, um Mensch und Dinge verorten zu können?

Gehen wir zunächst von den sogenannten sinnlichen Dingen aus. Gewöhnlich stellen wir uns die Dinge, die wir mit den Sinnen wahrnehmen, kubisch, räumlich vor, indem wir meinen, sie befänden sich im Raume. Diese Raumbefindlichkeit der Dinge scheint uns unerläßlich zu sein, um sie zu finden, wo immer sie auch seien.

Selbst Vorgänge, Ereignisse und Begebenheiten, ja alles, was uns tatsächlich begegnet, bedenken wir mit der Frage „Wo?". Wo ist dies geschehen? Wo hat es sich ereignet? Wo läßt sich dieser oder jener Tatbestand vorfinden? Es scheint geradezu so zu sein, als ob wir in einem Ganzen, das wir Raum nennen, Orientierungspunkte erfragen, um uns überhaupt etwas gewahrbar zu machen.

Dies wirft sogleich die Frage auf, ob es also das gewahrungsfähige Subjekt allein sei, das die Dinge durch die Kraft seiner Vorstellung in den Raum seiner Wahrnehmung oder Einbildung versetzt. Dies aber würde bedeuten, daß der Raum eine durch das gewahrungsfähige Subjekt gesetzte Fiktion einer Ganzheit ist, damit das Nebeneinander der Dinge nicht als Chaos, sondern als Ordnung erscheine, eine Ordnung, welche dem Willen gestattet, mit den Dingen nach Belieben umzugehen.

Die für eine Metaphysik wesentliche Frage ist aber: Sind wir es, die Dinge durch unsere Vorstellungskraft gleichsam in ein Ganzes versetzen, das wir dann Raum nennen, oder ist es gar das Sein der Dinge selbst, das uns — kraft ihres eigenen Wesens — diese im Horizont eines Raumganzen erscheinen läßt, so daß wir am Ende sagen können: Dinge seien, ob sie wirklich sind oder ob wir sie uns nur vorstellen, immer schon im Horizont eines Raumganzen verortet und darum für uns gewahrbar?

Dann könnten wir also sagen, Dinge sind immer schon im Raume eingeräumt, und zwar durch die Ausdehnung ihres Wesens, so daß sie in sinnlicher Gestalt ihren kubischen Charakter zeigen. Nicht wir sind es, die die Dinge in den Raum versetzen, sondern die Dinge führen durch ihr Wesen immer schon ihren Raum mit sich. Daraus ergibt sich, daß das Nebeneinander im Raume nicht beliebig ist und seine Geordnetheit nicht willkürlich. Die Raumordnung mannigfaltiger Dinge gewinnt aber nun dadurch „Welt", daß die Dinge mit Notwendigkeit ihren Wesensraum für sich beanspruchen.

Wie aber muß der Raum vorgestellt werden, in welchen alles versetzt ist, in welchem alles entworfen ist, sei diese Setzung oder dieser Entwurf getätigt durch unsere Vorstellungskraft, also durch eine Urraumvorstellung des seienden Subjektes, das mit Dingen umzugehen hat, oder seien Dinge räumlich gesetzt und entworfen kraft ihres Wesens?

Sehen wir vom Nebeneinander der Dinge ab, so abstrahieren wir von allen Dingen im Raum. Wir stellen uns einen dingfreien Raum vor. Was bleibt dann? Eine unendliche Ausdehnung nach allen Richtungen? Aber wie sollten wir uns selbst die Raumdimensionen der Länge, Breite, Höhe oder der Tiefe auch nur vorstellen können, wenn das Nebeneinander des Mannigfaltigen fällt und nichts als die sogenannte „Einheit" bleibt, von der wir nicht einmal zu sagen wüßten, ob sie eine Einheit der Leere oder des Mannigfaltigen ist. Raum ohne Dinge bleibt ein leeres Einerlei. Wollen wir dagegen den Raum in die Unterscheidung von jedwedem anderen bringen, so dürfen wir nicht vom Ding absehen; Raum und Ding können nicht getrennt werden.

Der Satz, der Raum sei eins, stetig und unendlich, ist in seinem Sinn überhaupt nicht einzusehen, ohne daß man dabei um ein anderes als den Raum weiß, indem man nämlich auf das Werden blickt und Endlichkeit ins Spiel bringt. Dabei tritt ans Licht, daß wir für den Raum selbst keine Grenze finden, obgleich alle Dinge durch sich selbst raumbegrenzt sind.

Ding und Welt

Sprechen wir vom „Ding", ohne auf seine Raumbegrenztheit abzuheben, so meinen wir keineswegs irgend etwas Beliebiges. Der Begriff des Dinges ist von dem der Beliebigkeit strikt zu unterscheiden. Denn die Beliebigkeit ließe ja zu, daß ein Ding mit einem anderen vertauschbar wäre. Wenn wir fragen, warum denn dieses Ding das ist, was es ist, so zielt diese Was- oder Wesensfrage auf das, was ein Ding notwendig sein muß, um hier und jetzt „so" bleiben zu können.

Darum wohnt ihm Gesetzlichkeit inne; sie ist seine Soseinseinheit oder sein Wesen, das es von innen her begrenzt und zu dem bestimmt, was es unverwechselbar ist. Solange es die Einheit seines Wesens bewahrt, bleibt es als Ding unteilbar und ganz. Mit dem Dingbegriff verbindet sich also der Gedanke einer unteilbaren Ganzheit, einer in sich geschlossenen Welt.

Damit wird der Dingbegriff gleichsam zum greifbaren Ausdruck für das, was wir „Welt" nennen. Gleichwohl wird man nicht sagen können, Welt sei ein Ding. Da aber ein Ding aufgrund seines Wesens eins und ganz ist, kann es uns den Begriff der Welt veranschaulichen.

So wenig Welt ein Ding ist, so wenig ist sie doch „nichts". Welt ist zweifelsohne „etwas". Das Etwas muß sowohl von Welt als auch vom Ding ausgesagt werden.

Erster Abschnitt

1.

Was nennt der Name Etwas?

Wenn wir die Fragen „Was ist etwas?" und „Warum ist denn alles etwas?" miteinander vergleichen, so fällt auf, daß in unterschiedlicher Weise nach „etwas" gefragt wird. Die Was-Frage geht unstrittig auf Mannigfaltiges, auf *jedes* Etwas. Sie fragt nach dem Wesen von diesem oder jenem Etwas und setzt dabei das Weltsein von etwas, das notwendige Etwas-sein von jedwedem, fraglos voraus. Auf diese Voraus-Setzung aber zielt allein die Warum-Frage, um sie als Sachvoraussetzung zu identifizieren.

Das Etwas der Warum-Frage nennt also das Weltsein, und zwar von jedwedem Seienden, von dem wir sagen, es sei etwas. Das heißt, der Name Etwas nennt „Wirklichkeit überhaupt"; und damit steht die Inbegrifflichkeit oder das Prinzip Etwas in Rede, wann immer wir die Warum-Frage stellen.

Die Urfrage

Wir nennen die Frage: „Warum ist denn alles etwas?" deshalb die Urfrage[2] der Metaphysik, weil alles Fragen nach Etwas die Sinnbestimmtheit des Etwas voraussetzt. Sie schließt alle Fragemöglichkeiten von Grund auf in sich. Sie kann nicht abermals hintergangen werden, sobald man sie als Prinzip jedweden Fragens erkannt hat. Die Urfrage ist darum auch das All oder die Welt der Fragen. Ihr Wesensumkreis umfaßt und deckt sich mit dem Horizont des Alls von Welt. Deswegen müssen wir der Urfrage der Metaphysik apriorischen Charakter zusprechen. Ihre Apriorität ist der Grund, daß sie in keiner Weise aus dem Denken eliminierbar ist.

Hätte indes die Urfrage der Metaphysik für das Denken nur Modellfunktion, dann wäre ihr ontologischer Status der Apriorität verneint. Ist aber die Urfrage immer schon durch das Sein von Welt selbst grundgelegt, so ist sie in Wahrheit die Seinsfrage des denkenden Subjektes Mensch an sich selbst. Denn wenn die Urfrage: „Warum ist denn alles etwas und nicht vielmehr nichts?" sich stellt, dann kann dieser Fragesatz nur durch ein solches Subjekt gestellt werden, das denkt, weil es ist, nämlich Etwas ist. Dieses Etwas-Sein ist der Grund der Möglichkeit und somit der Ursprung der Urfrage selbst. Die Urfrage ist darum nicht nur eine sinnvolle Frage unter anderen, sondern die einzig notwendige Frage der Metaphysik, zu welcher sich das Denken genötigt sieht, wenn es welthaftig: von Grund auf, ganz und gar alles „wissen" will.

Unsere — wie es zunächst den Anschein haben könnte — bloße Umformulierung der bekannten Frage: „Warum ist etwas und nicht vielmehr nichts?" hatte also einen bestimmten Grund. In der Frage: „Warum ist etwas und nicht vielmehr nichts?" scheinen wir nach dem „reinen", d.h. noch bestimmungsfreien Dasein des Seienden zu fragen, nach der bloßen Existenz des Seienden, warum es *ist* (im existentialen Sinne der Kopula) im Gegensatz zu seinem Nichtsein. Können wir jedoch nach der Existenz oder dem Dasein fragen, ohne nach der Existenz oder dem Dasein *von etwas* zu fragen? Wird also in der Frage: „Warum ist etwas und nicht vielmehr nichts?" nicht wie in jeder anderen Frage nach der *Bestimmtheit von etwas* gefragt, und setzt diese Frage nicht auch schon voraus jenen Seinssinn von etwas, der überhaupt die Möglichkeit einer solchen Frage grundlegt? Aus diesem sachlichen Grunde mußten wir die Frage: „Warum ist etwas und nicht vielmehr nichts?" umformulieren in die Frage: „Warum ist denn alles etwas?", da alles Fragen nach dem Seienden die Bestimmtheit des Seienden voraussetzt, nach der gefragt wird. Das Etwas-sein des Seienden zielt auf den logoiden Sinn des Seienden, auf seine anfängliche Gesetzlichkeit *als* eines Seienden, auf seine Welthaltigkeit, die seine Befragbarkeit allererst ermöglicht.

Das Ziel der Urfrage

Schließt nun nicht schon die elementare Frage „Warum ist denn alles etwas?" das Ziel eines unerschütterlichen Weltwissens in sich? Heißt dies, daß das Denken so lange nicht zur Ruhe kommt, bis es sich dessen vergewissert hat? Doch welchen Weg muß es einschlagen, um weltgemäß zu verfahren?

Beginnen wir noch einmal mit einer elementaren Überlegung. Das Denken nimmt einzelne Dinge als „etwas" gewahr, sofern sie in einem Gefüge einbegriffen sind, das ihnen Zusammenhang verleiht. Diesen Zusammenhang nennen wir „Welt". Wohnte aber dem Denken nicht immer schon Welt als Zusammenhang inne, noch ehe es nach ihm in einem vorläufigen Verständnis fragt, so wäre es blind; denn es wäre ohne Weltbezug. Umgekehrt ist zu fragen, ob das Einzelne überhaupt gewahrbar wäre, wenn es nicht von vornherein in einem Weltbezug und Weltzusammenhang stünde. Oder läßt sich darüber nichts ausmachen, weil das Denken etwas nur im Gefüge von Welt zu fassen vermag?

Ist es also allein das Denken, das diesen Bezug zum Ganzen als Welt selbst herstellt, um sich der Dinge und seiner selbst als etwas zu vergewissern? Ordnet es sich dabei gleich den Dingen als Faktum unter Fakten ein? Oder nötigt uns vielmehr der wohlbedachte Sinn der Urfrage dazu, zu sagen, daß Mensch und Ding von Grund auf nur etwas zu sein vermögen, weil sie immer schon in den Welt- und somit Seinszusammenhang einbegriffen sind? So daß das Denken den Weltzusammenhang weder beliebig entwerfen noch setzen kann, sondern ihn als Urvorgängigkeit gewahren muß, sobald es sich seiner und der Dinge zu vergewissern beginnt?

Indem das Denken danach strebt, sich seiner selbst und der Dinge zu vergewissern, erweist sich, daß sich ihm Welt selbst als unabweisbares Thema in der Frage nach dem Etwas aufgibt. Damit legt sich die Zielrichtung der Urfrage als ein Denken aus, das sich dadurch seiner als etwas gewiß zu werden vermag, daß es Welt als das Uretwas begreift, worin Mensch und Ding ursprünglich geeint sind, ehe sie bedacht werden. Die Vergewisserung des Denkens, die sich in der Urfrage meldet „Warum ist denn alles etwas?", entspringt somit einem ihm ursprünglich innewohnenden Weltwissen.

Was aber ist die Bestimmung dieses Etwas? Diese Frage nach der Bestimmung dessen, was etwas sei, ist zwar in der Urfrage wesensmäßig eingefaltet; aber erst wenn das Etwas Welt für das sich vergewissernde Denken ausdrücklich thematisch geworden ist, entfaltet sich der Zielsinn der Warum-Frage: wissen zu wollen, was der unhintergreifbare Sinn dieses Etwas Welt ist, das heißt, wie er begrifflich zu bestimmen ist.

Das sich selbst unterscheidende Etwas

In der Urfrage nach dem Etwas erweist sich das Denken selbst als etwas. Denken heißt: etwas denken; andernfalls verlöre es seinen Sinn. Nichts vermag es nicht zu denken, es sei denn auf dem Rücken von etwas. Denken ist also etwas, noch ehe es sich in der begreifenden Selbstreflexion von Dingen unterscheiden gelernt hat. Aber es unterscheidet sich nicht nur von Dingen, indem es sie als etwas denkt, sondern auch sich in sich von sich, indem es sich als etwas zu begreifen sucht.

Wie aber unterscheidet es sich in sich von sich, ohne sich in die beliebige Geschiedenheit zu verlieren? Dadurch, daß es zu sich in eine Beziehung tritt. Dies vermag es aber nur deshalb, weil es die Urunterschiedenheit, nicht Geschiedenheit, als Etwas immer schon ist, also in Urrelation zu sich ist, noch bevor es sich in die selbstreflektierende Unterscheidung von sich als dem Anderen seiner selbst und dem Anderen außer sich bringt.

Deshalb ist das Etwas im Hinblick auf das Selbstbegreifen des Denkens das bewahrende Bei-sich-sein des Denkens in der Andersheit seiner selbst. Nur weil dies so ist, vermag das Etwas die unterscheidende Kraft des Denkens auf sich zu zentrieren.

Die Urkategorie Etwas

Der ontologische Sinn der Urfrage liegt demnach in der kategorialen Ausschließlichkeit: Die Urfrage ist nur auf sich selbst anwendbar. Der Sinn dieser Frage „Warum ist denn alles etwas?" umfaßt zwar jedwedes Seiende, was immer es auch sei, aber nicht jedwedes Seiende erschöpft den Sinn des Etwas. Das Etwas im weitesten und vorzüglichsten Sinne ist darum als inbegriffliches Etwas zu fassen. Diesem inbegrifflichen Etwas wohnt die Potentialität inne, sich jedwedem Seienden zuzuordnen, so daß von ihm Wirklichkeit ausgesagt werden kann.

Von welcher Seinsweise ein Seiendes auch immer gedacht werden mag, es muß zumindest als „etwas" gedacht werden. Die Möglichkeit hierzu gründet in der inbegrifflichen Potentialität des Etwas selbst, das quer durch alle Dimensionen der Wirklichkeit des Seins, des Denkens und des Erkennens hindurchgreift.

Daß Etwas also von Seiendem in allen Wirklichkeitsdimensionen ausgesagt werden kann, ist nur möglich, weil die Kategorie Etwas ontologisch als Idee grundgelegt ist. Erst der Sinngehalt der Idee Etwas läßt einleuchten, warum Wirklichkeit sein, gedacht und erkannt werden kann. In der ontologischen Kategorie Etwas artikuliert sich jedoch nicht nur Wirklichkeit, so als ob die Kategorie Etwas lediglich Prinzip der Gliederung oder Architektur von Wirklichkeit wäre, sondern so, daß die Urkategorie Etwas als Idee der Grund der Möglichkeit ist, daß Seiendes in Wirklichkeit als „etwas sein" gedacht und erkannt werden kann. Seiendes ist dem Etwas notwendig zugeordnet.

Die Zuordbarkeit des Seienden zur Urkategorie kann unter der Rücksicht der Urfrage als Intention verstanden werden, wobei sich das Etwas mit dem Zielsinn verbindet. Jedes Seiende ist darum von Grund auf sinnbestimmt und darum logoid. Seinen Sinn in Zeit zu verstehen, vermag das Denken nur deshalb, weil die Urkategorie Etwas als Bedeutungspotentialität, als Idee den Sinn immer schon ermöglicht hat. Folglich intendiert die Urkategorie Etwas nicht nur „Wirklichkeit überhaupt", bar jedweder Sinnbestimmtheit, sondern sie artikuliert in ihrer Intentionalität „sinnbestimmte Wirklichkeit überhaupt".

Das Etwas kommt im Wort zur Sprache

Was somit in Wahrheit im Wort Etwas zur Sprache kommt, ist also nichts anderes als die Idee der Urkategorie Etwas. Soll etwas kategorial über Seiendes ausgesagt werden können, so müssen wir diese Idee als Urwort verstehen. Das bedeutet jedoch, daß die Dimension der Aussage über Wirklichkeit die Sprache ist. So erst ist der Sinn der Kategorie Etwas als Idee und Wort in eins der Grund der Kommunikation des endlichen Geistes mit der Wirklichkeit. Die kategoriale Bündigkeit einer ontologischen Aussage über Seiendes besteht also darin, daß die Urkategorie Etwas als Idee oder Sinngestalt und Urwort in eins die Einheit des Sinngrundes von Wirklichkeit ist.

Was es indes andererseits bedeutet, die Urkategorie Etwas nur auf den Grund der Objektivierbarkeit von Wirklichkeit zu beschränken, wird dann deutlich, wenn man bedenkt, daß wissenschaftliche Aussagen gewöhnlich als um so stringenter anerkannt werden, je formaler, je bedeutungsfreier sie sind. Diese Beengung der Urkategorie Etwas auf ein bloßes Abstraktum hat schwerwiegende Folgen für das Wirklichkeitsverständnis. Es läuft letztlich auf einen Wirklichkeitsverlust im Bewußtsein hinaus, auf die Exzentrierung des Menschen selbst. Freilich, erst wenn die ontologische Urkategorie Etwas sowohl als Grund des Abstrakten als auch des Konkreten begriffen wird, kann eingesehen werden, warum die ontologische Urkategorie Etwas der Seinsgrund, der Denkgrund und der Erkenntnisgrund in Zeit ist.

Da sich der Charakter der Urkategorie Etwas darin auszeichnet, daß ihm Seiendes schlechthin zuzuordnen ist, andernfalls es nichts wäre, so läßt sich nun unschwer erkennen, daß mit dem Urwort Etwas „Welt" ausgesagt wird. Dieser Weltcharakter enthebt Seiendes der Beliebigkeit, was sich nicht zuletzt darin zeigt, daß sich Seiendes der Aussage und der Festlegung im Begriff nicht entzieht. Seiendes ist durch die Urkategorie Etwas begrifflich verfaßt, so daß sein Bedeutungsgehalt im Wort zu Sprache kommen kann, sobald sich ein Denken fragend darauf richtet.

Was ist Etwas?

Hat die Urfrage das Denken aus der Beliebigkeit des Faktischen auf das Etwas zentriert, dann erst erlaubt die Kategorie Etwas die Was- oder Wesensfrage zu stellen, was etwas sei. Fassen wir nämlich ein Seiendes im Horizont des Etwas, so unterwerfen wir es nicht nur dem kategorialen Zugriff der Aussage, daß es etwas ist, sondern bestimmen es bereits näher in seinem Sinn, also was es seinem Wesen nach immerdar wirklich ist.

Es mag zwar jetzt den Anschein haben, als werde mit der Wesensfrage dem Etwas gleichsam von außen ein Sinn unterstellt, aber ein Seiendes, sofern wir es mittels der Kategorie Etwas nach seinem Wesen zu erfassen suchen, erweist sich in der ontologischen Dimension als ein immer schon durch sich selbst an seinen Wesensort gebrachtes Etwas. Denn wir könnten von einem Seienden schlechterdings keine allgemeine Aussage machen, gar einen verbindlichen Wesensbegriff bilden, wenn Seiendes nicht schon von Grund auf der Urkategorie Etwas allgemein und notwendig zugeordnet wäre. Ohne diese kategoriale Urbezogenheit von Seiendem auf Etwas wäre die Wesensrelationalität, seine Wesensarchitektur nicht zu fassen.

Daraus ersehen wir, daß das Etwas für das Sein von Seiendem konstitutiv und wesensgründend ist. Demnach ist das Seiende „etwas", um wirklich sein, gedacht und erkannt werden zu können. Dies ist die dreigliedrige Wesensarchitektur des Kerngefüges oder der einen Urrelationalität des Etwas, die Seiendem zugrunde liegt, als der Grund, der an ihm selbst begrifflich verfaßt sein muß, soll Seiendes kategorial begreifbar sein können.

Allgemeinheit und Notwendigkeit des Etwas

Aufgrund der Einheit des Etwas als Idee aber sprechen wir von der mannigfaltigen Bedeutung des Seienden. Der mannigfaltigen Bedeutung des Seienden entspricht die Vielgeartetheit des Seienden. Doch von Mannigfaltigkeit und Vielheit kann nur insofern die Rede sein, als allem — dem Ganzen wie dem Teil — das Etwas urkategorial innewohnt. Darum eignet dieser Idee Etwas Allgemeinheit und Notwendigkeit.

Indem die Idee „Etwas" die Wirklichkeit in tausendfältige Unterschiedenheit des Seienden — sowohl in seiner qualitativen als auch quantitativen Bestimmtheit differenziert, verleiht sie jedem dadurch notwendig und allgemein Ganzheit und Identität. Auf diese Weise ist das Etwas die zeitüberlegene Gegenwart der Idee, die bewegende Identität in der Differenzierung der Vielfalt des Seienden. Es ist somit das Prinzip, durch welches Seiendes den Grund seines Daseins in Zeit bewahrt.

Widerständigkeit und Entzug von Welt

Welt ist wirklich, weil alles Etwas ist. Seiendes ist möglich, weil Welt ist. Die Wirklichkeit von Welt äußert sich als die Widerständigkeit des Seienden, die darin besteht, dem Nichts oder der Nicht-Bestimmtheit zu widerstehen. Dennoch entzieht sich Welt dem Zugriff des Denkens, nämlich dann, wenn es zwischen Grund und Gegründetem nicht mehr unterscheidet und Welt in den einzelnen Bestimmtheiten des Seienden zu fassen sucht.

Warum sich Welt diesem Zugriff des Denkens entziehen muß, obwohl sie in jedem Seienden gerade dadurch gegenwärtig ist, daß sie ihm Ganzheit, Identität und darum Widerständigkeit verleiht, hat seinen Grund darin, daß das Sein von Welt im Vergleich zu jedwedem Seienden stets das je größere Sein ist. Dieses komparativische Sein ist nach seiner qualitativen Bedeutung aber „Unermeßlichkeit". Darum ist Welt durch Seiendes nicht ausschöpfbar. Welt ist stets „mehr" als Seiendes und geht im Seienden nicht auf — so wenig wie der Grund in dem, was er gründet oder was aus ihm folgt.

Die Kehrseite der Unermeßlichkeit von Welt indes heißt „Endlichkeit". Das Sein von Welt ist inhaltlich durch Endlichkeit bestimmt, weil ein „nicht", ein Moment von Negativität von ihm schlechterdings nicht abgezogen werden kann.

Welt erscheint zwar als die Beständigkeit und Widerständigkeit des Seienden; darum nennen wir Seiendes welthaltig oder weltförmig. Aber Seiendes ist nicht „allein"; es ist stets mit und in Relation auf anderes Seiendes. Es bringt sozusagen „seine" Welt mit und kann nur aus seiner Welt verstanden werden, — so daß wir sogar sagen könnten: soviel Seiendes so viele Welten. Dennoch ist nur eine Welt, darum sprechen wir von der Welt in der Welt, insoweit Welt in Seiendem zur Erscheinung kommt.

Widerständigkeit und Entzug von Welt greifen nun so in einander, daß sie nur in ihrer Gegenstrebigkeit zu begreifen sind. Welt kommt in Seiendem zur Erscheinung, das darum dem Nichts widersteht; Welt entzieht sich sowohl dem Denken, das Welt als ein Seiendes unter Seiendem fixieren will, weil sie die Sphäre alles Erscheinens von Seiendem ist, als auch dem Seienden, weil das Sein von Welt Unermeßlichkeit ist.

Gegenstrebigkeit von Etwas und Nichts

Diese Gegenstrebigkeit von Widerständigkeit und Entzug von Welt hat ihren wahren Grund in der Gegenstrebigkeit von Etwas und Nichts. Auf sie werden wir spätestens dann aufmerksam, wenn wir unserer elementaren Frage „Warum ist denn alles etwas?" hinzufügen „und nicht vielmehr nichts?" — Es wäre aber ein Mißverständnis, wollte man die Begriffe Nichts und Etwas alternativ gebrauchen, so als ob man den Sinn der Urfrage dadurch klären könnte, daß man entweder nach dem Etwas oder nach dem Nichts allein fragt. Das Nichts ist zwar der Anlaß, nach dem Etwas zu fragen — wie auch umgekehrt, so daß beide Fragen einander gegenseitig erhellen, aber es ist nicht der Grund des Etwas.

Die doppelte Negation in der Frage „Warum ist denn alles nicht vielmehr nichts?" läßt also die Zielrichtung der Frage „Warum ist denn alles etwas?" nur deutlicher hervortreten, daß nämlich der Grund des Etwas nicht das Nichts, sondern die Gesetzlichkeit des Seins ist. Dieses Sein zeigt sich als Etwas, weil es von einem Nicht (an Bestimmtheit) betroffen ist. Darin also besteht die Gegenstrebigkeit von Etwas und Nichts.

Ist Gott Etwas?

Wäre Gott Etwas, so wäre für ihn das Modalitätsproblem von Raum und Zeit bedeutsam. Das aber hieße, daß Gott die Beliebigkeit in sich schlösse, sowohl als das Nichts die Andersheit seiner selbst zu sein als auch sich als Welt zu verendlichen.

Will man aber die Kontamination von Gott und Nichts sowie von Gott und Welt vermeiden, aus der Einsicht, daß daraus zwangsläufig die Auflösung beider Begriffe erfolgen würde, so muß begrifflich zwischen Gott als einem schlechthin zureichenden Grund von Sein und der Welt als dem endlichen, dennoch zureichenden Grund von Seiendem unterschieden werden. Darum ist Gott weder Nichts noch Etwas.

Der Modalitätscharakter des Etwas

Das Sein von Welt ist deshalb Etwas, weil es vom Nichts betroffen ist. Zwar vermag das Nichts das Sein von Welt nicht aufzuheben, wohl aber einzuschränken. Aus dieser Nichtsbetroffenheit resultiert der Modalitätscharakter des Etwas überhaupt. Dieser Modalitätscharakter, wie Seiendes allein dazusein vermag, erhält seine Prägung durch das Spannungsfeld von Raum und Zeit, das wir den Zeitspielraum nennen.

Darum wohnt keinem Seienden das Vermögen der Allgegenwart oder Allörtlichkeit inne. Was da ist, ist hier und nicht dort; was jetzt ist, kann nicht zugleich vergangen oder künftig sein. In diesem Da sind Hier und Jetzt ineins gefaßt. Nur unter diesen einschränkenden Bedingungen von Raum und Zeit kann Seiendes da sein.

Der Raum ist an ihm selbst nichts; die Zeit ist an ihr selbst nichts. Von ihnen kann gesprochen werden, sofern Etwas ist. Wo etwas ist, ist Raum; wann etwas ist, ist Zeit.

Weil jedoch Raum und Zeit die einschränkenden Bedingungen des Seienden sind, ist Seiendes anfällig für das Nichts. Und es müßte dem Sog ins Nichts erliegen, gleichsam in die schiere Beliebigkeit von Raum und Zeit entgleiten, wenn es in seiner Hinfälligkeit nicht seine Identität bewahrte. Diese Identität ist das bewahrende Wesen des Seienden.

Philosophieren ringt darum, Raum und Zeit zu überwinden, die Beliebigkeit des Daseins abzutragen, um den immer und überall währenden Sinn von Welt und das Wesen des Seienden denkend zu vernehmen. Hierzu muß zunächst das Seiende aus seiner räumlichen und zeitlichen Hinfälligkeit für die Erkenntnis befreit werden. Dies geschieht, indem philosophisches Denken von diesem Raum und dieser Zeit abstrahiert. Wovon aber schlechterdings nicht abstrahiert werden kann, weil das Denken selbst hier und jetzt etwas ist, ist die Räumlichkeit und Zeitlichkeit des Etwas.

Die Raumzeitlichkeit des Etwas, sein Modalitätscharakter wird so zum Vehikel, welches uns die Einsicht vermittelt, daß Seiendes — gerade trotz seiner Anfechtbarkeit durch das Nichts — in der Identität seines Wesens ist. Damit ist Seiendes in seiner Hinfälligkeit auf sein Wesensziel hin bestimmt, unter den einschränkenden Bedingungen von Raum und Zeit das werden zu können, was es von Grund auf sein soll.

2.

Der Zeitspielraum des Daseins

Die Zeit des Etwas ist als Augenblick das Jetzt; der Raum des Etwas ist als Ort das Hier. Auf diese Weise ist jedes Seiende ontisch zeit- und raumbestimmt. Zeitlichkeit und Räumlichkeit machen es möglich, daß das Etwas Seiendes durchwaltet, indem Seiendes ist, sofern es wird.

Wir geraten damit in die Aporie der Raumzeitlichkeit, daß das Etwas Sein und Werden im endlich Seienden polar eint. Durch die Raumzeitlichkeit des Etwas ist die polare Gegenstrebigkeit des Seienden bestimmt. Auf diese Gegenstrebigkeit gilt es zu achten, um Seiendes nicht absolut zu setzen.

Das Etwas aber ist das Urmaß der Raumzeitlichkeit; der Zeitspielraum des Etwas ist das Ausmaß der endlichen Zweideutigkeit des Daseins. Seiendes ist da, indem es wird, und es wird jetzt, indem es hier ist. Sofern Seiendes ist, ist es zwar durch sein Wesen in seinem Sein bestimmt, aber in seinem Dasein ist es durch das Etwas bedingt, das Ort und Augenblick ermöglicht, damit sich das immer gleichbleibende Wesen eines Seienden in die Raumzeitlichkeit des Daseins einlassen kann.

Obwohl Seiendes im Dasein an seinem Wesenort ist, vermag es hier nur in Hinfälligkeit zu sein. Denn Seiendes ist nicht notwendig da. Dies aber heißt, Seiendes ist im Zeitspielraum des Daseins dadurch, daß es ist, indem es wird und zugleich vergeht. Im Zeitspielraum des Etwas kommt Seiendes inbs Dasein, verweilt hier und jetzt und geht doch zugleich dahin.

So zeigt sich, daß das Etwas der zeitbedingte Spielraum des Daseins ist, in welchem sich das Sein des Seienden als ein endliches Geschehen ereignet.

Dasein als eine Seinsweise

Geht das Sein von Seiendem, seine Idee, in den Zeitspielraum des Daseins ein, so ereignet sich Kommen, Bleiben und Gehen von etwas, indem Seiendes sein Wesen in Raum und Zeit, somit auf endliche

Weise werdend artikuliert. Diese Artikulation ist für Seiendes konstitutiv. Seine Gegenwart ist also die Gegenwärtigkeit der Idee, seines immer bleibenden Sinnes über sein Vergehen als Vergangenheit hinaus. Denn Seiendes, das hier und jetzt wesenhaft ist, kann wegen seines Etwas-Seins nicht immerdar an seinem Ort bleiben. Sein Ort und sein Augenblick sind ja der endliche Zeitspielraum des Daseins.

Wenn jedoch Seiendes, nach seinem Wesen in sich bleibend, unantastbar das ist, was es von Grund auf ist, so daß es auch in der Gegensatzspannung des Daseins keiner Wandlung oder Veränderung unterliegt, wie ist dann die Rede vom Werden und Vergehen zu verstehen. Denn an das Wesen des Seienden darf das Nichts nicht rühren, da sonst Seiendes in seinem Wesen vertauschbar wäre, verwechselbar mit anderem und schließlich unerkennbar. Wie also kommt es, daß das Wesen des Seienden mit dem „wesenlosen" Dasein eins zu werden vermag, ohne sich seiner selbst zu entfremden?

Ist das wesenhaft Seiende in den Zeitspielraum des Daseins eingesenkt, so nimmt das immerdar sich gleichbleibende Wesen in jedem Wandel und jeder Veränderung nur eine andere Weise zu sein, nämlich die des zeiträumlichen Daseins an. Geht also das Wesen eines Seienden in das Werden ein, so wandelt sich lediglich seine Seinsweise, keineswegs seine Wesensweise oder seine Identität.

Doch sagen wir nicht auch vom Etwas, daß es sich gleichbleibt und seine Identität erweist, obwohl der polare Gegensatz von Raum und Zeit es zum Zeitspielraum des Daseins entschränkt? Was sich so als Widerspruch zu verstehen gibt, löst sich auf, wenn man bedenkt, worin die Identität des Etwas denn allein bestehen kann. Diese Identität besteht im Sein. Weil sich also das Etwas und die Idee eines Seienden in der Identität des Seins entsprechen, ändert sich nicht das Sein des Seienden, wenn seine Idee im Zeitspielraum des Daseins als Etwas erscheint, sondern es ändert sich die Weise, wie die Idee hier und jetzt als Etwas ist. Was ein Widerspruch zu sein scheint, ist nichts anderes als die Änderung der Seinsweise ein und derselben Sache.

Sosein und Dasein

Seiendes ist etwas. Welt aber ist kein Seiendes, sondern als Etwas das Sein in Endlichkeit, an dem alles Seiende so teil hat, daß es weltseiend etwas ist. Der Weltcharakter des Seienden besteht jedoch nicht allein darin, daß Seiendes durch sein Wesen das ist, was es ist, sondern daß es durch seine Verschränkung im Dasein zugleich auch bestimmend für anderes ist. Dies ist aber nur möglich, weil jedes Seiende in einer Urbezüglichkeit immer schon zu allem anderen steht, ehe es hier und jetzt unter den einschränkenden Bedingungen des Daseins erscheint.

Sobald uns aufgeht, daß das Erscheinen-Können eines Seienden ja nur dadurch möglich ist, daß es sich als das andere seiner selbst zeigt, müssen wir notwendig unterscheiden zwischen seiner Idee und seiner Daseinsgestalt, zwischen Grund und Gegründetem. Diesen Unterschied zwischen Idee, kraft der es ist, was es ist, und seiner Faktizität, daß es da ist, müssen wir daher als die apriorische Wesensdistanz des Seienden in sich und zu sich selbst als den Abstand zwischen Idee und faktischer Endlichkeit, dem Sosein und dem Dasein begreifen. Die Einheit von Sosein und Dasein in einem Seienden ist aber „Welt".

Gäbe uns Seiendes diese Differenz von Sosein und Dasein als seine innere Distanz nicht zu erkennen, weil es nicht auch das andere seiner selbst zu sein vermöchte, so daß es sich auch nicht mittels dieser apriorischen Differenz in Zeit verräumlichte, so wäre es unmöglich, Seiendes von Seiendem zu unterscheiden. Durch diese durchgängige Differenz jedoch ist Welt die Einheit, aufgrund welcher allem Seienden gemeinsam ist, auf endliche Weise hier und jetzt dazusein, und zugleich der Grund der Möglichkeit, daß kein Seiendes seinem Sosein oder Wesen nach mit anderem Seienden identisch ist.

Daher verräumlicht sich Seiendes im Dasein auf eine doppelte Weise: einmal in sich selbst kraft seiner apriorischen Differenz zwischen Sosein und Dasein und zum anderen außer sich durch das Nebeneinander in der Dimension des Raumes. So begrenzt sich Seiendes durch sich selbst in sich und gegen anderes. Diese Selbstbegrenzung des Soseins vermag aber im Zeitspielraum des Daseins nur dadurch in Erscheinung zu treten, daß sie als *Grenze* Seiendes von Seiendem *scheidet*, — was in der Idee *unscheidbar* unterschieden ist.

Was also durch die Raumpräposition „neben" deutlich werden soll, ist, daß Seiendes kraft der ihm innewohnenden Idee in Relation auf sich selbst zwar selbstbeständig ist, daß es aber in Hinblick auf anderes Seiende in dem Augenblick, da es in Endlichkeit wirklich daseiend wird, seine Selbstbeständigkeit nur solange bewahrt, als es sich auch äußerlich gegen anderes Seiende scharf abgrenzt. Dadurch jedoch profiliert sich Seiendes und gewinnt hier und jetzt seine anschauliche Daseinsgestalt.

Die Sphäre der Endlichkeit

Ist Seiendes wirklich da, so sagen wir dies in bezug auf seine gedoppelte Relationalität. Seiendes kann also nur in Bezüglichkeit da sein, einerseits in der Selbstbezüglichkeit und andererseits in der Fremdbezüglichkeit seines Daseins und damit zugleich in bezug auf die Mannigfaltigkeit alles Seienden.

Insofern nun Seiendes da ist, als es wird, so daß das Werden für sein Dasein konstitutiv ist, muß es die Distanz zu sich und anderem allererst hervorbringen, indem es sich selbst in sich begrenzt und anderes ausgrenzt. Durch diese Selbstbegrenzung und Selbstbeschränkung wird es in der Zeit wirklich daseiend, aber auch endlich, sowohl qualitativ als auch quantitativ.

Das Werden ist damit die Sphäre der Endlichkeit alles Seienden. Ihr wesentliches Merkmal heißt „Negation". Sie ist die in allem Seienden waltende Differenz. Als diese Differenz von Dasein und Sosein sitzt die Endlichkeit inmitten von Seiendem. Die Negation ist demnach die ontisch gewendete Nichtsbetroffenheit des Seienden.

Deshalb sind Negation oder Differenz die Voraussetzungen dafür, daß Seiendes das andere seiner selbst (und nicht ein anderes von anderem) wird, indem es sich daseiend so selbst begrenzt, daß es sich zugleich im Raum zeitlich erstreckt. Der durch diese Differenz hervorgebrachte Raum ermöglicht das Dasein und verhindert zugleich die schlechthinnige Identität (nicht die Einigkeit) von Dasein und Sosein. Er bewahrt so jedes Seiende in seinem Sosein, solange es da ist.

Die negierenden und differenzierenden Kräfte fassen wir also im

Inbegriff „Endlichkeit". Negation, Begrenzung, Beschränkung charakterisieren also die Endlichkeit von Welt.

Die gebrochene Weltidentität

Die Welt kann sich schlechterdings nicht als raumfreies Sein mit der Wirklichkeit des Daseins verbinden. Darum ist sie nur in Gestalt der Einheit von Dasein und Sosein wirklich. Diese Einheit bedeutet jedoch keineswegs nahtlose Identität.

Könnten Dasein und Sosein schon hier in einem absoluten Sinne eins werden, dann bräuchte ein Seiendes nicht erst einen in Endlichkeit nicht abzuschließender Prozeß der Annäherung aneinander zu durchlaufen.

Diese nicht zu schließende, nicht wegzudenkende Kluft zwischen Welt und Wirklichkeit eines endlich Seienden charakterisiert die Weltidentität als eine gebrochene.

Nichts oder Noch-Nicht?

Bedenkt man die Weltidentität unter der Rücksicht ihrer Gebrochenheit, so drängt sich unabweisbar das alte Theorem auf, daß aus Nichts nichts werde. Dieser Satz, soll er mehr als eine Selbstverständlichkeit ausdrücken, ist dahingehend auszulegen, daß „von" Nichts „Etwas" werde. Während der erste Satz darauf abzielt, daß nichts zu werden vermöchte, wenn radikal Nichts wäre, so gibt der zweite Satz zu verstehen, daß gerade deshalb „von" Nichts etwas zu werden vermag, weil ein absolutes Sein die Wirklichkeit Welt immer schon hervorgebracht, das heißt: von Ewigkeit her und darum atemporal mitgesetzt hat. Das Nichts ist damit nicht mehr jene gestaltlose ewige Materie, jenes von Ewigkeit mitvorliegende Gegenprinzip zum Sein, sondern gilt nun als Grenze, die erlaubt, absolutes Sein von endlichem Sein zu unterscheiden. Welt als atemporale Gewordenheit ist darum ein systematisch Zweites.

Es kommt daher nicht von ungefähr, daß vor allem das neuzeitliche Weltbewußtsein von der Frage bewegt wurde, wie die durch das

Nichts angezeigte Differenz zwischen Gott und Welt in den Kreis des innerweltlichen Seins so zurückgenommen werden könne, daß das Nichts selbst zum „Licht" der Unterscheidung in Welt werde.

Berücksichtigt man diese Frage für die Herausarbeitung des metaphysischen Weltbegriffs, so muß der Begriff des Nichts in den der Differenz und der Negativität umgewandelt werden. Dann ist nämlich nicht das Nichts der Grund für die Unterscheidung des einen vom anderen, sondern die Negativität als das „Noch-Nicht" ist die Grenze von Seiendem in Welt.

Zwar bleibt das Nichts das „Kreuz des Verstandes" (Schelling), aber als das Nicht in Gestalt der Negativität hat es für den Weltbegriff die Bedeutung, daß jedwedes Seiende nicht nur für uns, sondern auch an sich als Ganzheit voneinander unterschieden ist.

Wie ist Welt?

Die Urfrage, warum alles etwas sei, wurde inhaltlich dadurch näher bestimmt, daß wir den Begriff des Etwas als Welt auslegten. Nun schließt zwar die Warumfrage die zwei Sinndimensionen des Woher und Weswegen in sich, aber es wäre doch zu kurz gedacht, wollte man die Warumfrage lediglich auf diese beiden Dimensionen beschränken. Denn schon die Frage „Warum ist überhaupt etwas?" weist uns durch das Wort „überhaupt" in eine dritte Dimension, nämlich von Zufälligkeit und Möglichkeit. So ist der Sinnkreis der Warumfrage erst dann umfassend erschlossen, wenn zu dem Woher und Weswegen das „Wie" tritt.

Mit dem Problem des Ursprungs und des Zieles von Welt verbindet sich zutiefst das Problem der *Weise, wie* Welt überhaupt ist. Wollte man auf dieses Problem verzichten, so wäre gar nicht einzusehen, weshalb wir denn nach Ursprung und Ziel von Welt fragen müssen.

Bedrängt indes die Realität von Welt dadurch das Denken, daß sie nur in den Modi ihrer Endlichkeit zugänglich wird, dann stellt sich die Warumfrage um so schärfer, je eindringlicher sich das Denken mit der Wiefrage auseinandergesetzt hat. Dies muß notwendig zur Thematisierung des Zufalls führen: Ist Welt zufällig?

Schon das Wort „überhaupt" in der metaphysischen Urfrage läßt an der Selbstverständlichkeit, daß Welt ist, Zweifel entstehen. Welt scheint zunächst ein Tatbestand zu sein. Aber indem wir fragen, „Warum ist überhaupt Welt?" rückt das Weltproblem in einen universalen Horizont; denn wir fragen jetzt nicht mehr nach diesem oder jenem in der Welt, sondern nach Welt selbst, nach ihrer Ubiquität. Ihre Ubiquität oder Universalität ist es gerade, was zum Problem wird.

Aber hat nun dieses Wort „überhaupt" im Gang unserer Überlegungen gar eine abschließende Bedeutung angenommen, so als ob wir mit dem Problem Welt zu einem Ende kommen wollten? Oder lenkt uns nicht vielmehr das Wort „überhaupt" wieder auf den Fragecharakter der Weltfrage selbst? Denn eine geringfügige Wendung dieser Frage „Warum ist Welt überhaupt?" oder „Ist Welt überhaupt?" zeigt deutlich, daß uns erst der Zweifel am Sein der Welt, an der Notwendigkeit ihres Seins die Weltbetroffenheit bewußt macht.

Der Zweifel kann aber nur entstehen, weil die Endlichkeit von Welt selbst das Denken dazu bewegt, anläßlich ihres Wie nach ihrem Warum zu fragen. Denn wäre das Sein von Welt notwendig, so vermöchte auch nicht der leiseste Zweifel das Denken zu beunruhigen.

So läuft also die metaphysische Urfrage auf das Problem zu, ob Welt ein Zufall sei, ob das Sein von Welt von der Art sei, daß es sich nicht selbst trägt. Das philosophisch Bewegende daran ist, ob sich das Denken hier damit begnügen kann, bloß dieses sich nicht selbst tragende Sein zu analysieren, ohne die Frage nach dem Warum oder Ursprung des Seins von Welt zu berücksichtigen. Kann denn Welt je erkannt werden, ohne daß man auf ein an und für sich notwendiges Sein zurückgreift? Heißt dies, daß das Sein von Welt von vornherein ein Sein ab alio ist, also ein Sein, das nur von einem Anderen her gedacht werden kann? Oder müssen wir gerade ein notwendiges Sein negieren, um das Sein von Welt an ihm selbst als zufällig begreifen zu können? Was ja noch lange nicht heißt, daß wir damit in eins eine Notwendigkeit *in* Welt bestreiten.

Ist Welt ein Zufall, dann fällt es nicht schwer, einzusehen, warum wir Welt als ein Geschick gewahren, dem man sich nicht entziehen kann. Dieser Geschickcharakter der Welt wird um so unheimlicher, je mehr uns aufgeht, daß wir Welt deshalb ausgeliefert sind, weil ihre

Herkunft und ihr Schicksal unberechenbar bleiben. Das Sein der Welt scheint dadurch den Zug eines unheimlichen Werdens anzunehmen. Dieses Ausgeliefertsein des Menschen, diese Unheimlichkeit des Weltgeschicks ist die Ursache dafür, daß der Mensch in seinem anfänglich arglosen Zutrauen zu den Dingen dieser Welt erschüttert werden kann, so tief, daß ihm schließlich das Sein von Welt selbst ungewiß werden muß.

Doch diese Ungewißheit, diese Unberechenbarkeit ruft zugleich auch jenen heilsamen Schrecken im Menschen hervor, der ihn nach sich selbst, nach seinem Sein zu fragen nötigt, ihn also nötigt, um ein zuverlässiges und darum wahres oder notwendiges Weltwissen zu ringen. Unheimlichkeit und Ungewißheit des Weltwissens haben somit inchoativen Charakter, haben für den Menschen also anfänglich eine heuristische und mäeutische Bedeutung.

Der wahre Anlaß der Warumfrage

Würde sich Welt durch die Momente der Zeitlichkeit und Räumlichkeit nicht im Seienden als vom Nichts betroffen erweisen, so bliebe ihre Zufälligkeit oder Kontingenz verborgen. Erst diese Nichtsbetroffenheit veranlaßt uns, die Notwendigkeit des Seins von Welt zu verneinen. Die Zufälligkeit von Welt ist somit der eigentliche Anlaß zur Warumfrage.

Gelänge es nachzuweisen, daß Welt notwendig ist, dann wäre die Warumfrage zufällig. Metaphysik hätte dann endgültig ihren Sinn eingebüßt. Die Hinfälligkeit des Seienden aber, die offensichtlich der Index für die Kontingenz der Welt ist, nötigt das Denken unablässig dazu, dem Problem nachzugehen, warum denn überhaupt Welt und nicht vielmehr Nichts sei.

Kontingenz und Sollen

Die hier stillschweigend mitlaufende Frage ist wiederum, ob man denn über das Nichts als Negation und Negativität ohne Positivität, ohne Rückgriff auf das Etwas etwas Sinnvolles aussagen kann. Denn was von Grund auf nichts ist, ist schlechthin ohne Grund und darum Nichts; es ist unmöglich und liegt darum in einem Unbereich, in einer Unsphäre, die sich dem Satz der Identität entzieht, ohne dessen Wahrheit wir nichts dächten.

Dies ist der innere Grund, weshalb das Nichts, die Beliebigkeit nicht durch sich selbst identifizierbar ist. Damit ist aber gesagt, daß ein Irgendetwas — im strengen Sinne der Beliebigkeit — nicht einmal eine bare, schiere Möglichkeit in sich begreift, wirklich sein zu können oder auch nur das zu sein, was in dem Sinne ein Nichts ist, daß es zwar noch nicht da ist, aber zu sein vermag.

Es gilt also bei diesen Überlegungen zwei Begriffe des Nichts zu unterscheiden, einmal den negativen Begriff, der dem Etwas entgegengesetzt wird, und dann den positiven Begriff im Sinne der Kontingenz, daß etwas noch nicht da ist, aber zu sein vermag, daß es sein kann, aber nicht sein muß.

Die Wesenheit ist der Grund dafür, daß ein Seiendes hier und jetzt mit sich selbst identisch sein kann. Sprechen wir unter der Rücksicht der Kontingenz von der Wesenheit eines Seienden, so zieht das den Gedanken nach sich, daß Seiendes im Zeitspielraum des Daseins seinem Wesen gemäß sein soll. Mit dem Begriff der Kontingenz verbindet sich demnach zwangsläufig der des Sollens. Dies setzt einerseits die Identität des Wesens voraus, daß Seiendes die Möglichkeit überhaupt hat, wirklich werden zu können, und andererseits das Dasein als eine wirkliche Seinsweise. Mit dem Dasein nun fällt dem Seienden zugleich die Aufgabe zu, sein Wesen unter den einschränkenden Bedingungen der Endlichkeit zu sein. Das vermag es nur insofern zu sein, als es hier und jetzt wird. So wirklicht es sein Wesen, um gemäß seinem Wesen zu sein.

Wäre es nicht notwendig, zwischen Möglichkeit und Wirklichkeit von Seiendem zu unterscheiden, so müßte der ontologisch erhebliche Begriff des Sollens gar nicht eingeführt werden. Von einem Ursein, falls es ist, das von Zeit, Raum und Endlichkeit nicht berührbar ist, kann nicht gesagt werden, es solle so — das heißt: notwendig sein, da es ja immer schon so ist, wie es ist, und sich in keiner Weise anders verhalten kann als umwandelbar.

Mit dem Hinweis auf ein Ursein ist der Differenzpunkt genannt, durch den allein der Übergang vom Begriff des Wesens zum Begriff der Wirklichkeit hier und jetzt getan werden muß. Der Begriff des Sollens wird dabei insofern ontologisch relevant, als der Übergang eines Seienden von der Möglichkeit seines Wesens in die Wirklichkeit hier und jetzt als ein Werden bestimmt ist, das ein Telos hat. Etwas, wenn es hier und jetzt ist, indem es wird, soll auch das werden können, was es seinem Wesen nach oder von Grund auf ist. Weil sich jedoch dieses Werden nur unter den einschränkenden Bedingungen des Daseins oder der Endlichkeit vollziehen kann, steht es in der Gefahr, sein Wesensziel zu verfehlen. Wäre freilich dieser Prozeß ein notwendiger und kein kontingenter, so wäre es nicht nur ausgeschlossen, daß der Prozeß der Annäherung von Sosein und Dasein mißlingen könne, sondern er müßte zur schlechthinnigen Identität führen. Dann aber würde es sich auch verbieten, von einem Werden überhaupt noch zu sprechen.

Von welcher metaphysischen Tragweite der Begriff des Sollens ist, kann im vollen Umfange erst dann eingesehen werden, wenn ausdrücklich von jenem Seienden die Rede ist, das wir Mensch nennen, Subjekt Mensch oder das weltseiende Wesen Mensch. Denn dann verbindet sich der Begriff des Sollens mit dem der Freiheit.

Die aporetische Seinsweise von Welt

Die Frage, wie Welt sei, führte uns auf die Kontingenz der Welt. Welt ist, indem sie wird. Stellen wir die Glieder dieses Satzes hart nebeneinander, so springt uns gleichsam der Sinn der Rede von der gebrochenen Weltidentität entgegen. „Welt ist" heißt: sie ist notwendig; „Welt wird" heißt: sie ist zufällig. Weil Welt aber möglich ist, ist sie notwendig und zufällig in einem. Die Gebrochenheit der Identität von Welt legt sich uns daher in einem dreifachen Sinne des „indem" aus: Welt ist, indem sie wird; Welt wird, indem sie ist; Welt kann sein, indem sie nicht sein muß.

Das „indem" weist somit unmißverständlich auf die Gegenstrebigkeit von Sein und Werden, genauer: von Etwas und Nichts. Es kann also nicht dahin kommen, daß das Sein von Welt in ihr Werden oder das Werden von Welt in ihr Sein aufgeht. Ihre aporetische Seinsweise hindert sie daran, je in Gestalt eines Aktes oder einer Tat zum Abschluß zu gelangen.

Weil Welt nur aporetisch zu sein vermag, ist sie immerdar (das ist ihre zeitliche Identität) und überall (das ist ihre räumliche Identität) nur potentiale Wirklichkeit als die Identität ihrer Kontingenz. Diese unauflösbare Aporie der Welt oder ihre Unmöglichkeit, aus dem Engpaß der Verschränkung letztlich von Zeit und Identität nicht herauszukommen, macht die Unwägbarkeit, die Unberechenbarkeit ihrer Potentialität aus. Deshalb ist das, was sich in Welt begibt, geschieht und ereignet, allein in den Grenzen und Beschränkungen — das heißt: in der Modalität ihrer Endlichkeit möglich.

Möglichkeit als Können

Insofern die Gegenstrebigkeit von Etwas und Nichts die Zufälligkeit von Welt offenkundig macht, läßt die Endlichkeit von Welt allererst ihre Kontingenz denken. Die Frage „Warum ist überhaupt Welt?" entläßt aus sich unentrinnbar die Frage „Warum ist Welt überhaupt zufällig?" — Die Kausalität des Zufalls wird damit zum Problem, und dies um so dringlicher, je mehr die Beiläufigkeit des Zufalls als Vergeblichkeit das Denken heimsucht.

Doch bewirkt diese beiläufige Vergeblichkeit nicht, daß sich das Denken genötigt sieht, die Endlichkeit dadurch zu überwinden, daß es den Zufall zu beherrschen sucht? — Diese Nötigung empfängt ihren Antrieb durch die der beiläufigen Vergeblichkeit des Zufalls latent zugrundeliegende Negativität. Sie ist es auch, die das Philosophieren beunruhigt und es zu der Frage veranlaßt: „Warum ist Welt überhaupt?" Denn nichts anderes als die Zufälligkeit oder Negativität von Welt ist es, die das Denken zur Warumfrage nötigt, die wir nun in die Frage nach dem Sinn von Endlichkeit und Zufälligkeit wenden.

Der Zufall scheint von selbst einzutreten; er erscheint uns als grundlose Ursache, als Widerspruch in sich. Gestalten dieser Grundlosigkeit sind Vergeblichkeit und Beiläufigkeit. Wie aber läßt sich der Zufall zu Fall bringen? Doch nur allein dadurch, daß ihm ein Sinn abgerungen werden kann.

Versucht aber das Denken, das Problem des Zufalls aufzuhellen, so kommt es an der Frage nicht vorbei, was den Zufall denn überhaupt möglich mache. Warum kann der Zufall überhaupt vorkommen? Sprechen wir aber vom Vorkommen-Können, so sind wir bereits über den Begriff einer leeren Möglichkeit hinaus. Wir geraten also durch die fortschreitende Entfaltung der Warumfrage notwendig zur Thematisierung des Zufalls. Der Zufall könnte nicht vorkommen, wenn Welt nicht möglich wäre.

Wirkliche Möglichkeit

Beiläufigkeit und Vergeblichkeit als die negativen Gestalten der Endlichkeit nötigen das Denken, nach dem Sinn der Negativität von Endlichkeit zu fragen. Das Denken fragt dabei jedoch nach dem Sinn dessen, was als Welt zufällig ist oder faktisch vorkommt. Wie aber wird uns im weiteren Fortschreiten der Warumfrage die Positivität des Zufalls zugängig, nachdem wir erkannt haben, daß der Zufall keineswegs das Grundlose schlechthin oder Widervernünftige ist?

Der Zufall bleibt zwar das Unerwartete und in keiner Weise Berechenbare; er tritt ein und kommt vor in Gestalt von Beiläufigkeit und Vergeblichkeit, aber indem er eintritt und faktisch vorkommt, zeigt er uns, daß sich das zunächst Unmögliche in eine wirkliche Möglichkeit gekehrt hat. So kommt der Zufall vor und fällt uns als das unmöglich zu Erwartende zu. Dem Denken wird nun sein Sinn insofern zugängig, als es darin die Vorläufigkeit dessen gewahrt, was als Welt immerdar möglich ist.

Diese wirkliche Möglichkeit geht dem Denken zunächst als das Unmögliche und darum nicht zu Erwartende voraus. Sobald aber das Denken darin den Verweis auf die Positivität des Zufalls erkennt, die darin besteht, daß nur das zufallen kann, was ontologisch möglich ist, hat es die Skepsis, welche der Warumfrage innewohnt, produktiv gemacht. Durch den Zufall vermittelt sich ihm so die abstrakte Unmöglichkeit in die konkrete Möglichkeit hier und jetzt, deren Gestalt nun Wirklichkeit heißt.

Möglichkeiten stehen also so lange in der Unberechenbarkeit und Unüberschaubarkeit des Unmöglichen, bis sie als Möglichkeiten getätigt sind. Ohne die Tat jedoch scheint der Zufall die Wirklichkeit des Möglichen zu vermitteln. Solange aber der Mensch nicht gelernt hat, durch seine freie Tat diese Möglichkeiten als Wirklichkeit zu entbinden, übernimmt seine Freiheit die Rolle des Zufalls.

3.

Freiheit und Welterprobung

Wenn es dem Menschen nicht gelingt, den Übergang vom Zufall zur Freiheit zu leisten, dann bleibt er der naturalen Notwendigkeit des Seienden ausgesetzt. Auch in seinen eigenen Kulturgestalten sieht er sich dann nur Zwängen ausgeliefert — als ein „Rädchen" im Getriebe der Gesellschaft, gleichsam verschwindend in ihrer nun schon planetar gewordenen Anonymität. Den Übergang vom Zufall zur Freiheit leistet der Mensch dann, wenn er Welt tätigt, indem er eine Möglichkeit zur Welt gestaltet. Jedes Werk, sei es der Kunst oder Technik, der Wissenschaft oder Philosophie, jede sittliche Tat und freie Handlung gestaltet Welt, gibt ihr ein Gesicht, ein unverwechselbares Gepräge und ist damit ein Werk der Freiheit (vgl. vom Autor, Das Werk der Freiheit, in: Philosophie als Weltwissenschaft II, Amsterdam 1980).

Der Mensch ist weltseiend darum, weil er als freiwählendes Subjekt Zufall und Unmöglichkeit hinter sich zu lassen vermag, indem er die Möglichkeiten der Welt poietisch realisiert. Zwar ist der Zufall das Geschick des Menschen, nicht aber das Unmögliche, das zum zermürbenden Widerspruch wird, sobald es faktisch genommen wird; es sei denn, der Mensch begreift die Unmöglichkeit als die noch verhüllte Gestalt seines Geschicks. Denn wie immer man auch wähle, der Nötigung des Geschicks, überhaupt wählen zu müssen, entkommt niemand.

Der Mensch ist aber auch darum das weltseiende Wesen, weil er alles in Welt in sich zu einen vermag. In diesem Sinne ist er die Mitte von Welt, das Zentrum, auf das seine Freiheit zielt, alles, was ist, zu erkennen und beherrschen zu wollen, sei es die Natur des Kosmos oder seine eigene. Nichts vermag seiner Freiheit zu widerstehen, sofern ihre Substanz Geist heißt.

Vermittelt durch Vernunft und Freiheit ist Welt selbst ein schaffendes Etwas, das Möglichkeiten entbindet. Kaum daß der Mensch im Werk der Kultur, das er schafft, seine Freiheit ergreift, wird es ihm und damit Welt zum härtesten Widerstand seiner Freiheit. Die Möglichkeiten, die er aktualisiert, werden nun zur Ursache einer Kette neuer Möglichkeiten, deren unberechenbare Vergangenheit im Etwas Welt versenkt ist. Welt ist damit sowohl Positivität, Inbegriff der Möglichkeiten, als auch Negativität, Widerständigkeit und Unberechenbarkeit. Im Spannungsfeld dieser Gegenstrebigkeit hat sich die Freiheit des Menschen zu erproben.

An Welt also erprobt der Mensch seine Freiheit. Welt reibt sich am Menschen, weil sie widerständig ist, und die Freiheit des Menschen ist immer auf dem Sprung, Welt aufzureiben, um ihre Widerständigkeit zu brechen, um endgültig eins zu werden mit dem Etwas Welt, das doch in Wahrheit nicht etwas außer ihm ist, sondern die Innerlichkeit seiner Freiheit.

Die Erhabenheit von Welt

Die Widerständigkeit der Welt ist in ihrem komparativischen Sein begründet. Welt ist im Verhältnis zu jedwedem Seienden das je größere Sein. Dieses größere Sein ist aber das immer größere Sein in Endlichkeit. Allem Seienden in Welt ist Welt überlegen und deswegen uneinholbar.

Wenn wir von dem „größeren Sein" sprechen, so erinnern wir daran, daß wir den Begriff der Größe hier nicht quantitativ denken, sondern qualitativ fassen müssen; wir sagten dafür „Unermeßlichkeit", die wir jetzt im Sinne von „celsitudo" verstehen. Mit dem „größeren Sein" ist also die Erhabenheit von Welt gemeint. Welt ist das jeweils erhabenere Sein gegenüber jedwedem Seienden. Dies kann aber nur gelten, wenn das Sein der Welt der Mensch ist; denn sonst wäre der Mensch nur ein Faktum der Welt und nicht ihr Prinzip.

Ist die Erhabenheit von Welt durch die Seinsnatur des Menschen bestimmt, so ist der Mensch nicht nur seiend in Welt wie anderes Seiende auch, sondern er hat und ist Welt. Er heißt darum „weltseiend". Aus diesem Grunde vermag er sich Welt frei zuzuwenden. Diese Zuwendung indes bleibt wegen der Widerständigkeit und Zufälligkeit von Welt aporetisch. Ist also das Sein der Welt der weltseiende Mensch, da nur er allein Welt zu reflektieren vermag, so ist er die schöpferische Macht, die Welt in den Gestalten von Zivilisation und Kultur geschichtlich bildet.

Das Risiko der Freiheit

Durch Raum und Zeit ist die Endlichkeit von Welt bestimmt. Deshalb ist das Sein von Welt in der Weise der Möglichkeit oder Potentialität, freilich keineswegs einer leeren. Diese Potentialität, die der Mensch aus Freiheit „vom" Nichts weg produktiv macht, indem er Welt hier und jetzt im Zeitspielraum des Daseins gestaltet, ist die Indifferenz seiner Freiheit. Darum muß er nicht Welt gestalten, aber er vermag dies. Der kreative Weltakt des Menschen ist so der Vollzug der Kontingenz von Welt.

Diese Kontingenz oder Zufälligkeit macht die Welt aber andererseits gleichgültig gegenüber der Wirklichkeit des Werdens. Welt zeigt sich daher unter der Rücksicht ihrer Endlichkeit und Vergänglichkeit als der Zeitspielraum, in welchem, angefacht durch die Gegenstrebigkeit von Etwas und Nichts, der Kampf zwischen Zufall und Freiheit, auszutragen ist. Wer aber außer dem Menschen sollte ihn bestehen? In der Widerständigkeit erwies sich Welt als das Geschick des Menschen; nun zeigt sich, daß der Mensch das Geschick der Welt ist. Denn seiner Freiheit ist es anheimgestellt, das Werden für einen Nu der Vergänglichkeit, dem Strom der Zeit zu entreißen, es zur Weltgestalt zu wirklichen, welche der Negativität der Endlichkeit enthoben ist.

Diese Weltobjektivierung kann durch Freiheit jedoch nur getätigt werden, wenn Vernunft dem Gesetz folgt, daß Welt trotz ihrer Endlichkeit mit sich selbst identisch und eins ist. Dennoch ist gerade wegen dieser Endlichkeit die Freiheit, Welt zu tätigen, nicht ohne das Risiko — des Mißlingens. Mißlingen kann unser Werk hier und jetzt, mißlingen kann aber auch der künftige Lauf der Welt, da unsere Weltgestalten neue Potentialitäten freisetzen, deren Gestaltung nicht mehr in unserer Hand liegt. Denn die Zeit unserer Wirksamkeit hier und jetzt, unser Dasein ist begrenzt und vergänglich.

Weil also die Tat der Freiheit ein Akt im Medium der Endlichkeit und Vergänglichkeit ist, deshalb ist sie nie ohne Risiko. Weil Welt selbst kontingent ist, deshalb kann die Freiheit das Weltsein nur als Potentialität oder reale Möglichkeit tätigen, nie aber als Aktuosität selbst; denn dazu müßte sie schlechthin absolut sein. Sie ist zwar absolut, sonst erläge sie ihrer Negativität, aber nur in endlicher und aporetischer Weise. Sie ist daher das Absolutum in Endlichkeit. Weil sie unter der Rücksicht ihrer Identität absolut ist, deshalb kann sie als ganze nicht scheitern; weil sie aber zugleich endlich ist, kann ihre Gestaltung hier und jetzt mißlingen.

Der erste Schritt der Freiheit

Wird Welt als ein sinnlich Gegebenes gefaßt, das durch Empirie zugänglich ist, so ist das Denken an diese Gegebenheit gebunden. Denn im Bereich der Empirie ist Welt nur in der Vereinzelung und Besonderung des endlichen Daseins zugänglich. Der Raum der Empirie ist aber der Raum der Unfreiheit, weil er das Nachdenken über Welt am Leitfaden von Tatsachen selbst auf eine vorhandene Tatsache fixiert. Notgedrungen bleibt daher dieses empirische Denken gegenüber Welt unfrei.

Um Welt jedoch in die Sphäre der Freiheit zu erheben, muß das Denken diese scheinbar so sinnlich gegebene Ganzheit, die ja doch als Ganzheit keineswegs in die Sinne fällt, auflösen. Es muß sich aus der sinnlichen Verflechtung in Welt, aus der Verhaftung und Fixierung an Gegebenes lösen, indem es eine Umkehrung des Blicks vollzieht. Der erste Schritt des Denkens besteht hierzu darin, den Status der blanken Gegebenheit von Welt zu destruieren, plastisch ausgedrückt, das vermeintlich als sinnlich Gegebene zu „zerquetschen". Nur so stößt es auf den Kern — als den Grund der Möglichkeit alles Gegebenen in Welt.

Es mag nun zwar den Anschein haben, daß damit die Realität von

Welt im Bewußtsein zerstört wird, in Wahrheit aber wird sie dadurch allererst in ihr Recht gesetzt und bejaht. Denn indem die gegebene Welt auf ihre Idee zurückgeführt wird, ist diese Idealisierung nicht nur ein Destruktionsprozeß, der am Ende erkennen läßt, was Welt von Grund auf ist, sondern zugleich ein Konstitutionsprozeß, ein Grundlegungsakt dessen, was Welt nach ihrer Idee sein soll. Wird also die empirisch gewahrbare Welt wie in einem „Schmelztiegel" idealisiert, so erkennt das Denken, was Freiheit ist und sein soll; es erkennt, daß Freiheit allein von Vernunft zu bestimmen ist.

Freiheit und Notwendigkeit

Nun erst können wir fragen, wie sich denn in Hinblick auf Welt Freiheit und Notwendigkeit verhalten. Dabei ist freilich zu bedenken, daß Freiheit ohne Notwendigkeit eine abstrakte und unwahre Freiheit wäre. Konkret aber erweist sich die Freiheit dadurch, daß sie in sich als Vernunft bestimmt ist, die ihrer Seinsgesetzlichkeit zu folgen vermag. Freiheit wird somit gerade nicht in einem äußerlichen Sinne durch eine fremde Notwendigkit determiniert. Welthaft bestimmt ist diese Notwendigkeit der Freiheit dadurch, daß der Mensch sie nach dem Maß seiner vernünftigen Subjektivität tätigt. Daher sprechen wir von seiner welthaften Freiheit als von seiner Weltnatur, die, sofern sie als noch ungetätigt gedacht wird, die Indifferenz der Subjektivität des Subjektes Mensch ist.

Weil aber die Tätigung der Freiheit nur im Zeitspielraum der Endlichkeit möglich ist, ist die innere Notwendigkeit der Freiheit eingeschränkt. Der Notwendigkeit der Freiheit steht die Notwendigkeit der Natur gegenüber. Deshalb bleibt die freie Welttat des Menschen immer eine Hervorbringung der gebrochenen Weltidentität und darum eine bedingte Notwendigkeit.

Es wäre indes ein Mißverständnis zu meinen, die Tätigung der Freiheit als Weltgestaltung ziele darauf ab, Natur wie einen vorhandenen Stoff oder eine bare Materie allererst zu gestalten. Der Begriff der Weltgestaltung begreift in sich das Problem einer Grundlegung von Welt; die Natur spielt dabei lediglich die Rolle der Bedingung, unter welcher der Gestaltungsakt hier und jetzt erfolgen kann. Denn wenn der Mensch aus der Indifferenz der Freiheit Welt gestaltet, so bildet er nicht etwas anderes, von sich Unterschiedenes, sondern in Wahrheit sich selbst. Die weltgestaltende oder demiurgische Einheit von Freiheit und Vernunft aber heißt nun mit Recht Geist, der darum endlicher Geist genannt werden muß, weil ihm Natur nicht gleichgültig gegenübersteht.

Der Übergang von der Indifferenz zur Differenz

Was aber leistet der demiurgische Geist des Menschen, wenn er eine Welt gestaltet, anderes als den Übergang von der Indifferenz seiner Freiheit zur Differenz seiner Notwendigkeit, nämlich aus der Tiefe seiner Indifferenz, aus der Unermeßlichkeit seiner Möglichkeit je eine Möglichkeit unter den einschränkenden Bedingungen von Raum und Zeit Wirklichkeit werden zu lassen, eine Wirklichkeit, die in sich nach der Seinsgesetzlichkeit von Vernunft durchdifferenziert ist und darum das Gepräge von Notwendigkeit hat.

So hat es also den Anschein, daß in den Werken der Kultur eine objektive Welt geschaffen werde, die durch keine Endlichkeit und Vergänglichkeit anzugreifen ist. Da aber das Sein von Welt selbst kontingenter Natur ist, schlägt die Kontingenz von Welt als Vergänglichkeit ihrer Gestalten hier und jetzt durch.

Zeit ist das Unmoment der Kontingenz, also der Endlichkeit und Vergänglichkeit von Welt, die sein kann, aber nicht sein muß, deren Durchdifferenzierung durch die Tat von Vernunft und Freiheit geschehen kann, aber nicht muß. Die Objektivierung der Freiheit im Werk der Kultur wird schon in dem Augenblick, da das Werk gelungen ist, zu dem, was einst gewesen ist und künftig darum nie und nimmer mehr wirklich zu sein vermag.

Andererseits ist die Gewesenheit dessen, was einst möglich war und jetzt wirklich wurde, notwendig unaufhebbar, wenn das Werk gelungen ist, womit es im Akt der Vollendung ins möglich Gewesene gebracht wurde. Was also einst darum wirklich werden konnte, weil es möglich war, erwies sich im Übergang von der Indifferenz zur Differenz immer schon als kontingent — trotz der inneren Notwendigkeit der Freiheit.

Ließe sich durch den Prozeß produktiver Weltgestaltung sowohl die Vergangenheit als auch die Zukunft, das Gewesene wie das Künftige eliminieren, ließe sich aus der Produktivität von Freiheit und Vernunft das futurologische Moment des Einstigen in seiner Vergangenheit und Zukunft ausschalten, dann allerdings wäre es möglich, nicht nur einer Weltgestalt den Charakter der inneren Notwendigkeit zuzuerkennen, sondern der Welt überhaupt, ihrem Sein den kontingenten Status zu nehmen.

Vom Dasein zur Existenz

Was durch Weltgestaltung hervorgebracht werden soll, sind weder Phantasmagorien noch imaginäre Gebilde, sondern Gestalten der Wirklichkeit, die für die Zukunft des Menschen grundlegend sein können. Der springende Punkt dabei ist, daß Weltgestaltung immer Selbstgestaltung des schaffenden Subjektes Mensch ist; denn der Mensch ist als Subjektivität des Subjektes das Prinzip von Welt.

Sobald der Mensch seiner Freiheit inne geworden ist und weltbewußt handelt, löst er sich, indem er Welt gestaltet, von der baren Vorhandenheit des Daseins und erhebt sich zur Existenz, auch wenn er den Bedingungen des Daseins weiterhin verhaftet bleibt, solange er da ist. Existenz meint aber hier keineswegs das Ausgeliefertsein an das Dasein, sondern gerade das Gegenteil, nämlich die Erhobenheit, die Ekstasis im Dasein über das Dasein, also die individuelle, darum gewordene Wesensgestalt, die unvergänglich ist, auch wenn die daseiende Gestalt oder Figur hier und jetzt vergeht.

Die Handlung der Weltgestaltung wird dadurch zur Kunst der Selbstgestaltung, daß der Mensch den Schritt vom Dasein zur gezeitigten Weltgestalt der Existenz durch sich selbst aus Freiheit tut. So erlangt er in Zeit wahrhaftes Sein, das als Existenz zeitüberlegen ist. Er hat sich dann aus der Subjektivität des Subjektes zur individuellen Person gestaltet.

Um Weltgestaltung als Übergang vom bloßen Dasein der Vorhandenheit zur Existenz des personalen Subjektes deutlich zu machen, muß der Wesensunterschied des weltseienden Wesens Mensch zu jedwedem Seienden herausgearbeitet werden. Seiendes vermag zwar im naturalen Ablauf seine Daseinsgestalt zu entwickeln, nicht aber eine solche, die es aus eigener Kraft zur Existenzgestalt seiner selbst bildet.

In der freitätigen Weltgestaltung setzt die Subjektivität des Subjektes Mensch die kreative Differenz von Dasein und Existenz. Darum allein ist das morphopoietische Subjekt Mensch unter allem, was ist, ermächtigt, sich als Person selbst zu bestimmen, indem es sich zur Weltgestalt der Existenz bildet. Diese Wesenshandlung des schaffenden Subjektes Mensch ist eine Zeitigung, in welcher die kontingenten Daseinsbedingungen durch den freien Entschluß, den Imperativ oder das Sollen zur Weltgestaltung aufzunehmen, überwunden werden. Die Negativität, die sich zwar als Daseinsbedingung, nicht aber als Grund oder Ursprung der Existenz der Person erweist, wird im Akt der Weltgestaltung entmächtigt. In dem Maße, als Existenz personale Gestalt gewinnt, erlangt sie definitive Wirklichkeit.

Die Wesensdifferenz zwischen Dasein und Existenz ist die Schwelle, über die das nichtende Nicht nicht gelangt. Die Seinskraft der Gestalt einer gezeitigten Existenz läßt das Nicht hinfällig werden, indem es die Hinfälligkeit des Daseins, die Negativität der Endlichkeit eliminiert, freilich nicht Endlichkeit selbst.

Was wir als Zeitigung bezeichnen, ist unter der Rücksicht des Daseins in Wahrheit eine unumkehrbare Hoffnung, die als Seinskraft einer künftigen Weltgestalt entwickelt werden kann, welcher keine Negativität gewachsen ist. Denn die Tat der Zeitigung einer Weltgestalt der Existenz ist ein Eliminierungsakt, der die Grenze zwischen Ungestalt und Gestalt unwiderruflich zieht. Gestalt konturiert sich, und die Wesenlosigkeit der Ungestalt wird offenkundig. So kehrt sich der Eliminierungsakt der Grenzziehung um und wird zur produktiven Handlung, welche die Konturen einer personalen Gestalt der Existenz hervortreten läßt.

Die Paradoxie der Weltgestaltung

Obwohl der Mensch zunächst darüber unwissend ist, was er überhaupt hervorbringen soll, soll er gerade doch das tun, was er ontologisch immer schon ist: weltgestaltendes Subjekt. Dies ist die Paradoxie der Weltgestaltung. Was als Weltsubjekt immer schon *ist*, soll der Mensch unter den einschränkenden Bedingungen *werden*. Dessen aber wird der Mensch im Akt der Weltgestaltung gewiß.

Erst wenn der Mensch sich auf diese Paradoxie einläßt, Prinzip von Welt zu sein und doch Welt allererst durch seine schöpferische Tat unter den einschränkenden Bedingungen der Endlichkeit gestalten zu sollen, erst wenn der Mensch die Ironie erkennt, daß er zwar Subjekt einer zu entwerfenden und als Gestalt zu verwirklichenden Welt ist, aber dennoch solange unwissend bleibt, als er sich noch nicht auf den Grund seiner schöpferischen Weltpotentialität, auf seine kreative Seinsverfassung besonnen hat, erst dann beginnt er zu wissen, was Welt ihrer Idee nach ist und warum dieses Wissen ihn dazu beruft, durch die Gestaltung von Welt Person zu werden; erst dann also entwickelt sich sein metaphysisches Weltbewußtsein, daß er jenes Seiende ist, welches durch seine Seinsverfassung ermächtigt ist, Welt als Gestalt wirklich werden zu lassen. Ohne die Rückbesinnung auf die Seinsverfassung des Subjektes Mensch ist diese Entwicklung des metaphysischen Weltbewußtseins jedoch nicht möglich.

Zweiter Abschnitt

1.

Denken im Vorgriff von Welt

Wann aber läßt sich der Mensch auf die Paradoxie der Weltgestaltung ein? Was veranlaßt ihn, ein metaphysisches Weltbewußtsein zu entwickeln? Wie kommt das Denken dazu, die kreative Differenz zwischen Dasein und Existenz, oder wie wir noch sagen können, zwischen Natur und Welt zu setzen? Doch wohl dann, wenn es mit Grund wissen will, also, warum es überhaupt etwas zu wissen vermag.

Solange dem Denken etwas bloß bewußt ist, weiß es um die jeweilige Sache noch unscharf; das „Wissen-um" besagt den Status der Bekanntschaft oder der Kenntnis. Von hieraus hat das Denken noch einen langen Weg zurückzulegen, bis es erkennt, was und warum es weiß.

Wo ein Denken aber versucht, der Natur einer Sache, ihrer Idee, ihrem Prinzip auf den Grund zu kommen, arbeitet es, ob es nun darum schon weiß oder nicht, bereits an der Welterkenntnis, worin sich zugleich sein Weltbewußtsein entwickelt. Denn sofern ein Denken begründet wissen will, fragt es Warum. Diese metaphysische Urfrage aber lenkt das Denken notwendig auf sich selbst zurück und thematisiert damit Welt im Denken.

Doch das Denken vermöchte überhaupt nicht die Frage nach Idee, Prinzip oder Grund einer Sache zu stellen, wenn Welt selbst nicht immer schon im Denken arbeitete — als sein innerster Antrieb, alles Seiende im Ganzen, im Horizont von Welt zu begreifen. Welt also ist der ontologische Vorgriff im Denken. Als die jedwedem Fragen nach Grund vorauslaufende Bewegung zentriert Welt das Denken auf seine ureigenste Seinsgesetzlichkeit. Darin bekundet sich der Wille zum Ganzen, das Urverlangen des Denkens nach wahrem und notwendigem Wissen.

Logica naturalis

Wir wollen nun versuchen, jener Sache, die das Wort „Denken" nennt, auf den Grund zu kommen. Dazu ist etwas notwendig, was zwar oft wie selbstverständlich im Munde geführt wird, aber in Wirklichkeit gar nicht so selbstverständlich ist, nämlich: vom eigenen Verstand „vernünftig" Gebrauch zu machen. Dazu freilich müssen wir zuvörderst in uns den Mut entwickeln. Wir werden dabei entdecken, daß in uns selbst eine „logica naturalis" grundgelegt ist, — nicht eine Logik, die wir erst entwerfen oder konstruieren müßten, sondern eine Logik, die den Grundriß oder die Seinsarchitektur des Menschen, sofern er sich als Subjekt und Person versteht, mitbestimmt.

Das Prinzip dieser natürlichen Logik, welches das Denken des Menschen vom Anfang bis zum Ende bewegt, durchträgt und beständig erneuert, ist die Ursache dafür, daß wir immer schon Logik treiben, ehe wir überhaupt etwas vom Wesen und Sinn einer wissenschaftlichen Logik wissen. Je intensiver und energischer wir mit einer Sache denkend in Kontakt treten, um so mehr gewahren wir, daß unser Denken diese logica naturalis in Anspruch nimmt oder vielmehr von dieser natürlichen Logik in Anspruch genommen ist. Dieses logische In-Anspruch-genommen-Sein des Denkens erweist sich dadurch zugleich sinngeführt durch den Logos der seienden Dinge. Daher ist der Sinn des Denkens die Erkenntnis der Wahrheit.

Unsere Aufgabe hat folglich nur darin zu bestehen, uns der Gesetzlichkeit des Denkens reflektierend zuzuwenden. Dabei gibt sich das Denken zunächst unvermittelt in der Einheit seiner mit dem Sein. Mit der Aufgabe jedoch, den Unterschied von Denken und Sein herauszuarbeiten, kommt das Subjekt-Objekt-Verhältnis in den Blick, das die Frage nach sich zieht, was denn in diesem Verhältnis zwischen Denken und Sein vermittelt.

Daß wir in diesem Zusammenhang an den philosophischen Gehalt der Wahrheitsformel „Veritas est adaequatio intellectus et rei" erinnern, kann nun nicht verwundern. Wir dürfen auch sagen „Veritas est adaequatio cogitandi ad ens". Wahrheit ist also die Angleichung, der Prozeß der Annäherung des Denkens an Seiendes nach seinem Wesen. Ontologisch formuliert, bedeutet dies: Das Seiende ist apriori an das Denken angeglichen und stimmt mit ihm überein, noch bevor es hier und jetzt gedacht wird.

Wird dagegen die ontologische Dimension ausgeklammert, die ontologische Frage radikal unterdrückt, so ist die Logik dazu verurteilt, sich allein im Bereich formaler Richtigkeit zu betätigen. Ohne ihre ontologische Grundlegung kann sie aber nicht mehr Organon der Wahrheit werden. Wenn sich also das Denken nicht im Leerlauf eines circulus vitiosus — gerade durch seine formale Richtigkeit — ontologisch zunichte machen will, so muß es sich durch die Natur der zu bedenkenden Sache auf die Ontologie hin öffnen und sich und das Sein in Unterschiedenheit und Einheit bedenken.

Vom Sinn des Denkens

Bevor wir uns das Verhältnis von Denken und Sein „vor Augen führen", lassen wir Hegel als Gymnasiallehrer zu Wort kommen, der das beim Namen nennt, was geschehen muß, wenn philosophiert wird:

„Was den Vortrag der Philosophie auf Gymnasien betrifft, so ist erstens die abstrakte Form zunächst die Hauptsache. Der Jugend muß zuerst das Sehen und Hören vergehen, sie muß vom konkreten Vorstellen abgezogen, in die innere Nacht der Seele zurückgezogen werden, auf diesem Boden sehen, Bestimmungen festhalten und unterscheiden lernen." (Hegel, Sämtliche Werke, Jubiläumsausgabe, 3. Band, 1940, S. 313)

Auf den Nullpunkt des Denkens zurückgeführt, in der Indifferenz, der Ironie, der Verlegenheit gilt es zu unterscheiden, die Bestimmungen festzuhalten und zu lernen, auf welchem Wege die Einsicht in die Wahrheit gewährt wird. Das Wort Hegels ist hart; doch es trifft die Wirklichkeit des Philosophierens. Hätte Hegel nicht erkannt, daß es im Philosophieren auf Leben und Tod geht, wie hätte er der Jugend seiner Zeit solches zumuten dürfen?

Mit der Stellung zu den ontologischen Prinzipien entscheidet es sich, wohin künftig der Gang der Weltgeschichte geht. Die Entscheidungen fallen im Bereich der Philosophie. Die Philosophie hat dem nachzuforschen, wer der Mensch ist, ob er Weltsubjekt und Person ist, ob Wahrheit nur ein Entwurf seiner Willkür ist — oder ob allein die denkende Hingabe an das wahrhaft Seiende die Kriterien der Wahrheit, die das Handeln bestimmen sollen, evident werden läßt.

Wenn es also zutrifft, daß der Sinn des Denkens die Erkenntnis der Wahrheit ist, so ist die Beschäftigung mit der Seinsgesetzlichkeit des Denkens nichts anderes als eine ausgezeichnete Weise der Selbstauslegung des Menschen.

Denken und Sein

Um zur Gesetzlichkeit des Denkens vorzustoßen, genügt es nicht, auf die bekannten Denkgesetze zu schauen wie auf Tatsachen und festzustellen: A ist A, sondern es muß in grundlegender Weise dieser Satz der Identität auf sein Warum hin befragt werden. Warum ist A gleich A? Warum ist Ist gleich Ist? Damit tritt sofort die Begründungsfrage in den Vordergrund: Warum gilt der Satz vom zureichenden Grunde?

Daraus folgt die unabweisbare Forderung des Denkens an es selbst, seine logischen Denkvollzüge nicht als Fakten unkritisch hinzunehmen, sondern sie ontologisch zu begründen, das heißt, ihren Prinzipcharakter aufzuweisen. Erst wenn der Satz der Identität, ohne den ja Wissenschaft zerfiele, ontologisch begründet ist, kann die Frage beantwortet werden, warum die Gesetzlichkeit des Denkens im allgemeinen oder überhaupt gilt und die Denkgesetze im besonderen gelten. Denn dieses Warum ist der Sachgrund, weshalb der Mensch urteilend, schließend und begreifend denken kann.

Die sogenannten logischen Gesetze müssen also als Prinzipien begründet, und das heißt noch einmal, aus dem Grunde aufgewiesen werden, der in sich den ursprunghaften Anfang birgt, so daß eingesehen werden kann, daß das Denken im Sein gründet, daß die Gesetzlichkeit des Denkens in der Gesetzlichkeit des Seins unhintergreifbar wurzelt. Andernfalls hätten wir es mit konstruierten Setzungen, gar mit Fiktionen zu tun.

Die bleibende Bedeutung Parmenides'

Gründet das Denken im Sein, so muß auf den Unterschied von Denken und Sein alle Sorgfalt verwandt werden. Wir wollen auf diesen Unterschied zunächst nur erst von einem Ansatz her hinweisen, für den er noch unerheblich ist, da er in einer Sphäre liegt, worin Denken und Sein ungeschieden sind. Dies ist die Sphäre der Objektivität selbst, welche es dem denkenden Menschen ontologisch ermöglicht, die Identität von Denken und Sein reflektierend zu seiner eigenen Unterscheidung zu bringen.

Parmenides war es, der die Einheit von Denken und Sein zum geschichtlichen Anfang einer ontologischen Grundlegung der Logik erhoben hat. Sein Fragment führt zu der Erkenntnis, daß das Sein mit dem Denken in einem notwendigen Zusammenhang stehen muß, wenn Wahrheit dem Denken zugänglich sein soll. Wahrheit ist dort, wo das Denken und das Sein miteinander übereinstimmen; wo dies nicht zutrifft, ist Unwahrheit, Irrtum, Täuschung, Lüge.

Die bleibende Bedeutung des Parmenides liegt nun darin, daß er das Denken auf ein Allgemeines mit notwendigem Ausgangspunkt zurückgeführt hat, daß er der Erkenntnis ein notwendiges Ziel bestimmt und die Vermittlung zwischen Ausgangspunkt und Ziel der Erkenntnis namhaft gemacht hat. Denken und Sein sind dasselbe. Freilich, noch ist der Unterschied nicht gedacht. Dennoch darf nach diesem Gesetz festgehalten werden: Das Denken durchdringt das Sein und umgekehrt, so daß durch das Denken das Sein transparent wird und das Denken durch das Sein sinnbestimmt ist. Die Identität beider ist die ἀρχή, der Grund oder das Prinzip alles dessen, was *ist*.

Danach kann die parmenideische Uridentität als Anfang einer Ontologie der Logik betrachtet werden. Die Identität von Denken und Sein gibt sich bei Parmenides als Prinzip, als in sich einiger Sinngrund des Seins alles Seienden. Bei Heraklit dagegen wird der Satz „A ist A" nicht als Formel für ein Prinzip, sondern als der Satz der Identität gefaßt. Deshalb muß die Frage nach dem Logos aufgeworfen werden.

Parmenides und Heraklit

Was läßt nämlich die parmenideische Seinsphilosophie noch offen? Sie bedenkt nicht den Unterschied von Subjektivität und Objektivität. Sie kennt keine Wesenstrennung zwischen dem Akt des Denkens und seinem Objekt, zwischen dem Denken und dem Gedanken. Der Unterschied ist aufgehoben, weil ja die Identität von Denken und Sein als ungeschiedene Einheit gedacht wird. Das Verhältnis beider aber kann erst dann begriffen werden, wenn das denkende Subjekt zu sich selbst gekommen ist, indem es die Reichweite der Reflexion seiner selbst und der Reflexion auf Seiendes ermessen hat. Denn erst wenn das denkende Subjekt sich als Subjekt faßt und sich ihm das Seiende als sinnerfülltes Objekt gibt, ist die Ausgangsposition geschaffen, nach dem Prinzip der Identität die Logik ontologisch zu begründen, so daß das Denken darum auch ontologisch wahr und nicht nur logisch richtig denkt. Ontologisch wahr denken aber heißt: das wesenhaft Seiende aus seinem Sinngrund so zu denken, wie es immer schon war, immer sein wird und darum schlechthin so und nicht anders ist.

Indem wir auf diese Weise versuchen, die Logik ontologisch grundzulegen, werden wir auf den Menschen insofern zurückverwiesen, als er der Ort ist, an dem uns das Sein des Seienden, humano modo das Ganze repräsentierend, zugänglich wird. Das bekannte Chorlied des Sophokles (Antigone 332f), das den Menschen über alles, was ist, erhebt, ist nicht auf einen Übermenschen hin gesprochen, sondern auf den Menschen hin, der repräsentativ für das Ganze des Kosmos steht, weil er des Logos fähig ist wie kein Seiendes außer ihm.

Demnach heißt Identität ἀρχή, Anfang, freilich nicht Anfang als Grenze, sondern als Grund und Ursprung von Grenze und Grenzelosigkeit, also Anfang , auf den die Intention des Fragewortes „warum" zielt. Man verfehlt den ἀρχή-Gedanken der frühen griechischen Philosophie, wenn man Parmenides gegen Heraklit oder die Welt des Seins gegen die Welt des Werdens ausspielt. Denn beide fassen die ἀρχή als Identität. Die ontologische Urfrage beider lautet: Was ist das Ist? Heraklit jedoch vollzieht die Selbsterhellung der Identität dadurch, daß er sie in das sogenannte Sich-Werden und Sich-Wandeln auseinandertreten läßt und das Ist als Logos dessen identifiziert, was sich in Gegensätzen ereignet.

Der identifizierende Logos

Sind die Gegensätze als Gegensätze das wahrhaft Seiende? Oder muß in dieser Gegensatz-Polarität ein Punkt gefunden werden, von dem aus wir die Welt als mit sich identisch gewahren, so daß der Logos ihr Sinngesetz ist inmitten der Polaritäten?

Dann aber ist der Logos die Mitte des Menschen, dessen sinnerfülltes Jetzt zwischen Zukunft und Vergangenheit, zwischen Anfang und Ende. In diesem Jetzt gewahrt der Mensch, daß er quodammodo omnia ist, daß er auf seine Weise das Allgesamt des Seienden ist und darum der Inbegriff der Identität in Zeit. Durch den Logos kann er im Akt der Erkenntnis das wesenhaft Seiende auf seine Weise in sich versammeln. (Ernst Hoffmann interpretiert den Logos als Inbegriff, als das Umspannende, als die Sinneinheit, als das in sich einige und identische Wort, indem er das Substantiv Logos von dem Verbum „lego/ich sammle" herleitet. Sammeln heißt *einen* oder *identifizieren*.) — Der Logos des denkenden Menschen identifiziert dadurch, daß er in der Synthesis des Urteils sagt, so und nicht anders ist das Wesen dieses Seienden. Der identifizierende Logos liest aus der Mannigfaltigkeit das wesenhaft Seiende heraus; er ergreift die Natur eines jeden Dinges in seiner Einheit und Wesensarchitektur.

Weil die menschliche Seele des Logos fähig ist, das heißt, weil sie identifizieren kann, darum ist sie von Grund auf der Inbegriff der Identität, also die ursprüngliche Sinneinheit innerhalb des endlich Seienden. Die Seele ist daher gewissermaßen alles Seiende. Der Mensch ist die „potentia", der Inbegriff des Seienden der Möglichkeit nach, oder genauer: seinem Wesensvermögen nach, seinem naturhaften Können nach ist er befähigt und ermächtigt, Erkennbares wesenhaft zu denken und Sinnliches zu erfahren. Der Intellekt des Menschen ist sonach der sinngerichtete Ausgriff von Welt in Welt.

Der Intellekt richtet sich jedoch nur insofern auf sein Objekt, als es seiend ist. Darum kann er der Inbegriff des Seienden sein, freilich nicht „in actu", sondern „in potentia", weil er es von Natur aus wohl kann, aber nicht muß. Der menschliche Intellekt kann identifizieren. Dieses Können ist sein Vermögen, aber nicht seine aktuale Wirklichkeit. Dies ist der Grund, weshalb wir bei einer Grundlegung der Logik das Gesetz der Identität im Seienden suchen müssen.

Was heißt es nun, daß der Mensch der Inbegriff des Seienden sei? Weil der Mensch sich als ein Seiender gewahrt, der in sich geeint ist, kann er durch sein identifikatorisches Denken die Identität des Seienden außer ihm erkennen. Er kann das Sein vom Schein, das Bleibende von der Veränderung, das Wesen vom Zufälligen unterscheiden und darum das Wahre vom Falschen trennen.

Die Sinnpotenz des Seienden

Der Gegenstand des Erkenntnisvermögens ist die Washeit der Sache, doch als erkannte Washeit, als Wesen, das vom Denkvermögen durchdrungen und dessen Wesensgestalt herausgearbeitet wird. Erst wenn das Wesen als solches erkannt ist, ruht das Verlangen des Erkenntnisvermögens, hat sich der Logos erfüllt. Es ist der Sinn, die Erkenntniskraft des Logos, daß er sich im Denkprozeß in dem Maß als ein und derselbe an sich selbst gewahrt, als er die Natur der jeweils zu erkennenden Sache ihrerseits als mit sich selbst identisch erkennt. Daher ist das Erkennen ein Prozeß, in welchem zur Kenntnis genommen wird, daß sowohl der Erkennende als auch das Erkannte mit sich selbst eins sein müssen, wenn sich die Natur der seienden Dinge nicht nur so geben soll, wie sie heute oder morgen beliebig und zufällig ist, sondern wie sie immer für alle Zeit notwendig ist.

Der beide unterfangende Grund der identifizierenden Objektivität, der dem denkenden Subjekt ermöglicht, daß es im sinnvollen Ausgriff (intentional) auf das zielt, was ist, und der die Voraussetzung dafür ist, daß das zu Erkennende mit dem, der nach seinem Was fragt, in eine Sinnkommunikation tritt, ist die Sinnwurzel, aus der Erkenntnis erwächst. Der denkt und das, was im Denkprozeß erkannt werden soll, bergen in sich eine Erkenntniskraft: der Erkennende ein Erkenntnisvermögen und das zu Erkennende die Möglichkeit, sich erkennen zu geben. Weil aber beide, das erkennende Subjekt und das zu erkennende Objekt, im Logos gegründet sind, darum ist überhaupt Erkenntnis. Die Erkenntniskraft wird in ihrem Ausgreifen nach dem Wesen des Seienden zu einer einigenden Kraft, in der der Erkennende sich mit der Natur des zu Erkennenden im Sinn eint.

Damit haben wir nun die Erkenntniskraft nicht auf den erkennenden Menschen beschränkt. Sie begreift alles in sich, was ist. Alles, was wesenhaft ist, birgt in sich ein Sinnvermögen, sei es aktiver Natur als Erkennen-Können, sei es passiver Natur als sich zu Erkennen-geben-Können. Diese Ursinnpotenz des Seienden ist die sinnerfüllte Grundidentität, die rationale Architektur des Seienden oder der Erkenntnisgrund, der alles, was ist, durch den Sinn erkenntnisfähig macht.

Der Logos des Seienden ist das Sinnprinzip überhaupt, weil er Substanz ist, weil er, um zu erkennen oder um sein Wesen zu erkennen zu geben, keines anderen bedarf. Er ist der Sinn, der hell und klar ist wie Licht, auch wenn ihn kein Auge gesehen und keine Vernunft je vernommen hätte. Die Objektivität des Seienden, die sich in gleicher Weise im erkennenden Menschen und in jedem zu erkennenden Ding behauptet, macht erst wahre Erkenntnis möglich. Die Objektivität des Sinnes ist der Grund für die Sinnkommunikation von Mensch und Ding.

2.

Dialog und Person

Der Sinnkommunikation von Mensch und Ding entspricht auf der Stufe von Mensch zu Mensch der Sinndialog von Ich und Du. Der Zugang zu dem, worin die Identität des Menschen mit sich als Ich und des anderen als Du gründet, kann wiederum nur das denkende Subjekt sein, falls es der Logik seiner Seinsnatur zu folgen gewillt ist. Danach aber erkennt sich der Mensch selbst als Ich nur dann, wenn er sich zugleich als der andere seiner selbst, nämlich als Du, zu begreifen vermag, wenn er sich also selbst zum dialogischen Gegenüber wird.

Das Ich kann ein Du und das Du kann ein Ich vernehmen, weil beide immer schon in der *unscheidbaren Unterschiedenheit* ihres Sinngrundes aufeinander bezogen sind, noch ehe sie hier und jetzt miteinander sprechen und einander sich mitteilen, was und vor allem wer sie sind. Dieses dialogische Vernehmen könnte kein gültiges Vernehmen, kein verpflichtendes Wort sein, wenn ihm nicht ein Logos, ein ontologischer Sinn zugrunde läge.

Unter der Rücksicht dieses Sinngrundes von Ich und Du ist es nun erforderlich, vom Individuum Mensch als Person zu sprechen; unter der Rücksicht des Personbegriffs jedoch wird dann dieser Sinngrund zum einen als Personalität und zum anderen als Dialogizität ausgelegt werden müssen.

Was aber heißt — nicht nominal, sondern der Sache nach — Person? Wenn beispielsweise Boethius unter Person die „vollständige Substanz einer vernünftigen Natur" versteht oder wenn es nach einer anderen geläufigen Definition heißt, daß der Mensch als Person die „Fülle der Substanz unter Seienden überhaupt" sei, dann besagt dies ja nichts anderes, als daß der Mensch gewissermaßen alles ist (quodammodo omnia), daß nämlich die Person das endliche Prinzip der Identität ist, worin sich der sinnstiftende Logos als Sprache, Vernunft und Freiheit artikuliert.

Personale Identität

Im Wandel des Mannigfaltigen, im Werden unter den Bedingungen des endlichen Zeitspielraumes gewahrt sich der Mensch als das sich mit sich selbst gleichbleibende eine und unvertauschbare Individuum. Als so sich wissendes Individuum ist der Mensch nicht auf derselben Ebene Individuum wie anderes Seiendes oder Dinge, sondern er ist Individuum in Gestalt der Person.[3] Das Individuum als Person ist nämlich auf eine Weise mit sich identisch, daß es um seine Identität als Ich weiß, indem es sich zugleich als das andere seiner selbst, also als Du weiß.

Diese Identität ist personal und heißt Wir. Das Wir ist das Einende von Ich und Du, welches den wesenhaften Dialog, den Sinndialog ermöglicht, der die Verbindlichkeit eines Wortes im Dialog garantiert und garantieren kann, weil das Ich als Du und das Du als Ich mit sich im Wir identisch ist. Was wäre ein Ich, das heute ja und morgen nein sagen muß, weil es mit sich nicht wesenhaft identisch ist? Es wäre eine beliebige zufällige Einheit, ein Aggregatbestand wechselnder Bestimmungen, ein Aktbündel ohne innere Einheit oder Prinzip.

Wird die personale Identität als Wir begriffen, so wird auch verständlich, warum für den Dialog von Ich und Du der Begriff der Gemeinschaft und keineswegs der Gesellschaft leitend werden muß. Eine Gesellschaft besteht aus Individuen, eine Gemeinschaft aber aus Personen. In der Gesellschaft beherrscht der Zwang partikularer Interessen die Individuen; sie finden sich äußerlich zusammen; sie verkehren miteinander nach pragmatischen Rücksichten. In einer Gemeinschaft dagegen eint die Personen das, was wir dialogische „Liebe" nennen, deren Grund freilich nicht der Bios, sondern der Logos ist.

Gattung oder Individuum Mensch?

Mit der Unterscheidung von Individuum und Person wird aber die Frage nach dem Individuum Mensch um so dringlicher.[4] Können wir überhaupt an den identischen Kern des Individuum Mensch rühren, wenn wir dieses Individuum nur als ein einzelnes Vorkommnis unter Vorkommnissen, vielleicht sogar als einen Sonderfall der Gattung Mensch betrachten? Würden wir damit dem gerecht, was wir ein Individuum zu nennen pflegen, nämlich daß es eine in sich geschlossene, unteilbare Ganzheit, eine in sich einige, beständige Einheit sei, die das Prinzip als die Identität ihres durchtragenden Anfangs in sich verwahrt?

Die generische Betrachtung des Menschen als eines „animal rationale" nimmt den Einzelnen als Fall der Gattung. Das Individuum ist dann um der Gattung willen da. Letztlich ist aber auch dieses Individuum bloß ein unentbehrliches Abstraktum, ein Gedankending ohne jeden ontologischen Selbstand. Ein solches Gedankending kann aber nie und nimmer ein Erklärungsgrund, schon gar nicht der Seinsgrund für eine ursprüngliche Einzelheit eines menschlichen Individuum sein. Denn wir können der Gattung Mensch als Gattung weder Vernunft noch Freiheit noch Sprache zubilligen. Zwar ist die leibliche Somatik eines Individuum insofern vernünftig, als sie teleologisch bestimmt ist, und in dem Sinne frei, als dem naturalen Individuum Spontaneität zuzusprechen ist, ja sogar Sprache, weil die Leiblichkeit des Individuum Mensch eine Physiognomie ausbildet. Aber dies läßt sich nur in analoger Weise sagen; denn die Gattung Mensch denkt, spricht und handelt nicht.

Der Einzelne, subsumiert unter die Gattung Mensch, ist eine Gattungshypostase. Das menschliche Individuum wird zum Ding und damit zu einer faktischen Beliebigkeit, zwar unentbehrlich, aber keineswegs zu einem einmaligen Ereignis personaler Existenz.

Wenn der einzelne Mensch nicht Sonderfall eines Allgemeinen ist, dann ist er Sonderfall seiner selbst in dem Sinne, daß seine Seinsnatur der Grund seiner Einzelung nicht nur als Individuum, sondern als Person ist. Darum trägt der Einzelne einen Konflikt im Spannungsfeld zwischen individuellen Daseinsbedingungen und seinem personalen Seinsgrund aus; denn er hat sich in Zeit zu behaupten, falls er den Logos seines Seins vernehmen will, um sich als sprachliches, wissendes und freies Sein im Verlauf seiner Lebensgeschichte eine logoide Weltgestalt zu geben, deren Namen Existenz heißt.

Indem sich so der Mensch nicht nur vereinzelt, sondern dieser Einzelheit die Weltgestalt einer individuellen Existenz in Gestalt der Person gibt, ist der Mensch das Wesen, das sich durch das Weltall seines Geistes von jedem naturalen Dasein abzuheben vermag. Aus seiner logoiden Seinsnatur ist er ermächtigt, im dialogischen Existenzvollzug den Horizont einer Sprachwelt zu entwerfen, welche nun das Medium eines ontologischen Dialogs oder Sinndialogs ist, der die Wahrheit des Füreinanders im Miteinander als Wir, als das Wesen der Person kundgibt.

Idiomatische Differenz

Damit stellt sich uns die Aufgabe, die Rede vom Individuum Mensch jener Zweideutigkeit zu entziehen, die in der Verwechslung der Eshaftigkeit eines bloßen Individuum mit der Dialoghaftigkeit oder Dialogizität einer Person besteht. Würde dieser Unterschied nicht erkannt, so wäre nicht anzugeben, worin sich das Individuum Mensch von einem Tier mit Bewußtsein unterscheiden sollte; der Mensch wäre, um mit Hegel zu sprechen, „ein Physiker mit Bewußtsein". Wenn darum der Unterschied zwischen Individuum und Person, aber auch ihre wechselseitige Bezogenheit ins Auge gefaßt wird, so kommt es darauf an, die wesenseigentümliche oder idiomatische Differenz zwischen Individuum Mensch und jedwedem andersartigen Individuum, dessen Seinscharakter nicht personal umschrieben werden kann, zu kennzeichnen.

Wäre diese Differenz lediglich eine Zuschreibung zum Zwecke der Weltorientierung des Menschen unter seinen Daseinsbedingungen, dann erübrigte sich der Gedanke einer idiomatischen Differenz; denn der Seinsunterschied der Seienden wäre nicht mehr durch ihr Sosein vorgezeichnet, sondern könnte beliebig gesetzt werden, vielleicht sogar nach dem Maßstab einer pragmatisch gelenkten und darum instrumentellen Vernunft, die sich in einem funktionalen Zusammenhang mit den Dingen und mit den Daseinsbedingungen zu wissen vermeint und diese nach Plan zu beherrschen und zu steuern versucht.

Sprechen wir also von einer idiomatischen Differenz, so zielen wir auf den Wesensunterschied, wodurch sich das Individuum Mensch von jedwedem andersartigen Individuum notwendig und keineswegs beliebig unterscheidet. Die idiomatische Differenz besteht nun darin, daß der Mensch seiner Seinsnatur nach Vernunft, Freiheit und Sprache ist. Dies aber bedeutet, daß er seine Differenz zu jedwedem Seienden allererst zu setzen hat; und er setzt dann diese Differenz, wenn er sich als Individuum zur Person welthaft gestaltet.

Deshalb sprechen wir ja auch vom Individuum Mensch in Gestalt der Person. Denn das mundane Subjekt Mensch vermag sich wissend auf sich zu beziehen; es ist selbsttätig und nicht nur in einem teleologischen Sinne, sondern es ist schöpferisch, und zwar dadurch, daß es etwas erstmalig anfangen und anschauliche Gestalt gewinnen lassen kann, sei es in Wort, Tat oder im Werk der Kultur. Es versammelt im Bereich der Endlichkeit die Fülle der Möglichkeiten auf sich, um sie gerade nicht auf sich beruhen zu lassen oder in der Weise einer Gattung oder Art zu verbesondern oder zu einzigen, sondern diese Möglichkeiten wissend frei zu seiner Welt zu gestalten.

Personale Differenz

Kraft seiner idiomatischen Differenz gestaltet sich das Individuum Mensch zur Person, indem es diese Differenz nach dem Maß seiner Seinsverfassung setzt. Damit aber unterscheidet es sich nicht nur wesenseigentümlich von jedwedem anderen Seienden, sondern zugleich von seinesgleichen. Denn es gestaltet sich nicht zur Person im allgemeinen, sondern zu einer individuellen Person oder Persönlichkeit. Es individuiert sich wesenseigentümlich, indem es sich zugleich personifiziert, das heißt, sich als diese Person identifiziert. Der Gedanke des Individuum wird somit keineswegs preisgegeben. Denn denkt man so Individuum und Person zusammen, dann muß die idiomatische Differenz zugleich als personale Differenz gefaßt werden.

Dem Menschen stehen zwar alle Möglichkeiten schöpferischen Handelns offen, aber unter den Bedingungen der Endlichkeit kann er immer nur einen Ausschnitt von Möglichkeiten zum Stoff der Durchgestaltung seiner Individualität zur Person nehmen. Anderseits gibt er sich aber gerade dadurch sein unverwechselbares Gesicht.

Die Möglichkeiten der Weltgestaltung des Individuum Mensch bleiben nun solange für ihn eine Kraft der Selbstgestaltung, als es ihm gelingt, die „differentia personalis" vorherrschen zu lassen. Nur so wird seine Individualität nicht mehr als Einzelfall einer Gattung Mensch oder als ein Zufall einer beliebigen Art angesetzt. Indem es ihm also gelingt, die Möglichkeiten der Weltgestaltung produktiv umzusetzen, stellt er sich als menschliches Individuum in Gestalt der Person unverwechselbar dar.

Nach diesem morphopoietischen Ansatz ist es nicht mehr zulässig, das Subjekt Mensch auf ein Individuum als unentbehrliche Abstraktion oder auf die Menschengattung oder Menschheit zurückzuführen, die es ohnehin in Wirklichkeit nur als Aggregat von konkreten Individuen geben kann.

Individuierte Personalität

Der Schritt von der Individuation zur Personifikation ist die Weise, wie der Mensch Identität in sich austrägt. Das Prinzip der Identität ist für ihn der durchtragende Ursprung im Ereignis seiner Existenz. Der Mensch ist darum mehr als nur individuell einmalig, so wie jedes Seiende durch sein Wesen individuell einmalig ist, sondern er wird durch die freie Tat seiner Weltgestaltung personal alleinig.

Daher können wir den Menschen so lange nicht als Person wahrhaft erfassen, wie wir ihn lediglich als Seienden unter anderen Seienden definieren, nämlich als animal rationale. Der Prozeß der weltförmigen Selbstidentifikation integriert den Menschen in die Alleinigkeit seiner von Wissen durchdrungenen Freiheit. Man wäre versucht, hier von Einzigartigkeit zu sprechen, wenn dieser Begriff den Unterschied zwischen einem personalen und einem artmäßigen Verständnis nicht wieder verwischte.

Das Kriterium der Personalität des Menschen liegt darin, daß er sich eben nicht als Individual- oder Gattungswesen identifiziert oder auf Art und Gattung hin auszeugt, sondern daß er durch seinen alleinigen Personcharakter Art und Gattung prinzipiell, von seinem Anfang und Ursprung her, schon überschritten hat, noch ehe ihn ein endliches Denken unter einen Art- und Gattungsbegriff zu subsumieren versucht. Er identifiziert sich als ein Wesen, das ursprünglich unter dem Gesetz personaler, nicht individueller Identifikation steht. Darum ist der Unterschied zwischen Individuum und Person keine Differenz dem Wesen oder dem Grade nach, sondern eine Differenz, die sich durch den Sinngrund des Menschen apriori als Unterschiedenheit in der Geschiedenheit erweist.

Mit Ausnahme des Menschen macht jedes Individualwesen im Verlauf seiner Auszeugung einen Identifikationsprozeß durch. Die Einmaligkeit eines Baumes zum Beispiel treibt hier und jetzt allmählich die Art, das Wesen des Baumes hervor. In diesem Auszeugungsprozeß ist eine ununterbrechbare Teleologie am Werk. Je mehr der individuelle Baum das Wesen des Baumes überhaupt durchsichtig werden läßt, um so mehr ist er, was er sein soll. Der Identifikationsprozeß schreitet vom Individuum zum Wesen, vom Besonderen zum Allgemeinen, vom Einzelnen zum Einen fort. Darin liegt die Teleologie aller Naturindividualität.

Der Mensch aber identifiziert sich allein dadurch, daß er sich personifiziert. Wohl beginnt auch er von Geburt an, sich wie ein naturales Zweckwesen auszuzeugen, aber indem er die in seiner Substanz grundgelegte Freiheit durch die Helle einer wissenden Selbstreflexion entfaltet, läßt er alle zweckhafte Auszeugung und alle naturale Einmaligkeit hinter sich. So sich mit sich selbst identisch gewahrend, überspringt er die Spezies Mensch. Er identifiziert sich nicht als Objektivität der Wesenheit Mensch, gleichsam seine Individualität abstreifend, sondern er individuiert in Wahrheit seine Personalität in Gestalt der Person nun als der Einzelne der Alleinigkeit.

Wer den Menschen von der Gattung her definiert, sagt zwar richtig, dennoch nicht wahr: „Homo est animal rationale." Ein Begreifen des Menschen von seinem Anfang und Ursprung aus erlaubt dagegen die Definition: „Persona est hypostasis rationalis"; Person ist der Inbegriff des Seienden, — aber keineswegs durch ein additives Verfahren, sondern seinem personalen Seinsrang nach.

Es mag überraschen, daß der Mensch unter allem Seienden dann nicht zu definieren ist, wenn er auf „genus" und „differentia specifica" hin befragt wird. Der Mensch ist dadurch definiert, daß er sich als Person zu identifizieren vermag. Wer dagegen den Menschen zoologisch, morphologisch oder physiologisch oder wie auch immer unter einer eingeschränkten Rücksicht zu fassen sucht, identifiziert ihn nicht ursprünglich. Darum kann eine Definition, die den Menschen vom Allgemeinbegriff her bestimmt, auf keine Weise seine Personalität identifizieren.

Die „animalitas" des Menschen ist zwar „conditio", Bedingung, nicht aber Grund oder „ratio" seiner Personalität. Der Mensch steht zwar als Seiender unter Seiendem im Bereich kausaler Naturverknüpfung; wo es aber um das Alleinige und personal Einmalige seiner Identität, seiner personalen Identität geht, da stößt man auf eine Tiefe, die durch keine Kausalität aufgehellt wird. Diese Tiefe der Person ist die Freiheit, die Helle des Geistes. Die Freiheit leistet den Übergang von der bloßen oder natürlichen Individualität zur individuierten Personalität und damit den Übergang vom Ding zum Menschen. Erst die Freiheit als sinnerfüllte Grundpotenz des Menschen macht das Individuum Mensch in seiner Personalität licht.

Dialogizität der Person

Insofern der Mensch selbsttätig in Freiheit zu erkennen beginnt, kann er sich die Frage stellen: „Wer ist der Mensch? Wer bin Ich, und wer bist Du?" Denn nach der Identität der Person mit sich selbst fragt nicht das Fragewort „was", sondern das Fragewort „wer". Mit dem Was rühren wir an den Menschen, sofern er natürliches Individuum ist. Allein das Wort Wer rührt an die Person; denn seine Intention ist die Dialogizität der Freiheit der Person.

Wir sprechen von Dialogizität der Person in dem Sinne, daß sie das Prinzip jedweder Einzelperson ist, welches das Verstehen des Du vermittelt und herbeiführt. Weil nämlich der Mensch von Grund auf dialogisch als Person verfaßt ist, vermag er den anderen Menschen als ebenbürtig zu erkennen und im Akt des Dialogs zu verstehen. Wären Du und Ich nicht immer schon im unitativen Wir oder in der Dialogizität der Person grundgelegt, so fände sich das Ich nicht im Du wieder und umgekehrt.

Freilich behaupten wir damit nicht, daß der Mensch dialogischer Natur sei, weil er faktisch hier und jetzt zu einem anderen „Du" sagt, sondern wir sprechen ihm dialogische Natur deshalb zu, weil sein vernünftiges und freies Wesen in der Sprache als Logos verfaßt ist.

Das „und" in der Frage: „Wer bin Ich, und wer bist Du?" läßt den dialogischen Grundzug des Menschen ins Wort kommen, so daß die Aussage, der Mensch sei dialogisch als Wir konstituiert, zugleich meint, der Mensch ist in der Sprache konstituiert. In der Frage: „Wer ist der Mensch?" vermag sich der Mensch als Person zu artikulieren, und nicht nur im Wort, das jetzt vernommen wird, sondern im Wort, im dialogischen Urgespräch, in welchem er immer schon ist. Aus dem Grunde der Dialogizität übersteigt das Ich in der Wer-Frage sich selbst zum Du.

Der Urakt der Person

Dieses Transzendieren-Können ist der Urakt der Person. Zwei Momente sind für diesen Urakt grundlegend: Freiheit und Liebe. Durch Freiheit bewegt, sagt der Mensch „Du". Er sagt aber aus Freiheit „Du", wenn sein Dialog durch Liebe bewegt ist. Durch Liebe empfängt die personale Freiheit ihren Sinn; und Liebe wird dadurch sinnvoll, daß sie ein Akt der Freiheit des Geistes ist. Liebe ist die Substanz dieser Freiheit. Ohne Liebe aber erkennt keiner seine personale Identität, und ohne Freiheit vermag keiner seinen Gesprächspartner in Ebenbürtigkeit als Person zu bejahen.

Die personale Identität ist nicht dadurch zu erkennen, daß der Mensch sein „ego" denkt. Denn wenn sich der Mensch sozusagen auf halbem Wege mit der Frage: „Wer bin ich?" beschwichtigt und nicht den Schritt weiter zum seienden Du tut, so wird der Urakt der Person nicht Ereignis. Denn das Ich vermag sich nur als der andere seiner selbst zu gewahren — angesichts des wirklichen Anderen seiner selbst. Bleibt also die Frage nach dem Menschen im Ich befangen, so führt sie zu einer Selbstreflexion; die Freiheit des Transzendierens zum Du verkehrt sich in ein Selbstdenken[5], in welchem sich das Ich in sich selbst verfängt.

Diese egozentrische Selbstverfangenheit, diese Egozentrik wird zum verhängnisvollen Egoismus, weil sie zur dialogischen Erblindung des Menschen führt. Denn der Mensch hat, wenn er den Blick auf das Du verweigert, das wahre Augenmaß für sich selbst verloren. Der Mensch wird dabei in einem personalen Sinne sprachlos und unfähig für den kommunikativen Akt, den Urakt der Person, sich auf sich hin im Wort zum Du zu überschreiten. Was von Grund auf die Welt des Menschen ist, geht verloren: daß er nämlich nur deshalb beispielhaft das Ganze der Welt in sich zu vergegenwärtigen vermag, weil er jedes Seiende in den personalen oder dialogischen Horizont einzubeziehen vermag.

Wer ist der Ursprung?

So zieht zwangsläufig die Ich-Befangenheit des reinen Reflektierens — aufgrund der ausschließenden Subjektivität des Subjektes — in Wahrheit die Sprachlosigkeit nach sich. Die Rede des Menschen wird beliebig, weil sein Denken der Wahrheit ermangelt. Der Mensch mag sich dann in das Kollektiv, in die Gruppe oder den Apparat flüchten; doch der Verlust der Freiheit zum Du und die Flucht in das nivellierende „Man" löschen das Bewußtsein des Menschen als Person aus. An die Stelle der Liebe tritt die Pflicht und an die Stelle der Einsicht der blinde Imperativ: Man muß!

Was aber mit dem Verlust der Freiheit zum Du gleichsam unter der Hand verloren geht, ja erst gar nicht entstehen kann, ist die Frage nach Grund und Ursprung der Personalität. Tritt nämlich an die Stelle der Liebe der Selbsthaß, so ist der Weg der Wende von dem horizontalen Ausgriff des Ich zum Du zur vertikalen Frage: „Wer ist unser Ursprung?" verstellt. Es versteht sich am Rande, daß wir die vertikal gewendete Frage nach dem Ursprung mit dem Wort „wer" einleiten müssen. Wir würden uns in der Dimension vergreifen, wollten wir in der Ebene der personalen Dialogizität noch fragen:

„Was ist der Grund?" — Denn es ist offenkundig, daß dem Ursprung keine geringere Seinsdignität zuerkannt werden darf als dem Menschen als Person.

Wenn also der Mensch sich gegen die Dimension der Ursprungsfrage kehrt, so daß ihm die Warum- und Wer-Frage sinnlos erscheinen muß, dann wird er grundlos und ist dabei, sich aus der Identität seiner Personalität im Bewußtsein seiner von sich zu exzentrieren. Dann tritt an die Stelle der Sinnmitte seiner „humanitas", der sinnerfüllten Substanz seiner selbst, die Leere des Nichts. Was der Mensch in der freitätigen und sinnbestimmten Liebe seinshaft vermag, kann nicht mehr Ereignis werden.

Das Ereignis der freitätigen und sinnbestimmten Liebe aber zeitigt allererst auf den Ursprung hin die Fragen: Wer bin Ich, und wer bist Du im Anfang? Wer ist der Ursprung? Sind wir identisch im Ursprung? Bin ich mit mir selbst in Zeit identisch — darum, weil der Ursprung es von Ewigkeit her mit sich selbst ist? Vermag ich deshalb „wer" zu fragen, weil Ich und Du personal angerufen sind, ehe wir zueinander „Du" zu sagen vermochten? Sind wir also zum Ursprung gewendet, ehe wir in Zeit die Kehre aus der Horizontalen in die Vertikale vollziehen? Stehen wir demnach immer schon in einem kommunikativen Urverhältnis zu unserem Ursprung, so daß unser personales Fragen auch in der Dimension der Endlichkeit überhaupt nicht ins Leere gehen kann?

Wenn die Liebe fehlt

Absichtlich spitzen wir diese sich auseinander ergebenden Fragen auf das Problem des Ursprungs zu, ohne darauf voreilig antworten zu wollen. Denn es soll nur allmählich deutlich werden, daß der entscheidende Schritt nicht erzwungen werden kann, wodurch der Mensch, vor die Frage seines Ursprungs gestellt, seine „humanitas", nicht seine „deitas", sein Mensch-Sein, nicht seine Gotthaftigkeit identifiziert.

Dieser entscheidende Schritt kann zwar vorbereitet werden, aber die Evidenz der Wahrheit kann dadurch nie und nimmer erzwungen werden. Wie sollte auch die Evidenz einer Sache erzwungen werden können, deren Substanz die Liebe ist, freilich jene Liebe, deren logoides Leben Vernunft, Freiheit, Sprache ist.

Ist es daher noch verwunderlich, daß die personale Frage nach dem Ursprung häufig mißlingt, — nicht weil es an Energie, dem Willen des Denkens oder an der Schärfe des Begriffs, an der Folgerichtigkeit des Schließens gebricht, sondern weil ohne Liebe gedacht wird! Die logoide Liebe aber ist allein die Kraft, welche das Denken beharrlich werden läßt; sie erst bringt in unserem Denken jene Bedächtigkeit und Exaktheit des Fragens hervor, die unbeirrt bis auf den Grund geht, geduldig bei der Sache bleibend, weil sie sich im Vorgriff der Antwort, in der Antezedenz des Grundes weiß. Ohne dieses Wissen um die Antezedenz des Grundes, des Ursprungs, wäre die Liebe blind und ein vergebliches Verlangen.

Erkenne den Augenblick

Da das Denken ein von Zeit betroffener Akt ist, bleibt es fraglich, ob wir uns jederzeit beliebig unserer personalen Identität zu versichern vermögen. Es hat zwar den Anschein, daß wir dies könnten, weil wir uns als Ich in der Zeit immer als dieselben gewahren. Aber es hieße, die Geschichtlichkeit des Menschen aus dem Blick zu verlieren, vergäßen wir dabei, daß die Zeit irreversibel ist.

Darum lautet der personale Imperativ: Erkenne den Augenblick, die hohe Stunde, jenen Kreuzungspunkt, da sich Zeit und Ewigkeit, menschliches Schicksal und ewiges Geschick im Ereignis der geschichtlichen Existenz des Menschen als Individuum in der Gestalt der Person manifestiert.

Ereignis ist der Begriff, der das Werden und das Bleibende der menschlichen Person wie in einem Knoten schürzt, welcher in Ewigkeit nicht aufgelöst werden kann. Denn es geht hier um ein substantiales Werden, um eine substantiale Bildung des Menschen als Person. Was bloß zufällig wird, rührt die Substanz, die „humanitas" des Menschen nicht an. Das substantiale Werden jedoch geht aus der Tat der Freiheit hervor, also dann, wenn der Mensch gemäß seiner Seinsnatur handelt und dadurch sich als Welt gestaltet, so daß er als Individuum Mensch in Gestalt der Person repräsentativ für alles und zugleich alleinzig an sich wird.

3.

Ontologische Grundgelegtheit des Gewissens

Handelt ein Mensch gemäß seiner inbegrifflichen Seinsverfassung von Vernunft, Freiheit und Sprache, so entwickelt er unter der Rücksicht des Du den Weltstil „Moralität". Sittliches Handeln setzt dabei zweierlei voraus: das Wissen um Gut und Böse und die Entscheidung, das Gute tun zu wollen. Beide Momente charakterisieren das, was wir „Gewissen" zu nennen pflegen. Verbinden wir nun den Begriff des Gewissens mit dem Gedanken von der Seinsverfassung des Menschen, so wird deutlich, daß der Mensch im Akt der Gewissensentscheidung die moralische Instanz seiner selbst ist.

Die Entscheidungen dieser Instanz gewinnen dadurch Sprachcharakter, daß der Mensch sie dialogisch vollzieht. Daß er dies vermag, erweist das Gewissen in der Seinsverfassung des Menschen ontologisch grundgelegt. Es ist also nicht Ergebnis einer besonderen kulturellen Prägung, sondern Grund der Möglichkeit, überhaupt sittlich handeln zu können. Der Sprachcharakter des handelnden Subjektes zeichnet sich darin aus, daß es seine dialogische Identität vor sich selbst als dem anderen seiner selbst verantwortlich im Spruch des Gewissens zum Ausdruck bringt. Denn wenn ich handle, handle Ich immer als der andere meiner selbst (als Du), und zwar darum, weil das menschliche Handeln durch Reflexion (Vernunft/Sprache) und Freiheit, nicht durch Instinkt bestimmt ist.

Damit ist gesagt, daß ich mich handelnd auf meine moralische Identität beziehe. Dies aber geschieht dialogisch durch Affirmation oder Negation meiner Handlung, durch das also, was das Gewissen als dialogische Identität spricht, indem ich mich mit ihm/ihr berate, wie ich jetzt gemäß der dialogischen Identität meiner selbst handeln soll und warum ich mich so und nicht anders verhalten muß.

Insofern aber jedes einzelne Subjekt (Individuum Mensch als Person) von Grund auf die Möglichkeit in sich hat, sich mit sich selbst als dem moralischen Prinzip zu beraten, um die Seinssprache seines Gewissens zu vernehmen, sprechen wir vom Spruchcharakter des Gewissens oder von der moralischen Dialogizität der Person, die sich in der Sprache des Gewissens ausdrückt.

Gewissen und Zeit

Die Art und Weise dieses Handelns nennen wir den sittlichen Weltstil des Menschen oder das Weltgehaben der Verantwortlichkeit. Denn wenn das innere Wort der Seinsverfassung des Subjektes[6] Mensch von ihm selbst nicht vernommen werden könnte, dann könnte das Subjekt weder weltförmig, gemäß dem ontologischen Prinzip moralisch handeln, noch könnte es ein moralisches Weltbewußtsein entwickeln, das sich für die Folgen seines Handelns vor sich und dem Du, der Gemeinschaft verantwortlich weiß. Damit ist grundsätzlich das Mißverständnis abgewiesen, als wolle die Rede vom weltförmigen Handeln des Menschen meinen, daß die Regeln oder gar der Bestimmungsgrund des Handelns als Anpassung an eine sogenannte Situation derzeitiger Daseinsverhältnisse zu definieren seien.

Zeitüberlegen ist das Prinzip Gewissen, zeitabhängig aber ist die Umsetzung der Gewissensentscheidung in die Tat. Es wird daher weder einem Gewissensabsolutismus noch einer Situationsethik das Wort geredet. Das Problem eines konkret sittlichen Handelns ist, wie die Unstimmigkeit von Gewissen und Zeit zum Austrag zu bringen ist, ohne daß dabei eines von beiden eliminiert wird: also weder zeitfrei noch gewissenlos handeln zu müssen.

Weil nun der Spruch des Gewissens frei ergeht und der Grad der Moralität einer Entscheidung durch die Möglichkeit, hier und jetzt frei handeln zu können, bestimmt ist, darum ist jede Gewissensentscheidung ein aporetischer Akt, eine Tat unter der einschränkenden Bedingung der Zeit.

Das Gewissen als ontologische Instanz

Sprechen wir von der dialogischen Identität des Gewissens, so meinen wir also die Tauglichkeit der Seinsverfassung des Subjektes Mensch zum moralischen Handeln. Es ist das ontologische Prinzip der Dialogizität, wodurch der Mensch apriori die sittliche Instanz seiner selbst ist.

Als Inbegriff der Moralität, als Weltall des Gewissens ist das Subjekt ermächtigt, aus eigener Kraft und darum eigenmächtig verantwortlich zu handeln, seiner bewußt, das zu tun, was es will, nicht willkürlich, sondern gemäß seines Gewissens als der moralischen Wirklichkeit des Weltalls Mensch.

Dies besagt, daß das Handeln aus Vernunft, Freiheit und Sprache vor mir selbst, vor dem anderen und der Gemeinschaft dialogisch so vollkommen wie unter den einschränkenden Bedingungen der Endlichkeit nur möglich dem Spruch des Seinsgewissens entsprechen soll. Auf diese Weise genügt das handelnde Subjekt der dialogischen Identität seiner selbst.

Da der Mensch aber eine dialogische Identität von Grund auf ist, vermag er den Urspruch seines Gewissens zu vernehmen. Im beratenden Selbstgespräch des Gewissens verhält sich der Mensch frei zu sich selbst und darum aus Machtvollkommenheit seines freien Gewissens dialogisch, — falls er dem Spruch des Gewissens entspricht. Der Entschluß, so oder so zu handeln, sich selbst zu genügen und zu entsprechen läßt aufblitzen, wie weit die sittliche Urinstanz für den Einzelnen zum Anruf der Ursprache seines Seins geworden ist und zum Willen — trotz der einschränkenden Bedingung der Zeit — auf diese Sprache zu hören.

Dialogische Verantwortlichkeit

Dieser Wille, den Spruch des Gewissens zu hören, kann aber nicht einer Sache einsamer Entschlüsse sein. Denn das dialogische Weltsubjekt ist selbst als Alleiniger, als Individuum Mensch mit allen Subjekten aufgrund der dialogischen Identität immer schon in einer Urkommunikation oder in einem Sinndialog. So ist das Selbstgespräch des Gewissens von Grund auf ein Gespräch mit sich und vor sich als dem anderen seiner selbst und zugleich mit und vor dem konkreten anderen, der ihm ein Du ist. In jedem Entschluß des Gewissens wird darum jedes dialogische Subjekt des geschichtlichen Absolutpunktes seiner selbst bewußt, weswegen es mit Wissen und Willen verantwortlich zu handeln vermag.

Doch dieser andere — nun — seiner selbst wird als Subjekt durch den Gewissensdialog gewiß, daß er eh und je schon zugleich der andere des Du eines anderen ist. Aus diesem Grunde hat jeder seine Gewissensentscheidung vor sich und dem Du seiner selbst und vor dem Du eines anderen zu verantworten. Beide aber sind ontologisch durch ihr Sein unter den Imperativ gestellt: Das Gute ist zu tun, das Böse ist zu lassen!

Was aber ist gut? Und was ist böse? Der Maßstab für diese Unterscheidung und die Antwort darauf ist das Seinsgewissen des dialogischen Subjektes Mensch, das die Wesenszüge des Geistes von Vernunft, Freiheit und Sprache aufweist. Für ein Seiendes aber, das der Sprache mächtig ist, ist das Gewissen der Ort, da das zeitüberlegene Wort als Prinzip spricht.

In konkreten Entscheidungen des Gewissens ist die Übereinstimmung zwischen diesem Sprachprinzip und der auszuführenden Tat herbeizuführen, damit Wahrheit getan werden kann.

So ist also der geschichtliche Absolutpunkt des Gewissens der Inbegriff von Wort, Vernunft und Freiheit und damit der Maßstab oder das Unterscheidungszeichen für Gut und Böse. Darum verstehen wir den Gewissensspruch: Das Gute ist zu tun, und das Böse ist zu meiden.

So zeigt also das Gespräch des Gewissens, daß die Wirheit als das sittliche Weltall Mensch das grundlegende Prinzip ist für jedwede Verantwortlichkeit. Denn der Mensch könnte durch Sprache nicht authentisch als Mensch identifiziert werden, wenn er nicht in der dialogischen Identität des Wortes grundgelegt wäre. Damit aber ist gezeigt, warum der geschichtliche Absolutpunkt des Gewissens der Maßstab für ein verantwortliches sittliches Handeln ist, was freilich voraussetzt, daß der, welcher handelt, den Spruch des Gewissens vernommen hat, daß er weiß, daß er ein hörendes und vernehmendes Ich ist und kein taubes „man", also ein Ich ist, das sich selbst vor sich nur als das Du seiner selbst für sich und für einen anderen sittlich verlautbart.

Dritter Abschnitt

1.

Entscheidung auf Ewigkeit

Sprechen wir von dem Gewissen als geschichtlichem Absolutpunkt, so meinen wir nicht, daß das Gewissen eines absoluten Aktes fähig wäre, vielmehr sei damit gesagt, daß wir im Gewissen an die zeitüberlegene Instanz und darum ewige Seinsverfassung des Subjektes Mensch rühren. Aus diesem Grunde ist die Entscheidung des Gewissens „nicht eine Entscheidung auf Zeit, sondern auf Ewigkeit hin".[7]

Was aber auf diese Weise zeitüberlegen ist, das überschreitet allein die Schwelle des Todes, auf welcher das fällt und fallen muß, was bloß zeitlich, zufällig und beliebig war. Im Tode also fallen die einschränkenden Bedingungen der Endlichkeit, so daß der Mensch, nun in seine Wahrheit erhoben, ohne Schatten und Trübung der Endlichkeit frei existiert. Dies nennen wir auch die „Ekstatik des Todes".[8]

Wer jedoch den Tod nicht begriffen hat, hat noch nicht begonnen zu wissen, wer der Mensch von Grund auf ist. Weiß ich aber nicht, wer der Mensch ist, dann verfehle ich meine metaphysische Lebensaufgabe, mein Seinsziel, nämlich Individuum in Gestalt der Person zu werden, indem ich mich aus Freiheit zu einer Weltgestalt bilde. Andernfalls bleibt der Mensch den blinden Mächten des Daseins preisgegeben, die sich heute vorherrschend als Gesellschaft präsentieren.

Eine methodische Zwischenüberlegung

In der Problementwicklung unseres Weltansatzes zeigt sich nun deutlich, wie sich der Gedanke schließlich auf die Todesproblematik zentrieren muß. Mit Bedacht sagen wir „zentrieren", weil wir die Sache, die hier in Rede steht, nicht in direktem Zugriff verfolgen können. Zwar verstehen sich unsere vorangehenden Überlegungen systematisch, aber nicht in einem formal-logischen Sinne; vielmehr ergibt sich die Systematik der Sache auf die Weise, daß sich das Denken, indem es die Sache in immer neuen Angängen umkreist, allmählich von ihr so ergreifen läßt, daß sie ihrer Gesetzlichkeit zu folgen vermag.

Was daher oberflächlich als Wiederholung erscheinen mag, ist das Mitnehmen des Erreichten auf einer höheren Stufe und unter einer differenzierteren Rücksicht das neu zu Bedenkende. In diesem Sinne werden wir nun im folgenden teils wie in einem Querschnitt die wichtigsten Problempunkte noch einmal aufgreifen und aufeinander beziehen, teils unser Denken wie in einer Spiralbewegung auf die Todesproblematik zentrieren.

Das Wesen ohne Vergleich

Der Existenzbereich des Menschen ist abgesteckt durch Freiheit. Erst im Bereich der Existenz ist der Mensch als Person. Wir gingen davon aus, daß sich der Mensch durch das Vermögen der Freiheit identifiziert, indem er nach sich personal fragt. Dadurch ereignet sich die Existenz des Menschen in der aufsteigenden Bewegung zwischen seiner bloßen Individualität, die er mit jedem Seienden teilt, und seiner Personalität.

Grund der Möglichkeit, daß sich der Mensch zur Existenz ereignet, ist aber die Urgehobenheit des Seins von Welt, worin er im Vorgriff seiner als Prinzip konstituiert ist. Daher wird der Mensch nicht im Vollzug seines Lebens zur Person, sondern er ist Person von Grund auf, obgleich er erst hier und jetzt, also im endlichen Zeitspielraum des Daseins, durch seine freie Tat und in der liebenden Hinwendung zum Du sich als Individuum Mensch in Gestalt der Person entwickelt und in diesem Sinn „wird". Darum aber ist der Mensch allein das Wesen ohne Vergleich.

Die zu zeitigende Existenz

Wenn bislang davon die Rede war, daß personales Sein in Zeit heiße, den Schritt vom Dasein zur Existenz zu leisten, so war dies keineswegs so zu verstehen, als ob das Dasein der Grund der Existenz wäre. Das Dasein ist zwar Bedingung für diesen Schritt, aber nicht Grund, schon gar nicht Ursprung. Da der Mensch seinem Wesen nach das Prinzip von Welt ist, ist er als bloß daseiendes Individuum noch nicht das, was er sein soll.

Individuum Mensch in Gestalt der Person nun unter endlichen Bedingungen zu werden, heißt: die Existenz zeitigen. Dabei zeitigt der Mensch sowohl seine Wesensdifferenz oder idiomatische Differenz zu jedwedem anderen Seienden als auch seine personale Differenz zu seinesgleichen. Insofern er unter der Bedingung der Zeit steht, ist der Übergang vom Dasein zur Existenz eine Aufgabe, die der Mensch aus Freiheit ergreifen muß, falls er wissend seine Existenz zeitigen will.

Da der Mensch, indem er seine Existenz zeitigt, auf diese Weise Welt gestaltet, ist die Zeitigung der menschlichen Existenz ein Weltgeschehen. So heißt „Existieren": sich zu Welt zu verhalten und Welt als Ganzes in einzigartiger Weise geschichtlich zu repräsentieren.

Die philosophische Urnatur des Menschen

Der Mensch intendiert von Grund auf danach, sich in sich selbst zu überschreiten, und zwar auf eine zweifache Weise: zum einen dadurch, daß er das Gespräch mit dem Selbst seiner selbst aufnimmt, um dabei des logoiden oder sprachlichen Charakters seiner Seinsnatur inne zu werden, und zum andern dadurch, daß er sich von Grund auf nicht auf einen adialogischen Monolog, sondern auf ein dialogisches Zwiegespräch entweder mit dem Ich seiner selbst oder mit dem Du als dem Ich des anderen komponiert weiß.

Wir sprechen deswegen auch von einer ontologischen Komposition oder von der in sich bewegten Architektur des Subjektes Mensch. Denn indem das Subjekt seine Wesenseigentümlichkeit frei, vernünftig und sprachlich ans Licht bringt, erweist es das Individuum von Grund auf bewegt durch die Seinstranszendenz seiner Seinsverfassung. Dieser Akt ist die individuelle Seinserkenntnis des Subjektes Mensch als Person, worin sich der Mensch zu seiner individuellen Eigentümlichkeit überschreitet, die dann sein ihm alleinig zugehörendes Eigentum ist.

Dieses Überschreiten ist damit der wissende Bezug des Menschen auf seine unverwechselbare, weltförmig gestaltete Identität. Dadurch allein weist er sich als ein Wesen des Vernehmens aus, als Person, als ein des Logos fähiges Etwas, das nicht nur sich und den anderen zu verstehen vermag, sondern seine Natur sprachlich zu verstehen geben kann. Dies ist seine philosophische Urnatur. Er ist darum kein individuelles Naturwesen, sondern ein personales Sprachwesen.

Musikalisches Schöpfertum des Einzelnen

Der Ausdruck für die Identität des Individuum Mensch ist sein dialogischer Charakter. Die Gestalt der Identität der Person aber ist das Wort, freilich nicht jenes verbum prolatum, das sich wie ein Hauch verliert, sondern jenes Wort, das Prinzip der Sprachlichkeit des Subjektes Mensch ist. Doch weil der einzelne Mensch, insofern er ein Individuum ist, mit jedem anderen Individuum die gleichen Daseins- und Naturbedingungen teilt, ist die idiomatische oder nun sagen wir „Weltdifferenz" zwischen dem Menschen als Individuum und jedwedem andersartigen Seienden als Individuum erst dann getätigt, wenn der Einzelne zur Person wird.

Insofern nun die geschichtliche Gestaltung des Individuum zu einer dialogischen Weltexistenz in Gestalt der Person nicht in einem blinden Lauf der Zeit geschieht, sondern durch Proportion, die der Mensch durch Vernunft setzt, kann mit Recht von einem musikalischen Schöpfertum des Einzelnen gesprochen werden. Dieser Verlauf der individuellen Weltgestaltung geschieht gemäß dem Gesetz von Freiheit und Identität rhythmisch; und weil zudem Vernunft der Grund für diesen Rhythmus ist, weiß der Einzelne, warum er zu wissen vermag, weiß, warum er spricht und warum er nicht nur handelt, sondern auch sich poietisch zum Sprachgebilde seiner selbst zu gestalten vermag.

Ist also dieser Rhythmus der individuellen Weltgestaltung durch Identität und Freiheit proportioniert, dann gehört auch dazu, daß solches nur geschehen kann, wenn das eine Subjekt das andere aus dem Grunde seines individuellen Seinsgepräges durch ein Existentialurteil bejaht oder verneint. Darum ist die wahre Selbstbehauptung des individuellen Menschen grammatischer Natur, eine solche des Logos oder der Weltvernunft. Handelt und gestaltet das poietische Weltsubjekt jedoch schöpferisch und darum frei, so wirklicht es rhythmisch oder proportioniert die harmonische Fülle der Existenzmöglichkeiten jedweden Individuum Mensch, ohne seinen dialogischen Charakter an ein anonymes Allgemeines preiszugeben.

Die Unübertragbarkeit des ontologischen Eigentums

Die durchlaufende dialogische Transzendenz, von der oben die Rede war, nimmt den anderen nicht als ein Jenseits im Gegensatz zu einem Diesseits meiner selbst, sondern aus der Dialogizität der menschlichen Seinsnatur. In diesem Sinne hat die dialogische Transzendenz, weil sie durchgreifend oder übergreifend ist, einen idiomatischen Prinzipcharakter. Deswegen währt der dialogische Grundzug des Individuum Mensch von der Geburt an durch die Lebenszeit der unbeständigen Daseinsbedingungen hindurch.

Der Mensch bleibt dialogisches Wesen immerdar in sich selbst. Er kann sich deshalb nicht auf einen anderen übertragen. Was das ontologische Eigentum des Individuum in Gestalt der Person ist, ist schlechterdings unübertragbar.

Dabei ist zu beachten, daß gerade die Unübertragbarkeit der Identität einer Person auf die andere, also die unwiederholbare Gestaltung eines Individuum zur Person, die Voraussetzung für das dialogische Commercium ist, für den sprachlichen Austausch von Wort und Wort im Medium der Sprache oder mittels der Sprachlichkeit der Seinsnatur des Menschen.

Jedes Individuum in Gestalt der Person ist die Innerlichkeit seiner selbst und somit die innere Freiheit, das innere Wort und der innere

Gedanke ebenso seiner selbst wie die dreigegliederte Architektur von Vernunft, Freiheit und Sprache der einen Person Mensch. Der Gedanke, das Wort und die Tat sind die idiomatischen Differenzen der personal gestalteten Identität des Individuum Mensch, Wesenseigentümlichkeiten, die jeder mit jedem zu teilen vermag, ohne seine Identität selbst teilen oder gar übertragen zu können; denn ein Prinzip ist unteilbar, unübertragbar.

2.

Sprachvernunft und Geschichte

Der Mensch kann kraft seines Seins darauf bestehen, zu wissen, wer er selbst von Grund auf immer schon ist und deshalb unter den einschränkenden Bedingungen der Endlichkeit hier und jetzt zu sein hat. Darum sagen wir, der Mensch sei durch das substantiale Sein seiner selbst die Grundgelegtheit seiner selbst als Geist und insofern Subjekt und Person. Das Bewußtsein der substantialen Selbigkeit des Geistes aber ist der Grund seiner Selbstbehauptung, sein selbiges Sein wissend und frei, ungeteilt und ganz zu bewahren.

Das Individuum Mensch vermag ein Subjektbewußtsein zu entwickeln, das in Wahrheit ein Bewußtsein seiner Identität ist. Aber dies läßt sich erst dann in seiner durchlaufenden Tendenz auf das Ich eines anderen gerichtet erweisen, wenn die Dialogizität oder dialogische Intentionalität des Individuum als Sprachvernunft begriffen wird. Denn dann erst wird einsichtig, warum sich die logoide Seinsnatur des Menschen als Wort auslegen muß, dessen Nerv das Prinzip des Vernehmens, nämlich der Logos ist.

Wie aber soll diese Sinnkraft des Logos anders Gestalt gewinnen als im Wesensdialog oder Sinndialog von Ich und Du. Diese Sprachbestimmtheit der Seinsverfassung des Subjektes Mensch hat nun zwar ihren Grund in der Achse des Ich, aber nur insofern, als deren Bewegungskraft die lebendige Wirksamkeit des Geistes ist.

So beginnt zweifellos der einzelne Mensch sich bereits zu seinem Seinsgrund, seiner Seinsnatur personal zu verhalten, also seine Wahrheit aufzudecken, wenn er sein Selbstbewußtsein als Ichbewußtsein dadurch zu wissen lernt, daß er sich Vernunft, Freiheit und Sprache zur Kraft werden läßt, um *eine* mit keinem zu teilende und einzigartige Möglichkeit aus seinem Seinsgrund zu etwas zu bilden, was sich dem Wirkungsbereich jedes anderen entzieht; es sei denn, ein anderer wollte mein Nachahmer werden, womit er sich allerdings als Individuum selbst zu Bruch brächte.

Aber die qualitative, das heißt: die personale Individuierung geschieht erst dadurch, daß sich die Taten und Handlungen eines Individuum Mensch als geschichtliche und darum irreversible Akte eines sich wissenden Ich erweisen. Geschichte jedoch setzt sich von einem vakuösen Zeitvollzug in dem Maße ab, als sie durch die Integration eines Augenblicks der Zeit, eines Kairos, in ein Quale umschlägt, wobei Zeit nunmehr dadurch inhaltlich bestimmt wird, daß sie in dem geschichtlichen Augenblick eines individuellen Aktes aufgeht, den ja eine Person nur deshalb zu vollziehen vermag, weil sie in ein dialogisches Resonanzverhältnis zum Sprachgrund des Individuum Mensch treten kann.

Die Transzendenz der Sprache

Der Grund der Möglichkeit zu solcher Resonanz ist allein die Sprache als Prinzip. Sie wird dadurch zum verbindlichen Wort, daß sich ein Subjekt die geschichtliche Weltgestalt in jenem Augenblick gibt, in welchem es schöpferisch sein Selbst als Ich, das entweder auf das Du seiner selbst oder auf das Du eines anderen zielt, zum Individuum in Gestalt der Person bildet.

Dies aber nennen wir den personalen Vollzug, ja die kreative Schaffung der dialogischen Weltgestalt der menschlichen Person. Dabei ist das schöpferische Begebnis der personalen Resonanz in dem Sinne ein transzendierender Akt, als er zum einen zwar durch die Seinsverfassung des Individuum Mensch ermöglicht wird, zum anderen aber diese Seinsverfassung auf die individuelle Einmaligkeit der personalen Weltgestalt überschritten wird. Vermittelt wird diese kreative Transzendenz durch die Sprache. Ohne die kreative Transzendenz durch Vermittlung der Sprache könnte kein Subjekt ein anderes verstehen; ohne diese dialogische Resonanz könnte weder ein Wort gehört noch vernommen werden.

Das Medium also, in welchem dies erkannt wird, ist die Transzendenz der Sprache, die in jedem Individuum Mensch, das ohne Zweifel allein der Fall seiner selbst ist, über sich hinausweist in die Zwiesprache, sei es mit sich selbst oder mit einem anderen, jedenfalls immer mit seinesgleichen. Wenn dem Logos oder der Sprachvernunft des Individuum Mensch nicht diese Transzendenz einwohnte, das sich deshalb im Medium der Sprache in sich selbst und über sich selbst hinaus verlautbart, wie sollte es je die idiomatische und personale Differenz zu jedwedem andersartigen Individuum setzen können!

Sprache als Formprinzip

Aufgrund ihrer Transzendenz ist die Sprache die logoide Individuierungskraft, und zwar so, daß sie das Individuum Mensch aus dem Bann befreit, ja immer schon freigesetzt hat, nur ein Einziger in ausschließender Isolation und damit sein Eigentum sein zu müssen. Die Sprache ermöglicht vielmehr dem Menschen, daß er sich als Individuum frei und nicht notwendig, wissend und nicht blind, vernehmend und nicht taub zur Person zu formen vermag, um als individuelle Weltgestalt zu existieren. Die Sprache ist darum das Formprinzip der dialogischen Seinsnatur des Menschen. Die personale Sprachdifferenz des Menschen ist dann schon gesetzt, wenn das Individuum durch das erste Wort, das seinem Munde entströmt, der Anfang der Weltgestaltung des Individuum zur Person[9] ist.

Die personale Gestaltung des Individuum Mensch

Ist von der Gestaltung des Individuum Mensch zur Person die Rede, so ist seine individuelle Originalität gemeint, sein unvertretbares singuläres Schöpfertum, seine authentische Handschrift und somit der Charakter einer einmaligen und einzigen Durchgestaltung seiner Individualität zur Personalität dieses Individuum Mensch. Die Originalität zielt daher auf die Freiheit einer unkalkulierbaren und darum nicht beliebig verfügbaren Gegenwärtigung des Weltcharakters der Person durch ein Individuum in „persona".

Sagen wir von einem Menschen, er sei ein Individuum in Gestalt der Person, so meinen wir, daß alle Wesenszüge des Individuum Mensch so entwickelt sind, daß man an ihm gleichsam ablesen kann, was ein menschliches Individuum dann zu sein vermag, wenn es seine menschenmöglichen Möglichkeiten voll entwickelt hat. Diese Rede vom Individuum als Person fußt auf jenem Differenzpunkt der Unterscheidung eines menschlichen Individuum von jedwedem anderen individuellen Seienden; sie setzt die personale Gestaltung so voraus, daß die Wesenseigentümlichkeit des Individuum Mensch leibhaftig, physiognomisch anschaulich zu werden vermag.

Gestalten heißt demnach: etwas zur Anschauung zu bringen. Was aber angeschaut werden soll, muß als Welt individuiert werden. Die individuierte Tat oder das individuierte Werk kann dadurch epochale Bedeutung erlangen, daß es zum erfüllten Augenblick eines Kunstwerkes wird. Damit kommt der Weltgestaltung eine kairotische Bedeutung zu. Denn die Weltgestaltung ereignet sich in epochalen Zeitmomenten, die wie im Blitz einsichtig machen, ob eine Weltgestalt gelungen ist. Ist sie gelungen, so gewährt sie Einsicht in das Wesen dessen, der sich darin zur Anschauung gebracht hat.

Doch was wird in Wahrheit zur Anschauung gebracht? Die Fülle der Idee Welt in *einer* Gestalt unter der Zeitlichkeit des Endlichen. Entstünden im Akt der weltgestaltenden Individuierung nicht qualitative Augenblicke, so wäre die Weltkunst der Existenz an die Beliebigkeit und Zufälligkeit des Daseins preisgegeben. Die Rede von der Individuierung wäre eine leere, tote Formel, die alles und nichts auszudrücken vermöchte.

Gestalten als das Abarbeiten von Endlichkeit

Wir sagen nicht, der Mensch ist ein Individuum in Person, weil er als Individuum Statur gewonnen hat, sondern weil die jedem Subjekt Mensch zugrunde liegende Virtualität, die der Ursprung seines Schöpfertums ist, aktiv geworden ist und nunmehr die individuelle

Originalität durch das demiurgische Handeln des Menschen Gestalt gewinnen kann. Diese jedem Subjekt Mensch zugrunde liegende Originalität ermöglicht, daß der Mensch sein Schöpfertum so in Gestalt der Person anschaulich werden lassen kann, daß wir zu erkennen vermögen, ob im Einzelfall diese originale Leistung vorliegt. Diese gewinnt ein um so schärferes Profil, als der Weltcharakter solcher Leistungen unübersehbar wird, dies heißt, als eine runde Leistung möglich wurde.

Schon der Ausdruck Leistung deutet darauf hin, daß das Schöpfertum des Menschen den Vollzug der Endlichkeit dadurch sichtbar macht, daß diese sich inmitten der Dissonanzen des Daseins durchzusetzen hat. Immer aber wird so durch eine originale Leistung in einem langwierigen oder auch plötzlichen Prozeß Endlichkeit abgetragen. Es ist aber das Geschick endlicher Gestaltung, daß jedwedes Kunstwerk dennoch der Endlichkeit ausgesetzt bleibt. Darum darf über dem Werk der Schöpfer Mensch nicht vergessen werden, der sich mittels des Werkes oder der Tat zur Existenz zeitigt.

Erfüllung der Gestaltung im Wort

Nach seinem Schöpfertum ist der Mensch ein morphopoietisches Wesen, das freilich in der endlichen Sigularisierung der Einheit seiner selbst die Kunst der Existenz an sich zu erproben hat. Sprechen wir daher von einem menschlichen Individuum in Person, so will dies ja sagen, daß der Einzelne die personale Rolle, die ihm ontologisch aufgegeben ist, in Freiheit zu übernehmen hat, um sich selbst zum Schauspiel oder zur Bühne werden zu lassen, auf der er als endlicher Schöpfer in Person auftritt.

Doch welche Bedeutung die Daseinsbedingungen für ein Seiendes haben, das weder denkt und handelt noch gar spricht, ist leicht ersichtlich, wenn man bedenkt, daß es seine Seinsnatur in der ungleichen Spannung von Bedingung und Wesen ausbildet. Ohne Freiheit, Vernunft und Sprache kommt zwar die Einheit eines Individuum, seine Ganzheit hier und jetzt zur Erscheinung, aber so, daß das Wesen in Gestalt des Individuum unter den jeweiligen Daseinsbedingungen mehr oder weniger gelungen Gestalt annimmt. Beim Individuum Mensch dagegen wird offenbar, daß etwas wird, dessen Soseinsnatur das individuelle Sosein eines Menschen in Gestalt der Person ist. Dies allerdings wird erst erkannt, wenn das ungleiche Ineinanderspiel von Sosein, von Bedingung und Freiheit zu einer Einheit zusammenfinden in einem konkreten Individuum Mensch.

Dadurch wird deutlich, daß das Individuum Mensch zwar von Grund auf zur Person bestimmt ist, die Erfüllung aber, Person zu werden, kann nur gelingen, wenn in dieser Gestaltung der Wahrheitsbezug des menschlichen Individuum zu seinem ihm zugrunde liegenden Seinsgrund vernünftig und frei die Gestalt des Wortes gewinnt.

Dies ist ein dialogisches Resonanzverhältnis zwischen der Wahrheit des Seins und der Personwerdung eines Individuum Mensch; denn bei der Schaffung dieser Bewahrheitung des menschlichen Individuum durch sich selbst kommt ans Licht, daß der Mensch in Endlichkeit dazu bestimmt ist, so zum Spiegel der Personalität seines Grundes zu werden, daß die Sprache hier und jetzt zum Widerklang der Sprachlichkeit des Seins selbst wird. Das Individuum Mensch bildet sich so durch seine Sprache zum Widerklang seines Grundes, freilich in Gestalt eines endlichen und damit sinnbegrenzten Wortes. Dieser im endlichen Wort beschränkte Sinn macht es indes möglich, daß ein Wort verstanden werden kann, aber nicht verstanden werden muß; denn die Endlichkeit ist aus dem Sprachakt hier und jetzt nicht auszuschließen.

Seinsplan und Lebensziel

Die Endlichkeit des individuellen Gestaltungsprozesses zur Person besteht also darin, daß der schöpferische Akt der werdenden Person sich durchzusetzen hat, und zwar in dem ungleichen Ineinanderspiel des tätigen Wesens der Sache Mensch, der Daseinsbedingungen in Zeitlichkeit und der Formkaft eines menschlichen Individuum, das dieses Ineinanderspiel von Schöpfertum und Bedingtheit insofern als Arbeit zu leisten hat, als es dabei gilt, über den „Druck der Materie" des Daseins Herr zu werden.

Die personale Herrschaft über die bloße Individualität und die

Daseinsbedingungen ist das Ziel der Hervorbringung, jedoch nicht der Bildung einer jeweiligen Weltgestalt nach einem gar schon vorliegenden Plan, der dann zu erfüllen ist. Der Seinsplan, nach dem der Mensch als Individuum angelegt ist, oder seine ontologische Architektonik ist zwar durch die Einheit des Baugefüges von Vernunft, Freiheit und Sprache vorgezeichnet, der personale Plan des Individuum Mensch aber ist von jedem Menschen als sein Lebensziel zu entwerfen. Was einer wird, wird er durch sich selbst. Was einer ist, das ist er ohne sein Zutun.

Deshalb ist es die währende Aufgabe des Individuum Mensch, durch eine singuläre Tat den Anfang einer Wirkungseinheit zu setzen, um den Widerstreit von Grund und Bedingung in den Gestaltungsprozeß seiner selbst zur Person aufzunehmen. Die Endlichkeit dieses Vollzuges wird dadurch zum Ausdruck gebracht, daß der Wahrheitsvollzug von Möglichkeit, Bedingung und Anlaß zur Formkraft des Menschen wird, deren Sinngestalt durch Vernunft, deren Gestaltungsprozeß durch Freiheit in Gang kommt und dessen Formgebung sich im Wort meiner selbst, das ich mit jedem Menschen zwar gemeinsam habe und doch mit keinem teilen kann, vollendet.

Das Schöpfertum des Menschen besteht gerade darin, durch die freie Vernunft und durch die Gestalt bildende Setzung des Anfanges eines Individuum als Person Grundbedingung und Möglichkeit durch die Tat zu einer wenn auch ungleichen Einheit zusammenzufügen. Auf diese Weise kann es mir gelingen, mich personal zu gestalten zu dem, der ich bin, und zu dem, der kann, was er von Grund auf ist, und der im Wort seiner selbst die Anschaulichkeit dessen gewinnt, was als geistige Wirklichkeit nicht anschaulich werden kann.

Ob der Mensch diese personale Lebensaufgabe als Einzelner leistet, entscheidet sich, wenn er im Bewußtsein der Unstimmigkeit von Grund, Möglichkeit und Bedingung diese Aporie oder diesen Engpaß im endlichen Zeitspielraum des Daseins durchschreitet. Denn dann erst wird ihm der Seinsgrund zur bewegenden Kraft und die Möglichkeit zum Anlaß und die Bedingung zur Weise, wie durch eine einzige schöpferische Tat die Unstimmigkeit der bedingten Seinsweise des Menschen produktiv überwunden werden kann, ohne daß ihm Grund und Möglichkeit zum Mittel entarten und die Bedingung des Daseins zum Grund erhöht wird. Das Gelingen dieser Tat jedoch steht in der Gefahr des Scheiterns, solange der Mensch im Spannungsfeld des Daseins wirkt.

Die ausgestandene Endlichkeit

Dieser Gefahr ist das Individuum Mensch erst entronnen, wenn sich der Tod als die Vollendung der singulären Lebensmöglichkeit erweist und zugleich als der offenkundige Bezugspunkt, der die Endlichkeit aller zeitlichen Vollzüge auf sich zieht. Alle Endlichkeiten eines Aktes sind dann durch die bleibende Weltgestalt der Existenz einer Person überwunden. Die Endlichkeit ist ausgestanden, und zwar nicht nur der Möglichkeit, sondern der Wirklichkeit nach. Das menschliche Individuum hat sich eine bleibende Gestalt so in persona gebildet, daß diese nimmermehr unterzugehen vermag.

Kann daher der Mensch überhaupt je in die Lage kommen, das Nicht dem Sein vorzuziehen? Wohl scheint dies möglich, wenn man etwa an den Freitod denkt. Aber ist es nicht gerade das Ziel des Freitodes, das Leben um der eigenen Würde willen, um der Bewahrung seines Wertes willen dreinzugeben, also um des Wertes eines Individuum willen, das sich diesen selbst dadurch erworben hat, daß es sich zu einer überempirischen Weltgestalt der Existenz als dieses Individuum Mensch gebildet hat?

Der Preis scheint zwar die Dreingabe des empirischen Lebens zu sein, der Gewinn aber ist die überempirische Bewahrung dessen, was ein Individuum in Gestalt der Person darstellt, wenn es das Werk des Geistes der Freiheit seiner Vernunft durch diesen Schritt rettet. In diesem Sinne und nur in diesem setzt ein Subjekt Mensch in seine als Gestalt gewordene Person den Wert, die Bedeutung und die Würde seiner selbst fest. Je ausgeprägter das Profil des personalen Bildnisses geworden ist, desto höher schätzt der Mensch, der sich durch den Schritt zum Freitod vom Leben im Zeitspielraum des Daseins befreit, seine Bedeutung ein.

Es ist freilich ein anderes, ob der Freitod im Bewußtsein, daß das Leben nichts wert sei, gesucht wird oder weil das Lebenswerk, sei es im Blick auf einen Menschen oder auf eine vorgesetzte Aufgabe, gescheitert ist oder ob das Leben in den Gebreiten dieser Endlichkeit eben nicht als der Güter Höchstes angesehen wird.

Aus welchem Bewußtsein auch immer der Freitod herbeigeführt wurde, welche Kräfte auch immer einen Menschen über diese Endlichkeit hinausbewegten oder ihn in die Zone des Todes zu treiben schienen, in der Hoffnung auf Freiheit von der Zange dieses irdischen Daseins oder im Willen zur Nichtung der letzten Vergeblichkeit eines überfällig scheinenden Lebens, es besiegelt sich in diesem Schlußakt einer Lebensgeschichte die Gestalt, die sich einer durch den gelungenen oder mißlungenen Versuch, er selbst werden zu wollen, weil er gewahrte, daß er dies werden sollte, erworben hat. Wozu aber? Um die Zweideutigkeit und den Zwiespalt im Durchgang durch die schwindende Kraft eines Lebens, das seine Endlichkeit nicht loszuwerden vermag, zu erkennen; denn das Leben ist in der Tat ebensowenig der Güter Höchstes wie die Schuld der Übel Größtes.

Schuld und Leben sind Genossen der Vergänglichkeit. Höher und größer bleibt die Möglichkeit, beide im Hindurchgang durch das Nichts des Todes erleiden zu können. Denn im Abschied von der Zeit wird zwar das irdische Leben gelöscht, jedoch nicht der Blick des Geistes, der einem Subjekt, das dereinst ein Mensch hieß, nun zum Eigenmaß für das wird, was gelungen und mißlungen ist, was dereinst an Gutem freigesetzt oder unterlassen wurde, was als Verdienst erworben oder als Schuld auf sich gezogen wurde. Diese Wahrheit eines verflossenen Lebens läßt wie von selbst das untrügliche Eigenmaß erkennen.

Darum sprechen wir vom Schlaf des Todes und von den Entschlafenen und meinen damit das Erwachen zur Wahrheit unseres Lebens, jeder einzelne für sich und für den anderen.

Der Blick wird frei für die Beurteilung eines dahingeschwundenen Lebens, aber auch für jene tragende Kraft des Geistes, die nicht zuließ, daß sich das Sein eines Individuum Mensch, nämlich seine schöpferische Virtualität, das Sein seiner Existenzmöglichkeit ja nicht einmal mit dem Tode selbst aufheben oder annullieren kann. Der Mensch wird durch seinen ontologischen Charakter selbst vor sich selbst bewahrt und dies selbst im Tode noch.

Ist die Endlichkeit des Daseins gefallen, dann gewinnt ein Individuum die Kraft zur Beseligung oder zur Reue für das, was es getan hat, was es schuldig blieb und gerade darum schuldig werden konnte, und es sieht ein, was ein Individuum auf sich zieht, wenn es durch seine Angriffslust in Wahrheit sich selbst verletzt, indem es den anderen zu treffen vermeint. Die Seinsintegrität eines Individuum, seine Identität ist weder durch sich selbst noch durch andere anfechtbar.

3.

Ein Phänomen der Unendlichkeit

Nun gilt es noch zu bedenken, welche Möglichkeit dem Menschen dadurch gegeben ist, daß er die Endlichkeit des Daseins bejahen oder verneinen, ergreifen oder liegenlassen kann. Wäre der Mensch daseinsbefangen wie Seiendes, das kein Ich-Bewußtsein hat, kein Wissen von sich und den Dingen, dann freilich wäre er jenen Dingen gleich, die entstehen, um wieder zu vergehen, die geboren werden, um wieder abzuleben.

Dem Augenscheine nach ist zwar der Mensch ein Individuum wie andere Individuen, aber er setzt sich von jedem anderen Individuum, das auch da ist, dadurch ab, daß er unterscheidet und damit die idiomatische Differenz setzt, indem er Möglichkeiten in sich entbindet, die in seinem Dasein nicht vorgesehen und nicht vorhersehbar waren. Diese Möglichkeiten setzt er planvoll in die Tat um. Er tut dies wissend, kalkulierend und immer frei; denn nur er hat die Wahl, von diesen Möglichkeiten Gebrauch zu machen oder nicht.

Kann daher der Mensch überhaupt von solch eindeutiger Endlichkeit sein wie andere Individuen, die der Reflexion, der Freiheit und der Sprache nicht fähig sind? Durch Reflexion, Freiheit und Sprache aber ist eine bewegende Kraft in ihm tätig, die ihn über das pure Dasein hinaustreibt, so daß er sich über es erheben kann und er sich als ein Seiendes erweist, dessen Zweideutigkeit darin besteht, Akte im Dasein setzen zu können, die die Differenz von Endlichkeit und Unendlichkeit nicht mehr übersehen lassen. Diese Akte bringen die Wesensunterschiede seiner von jedem anderen Seienden zur Erscheinung. Daseiend ist der Mensch wie jedwedes Seiende unter seinen Bedingungen, durch seine Wesenstaten aber ist er als Existierender ein Phänomen der Unendlichkeit, da er die unermeßliche Offenheit der Welt zur Erscheinung bringt.

Auf Ewigkeit hin angelegt

Die in der Seinsverfassung verwahrte Fülle der Möglichkeiten, seine morphopoietische Virtualität wird durch die freie Wahl einer Möglichkeit in eine wirkliche Gestalt entlassen. Diese kreative Tat der Freiheit ist die Entscheidung für das, was werden soll, um in Gestalt der Person zu existieren.

Obwohl diese Entscheidung zugleich der ekstatische Augenblick der Wahrheit ist, bleibt der demiurgische Akt selbst von Kontingenz betroffen. Denn zum einen wird durch die freie Wahl der Anfang des Schaffens gesetzt, zum anderen kann diese nur kontingent und nicht schlechterdings oder absolut gesetzt werden. Dies hat zur Folge, daß die morphopoietische Virtualität nur begrenzt auf diesen oder jenen Akt und nicht unbeschränkt aktualisiert werden kann. Dennoch geschieht diese Aktualisierung aus der Kraft der Fülle von Möglichkeiten.

Diese aporetische Situation des Anfangs der Weltgestaltung der Existenz ist der Nerv der mundanen Ekstatik: der Übergang von den Bedingungen des Daseins zu unbedingter Existenz ist ein freier Akt, eine Wahl, in der sich das Individuum von seinen Daseinsbedingungen in die Sphäre der Existenz erhebt, um sich nun unter neuen Voraussetzungen die alten Daseinsbedingungen zum Stoff für eine schöpferische Tat werden zu lassen. Aber auch diese Ekstatik ist aporetisch, weil der Akt trotz der endlichen Endgültigkeit der Vollendung einer Weltgestalt im Existenzvollzug endlich bleibt. Selbst im Akt des Todes bleibt die Ekstatik *endlich*, obwohl sie sich durch den Verlust des Zeitspielraumes des Daseins als eine absolut sich gebende Endlichkeit immerdar ereignet.

Dies ist das Geschick des Menschen: in sich auf ein Absolutum hin komponiert zu sein, ohne es in einem absoluten Akt leisten zu können, der deswegen auch über die Schwelle des Todes hin eine endliche Tat bleibt.

Dennoch gilt, kein Schöpfertum, es sei aus der Fülle des Ganzen oder aus der Inbegrifflichkeit des Prinzips Möglichkeit, kann anders geeinzigt werden als in endlicher Gestalt. Darum bleibt jedes Kunstwerk im Schatten der Ewigkeit und ist nur ihr Vorspiel. Das Kunstwerk der individuierten Weltgestalt eines zwar endlich bedingten, aber für die Ewigkeit bestimmten Subjektes Mensch wird im Tode in eine Sphäre erhoben, in der die endliche Bedingtheit jenes endlichen Aktes zur Weltgestalt der Existenz fällt.

Die Weltgestaltung zur Existenz erleidet so nur eine Metamorphose; denn bei diesem Übergang geht es keineswegs um einen Schritt von einer Dimension in eine andere, sondern um eine Ekstase, um die Erhebung in die Sphäre des Prinzips. Darum ist der Existenzvollzug ein Vorspiel der Ganzheit trotz seiner Endlichkeit, die in Ewigkeit verwandelt wird, nicht aber als solche aufgehoben werden kann. Die endlich getätigte Möglichkeit einer individuellen Weltgestalt der Existenz wird durch den personalen Vollzug schöpferisch in eine während Gestalt gewandelt. Das Anfangenlassen der Gestalt ist zwar ein endlicher Akt, die Zielbestimmung der Gestalt aber ist auf Ewigkeit hin angelegt. Darum ist die gewordene Gestalt hier und jetzt noch Phänomen, dereinst aber ist sie die Einheit von Phänomen und Wirklichkeit. Zustände und Bedingungen der Endlichkeit, unter denen ein Individuum Mensch hier und jetzt dazusein hat, können zerstört werden, aber der Kern der morphopoietischen Seinsverfassung eines Subjektes Mensch untersteht keiner Knechtschaft irgendeines Zustandes; das Leben des Geistes ist unzerstörbar.

Gedanke, Tat und Wort

Damit jedoch das Individuum Mensch die Unzerstörbarkeit seiner Seinsnatur in Gestalt der Person erlangt, muß es sich, nämlich diese seine demiurgische Seinsnatur, identifizieren. Identifiziert wird sie dadurch, daß das Individuum in einem geschichtlichen Ereignis Profil gewinnt und als Person in Erscheinung tritt. In dem Maße, als es ihm gelungen ist, seine Freiheit zu tätigen, seine Vernunft zur Erscheinung zu bringen, seine Sprachlichkeit im Wort zu verlautbaren, identifiziert es also seine dialogische oder morphopoietische Seinsnatur in personaler Gestalt und hat sich damit schon die Antwort auf die Frage gegeben, wer es als dieses Individuum Mensch sei.

Das Sein der menschlichen Natur ist so die dreigliedrige Einheit von Gedanke, Tat und Wort. Welcher Gedanke, welche Tat, welches Wort? Gedanke, Tat und Wort der „interioritas naturae personalis", wie Augustinus geantwortet hätte. Was Augustinus[9] von der Ursprache der Person sagt, vom „verbum internum" (quod ad nullius gentis linguam pertinet), gilt von Gedanke und Tat in gleicher Weise. Denn der Ursprung und Grund des Individuum Mensch in Gestalt der Person, die Seinsherkunft seiner schöpferischen Möglichkeiten, die schöpferische Kraft zur dialogischen Weltgestaltung kann weder im Bereich einer endlich zu bestimmenden Gattung noch einer endlich zu differenzierenden Art liegen. Deshalb spricht Augustinus von einem Urwort, das der Zunge keines Volkes angehört.

Kann das *innere* Wort der Seinsverfassung des Subjektes Mensch durch den Tod zum Schweigen gebracht werden? — Mit Sicherheit nicht, wenn es zutrifft, daß die Virtualität des schöpferischen Menschen nicht nur eine logische, sondern im eigentlichen Sinne eine wirkliche Möglichkeit[11] ist. Das Individuum zieht daher seine Kraft zur Weltgestaltung nicht aus einer tödlich-faktischen Wirklichkeit, sondern aus der logoiden Seinsverfassung des Subjektes Mensch, deren Nerv die freie Sprachvernunft oder der Logos ist. Dieser allerdings ist nicht mehr mit Heraklit kosmisch zu begreifen, sondern als die Ermöglichung der Lebensbestimmung des Individuum Mensch, so daß sich die Einheit von Vernunft, Freiheit und Sprache in Gestalt der Person *als* Gedanke, Tat und Wort nun selbst geschichtlich gegenwärtigt, um über den Tod hinaus für immerdar individuell zu existieren.

Die durchtragende Kraft

Die Identität des Individuum Mensch mittels Gedanke, Tat und Wort ist der Grund, daß wir mit Recht vom Menschen als einem Individuum in Gestalt der Person sprechen. Zwar verändert sich der Mensch in der Zeit, aber der Seinsgrund des Subjektes Mensch ist zu allen Zeiten und zu jeder Zeit ein und derselbe. Daran ist stets zu erinnern.

Die Natur dieses Seins und im Hinblick auf die Demiurgizität der virtuellen Substanz ist der Mensch immer schon, also apriori, Ursprung des Anfangs von Weltgestaltung überhaupt. Das Subjekt Mensch kann diese anfangen lassen! Doch dieses Anfangenlassenkönnen seiner als Person ist nicht ein beiläufiges Werdenlassen, sondern der aus Freiheit getätigte Anfang der vernünftigen Durchbildung und Durchgestaltung seiner selbst, falls der Mensch nicht ein beliebiges Individuum — auch das ist eine Entscheidung seiner Freiheit — sein und bleiben will, falls das Individuum Mensch also seine eigentümliche Wesensbewegung zur Gestaltung der Person — nach dem ihm allein durch seine Natur zugewiesenen Gesetz der Form — vollziehen will.

Die durchtragende Kraft der Gestaltung eines Individuum Mensch zur Person ist die Stetigkeit oder Identität seines in sich bewegten Wesens. Durch die Stetigkeit ist das dynamische Sosein der Person gemeint oder ihre geistige, freie die Gestalt bildende Selbigkeit, das, was die Griechen mit dem Wort „autos" bezeichnen.

Reifen zur Persönlichkeit

Das Selbst in eigener Person in Abhebung von jedem anderen ist aber die Seinseigentümlichkeit, das Ethos, der Charakter, also das Gepräge, das der Mensch im Laufe seiner Lebensgeschichte entwickelt. Die sich durchtragende Stetigkeit der in sich bewegten Identität seiner selbst macht dabei diese Entwicklung eines Individuum möglich. Hat sich das Individuum als Person stabilisiert, so wächst ihm die Kraft zu, sich nach seinem Ethos die Maßstäbe für sein Handeln zu setzen. Erst dann, wenn es gemäß seinem Ethos auch handelt, reift es allmählich zur Persönlichkeit. Denn Persönlichkeit ist einer nicht, er vermag sie nur zu werden durch die Vermittlung seiner als „persona", die ihm vorzeichnet, welche Wesensrolle er unter den endlichen Bedingungen spielen soll.

Auf diese Weise bringt er den ontologischen Charakter ans Licht. Daß einer sich unter seinen endlichen Daseinsbedingungen zum individuellen Charakter bildet, ist die Folge seiner Gewissensentscheidung. Nur unter dieser Voraussetzung können wir von einer sittlichen Persönlichkeit sprechen. Zwar haben wir bislang zwischen Person und Persönlichkeit nicht streng unterschieden, aber diese Unterscheidung wird dann wichtig, wenn der Prinzipcharakter des sich geschichtlich zur Person gestalteten Individuum Mensch hervorgehoben werden soll.

Indem der Einzelne in der Bewährung seines Ethos zur Persönlichkeit reift, realisiert er seine menschlichen Möglichkeiten. Diese Realisation ist die Gestaltung seiner selbst, das Werk seiner Freiheit, der Prozeß, worin er sich als diese einmalige Person identifiziert. Obwohl der Identifikationsprozeß durch den Zeitspielraum des Daseins begrenzt und eingeschränkt wird, vollzieht er sich immer ganz und ohne Bruch. Dieser Ganzheitscharakter verdankt sich der morphopoietischen Kraft des Geistes, der Seinsnatur des Menschen, die immer schon auf die Bildung zur Gestalt angelegt ist, deren Realisation oder Wirklichung aber die demiurgische Tat des vernünftigen Willens eines jeden einzelnen Menschen ist.

Der geschichtlich einmalige Selbstidentifikationsprozeß eines Individuum Mensch ereignet sich vor allem sprachlich als eine phänomenale Symbolwerdung. Darin kommt der ethische Charakter der personalen Weltaufgabe zur Erscheinung. Denn der individuelle Mensch soll, bewegt durch den morphopoietischen Willen seiner Seinsnatur, sich zur Sprachpersönlichkeit bilden, damit sein Gestalten in die dialogische Resonanz sowohl zu seinem Seinsgrund als auch zu jedwedem Du eines anderen treten kann. Erst dadurch prägt sich der Mensch seine unverwechselbare Physiognomie — unter Dingen und Menschen.

Durch die inhaltliche Bestimmung des Symbolbegriffs als Physiognomie soll deutlich werden, daß der Akt der Selbstgestaltung nicht eine einsame Selbstfindung ist, sondern mitteilenden Charakter hat. Zur Persönlichkeit kann niemand heranreifen, ohne zugleich geschichtlich für andere beispielgebend und wirksam zu werden. Denn dadurch, daß wir uns anschaulich zur Gestalt in Person wirklichen, zeitigen wir Folgen, für die wir zwar die Verantwortung zu tragen haben, denen wir aber nicht nehmen können, daß sie zu geschichtlichen Daseinsbedingungen für Menschen werden.

Verlautbarung füreinander

Im symbolisierenden Akt der Weltgestaltung wird sich nun das Individuum Mensch auf eine in sich gedoppelte Weise zum ästhetischen Phänomen: zum einen unter der Rücksicht der idiomatischen Differenz, indem es eine Wesensmöglichkeit seiner Seinsnatur ans Licht bringt oder wirklicht, die es sich frei, vernünftig und sprachlich erfunden hat, und zum anderen unter der personalen Differenz, indem es durch die Transzendenz der Seinsverfassung des Subjektes Mensch sich in den Akten des Denkens, des schöpferischen Handelns und Sprechens so überschreitet, daß es vor dem anderen seiner selbst, vor dem Du und der Gemeinschaft, eine individuelle Eigentümlichkeit gibt, die sein persönliches, ihm allein gehörendes Eigentum ist.

Das Individuum Mensch erweist sich so hier und jetzt als eine transzendierende Resonanz seiner selbst. Das Individuum muß sich gestalten, falls es vor sich und dem anderen seiner selbst als Person erscheinen will. Es hat den Willen dazu; es ist dazu disponiert, Person werden zu sollen. Doch welche Person — das ist seine Entscheidung. Immer aber wird es sich zu einem Individuum gestalten, das im dialogischen Transzendieren seine idiomatische Differenz setzt. Das dialogische Transzendieren des Individuum Mensch ist somit nicht nur Selbstverlautbarung, sondern zugleich eine Verlautbarung füreinander, für dich und für mich in der Weise des Du. Das dialogische Transzendieren ist darum der Vollzug des Prinzips „Wirsamkeit", der dialogische Zusammenklang eines Individuum mit dem anderen durch alle Dissonanzen des Daseins hindurch.

Ereignis der Einzigung

Wird die in der Seinsnatur des Subjektes Mensch verwahrte Virtualität oder die in der Indifferenz der Freiheit des Geistes noch ruhende Inbegrifflichkeit Welt, die noch nicht getätigte Fülle bildnerischer

Möglichkeiten durch die Tat des handelnden Subjektes in Weltgestaltung umgesetzt, so beginnt sich das Individuum Mensch zu einzigen. Es gibt sich nicht nur den Namen der Person, es erwirbt sich dadurch vielmehr die Sachgestalt einer individuellen Person und wird so eine einmalige Persönlichkeit.

Diese geschichtliche Einzigung hat Ereignischarakter. In dem Ereignis der Einzigung seiner selbst wird das Individuum Mensch unter den Bedingungen der Endlichkeit zum Phänomen seines personalen Prinzips. Das Individuum ereignet sich dabei zum Begebnis seiner konstitutiven Wirsamkeit in der Weise eines dialogischen Gesprächs, so daß die Urgestalt oder das personale Prinzip als die transzendierende Sprachlichkeit der Seinsnatur des Menschen in der Partnerschaft mit dem Du meiner selbst oder des anderen diaphan, also so durchscheinend wirkt, daß das Wort der geeinzigten Person zum Schnittpunkt und damit zum Wendepunkt der personalen Selbstfindung wird. Diese vollendete Sprachdifferenz ist nun endgültig. Die idiomatische Unterscheidung des Individuum Mensch von jedem anderen Individuum kann nicht mehr ausgelöscht werden.

Die Einzigung des Individuum Mensch aber ist mühselige Arbeit. Denn es müssen in diesem sinnbildenden Akt der individuellen Selbstgestaltung die Grenzen der Kontingenz eingehalten und zugleich soll die Chance wahrgenommen werden, durch das Risiko morphopoietischer Freiheit eine Physiognomie zu bilden, die so diaphan wirkt, daß unzweifelhaft erkannt wird, wer ein Individuum Mensch in Gestalt der Person von Grund auf und durch sich selbst geworden ist. Müßte ein Individuum nicht allererst als Person in Erscheinung treten, weil es immer schon die Erschienenheit seiner selbst wäre, so bedürfte es freilich der Anstrengung nicht, die Zufälligkeit des Daseins hinwegzuarbeiten. Der Mensch bleibt darum in Zeit ein Paradoxon.

Als geeinzigte Person ist der Mensch mit sich selbst einig oder identisch und zugleich ein Wesen des Zwiegesprächs. Er ist als Individuum eine ungeteilte und unteilbare Einheit, ein Wesen der Mitteilsamkeit, zugleich aber ein Wesen der Unüberführbarkeit in ein anderes Wesen. In diesem Sinne ist das handelnde Subjekt einig mit seinem Grunde, mit sich selbst, mit jedem Du, und zugleich ist es als Individuum im Ereignis der Einzigung allein mit sich selbst, nach seiner personalen Differenz selbstunterschieden, fremdunterschieden aber nach seiner idiomatischen Differenz. Von beiden Differenzen muß ein „zugleich" ausgesagt werden. Das Individuum Mensch ist also einig in sich selbst und zugleich als ein endliches Wesen sich und anderen entgegengesetzt. Freilich geht es hier nicht um eine sich ausschließende Gegensätzlichkeit (contrapositum), sondern um ein „oppositum" im Sinne eines „obviam ire", immer auf dem Wege zu seinem Grunde, mit sich und zum anderen.

Absage an die Zeit

Deshalb kann das Individuum Mensch als Etwas gefaßt werden, das immer im Begriffe ist, sich von den Bedingungen des Daseins zur Gestalt der Existenz zu bilden. „Im Begriffe sein" heißt hier „unterwegs sein"[12], immer bereit sein für den Übergang vom Nochnichtsein ins Jetztsein, nämlich vom Dasein zur Existenz.

Wie aber soll dieser Übergang durch das Individuum Mensch herbeigeführt werden? Welche Kraft muß diesem zwar schöpferischen, zugleich aber auch geschichtlichen Absolutpunkt der Seinsverfassung des Subjektes Mensch innewohnen, wenn das, was noch nicht ist, aber sein kann, durch das Subjekt beginnt, sich zu wirklichen, damit das Ereignis des Übergangs vom Nochnichtsein zum Jetztsein der schöpferische Augenblick, der Kairos der bleibenden Existenz ist? Ist es nicht die Kraft der Kontingenz der Seinsverfassung des Individuum Mensch?

Kontingent ist in dem doppelten Sinne zu verstehen: Was wir zwar können, aber was wir nicht schlechthin müssen; was geschehen kann, aber nicht gelingen muß. Deshalb denken wir den Möglichkeitsbegriff nicht logisch, sondern ontologisch, also nicht als das, was bloß möglich ist, weil es sich nicht widerspricht, sondern als das, was sein kann, aber noch nicht ist. Das Individuum erweist sich demnach als ein Wesen von der Seinsweise des Möglichen, aber nicht als ein solches, das jedwede seiner morphopoietischen Möglichkeiten immer schon individuell gewirklicht hat. Es ist seiner Seinsnatur nach nur die Potenz des Möglichen, die Kraft, eine Möglichkeit zu wirklichen.

Wäre der Mensch nicht ein Wesen der Fülle endlicher Möglichkeiten, so könnte er nicht wissen, was entworfen werden kann, weil es sein soll, obgleich es noch nicht ist. Die Fülle der Bereitschaft zu sein und doch je und je nur schöpferisch unter der Bedingung der Endlichkeit im Fragment schaffen zu können, ist und bleibt das Geschick des kontingenten Individuum Mensch — bis zu jenem Übergang, der jedoch nun der Wendepunkt ist, da die endliche Fülle eines Ganzen der Endlichkeit „aufgehoben" wird, um jedwedes Nochnicht und Nichtmehr zu übersteigen, in einer Sphäre, die kein Zwischensein und kein Nochnichtsein kennt, sondern die allein die Gegenwart des Seins gewiß werden läßt. Unter dieser letzten Rücksicht erscheint nun die Kontingenz in Wahrheit als die ontologische Bereitschaft des Individuum Mensch für die Absage an die Zeit.

Im Wendepunkt des Todes

Der Übergang als Wendepunkt ist der Tod. Im Wendepunkt des Todes wird die Kraft der Kontingenz offenkundig, daß einer sterben kann, weil seinem Sein eine Fülle einwohnt, die gerade nicht ein Überschuß der Kraft des Daseins ist, sondern die Fülle der vorweggenommenen Vollkommenheit, welche die potentiale Möglichkeit zum Höchstmaß der Vollendung in sich schließt.

Was sich im Akt des Sterbens ereignet, ist die Vollendung jener ontologischen Bereitschaft. Zu dieser Vollendung ist nur ein Wesen der Zeitlichkeit und Geschichtlichkeit fähig, ein Wesen der sich vollenden könnenden Fülle, nicht aber ein Gott.[13] Denn Gott ist, falls er ist, nicht eine Bereitschaft, nicht ein Vermögen, nicht ein Können, sondern aktuose Wirklichkeit seines Seins, das notwendig, das sein muß, was es immer schon ist, und das es darum nicht nötig hat, allererst noch zu werden, was es ist.

Das Sein des Menschen aber ist wie der Ozean, der nicht erst Meer wird, sondern es ist. Die nicht festzumachende Rhythmik seines Wogenganges ist als Symbol einer Bewegung möglich, die für uns aus der Fülle kommt, in diese wieder zurückkehrt und auf diese Weise immer ist. Das Meer ist ein Symbol für die Unerschöpflichkeit jenes Ozeans des Seins, welches der Grund der Möglichkeit jedweden Schöpfertums ist, das wir als die ontologische Bereitschaft, als das Wesen der Fülle bezeichnet haben, als welche der Mensch begegnet, wenn ihm sein Werk — und sei es das des Todes — gelingt.

Darum ist das Sterben der Anfang jener Peripetie, da die Trauer der Endlichkeit in den Frieden einer Vollendung umschlägt, die kein Ende für denjenigen kennen kann, dessen irdisches Dasein ausgeklungen ist. Das Leben erweist sich damit als ein Vorspiel des Gelingens einer bleibenden Existenz. Die unausweichliche Möglichkeit aber zu sterben ist die eines unausbleiblichen Wendepunktes. Der Tod ist deshalb ein Zeichen für die Peripetie einer Existenz, die, weil sie die Vollendung des menschlichen Geistes ist, dem Zugriff der Zeit entzogen bleibt.

In diesem Sinne ist der Geist des Individuum Mensch jetzt zeitfrei und in seiner Unsterblichkeit offenbar. Denn jetzt ist die Bewegung vom Dasein zur Existenz nicht mehr eine exzentrische oder aporetische Bahn, sondern das Sinnbild einer Kreisbewegung, die das Symbol der Vollendung aller Lebensbahn ist. Solange ein Mensch jedoch noch nicht aus dieser aporetischen Bahn exzentriert ist, steht ihm der Beschluß des Lebens noch bevor.

Vollendung heißt darum jetzt: sich auf der Kreisbahn einer Existenz bewegen, deren Gestalt nunmehr jede Bereitschaft der Möglichkeit ausschließt. Vollendung ist dann nicht mehr Abschluß, sondern das Sichtbarwerden einer Gestalt, die von der Wirklichkeit des immerwährenden Geistes erfüllt ist. Im Tod geschieht zwar eine Trennung. Doch welche? Eine Trennung, durch welche die Differenz gesetzt ist zwischen der Seinsweise der Kontingenz und der Seinsweise der Vollendung. Wird diese Trennung getätigt, so ist der Tod ihre Endgültigkeit. Das Dasein ist zu Ende gebracht, und die ewige Bestimmung des Individuum Mensch in Gestalt der Person ist Wirklichkeit, die von keinem Dasein mehr getrübt wird.

In diesem Sinne ist der Übergang vom Dasein zur Existenz unter kontingenten Bedingungen ein kairotischer Wendepunkt, ein Augenblick, der immerdar verweilt. Der aktuose Tod schließlich ist keineswegs ein Schritt über die Grenze, eher das Gegenteil. Er löscht die Grenze des Daseins aus. Er hebt die Schranke der Vergänglichkeit und Hinfälligkeit auf. Er ist die entgrenzte und entschränkte Existenz und darum die wirkliche Befreiung des Geistes aus den Banden der Endlichkeit.

Ist aber der Existenz die Daseinsbedingung von Grenze und Schranke entzogen, dann vermag sie sich im Zeitspielraum des Daseins nicht mehr zu verlautbaren. Die Toten gehen in den Frieden des Geistes ein, in die aktuose Ruhe der reinen Existenz; nichts Irdisches rührt sie an. Die Ruhe aber strahlt ins Irdische und hilft demjenigen, der in sich den Geist sucht.

WELTGESTALTUNG

Erster Abschnitt

Aufgabe einer morphopoietischen Metaphysik

Metaphysik zielt auf eine Sache, die übergangen werden könnte, wenn es nicht die Tiefe der Wesensnatur des menschlichen Geistes wäre, in die das Wort „Metaphysik" die Nachdenklichkeit des Menschen lenkt; denn dort entbindet der Mensch durch seine Selbstbesinnung jene Kraft, die uns wagen läßt, unser so gebrechliches Dasein zur Weltgestalt der Existenz nach dem Maß der Vernunft durchzubilden. Eine Philosophie, die sich als Metaphysik versteht, macht es sich daher zur Aufgabe, die lichte Tiefe des Geistes auszuloten, und zwar in jener Dimension, deren Horizont die Seinsverfassung des Subjektes Mensch ist. Nur wenn es gelingt, Philosophie als das Werk des Menschen zu erweisen, so daß der Mensch das Subjekt der Weltgestaltung ist, ist es keine blinde Abwegigkeit, ihr die Kraft zuzutrauen, das Antlitz jener Welt zu bilden, deren Konturen immer schon projektiert sind durch die Urarchitektur eines Seins, dessen Leben Geist ist, der dem Menschen ermöglicht, demiurgisch eine Weltgestalt der Existenz anfangen zu lassen. Denn nur dann gestaltet der Mensch nicht aus einem blinden Schicksal, sondern durch die Kraft der schöpferischen Freiheit des Geistes.

Bedenkt man nun die Definition: Philosophie ist Weltwissenschaft, dann sieht man unschwer ein, daß die Frage einer Weltgestaltung durch Philosophie gerade in einem Augenblick, da die Vernunft sich durch Praxis legitimieren soll, ins Zentrum jedweder Reflexion rücken muß, falls Maßstäbe für die Gestaltung der Welt gewonnen werden sollen.

Aber hat die Entwicklung von Philosophie und Wissenschaft nicht hinlänglich gezeigt, daß die gestaltende Schaffenskraft des Subjektes Mensch gerade das der Natur abzuringen vermag, was Natur durch sich selbst nicht leisten kann? Ist Natur der Stoff, aus dem die Welt durch die Kunst der Erfindung Gestalt gewinnt? Diese Frage hat eine Philosophie als Weltwissenschaft zu klären, indem sie die Gestaltungsprinzipien einer Welt entwickelt, die sich der Mensch durch sich selbst zum Geschick werden lassen muß.

Ist dies bedacht, dann weiß man, daß die skeptische Vermutung nicht recht behält, daß Philosophie selbst als Wissenschaft kaum einen Beitrag zur Bewältigung oder gar Gestaltung der zeitgenössischen Wirklichkeit zu leisten vermag und daß die These vom Ende der Philosophie nicht minder die Sache dieser Weltwissenschaft verfehlt — wie die Rede vom Ende der Kunst die Sache der Kunst. Denn dies bleibt eine Frage, die nicht durch die Geschichte, wohl aber durch die Tat der Philosophie entschieden wird. Ein anderes sind die Bedingungen, unter denen Welt sich durch Philosophie als Gestalt ereignet, und ein anderes ist ihr Grund. Deshalb ist das Thema der Weltgestaltung im Horizont einer morphopoietischen Metaphysik anzusetzen.

Weltgestaltung durch Philosophie

Nun kann aber die These: Philosophie ist Weltwissenschaft, deren Thema die Weltgestaltung durch Philosophie ist, den Eindruck erwecken, als versuche Philosophie auch heute noch mit einem Anspruch aufzutreten, der durch ihre eigene Geschichte nicht minder widerlegt zu sein scheint als durch die Entwicklung der abendländischen Menschheit seit dem 5. Jahrhundert v. Chr. bis auf den heutigen Tag. Selbst wenn man davon absieht, Philosophie auf ihre Effektivität hin zu überprüfen oder ihr gar ein Leistungssoll abzufordern, so bestehen Zweifel, ob nicht trotz oder gerade wegen der abendländischen Philosophie die Menschheit ihre Gestalt verloren hat. Denn was hält die Menschheit unseres Zeitalters zusammen außer einem pragmatischen Funktionszusammenhang von Kontinent zu Kontinent oder von Ideologie zu Ideologie?

Wollte man gar danach fragen, woran man noch die Gestaltungskraft von Philosophie erkennen könne, wo sie denn anschaulich werde, so verweist der Augenschein auf den Zerfall der Individualitäten. Jedenfalls scheint festzustehen, daß die Macht philosophischer Ideen dahingeschwunden ist und an ihre Stelle Leerformeln getreten sind, deren eiserner Zwang um so stärker ist, je inhaltsleerer sie als Formelwelt sind. Sie sind es, die nunmehr Weltverhältnisse regieren, die Mächte, unter denen wir in Kunst, Wissenschaft, Politik oder Ökonomie stehen. Weltgestaltung durch Philosophie würde ihren überraschenden Charakter sogleich verlieren, wenn wir von Weltgestaltung durch Wissenschaft sprächen, um zu verstehen zu geben, daß Philosophie an Wissenschaft ja auch Anteil habe.

Wäre dies so, dann müßte jetzt von Weltgestaltung in pragmatischer Absicht die Rede sein; dann aber stünde zu vermuten, daß sich die Nützlichkeit der Philosophie durch Tatsachen beweisen ließe. Doch von der Effektivität oder Nützlichkeit der Philosophie, gar der Metaphysik, kann allenfalls die Rede sein, wenn wir uns das Problem Welt und das ihrer Gestalten zur Sachfrage werden lassen.

Wenn wir aber sagen, Philosophie sei eine Universalwissenschaft wie nach dem philosophischen Konzept Leibniz', dann dürfte die Überraschung noch größer sein. Denn wir unterstellen jetzt, daß die Weltgestaltung durch diese Universalwissenschaft jene Bedeutung für die Zukunft der Welt bei weitem übertrifft, die die Wissenschaften sich zusprechen. Dann aber gilt gerade für Philosophie, daß sie der Zentraleingriff von Wissenschaft überhaupt ist.

Denn daß sich das Gesicht des Weltalls und nicht nur der Erde durch die Eingriffe der Wissenschaft verändert, daran zweifelt keiner, der begriffen hat, daß die Physiognomie des Weltalls allererst zu bilden und zu schaffen ist und dies nicht bloß durch Eingriffe in die Natur. Weltgestaltung durch Philosophie heißt daher: die demiurgische Weltexistenz des Menschen anschaulich zu machen, damit der Mensch sich vor sich selbst als Weltbildner ausweise.

Der Störfaktor Welt

Manche Vorstellungen von Welt setzen die arglose Auffassung voraus, als gehe es darum, Welt oder das All zu verstehen und zu erklären, so wie man vorhandene Dinge oder fertige Gegenstände zu untersuchen pflegt, um zu wissen, wie sie hergestellt und entstanden sind. Doch schon bei den ersten Welterklärungsversuchen in der Geschichte der menschlichen Nachdenklichkeit stellte sich der Gedanke ein, daß überkommene Weltbilder, und hätten sie sich auch in der Dimension der Wissenschaft angesiedelt, einer wesentlichen Korrektur bedürfen und daß darum ein intellektueller Eingriff vonnöten ist, falls man sich in dem Weltall, dem wir ausgeliefert sind, überhaupt orientieren will.

Schon die ersten Schritte einer Naturbeherrschung durch den Menschen, die er mit der Herrschaft über das Weltall gleichzusetzen pflegte, zeigte, daß an die Stelle eines urtümlichen Weltverhältnisses ein konstruktives des Menschen zu treten hatte. Denn nur das, was wir selbst zu machen vermögen, können wir auch beherrschen, wie eine fundamentale These der neuzeitlichen Philosophie lautet.

Hierzu aber ist notwendig, daß wir zu diesem vermeintlichen Weltall Distanz gewinnen, freilich nicht so, wie man dies gegenüber Dingen zu tun pflegt, sondern so, daß zu Welt selbst eine unüberholbare Nähe hergestellt wird, von der der Alltagsmensch solange keine Ahnung haben kann, als er sich nicht die Frage gestellt hat, ob denn der vermeintlich gegebene Kosmos in der Tat das wahre Weltall sei.

Die alltägliche Weltauffassung geht von der vermeintlichen Gewißheit aus, daß an der Tatsache „Welt" doch nicht zu rütteln sei. Wie immer man sich auch drehe und wohin man sich auch wende, so gebe es doch keinen Zweifel, daß jeder, ob er es wisse oder nicht, von der Allgegenwärtigkeit „Welt" an jeder Stelle seines Daseins und in jedem Augenblick seines Lebens betroffen sei. Welt scheint so der Störfaktor zu sein, der die Gewißheit unserer Alltäglichkeit ins Wanken bringt.

Man hat nun die Wahl, sich auf ihn einzurichten oder ihn zu überspielen, sei es so, daß uns Welt gleichgültig lasse, oder so, daß wir uns ihr zu entziehen versuchen. Doch ist ein solcher Weltentzug überhaupt möglich? Kann der Mensch ohne Welt überhaupt sein? Oder kann gar Welt ohne den Menschen sein? Was wäre denn Welt ohne den Menschen? Was war denn Welt, bevor ein Mensch auf sie zu reflektieren begann? Alles oder Nichts? Wenn wir jedoch die Rede vom Weltentzug genau beachtet haben, so hat sie keineswegs eine eindeutige, sondern eine gegenläufige Sinnbewegung. Von Weltentzug kann man sprechen, wenn man meint, die Welt habe sich dem

Menschen entzogen. Das Wort vom Weltentzug kann aber auch ausdrücken, daß das denkende und handelnde Subjekt Mensch sich der Welt als einer baren Gegebenheit entzieht, damit die alltägliche Weltvorstellung in sich zusammenfällt.

Tatsache Welt?

Wenn wir die Tatsache Welt nicht mehr schlicht hinzunehmen gedenken, sondern wissen wollen, was denn an einer Welt sein soll, geraten wir in eine zwielichtige Ausgangslage. Ist die Tatsache Welt Objekt unserer Weltfrage? Oder gar der Mensch das Objekt von Welt? Oder muß der Mensch nicht vielmehr Subjekt von Welt sein als Daseinsgrund dieser rätselhaften Allgegenwart Welt? Die Rede vom Daseinsgrund meint jedoch, daß die Tatsachenbasis gar nicht zur Grundlage eines Weltwissens gemacht werden kann, falls der Mensch inne werden will, was Welt ist und warum Welt ist.

Wie aber soll denn der Mensch dieses rätselhafte Phänomen Welt sich diaphan, sich durchscheinend machen, wenn er sich nicht diese harte Realität zur eigenen Sache werden läßt und Welt zum Objekt seiner Erkenntnis macht? Ist dies so, dann ist die vermeintliche Tatsache Welt nur Anlaß, nach ihrem Grund zu fragen. Was aber meinten wir, als wir von Weltentzug sprachen, etwa Weltflucht oder Weltverachtung? Sprachen wir moralisierend von der Eitelkeit der Welt, um uns Welt zu entziehen? Ist mit dem Rückzug von der Welt gar gemeint, daß wir uns Welt entziehen? Oder entziehen wir der Tatsache Welt etwas, wenn wir uns zum Weltentzug anschicken?

Die Umkehrung des geläufigen Weltbewußtseins

Dies ist aber die Frage, durch welche das alltägliche Bewußtsein umschlägt, so daß die Tatsache der Gewißheit in Wahrheit eine Ungewißheit ist, die uns so wesentlich durchgreift, daß unser bisheriges Weltbild zusammenbricht. Ist dies möglich, dann fällt die Bedrohung des Menschen durch ein nichtiges All in sich zusammen. Denn was eine Tatsache zur Tatsache macht, ist wahrlich nicht ihre greifbare

Gegebenheit, sondern einfach dies, daß wir gelernt haben, die universale Tatsache Welt gefügig zu machen, indem wir sie zu berechnen und mathematisch zu rationalisieren versuchen.

Aber kann denn die Umkehrung des geläufigen Weltverständnisses durch eine mathematische Rationalisierung gelingen, falls wir Welt als unser Schicksal betrachten, mit all den Unberechenbarkeiten? Denn was die faktische Welt an unerbittlichen Schicksalen und Möglichkeiten in ihrem Schoße birgt, weiß man solange nicht, als man die Frage nach dem Grund des Seins von Welt nicht gestellt hat.

Gewiß, man kann sich mythologische Vorstellungen über die Genesis von Welt und Mensch zu eigen machen. Und doch erhöhen diese mythologischen Weltvorstellungen den Grad der Unsicherheit des Daseins. Denn keine der mythologischen Figuren der griechischen Götterwelt kann uns aus der Notwendigkeit eines Geschickes lösen, das der Mensch, der die Tatsache Welt mathematisch rationalisiert, nun selbst in die Hand zu nehmen gedenkt.

Diese Vorstellungen haben zwar weithin für uns an Kraft verloren, aber die Breite des Bewußtseins der Alltäglichkeiten ist von ihnen unterschwellig mehr beherrscht, als wir ahnen. Denn die rationalisierte Daseinsapparatur, in welche unsere Lebensbezüge eingegangen sind, ändert nichts daran, daß ein mythologisches Bewußtsein, in welchen Larvierungen auch immer, der letzte Anker unseres Daseins zu sein scheint.

Was also meinen wir, wenn wir uns anschicken, jene philosophische Korrektur vorzunehmen, ohne die wir nie und nimmer die Natur beherrschen könnten und ohne die wir uns aber auch nicht der Fesseln der Natur zu entledigen vermöchten?

Grundlegungsakt

Es wäre jedoch ein Mißverständnis zu meinen, Weltgestaltung ziele darauf ab, einen vorhandenen Stoff, Natur oder eine bare Materie allererst zu gestalten. Der Begriff Weltgestaltung begreift in sich das Problem einer Grundlegung von Welt, so daß jede Weltgestaltung ein Grundlegungsakt ist. Dazu ist aber nötig, daß Voraussetzungen geschaffen und Bedingungen erstellt werden, unter denen dieser Gestaltungsprozeß eingeleitet werden kann. Es sind also mit der Grundlegung von Welt zugleich die Bedingungen zu bedenken, unter welchen das Schaffen des Menschen konstruktiv werden kann. Denn schließlich vermöchten wir nicht Welt zu konstruieren, wenn wir nicht selbst weltverfaßt wären, noch könnte der Mensch Welt gestalten, wenn er nicht selbst eine raumzeitlich bedingte Weltgestalt wäre. So erfindet und gestaltet der Mensch, was er in Wahrheit selber ist.

Dies aber vermag er allein durch die Weltgestaltigkeit seines Wesens, die erlaubt, aus dem kreativen Grunde von Vernunft als der Freiheit des menschlichen Geistes eine Welt hervorzubringen, die durch kein Tatsachendenken angefochten werden kann, da das Hervorbringungsprinzip selbst überhaupt nicht tatsachenfähig ist. Der Mensch ist, obgleich raumzeitlich bedingt, das Weltprojekt seiner selbst.

Zweifel an der Weltgewißheit

Um sich aber dessen bewußt zu werden, muß zuerst über das durch die alltägliche Weltgewahrung gewonnene Weltwissen begründet Rechenschaft abgelegt werden. Diese Forderung wird um so dringlicher, je mehr man bedenkt, daß das alltägliche Weltwissen schon dann in Bedrängnis gerät, wenn es versucht, den Schritt von schlicht gegebenen Tatsachen zu deren Ursache oder Prinzip zu tun. Solange freilich das Dasein funktioniert, nach Regelmäßigkeiten abläuft, lassen wir uns kaum dazu verleiten, diese natürliche Weltgewißheit anzuzweifeln.

Doch eine Krankheit oder gar ein Todesfall könnten zum Anlaß einer Überprüfung des alltäglichen Weltbewußtseins auf die Stichhaltigkeit solcher Gewißheit werden. Ohne diese Prüfung des alltäglichen Weltbewußtseins kann sich kein philosophisch gegründetes Weltwissen bilden; ohne philosophisches Weltwissen aber läßt sich nicht begreifen, was mit dem Begriff Weltgestaltung, gar mit einer metaphysischen Weltgestaltung, gemeint ist.

Weltgestaltung als endlicher Akt

Vergegenwärtigt man sich die Abläufe des Daseins, so stellt man fest, daß das handelnde Subjekt Mensch in diese Abläufe einzugreifen vermag, um sie in eine andere Richtung zu lenken. Das Subjekt setzt die Intention und mit ihr den Anfang von Gestalt. Absicht und Gestaltung sind nicht voneinander zu trennen; denn eine Gestaltung ohne Zweck und Sinn zerfiele in sich, so wie Zeit zerfiele, wenn wir sie nicht als gerichtete Zeit faßten.

Weltgestaltung ist kein absoluter Akt, sondern relativ auf Zeit und auf Möglichkeit bezogen. Das handelnde Subjekt ist genötigt, zwischen Möglichkeiten zu wählen, die durchaus zu gleichwertigen Motiven des Handelns werden können. Nimmt man zum einen hinzu, daß Weltgestaltung immer nur in relativer Freiheit möglich ist, die auf „etwas" bezogen sein muß, damit sie wählen kann, und zum anderen, daß ohne die dynamische Differenz der Negativität des Nichts das Werden vom Sein im zeitlichen Akt der Gestaltung nicht unterscheidbar wäre, keine Zeitgestalt sich von Nichtzeit abzusetzen vermöchte, so dürfte deutlich werden, daß Weltgestaltung nie und nimmer ein absoluter oder zeitfreier Akt sein kann.

Die profilierende Differenz

Wenn nun gegen die Einbeziehung des Nichts in unsere Überlegungen geltend gemacht würde, daß diese Problematik müßig sei, daß sie auf einem unkontrollierbaren Sprachgebrauch beruhe und dem Nichts allenfalls die Rolle eines annullierenden Quantifikators zukomme, so mag genügen, sich in Erinnerung zu bringen, daß der Ausdruck „Nichts" weder einen Gegenstand noch ein Gedankending bezeichnet, sondern als Abbreviatur für den Sachverhalt der „Negativität" steht.

Der Begriff des Nichts steht für das Nichtsein des Seienden, der aber schon im platonischen Verstande eine ontologische Bedeutung hat. Bedenkt man aber, daß die kreative Weltgestaltung des Subjektes Mensch die Zeitlichkeit, die Relativität der Freiheit und damit die Zufälligkeit zur Bedingung hat, dann ist die Negativität des Nichts als profilierende Differenz nicht auszuschließen, es sei denn, man verzichte auf die ontologische Analyse des Aktes der Welthervorbringung durch das kreative Subjekt Mensch. Das Nichts gewinnt dadurch seine positive Bedeutung, daß es als ein Hinweis auf die Differenz des Seienden zu nehmen ist. Dadurch ist es möglich, überhaupt etwas zeitlich in Gang zu setzen und Ungestalt von Gestalt abzuheben.

Dies ist aber der Punkt, an dem die Kontingenz durch die irreale Realität des Nichts deutlich wird, nämlich daß die Gestaltung und Hervorbringung von Welt in Endlichkeit durch ein Subjekt sein kann, aber nicht sein muß. Gerade die durch das Nichts garantierte Differenz läßt einsichtig werden, daß der Ursprung der gestaltenden Endlichkeit „Etwas" sein muß, sonst vermöchte die Differenz zu Nichts überhaupt nicht bezeichnet zu werden.

Eine Tat im Schatten der Zeit

Die Achse unserer Überlegung aber ist das gestaltende und bildende Subjekt Mensch, das den Differenzpunkt bezeichnet zu allem, was sinn- und zweckbestimmt bestehen kann. Aber Weltgestaltung ist nur dort, wo das Prinzip der Personalität des schaffenden Subjektes durch Vernunft, Freiheit und Sprache dem Willen zur Formgebung aus Selbsttätigkeit und nicht durch Zwang folgt.

Einer anthropologischen Weltgestaltung bleibt, daß sie gelingen oder mißlingen kann; denn das freischaffende Subjekt hat die Wahl, aus eigener Kraft die Weltgestalten der Kultur in den Wissenschaften und Künsten, in Politik und Ökonomie hervorzubringen und sich dem Stoff naturaler Notwendigkeit konstruktiv zu widersetzen. In der Möglichkeit der Wahl liegt das Risiko. Das Risiko der unkalkulierbaren Entscheidungen der Freiheit zur Weltgestaltung steht allerdings den Risiken einer Naturverflechtung, die unser Geschick ist, nicht nach.

Weil aber Weltgestaltung allein als eine endliche Tat in der Zeit (Sukzession) möglich ist, weil die Vollendung und auch die Vollkommenheit der Weltgestaltung nur für einen Augenblick gelingen kann, deshalb kann diese Gestaltung von Welt immer nur als eine Tat im

Schatten der Zeit geschehen. Das Spannungsfeld der Weltgestaltung ist also abgesteckt durch die Begriffe Nichts und Etwas. Die Identität des bildnerischen Menschen ist aber eine zeitbedingte, eine vom Nichts angefochtene Identität. Deshalb ist im Akt der Weltgestaltung der Hang zum Nichts zu überwinden und durch die werdende Gestalt dem Streben zum Sein zu folgen.

Die Kunst der Selbstgestaltung

Was durch Weltgestaltung hervorgebracht werden soll, sind weder Phantasmagorien noch imaginäre Gebilde, sondern Gestalten der Wirklichkeit, die für die Zukunft des Menschen grundlegend sein können. Der springende Punkt der Weltgestaltung aber ist, daß Weltgestaltung immer Selbstgestaltung des schaffenden Subjektes ist. Denn durch diesen produktiven Akt der Setzung der Differenz von Notwendigkeit der Natur und Freiheit des gestaltenden Subjektes ereignet sich die schöpferische Umpolung des Menschen. Die weltbewußten Handlungen des Menschen lösen ihn selbst aus der baren Vorhandenheit heraus und bilden ihn zur Existenz, auch wenn er den Bedingungen des Daseins verhaftet bleibt.

Die Handlung der Weltgestaltung wird dadurch zur Kunst weltförmiger Selbstgestaltung, daß der Mensch den Schritt vom Dasein zur gebildeten Weltgestalt der Existenz durch sich selbst tut. So erlangt er Sein, so ist er das Kunstwerk der Existenz.

Im Vorgriff des Gewissens

Übt also der Mensch die Kunst der Weltgestaltung aus, erprobt er diese an sich selbst, dann fällt seine Vergangenheit. Was bleibt, ist allein die Zukunft seiner Existenz; deren Signatur aber ist nicht ein säkularisiertes Prinzip Hoffnung, das eine irreale Utopie ist, sondern eine begründete Erwartung, die allein — durch die Kunst der Existenz — eine immerwährende Gestalt mit Grund verheißt.

Das Dasein verendet, die durchgestaltete Existenz des Menschen aber währt, weil der Mensch alles, was er tat, mit Bewußtsein begleitete und freiwillig auf sich zog. So ist die Existenz durchgestaltete Identität, durch die offenbar wird, daß das intellektuale Gewissen der geschichtliche Absolutpunkt ist, in dessen Vorgriff jedwede sich zeitigende Gestaltung von Existenz immer schon ist. Das intellektuale, freitätige Gewissen ist damit der Ursprung der schaffenden Prokreativität des Weltsubjektes Mensch — trotz der einschränkenden Bedingungen des raumzeitlichen Daseins.

Weltgestaltung als künstlerische Tat

Um die Weltgestaltung vom bloßen Dasein der Vorhandenheit zur Weltgestalt der Existenz des personalen Subjekts deutlich zu machen, muß der Wesensunterschied des Seienden zu jedwedem anderen Seienden, das zwar durch einen naturalen Ablauf eine Daseinsgestalt zu entwickeln vermag, nicht aber eine solche, die es aus eigener und darum freitätiger Kraft zur Existenzgestalt seiner selbst zu bilden vermag, herausgearbeitet werden.

Darum ist die freitätige Weltgestaltung ein künstlerischer Akt — in einem universalen Sinne, die Setzung einer dynamischen Differenz durch das schaffende Subjekt selbst. Ist diese Differenz von Dasein und Existenz gesetzt, dann ist erwiesen, daß das morphopoietische Subjekt Mensch unter allem, was ist, allein dazu befähigt und ermächtigt ist, sich als Person selbst zu bestimmen, indem es sich die Weltgestalt der Existenz bildet.

Diese Wesenshandlung des schaffenden Subjektes ist eine Zeitigung, in welcher die kontingenten Daseinsbedingungen durch den freien Entschluß, den Imperativ zur Weltgestaltung aufzunehmen, überwunden werden und so die Eingeschränktheit durch die Negativität des Nichts — in dem Maß geschwächt und überwunden wird, als die Weltgestalt der Existenz gelingt.

Die Schwelle der Entmächtigung des Nichts

Die Negativität, die sich zwar als eine Daseinsbedingung, nicht aber als Ursprung der Weltgestaltung einer Person zur Existenz erweist und die als Zeit des nichtigen Daseins zu durchlaufen ist, wird im Akt der Weltgestaltung entmächtigt. Denn in dem Maße, als Existenz Gestalt gewinnt, erlangt sie definitive Wirklichkeit. Die Wesensdifferenz zwischen Dasein und Existenz ist die Schwelle, über die das nichtende Nichts nicht zu gelangen vermag. Die Seinskraft der Gestalt einer gezeitigten Existenz läßt das Nichts hinfällig werden, indem sie die Negativität der Endlichkeit eliminiert, nicht aber Endlichkeit selbst.

Was wir als Zeitigung bezeichneten, ist in Wahrheit eine unumkehrbare Hoffnung, die als Seinskraft einer künftigen Weltgestalt entwickelt werden kann, der nun keine Negativität gewachsen ist. Denn die Tat der Zeitigung einer Weltgestalt der Existenz ist ein Eliminierungsakt, durch den die Grenzsetzung zwischen Nichts und Gestalt vollzogen wird. Gestalt konturiert sich, und die Wesenlosigkeit der Ungestalt des Nichts wird offenkundig. So kehrt sich der Eliminierungsakt der Grenzsetzung um und wird zur produktiven Handlung, die die Konturen einer personalen Gestalt der Existenz hervortreten läßt.

Kontingenz der Weltgestaltung

Wo immer Weltgestalten hervorgebracht werden, geschieht dies durch einen Ablauf, der sich zeitlich vollzieht. Damit aber wird der Akt der Weltgestaltung zu einem Geschehen, das sich perspektivisch vollzieht. Jede Weltgestaltung läßt eine Ganzheit wirklich sein. Doch diese ist die individuierte Ganzheit, und zwar nicht der Teil des Ganzen, wohl aber Ganzheit, die in je verschiedener Weise Welt wirklicht. Daß sie dies allein auf individuierende Weise vermag, dies ist ihre Kontingenz, gleichwohl bleibt jede Gestalt als Perspektive eine Gestalt der Welt und darum eine Welt in der Welt.

Das Kunstwerk als erfüllter Augenblick

Gestalten heißt aber auch, etwas zur Anschauung zu bringen. Was nämlich angeschaut werden soll, muß als Welt individuiert werden.

Das individuierte Werk kann dadurch epochale Bedeutung gewinnen, daß es zum erfüllten Augenblick eines Kunstwerkes wird. Dies will meinen, daß der Weltgestaltung eine kairotische Bedeutung zukommt. Denn Weltgestaltung ereignet sich in epochalen Zeitmomenten, die wie im Blitz einsichtig machen, ob eine Weltgestalt gelungen ist oder nicht. Ist sie aber gelungen, so leuchtet sie ein und gewährt Einsicht in das Wesen dessen, was zur Anschauung gebracht wurde.

Doch was wurde zur Anschauung gebracht? Die Fülle einer Sache, ihre Idee unter der einschränkenden Bedingung der Zeit. Darum ist Zeit das Individuierungsprinzip. Entstünden im Akt der weltgestaltenden Individuierung nicht qualitative Augenblicke, so wäre dieser Kairos der Weltkunst nicht inhaltlich bestimmt. Bedeutete er aber nichts, dann wäre jede Individuierung eine leere und darum tote Formel, die eben alles und nichts faßt.

Zeitlichkeit der Weltgestalten

Als Zeitgestalt ist Welt das Resultat der Kraft der Idee. In diesem Akt erweist sich die Zeitbedingtheit jedes Resultates dadurch, daß die Gestalt nun als die erfüllte Gestalt auf den Grund, auf ihr Prinzip zurückweist, woraus die Weltgestaltung überhaupt hervorging. Darum sind die hervorgebrachten Weltgestalten in Wahrheit die gestaltete Kontraktion des Urprinzips auf einen einzigen Punkt des zeitlichen Daseins. Darum sind Weltgestalten immer auch Figuren der Zeitlichkeit. Denn jedes Hervorbringen von Welt ist nicht die Tat eines Deus ex machina, sondern die endliche Tat des Subjekts Mensch, das sich als Welt in der Sukzession der Zeit gestaltet.

Allein der Prinzipienreflex der Gestalt, ihre Rückbindung in den kreativen Anfang ihres Werdens garantiert für die Einheit des Prozesses und seines Resultates. Die Gestalt ist somit eine Synthesis als eine ungleiche Einung von Prinzip und Zeit im Akt der Weltgestaltung. So nur kann es gelingen, daß Weltgestalten keine Scheinprodukte sind, sondern Hervorbringungen, denen die Seinskraft der Idee inmitten der endlichen Wirklichkeit innewohnt.

Paradoxie und Ironie der Weltgestaltung

Die Paradoxie der Weltgestaltung aber wird dadurch greifbar, daß der Mensch ontologisch das zwar immer schon ist, was er allererst durch sich selbst tun soll, daß er zunächst unwissend ist, daß er überhaupt etwas hervorbringen soll, was im Modus der Zeit Gestalt gewinnt. Was er immer schon ist, soll er tun, obgleich er noch nicht weiß, was er tun soll. Dies ist die Paradoxie der Weltgestaltung.

Was er als Weltsubjekt immer schon ist, wenn auch zeitbedingt, dessen wird der Mensch im Akt der Weltgestaltung nun gewiß, ein Seiendes zu sein, das durch seine Seinsnatur dazu ermächtigt ist, Welt als Gestalt Wirklichkeit werden lassen zu können — gemäß jener ontologischen Begrenztheit und Bestimmtheit, die das handelnde Subjekt von Grund auf dadurch ist, daß es „etwas" und nicht nichts ist.

Der schöpferischen Aktivität aber allein unter den Bedingungen der Zeit, also dieses Vermögens allererst in der Zeit gewiß zu werden, — dies ist die Paradoxie und Ironie der Weltgestaltung. Die Ironie besteht darin, daß die Seinsnatur dem erkennenden Blick des Subjektes so lange verstellt ist, als es noch nicht gehandelt hat. Erst das Handeln gibt das Wissen um das frei, was das Subjekt vermag, doch nur durch die Tat zu wissen lernen kann. Auf diese Weise wird die Praxis zwar nicht zum Erkenntnisprinzip, wohl aber zu einer Bedingung dafür, daß das Nichtwissen zu einem Wissen um die Weltgestaltungsmöglichkeiten des handelnden Subjektes wird.

Berufung zur Weltgestaltung

Erst wenn das handelnde Subjekt sich auf diese Paradoxie einläßt, Prinzip der Weltgestaltung zu sein und doch diese schöpferische Tat nur unter der einschränkenden Bedingung der Zeit vollbringen zu können, erst wenn das Subjekt die Ironie erkennt, daß es zwar selbst Subjekt einer zu entwerfenden und als Gestalt zu verwirklichenden Welt ist, aber dennoch so lange unwissend bleibt, als es sich noch nicht auf den Grund seiner schöpferischen Weltaktivität, auf seine kreative Seinsnatur besonnen hat, gewinnt es ein Wissen davon, nicht nur was Welt ist, sondern warum die Weltgestaltung seine metaphysische Berufung ist.

So wird deutlich, daß die Entwicklung eines metaphysischen Weltbewußtseins ohne die Rückbesinnung auf die Seinsnatur des Weltsubjektes Mensch nicht möglich ist. Die Spitze dieser Überlegung ist dann erreicht, wenn die Paradoxie und die Ironie einer Weltgestaltung zum Anlaß wird, die Frage zu beantworten, warum allein durch die Differenz von Gestalt und Ungestalt oder von Seiendem und Nichtseiendem, von Nichts und Etwas der schöpferischen Aktivität des Menschen die Möglichkeit eröffnet wird, frei und darum aus eigener Kraft, wählen zu können, zwischen Möglichkeiten, was und wie Welt dereinst durch die kreative Tat des Menschen Wirklichkeit werden und sein soll und warum dies in Gestalt eines Systems von Welt geschehen kann. Dies aber setzt voraus, daß die Seinsnatur des handelnden Subjektes seine ontologische Architektur ist.

Bedingungen der Weltgestaltung

Es ist die Paradoxie des Aktes der Hervorbringung, daß er zwar allein in der Sukzession der Zeit geschehen kann und daß es das Zeitmoment ist, durch das eine gültige Hervorbringung möglich ist, aber daß die Zeit es wiederum ist, die gerade verhindert, daß der Weltgestaltungsakt in eine absolute Hervorbringung umschlägt. Darum muß oder kann der Akt der Weltgestaltung nur mit dem Risiko einer zeitlich getätigten Freiheit vollzogen werden.

Welthervorbringung ist also keineswegs eine absolute Tat der Freiheit, nicht nur weil, wenn gehandelt wird, dies unter der begrenzenden Bedingung der Zeit geschieht, sondern weil man nicht die Wahl hat, sondern wählen muß, sich also zu entscheiden hat, ob man handelt oder nicht. So verbindet sich mit der Zeit die Freiheit zur Entscheidung. Dies aber sind zwei Momente, die ein absolutes Handeln und damit die Hervorbringung einer absoluten Welt unmöglich machen.

Freitätige Hervorbringung einer Gestalt von Welt bleibt relativ auf die Notwendigkeit, wählen zu müssen, falls man handeln will, und dieses wiederum bleibt in jedem Augenblick des Handelns von der Einschränkung durch Zeit abhängig. Ist aber ein Werk gelungen, hat es sich über den Strom der Zeit erhoben, dann ist es ein Präteritum geworden, dann gehört es der Vergangenheit an; es ist schon als Tat gewesen, da es im Augenblick als eine Gestalt jetzt und hier zur Erscheinung kam.

Das Sollen der Weltgestaltung

Ist Weltgestaltung eine Tat der Selbstbestimmung des Menschen im Nacheinander der Zeit, so kann Welt nur Gestalt gewinnen, wenn sie aus dem kreativen Grund des schaffenden Subjektes hervorgestaltet wird. Der Mensch steht deshalb in der Verantwortung seines Seins, sich als Welt zu entwerfen — kraft seiner kreativen Seinsenergie.

So zeigt sich, daß das zeitbedingte Handeln freitätig und nicht durch unabwendbare Abläufe Welt hervorbringen kann, aber nicht muß, daß das Subjekt zwar Welt hervorbringen soll, dazu aber nicht genötigt wird. Das handelnde Subjekt aber hat die nivellierende und darum Gestalt vernichtende Zeit zu überwinden, wenn es eine Gestalt wirklich sein lassen will.

Folgt es dem schöpferischen Sollen, dann wird gerade die Negativität der Zeit zum Antrieb, den Willen zur Gestalt wirksam werden zu lassen. Dieser allein vermag dem Nichtssein des Nichts das Etwas der Gestalt entgegenzusetzen. Ist aber das Werden von Gestalt Wirklichkeit geworden, dann wird die Negativität der Zeit in dem Maß überwunden, als das Werden Wirklichkeit geworden ist, und zwar so, daß entweder für das Auge des Leibes oder für das des Geistes zur Anschauung kommt, was das Sein von Welt ist.

Vermöchte die metaphysische Tat der Weltgestaltung nicht die Differenz zu jedwedem Seienden, das nicht Gestalt ist, zu setzen, dann könnte die irreale Realität des Nichts aus dem Spiele bleiben. Doch ohne Differenz entstünde überhaupt nichts in Zeit. Zur Klärung dieses Punktes kann der Parmenides des Platon eine beispielhafte Bedeutung für jedwede morphopoietische Theorie und Praxis gewinnen. Wo aber Welt Gestalt gewinnt, dort sind Theorie und Praxis unter das Joch der kreativen Seinskonstitution des handelnden Subjektes gespannt.

Deshalb verlagert sich das Problem der Weltgestaltung nun in die Frage nach dem, wodurch sie anhebt, wodurch sie einsetzt, wodurch Weltgestaltung überhaupt etwas so entstehen lassen kann, daß nicht ein Chaos, sondern eine gegliederte Gestalt wirklich wird.

Darum ist der elementare Gestaltungswille des Menschen ein Appellativ, seine Wirklichkeit selbst dadurch zu erweisen, daß er Gestalt hervorbringt; darum kann platonisch formuliert werden: daß das Durchschauen der Welt Tugend sei.

Diese appellative Weise der Weltgestaltung aber heißt Freiheit. Sie ist deshalb ein Sollen, aber kein Müssen, ein Appell, aber keine Nötigung. Darum kann der Spruch der Lachesis aus dem Mythos der platonischen Loswahl lauten: „Die Tugend ist frei, jeder wird, sie achtend oder mißachtend, mehr oder weniger von ihr haben. Die Schuld trägt der Wählende; Gott ist ohne Schuld!"

Dieser Problemverweis Platons hat für jede Philosophie schöpferischer Aktivität eine prognostische Bedeutung; desgleichen ist von wegweisender Bedeutung, daß die Philosophie Plotins in einer Metaphysik der Zeit endet. Endet sie wirklich? Oder hat jede Metaphysik der Weltgestaltung erst dann die runde Objektivität der Sache erreicht, wenn Freiheit und Zeit als der Nerv einer Philosophie der Weltgestaltung erkannt sind? Dies aber ist die Voraussetzung, auf die Frage zu antworten, warum denn der Mensch Welt gestalten solle. Deshalb nämlich, weil er sich als Weltsubjekt allein durch die Tat in Zeit zu behaupten vermag.

Theorie und Praxis

Entscheidend aber bleibt, daß Theorie und Praxis aus dem einen Grund der Prokreativität des Weltsubjektes Mensch begriffen werden, auch wenn sich im Zwiespalt zwischen Theorie und Praxis die Kontingenz der Seinsnatur des handelnden Subjektes ausdrückt. Nun aber stellt sich das Problem, ob der Zusammenschluß oder die Synthesis von Theorie und Praxis überhaupt gelingen kann. Kann die Praxis die Rolle der Theorie übernehmen? Oder besteht zwischen beiden ein unumkehrbares Verhältnis? Kann gar Praxis grundlegend sein für die Theorie?

Das Bild von Keim, Reife und Frucht ist ein Hinweis für die Gestaltung dieses Verhältnisses. Man kann in der Frucht zwar erkennen, was im Keim angelegt ist, dennoch sind Frucht und Keim, Wirklichkeit und Möglichkeit nicht vertauschbar; daraus ergibt sich, daß das Werk der Abschluß einer Weltgestaltung ist, nicht aber ihr Grund.

Dies festzuhalten, ist darum wichtig, weil aus logischer Möglichkeit keine ontologische Wirklichkeit hergeleitet werden kann. Wäre aber, wenn man das metaphysische Verhältnis von Theorie und Praxis bedenkt, die schöpferische Initiative oder der nisus formans nicht immer schon dem Keime nach gestaltende Kraft, vermöchte er niemals zum Anstoß, zum Impuls, zur durchbildenden Macht zu werden, die durch die sukzessive Bewältigung Wirklichkeit zeitigt (zeitigend verleiblicht).

Dies nämlich meinen wir, wenn wir von der kreativen Seinskonstitution des handelnden Subjektes sprechen und damit bezeichnen wollen, daß das Subjekt immer nur deshalb zu handeln vermag oder etwas in Gang setzen kann, weil es der Beweggrund oder der ontologische Prinzipienvorgriff von Bewegung ist, aufgrund dessen es, ohne jeden Rückgriff auf etwas, das außerhalb des Bereiches der Prinzipien des handelnden Subjektes liegt, ursprünglich etwas in Gang zu setzen vermag, indem es gestaltet.

Doch die Kontingenz der kreativen Handlung zeigt sich darin, daß die sukzessive Spanne zwischen dem Anstoß zur Gestaltung und ihrer Vollendung im Werk zu durchlaufen ist, indem der Plan durchgeführt und ausgeführt wird. Wäre dies nicht möglich, dann wäre der Prozeß der Weltgestaltung ein Geschehen, das nie zu Ende kommen könnte. Der Impuls der Formgebung würde kraftlos, ehe das Werk gelungen ist, und kein Werk könnte gelingen.

Allein die Spannung zwischen Anstoß zur Weltgestaltung und ihrer Vollendung im Werk, allein diese durchgehaltene Spannung vermeidet den asphärischen Leerlauf, durch den der Gestaltungsprozeß sich in die ‚schlechte' Unendlichkeit verlöre, die nicht Wirklichkeit, sondern Beliebigkeit ist, und zwar dann, wenn dem Gestaltungsprozeß das Ziel der Vollendung gebricht.

Unstimmigkeit von Theorie und Praxis

Haben wir bisher den Begriff der Kontingenz bestimmt durch die Momente der Zeitlichkeit und der Notwendigkeit, zwischen den beiden Möglichkeiten von Ungestalt und Gestalt wählen zu müssen, so kommt jetzt als drittes Moment der Bestimmung der Kontingenz der Zwiespalt von Theorie und Praxis hinzu, durch den jetzt die Endlichkeit dieses Prozesses unter der Rücksicht des Handeln deutlich wird.

Wir sprachen davon, daß sich das handelnde Subjekt durch seine Möglichkeit zur Wahl, durch seinen Willen zur Tat auszeichnet. Nun erhebt sich die Frage, ob die beiden Momente der Kontingenz, nur in der Sukzession der Zeit handeln zu können und dies nur als Wesen der Wahl tun zu können, dadurch auszuschließen sind, daß der Gedanke und die Tat, Theorie und Praxis durch Weltgestaltung in ihre Identität überführt werden, so daß die Theorie durch die Praxis aufgehoben würde und somit die sukzessive Bewältigung durch ihre Gestaltung wahr und zum Erkenntnisprinzip werden könnte. Wäre dies möglich, dann wäre die vereinfachte Rede, daß man die Wahrheit durch ihre Verwirklichung erproben müsse, gerechtfertigt. Wie aber ist das Verhältnis von Theorie und Praxis wirklich zu bestimmen?

Unbestreitbar ist, daß das endliche Subjekt die Aufgabe der Weltgestaltung nur sukzessiv in die Tat umsetzen kann. Zieht man aber hieraus die Konsequenz, so erweist sich dieser Gestaltungsakt als kontingent. Der Gedanke will Tat werden; ob er dies kann, ohne sich selbst aufzuheben, ist gerade die Frage.

Die Kontingenz der Weltgestaltung kommt in ihrer Schärfe dann in den Blick, wenn man sich fragt, warum denn der Philosoph Aristoteles behauptet, daß das vollkommenste Wesen keiner Handlung bedürfe. Die Antwort ist von unseren bisherigen Überlegungen leicht zu geben: Hätte dieses das Bedürfnis, allererst Welt gestalten zu wollen, weil es dies muß, dann wäre es vom Zwiespalt oder der Negativität selbst betroffen. Dann aber wäre das vollkommenste Wesen wie ein endlich Seiendes „dem Wechselspiel von Stoff und Form" und dem Pendelschlag des Vornehmens und der Ausführung ausgesetzt, das sich immer wieder um der Selbsterhaltung willen etwas

Neues vornehmen muß. Die Kluft zwischen Gedanke und Wirklichkeit, zwischen Vorsatz und Ausführung, zwischen Initiative und Durchführung macht ja gerade das Wesen einer endlichen Handlung aus.

So können wir zugespitzt sagen, das absolut vollkommenste Wesen kennt den Zwiespalt zwischen Theorie und Handlung deswegen nicht, weil es die Kontingenz und Negativität von sich weist; es ist, wenn es ist, jenseits der Dimension des Handelns. Dies ist seine absolute, zeitunabhängige Wirklichkeit.

Wird aber die Möglichkeit zu handeln, der Wille zur Weltgestaltung nicht als ein kontingentes Geschehen begriffen, dann allerdings wird durch Praxis die Kontingenz absolut gesetzt. Das Dilemma von Poiesis und Praxis ist das Dilemma der Endlichkeit des Handelns.

Stellt man gegen die Handlungstheorie die aristotelische Auffassung „das Wesen, welches sich am vollkommensten verhält, bedarf keiner Handlung" (De coelo, 2, 12), so wird im Gegenbild deutlich, daß es das Schicksal endlichen Handelns ist, die Kluft zwischen Theorie und Praxis nicht nur nicht schließen zu können, sondern um des eigenen Seins willen nicht schließen zu dürfen; denn sonst würde der Akt der Weltgestaltung eine Tat der Selbstvernichtung.

Nun können wir noch einmal zurückfragen, warum ist „das Wesen, welches sich am vollkommensten verhält" keiner Handlung bedürftig? Nicht deshalb, weil es unfähig ist, zu handeln, sondern weil es immer schon vollendet ist. Die Kluft zwischen Ausführung und Zweck, die jede Handlung bestimmt, kann für das vollendetste Wesen nicht zum Stachel werden, diesen Zwiespalt zu überwinden. Das Bedürfnis zu handeln oder die Leidenschaft zur Tat hat in der Negativität der Endlichkeit ihren Grund.

Dies ist der Stachel der Kontingenz, und nicht weil Poiesis und Praxis, Idee und Tat immer schon geeint sind, sondern deshalb, weil das vollkommenste Wesen zu seinem Sein überhaupt nicht der Handlung bedarf. Deshalb kann das Problem von Theorie und Praxis nur im Bereich der Kontingenz angesiedelt werden. Der Stoff der Weltgestaltung, und dazu gehört das handelnde Subjekt selbst, kann nicht auf einmal, sondern nur sukzessiv bewältigt werden. Es genügt nicht ein einzelner Eingriff, Gestalt kann nicht wie im Blitz werden; denn wäre dies möglich, dann wäre der Weltgestaltungsprozeß kein

Werdegang, sondern eine in sich stehende Tat des reinen Seins selbst.

Die Schärfe einer Metaphysik der Weltgestaltung aber zeigt sich, wenn man den Gedanken der Ewigkeit der Welt fallen läßt und das Dasein als Schöpfung begreift.

Daraus folgt, daß das vollkommenste Wesen durch Hervorbringung von Zeit und Dasein den Kreis seiner selbst durchbricht und nun unweigerlich durch das Nichts die Kluft zwischen sich und der Endlichkeit hervortreten läßt. Diese Vorstellung ist hinreichend bekannt und tradiert; dennoch lohnt es sich im Hinblick auf das Problem der Weltgestaltung zu bedenken, welche Konsequenz dieses Modell von Theorie und Praxis, aus der die Negativität des Nichts nicht wegzudenken ist, nahelegen muß, wenn es am Leitfaden des Aristoteles' und des platonischen Demiurgen im Verein mit der biblischen Schöpfungsvorstellung bestimmt wird.

Erst durch diese zugespitzte Problemsituation einer Metaphysik der Handlung konnte deutlich werden, welche Konsequenzen heraufbeschworen werden mußten, wenn das Problem der Theorie durch den Autonomiewillen neuzeitlichen Denkens in das Bedürfnis des handelnden Subjektes, zur Praxis der Weltgestaltung verurteilt zu sein, zurückgenommen wird.

Wenn wir sagen, Praxis könne kein Erkenntnisprinzip sein, sondern allein die Theorie, so schließt dies den Zusammenschluß von Theorie und Praxis nicht aus. Die Praxis hier und jetzt ist bloß Bedingung dafür, daß man nach der Theorie als Prinzip von Praxis überhaupt fragen kann, aber als veranlassende Bedingung ist sie freilich nicht der Grund.

Schon die Tatsache, daß man in der endlichen Ausgestaltung des Daseins als Welt dem Zwiespalt von Theorie und Praxis nicht entraten ist, daß Zeitigung und Gestaltung in einen Akt nicht zu drängen sind, erweist die Aporie der Weltgestaltung und zeigt den Stachel der Unstimmigkeit, der zum negativen Beweggrund des Handelns wird.

Das Experiment Weltgestaltung

So ist nun deutlich geworden, daß das neuzeitliche Problem einer Weltgestaltung anthropologischer Natur ist. Daraus folgt, daß der

Mensch nicht hinter seinem Werk steht, sondern dessen Zentrum ist.

Was Weltgestaltung heißt, ist darum nur im Kontext der Wissenschaft und Künste, der Technik und Wirtschaft, der Gesellschaft und Politik zu lesen. Diese sind aber das Werk der freischaffenden Kunst des Menschen, wobei Kunst jetzt in einem universalen Sinne genommen wird. Der Weltgestalter ist das Subjekt von Welt. Die Weltgestaltung ist temporal und konditional und damit unter der Spannung von Zufall und Freiheit.

Dies ist das Risiko und die Chance der Freiheit des Menschen, das Experiment der Weltgestaltung wagen zu können und darum auch zu sollen. Doch bleibt sie ein unkalkulierbares Wagnis, dessen Grenze das Nichts, die Ungestalt ist.

Will man aber wissen, warum der Mensch überhaupt durch sich selbst Welt Gestalt werden lassen soll, dann ist die Begriffsarbeit einer morphopoietischen Metaphysik unerläßlich, die wir als Begründungswissenschaft begreifen.

Weder Philosophie noch Wissenschaft können sich die Intention der Forschung von außerwissenschaftlichen Instanzen vorzeichnen lassen, auch nicht durch den leichtfertigen Imperativ der Effektivität. Hätte sich Wissenschaft für eine solche Parole geöffnet, dann stünden wir immer noch vor der kopernikanischen Wende und hätten das Zeitalter der Naturwissenschaften und Technik immer noch vor uns.

Wer aber kann in Blick auf die Unausweichlichkeit anthropologischer Weltgestaltung solches auch nur in Gedanken wissen wollen? Dies setzte aber voraus, daß die kreative Seinsverfassung in Vergessenheit geraten wäre und daß auch dies, was kreativ zu tun vorgezeichnet ist, in der Zone des Unwissens bliebe. Die Taubheit gegenüber dem metaphysischen Ursprung der Seinsverfassung des Subjektes aber heißt, sich dem zu widersetzen, was die Weltnatur des Menschen gebietet. Dies aber wäre ein Akt der Selbstzerstörung mit Wissen und Willen. Es ist müßig, diese Gedanken weiter zu verfolgen; denn die Entwicklung der Neuzeit hat uns belehrt, was das kreative, handelnde Subjekt vermag, wenn es den Impulsen, wissen zu wollen, folgt.

Um was wissen zu wollen? Was jene Wirklichkeit Welt ist. Was die Wirklichkeit oder das Sein von Welt ist, läßt sich im Menschen und am Menschen und durch den Menschen darstellen. Deshalb bleibt es die Aufgabe einer morphopoietischen Metaphysik, den Ursprung und Grund der kreativen Möglichkeit des Menschen unter den Bedingungen von Zeit und Freiheit zu erforschen. Aus diesem Grund ist von der Weltgestaltung durch Philosophie die Rede. Erst wenn der Seinsgrund der Weltgestaltung und der Ursprung des Weltbewußtseins eines handelnden Subjektes ausgemacht ist, wissen wir begründet, warum Welt gestaltet werden soll.

Wenn wir sagen, das Sein der Welt sei der weltseiende Mensch, so bedeutet dieser Satz im Blick auf die Weltgestaltung weder eine Anthropologisierung des Daseins noch eine Kosmologisierung des Menschen. Der Mensch wird vielmehr durch sein Handeln zum Medium des Daseins, zu seiner Mitte, in welcher am Leitfaden des Prinzips Welt sich die Einsicht in die Urwirklichkeit gibt, die das Sein ist. Darum ist der Mensch der ontologische Ort schlechthin, die Weltstelle und der Weltaugenblick, an und in welcher und in welchem das Sein von Welt einsichtig wird. Damit ist gesagt, daß zwar nicht das handelnde Subjekt hier und jetzt, wohl aber seine Kreativität das Seinsmaß des Seienden ist oder der Inbegriff der Fülle aller Möglichkeiten von Weltgestaltung.

Weltgestaltung als Sinnbewegung

Wenn der Mensch aus sich und durch sich Welt gestaltet, so vermag er dies, weil er nicht Nichts ist, sondern Etwas ist. Dies ist zwar eine elementare Aussage, doch sie besagt, daß das ontologische Motiv seines Handelns und das Ziel seines Gestaltens nicht Nichts, sondern Etwas ist, das er wirklich werden lassen kann. Ist die Bewegung des Handelns aber selbst durch Sinn und Zweck bestimmt, dann kann das, was der Mensch hervorbringt, sinn- und zweckbestimmt sein, dann kann das, was das handelnde Subjekt zur Anschauung bringt, eine Sinn-und Zweckgestalt sein.

So wird verständlich, daß durch jede Weltgestaltung Ordnung geschaffen wird, falls der Grund, der solches ermöglicht, nicht ein Chaos, sondern immer schon als Vernunft das Ordnungsprinzip ist. Aus diesem Grunde entspringt Weltgestaltung weder aus dem Nichts, noch verliert sie sich in ein Nichts, sofern es dem handelnden Subjekt gelingt, in dem hervorbringenden Akt die Differenz zwischen Gestalt und Nichtgestalt, zwischen dem, was Etwas ist, und dem, was nicht Etwas ist, zu setzen.

Wenn wir den Ursprung der Weltgestaltung ausgemacht haben, dann wissen wir, daß die Aufgabe einer Weltgestaltung nicht mehr nur als ein blasser Tatbestand festgestellt werden kann, sondern daß Weltgestaltung durch Philosophie jetzt heißt: die Inpflichtnahme dessen, der allein die Provokation eines Aggregates von Tatsachen aufzufangen und kreativ umzukehren vermag.

Zweiter Abschnitt

Was Natur nicht zu leisten vermag

An die Stelle eines blinden Vertrauens auf den Ablauf des Naturgeschehens hat die Einsicht in die Notwendigkeit zu treten, daß, was Natur nicht zu leisten vermag, durch die erfindende Vernunft und die Kraft des hervorbringenden Willens selbst zu leisten ist, damit die Weltgestalt des schaffenden Menschen überhaupt bewerkstelligt werden kann. Freilich kann von einer Nachahmung der Natur dann nicht mehr die Rede sein, wenn die Kreativität der Seinsnatur des handelnden Subjektes grundlegend ist.

Doch was ist Natur? Ist sie die wirkende Ganzheit des Daseins? Ist sie die Fülle des Unerschöpflichen und Unermeßlichen? Spritzt sie die Geschöpfe aus dem Nichts hervor — wie wir im Naturfragment Goethes lesen? — Muß Natur nicht zur Welt um- und durchgestaltet werden, damit aus ihrem Stoff eine Welt durch die Kreativität des endlichen Geistes werden kann?

Zwar läßt sich vermuten, daß Natur selbst wäre, wenn nie ein Mensch gewesen wäre oder sein würde. Denn sie scheint zu sein, was sie ist, und zu bleiben, was sie ist. Dennoch muß sie zum Stoff der werdenden Welt werden, die das schaffende und erfindende Subjekt Mensch sich gestaltet, um sich frei tätig im Werk seiner selbst anschaulich zu werden. Diese Welt aber wird ihm so gleichsam zur Kugel, zur durchsichtigen Weltkugel, um eine Metapher Plotins in Anspruch zu nehmen, in der er nun alles nach dem Maße der schöpferischen Fähigkeiten zu erblicken vermag. So erst kann er ein Weltbild von der Natur gewinnen oder eine Weltanschauung von der Natur.

Gibt man den Gedanken einer mimetischen Weltgestaltung preis, so gewinnt die Erinnerung an den „Zeus des Phidias" nach Plotin eine unerwartete Aktualität. Plotin sagt, Phidias habe den Zeus nach keinem sinnlichen Vorbild gebildet, sondern ihn so genommen, wie Zeus sich darstellen würde, falls er sich herbeiließe, vor unseren Augen zu erscheinen. Phidias gestaltete die Welt des Zeus', indem er sich in Zeus versetzte, um das Bild, das dieser von sich zur Anschauung brächte, Gestalt gewinnen zu lassen. Nur dadurch gelang es, daß Zeus sich herabließ, in der Weltgestalt des Kunstwerkes zu erscheinen, sich zu gegenwärtigen, so wie er ist, und um zu erscheinen als Kunstwerk in der Weltkugel, in der durchsichtig wird, was und wie Zeus ist.

Darum gilt für die Weltgestaltung durch Philosophie überhaupt: Jedes schöpferische Prinzip muß mächtiger, stärker und vortrefflicher sein als das, was es hervorbringt, was es bildet, was es schafft. Jedes schöpferische Prinzip muß als Ursprung und Grund des Schaffens dem, was es hervorbringt, durch seine Gestaltungskraft wesenhaft überlegen sein.

Weltberuf des Menschen

Der Urheber ist mächtiger als sein Werk. Doch dies ist gerade zum Problem der Neuzeit geworden. Warum scheint denn die Welt, die der Mensch geschaffen, ihm zu entgleiten, da doch unser Werk eben nicht ein solches der Natur ist?

Ist das schaffende Subjekt der Urheber, der Weltdemiurg, so ist er wahrhaft dies nur durch seine Urheberschaft, durch seine urheberische Meisterschaft, durch sein Schöpfertum. Dadurch aber ist der schaffende Mensch Künstler und Meister. Dies nämlich ist sein Weltberuf. Wenn er darum etwas herstellt, so gestaltet er Welt. Sein Beruf ist so die Weltverfertigung. Dies scheint zwar ein anmaßender Anspruch zu sein; doch noch ist das Problem nicht berührt, wie denn der Prozeß der Weltgestaltung geleistet werden soll.

Welt ist nicht etwas Gegebenes, das mit einem Schlag ins Dasein gesetzt wird. Durch die Meisterschaft des schaffenden Subjektes muß ihr Sein werden, und ihr Werden muß Gestalt gewinnen, so daß die hervorgebrachten Weltgestalten dann Beispiele der Meisterschaft des schöpferischen Subjektes sind.

Darum muß die Meisterschaft des Menschen sich bewähren, indem sie nicht nur ist, sondern Etwas bewirkt durch Gestaltung und Gestalt, nicht durch blinde Aktivität. Die Meisterschaft weiß, was sie soll und darum will. Sie will das Vollendete und eben nicht das auf der Strecke gebliebene Werk, so wie ein Erfinder will, daß sein Werk in die Produktion geht.

Was das Werk des Meisters leistet, ob es standhält, ob die Erfindung in der Tat verwirklicht werden kann, hängt davon ab, ob es in den Akten des Erfinders gelingt, Welt zu gestalten, aus Natur Welt hervorgehen zu lassen, oder ob die Prinzipien des Handelns, des Handelnden in Wahrheit bloße Hirngespinste sind oder ob die Kraft des Erfindenden und Produzierenden stark genug ist, Welt als Werk der Weltgestaltung gelingen zu lassen.

Natur als Bedingung

Die Gegebenheit Natur, ob sie uns gegenübersteht oder wir mitteninne, kann für den Prozeß der Entwicklung eines Weltbewußtseins allenfalls der große Anlaß, nicht aber Ursprung und Grund sein.

Diese Gegebenheit Natur ist eine Bedingung für die Entwicklung eines Weltbewußtseins und eine Bedingung für die Hervorbringung anthropologischer Weltgestaltung; denn das handelnde Subjekt Mensch denkt und schafft ja nicht aus dem Nichts. Fielen die Bedingungen dieser Naturgegebenheiten weg, dann bedürfte es der Weltgestaltung nicht, da das Subjekt ja immer schon die absolute Weltgestalt seiner selbst wäre.

Aus diesem Grunde sind es eben nicht künstliche Weltgestalten, die der Ursprünglichkeit entbehren, sondern ursprüngliche Hervorbringungen aus dem Grund und Ursprung des schaffenden und erkennenden Geistes, dessen kreativer Wesensgrund die Einbildungskraft der Vernunft und die Gestaltfülle der Phantasie ist.

Das anthropologische Moment des Schaffensprozesses

Der Ursprung von Wissenschaft, Kunst und Technik, dieser anthropologischen Weltgestalten, ist das Weltsubjekt Mensch. Das spezifisch anthropologische Moment des Schaffensprozesses als Weltgestaltung besteht darin, daß diese Welt nur Gestalt gewinnen kann unter den einschränkenden Bedingungen der Endlichkeit, deren Spannweite durch Nichts und Etwas abgesteckt ist, und zwar dergestalt, daß dieser Gestaltungsprozeß zwischen Nichts und Etwas allein als Akt der Individuierung der Weltgestalten möglich ist. Wenn freilich alles immer schon wäre, müßte nicht erst durch die Seinskraft des schaffenden Subjektes allererst etwas hervorgebracht werden, das dann als Weltgestalt ist.

Naturbeherrschung oder Weltgestaltung?

Will man zur Anschauung bringen, was Weltgestaltung heißt, so ist es notwendig, zwischen Naturbeherrschung und Weltgestaltung streng zu unterscheiden. Denn die landläufige Rede meint, daß Weltgestaltung darin bestehe, die Natur oder die „Wildnis" beherrschen zu lernen, sie umzuschaffen, ihre Energien zu entbinden, um sie durch Wissenschaft für die Gestaltung von Welt fruchtbar zu machen. Dies setzt aber voraus, daß Natur zur ungestalten Materie wird, daß Natur zur *materia informis* depotenziert, entmächtigt wird.

Es kommt aber darauf an, daß Natur durch den kreativen und erfinderischen Eingriff des Subjektes Mensch die Gestalt von Welt gewinnt, indem Welt konstruiert wird. Die hervorgebrachten Weltgestalten sind Weltkonstruktionen, in die die Kraft der Seinswirklichkeit des planenden Subjektes eingegangen ist, so daß der Weltgestalt der Seinsanspruch der Wirklichkeit Welt innewohnt.

Das Problem der Konstruktion

Das Konstruktionsproblem ist das Thema der neuzeitlichen Philosophie, wie dies Schelling mit einem bemerkenswerten Weitblick in die Entwicklung der Naturwissenschaften und der Technik formuliert hat.

„Die Lehre von der philosophischen Construktion wird künftig eines der wichtigsten Kapitel in der wissenschaftlichen Philosophie ausmachen: es ist unleugbar, daß, so wie viele an den Fortschritten derselben Theil zu nehmen durch den Mangel des Begriffs der Construktion verhindert werden, so hinwiederum gegen eine gewisse falsche Liberalität, die sich mit dem Geistreichen in der Philosophie begnügt und unter der äußern Form des Philosophirens das bloße Räsonniren begünstigt, oder gegen die Mischung aller Standpunkte, welche Wahres und Falsches verwirrt und ununterscheidbar macht, das Dringen auf strenge von den ersten Prämissen ausgeführte Construktion, das kräftigste Mittel sey." (Schellings Werke, hrsg. M. Schröter, 3. H-Band, 1927, S. 545)

Soll aber kraft der Idee der Konstruktion Weltgestaltung nicht Nachahmung der Natur sein, sondern originäre Welthervorbringung, so daß der Mensch zwar nicht zum Schöpfer des Kosmos, wohl aber zum Urheber der Welt seiner Kultur wird, dann muß der Ideebegriff substantial gefaßt werden.

Die Prokreativität, die schaffende Hervorbringungsmacht eines endlichen Geistes ist es, die in den Weltgestalten der Kultur originär anschaulich wird. Was aber wäre der Geist, der nicht immer schon bei sich wäre, der nicht immer schon das Beisichsein seiner Selbst und dadurch seine Identität substantial als eine unermeßliche Schaffenskraft zeigte? Dieses Beisichsein des endlichen Geistes, seine substantiale Identität mit sich selbst, ist die bewegende und verursachende Kraft zur Welthervorbringung. Damit aber ist gesagt: Weil der endliche Geist selbst seine Uranfänglichkeit in der Zeit ist, darum vermag der schaffende Geist eines endlichen Subjektes Wirklichkeit zu setzen, indem er gestaltet.

Konstruierendes Denken

Was heißt nun konstruierendes Denken? Es heißt keineswegs ein Gedankending hervorbringen, das nie und nimmer wirklich werden kann, so wie man zu sagen pflegt, dieser oder jener hat sich etwas ausgedacht und zurechtgelegt, er hat doch in Wahrheit ein künstliches Gebilde entworfen, er hat sich zum Zwecke vielleicht der Erklärung eines Sachverhaltes etwas zurechtgelegt, das im Grunde doch nicht eine Bedeutung für die Wirklichkeit hier und jetzt hat, der wir den Namen Realität zu geben pflegen. Ein solch konstruiertes Ding wäre unrealistisch, vielleicht sogar ein Ungetüm oder eine Modellvorstellung, um uns Realität handsam zu machen.

Im spezifisch positiven Sinn heißt Konstruieren: eine Sache erfinden. Die Weltgestaltung durch eine fündige Philosophie wäre dann eine Erfindung kraft der Erfindungskunst des konstruierenden Subjektes. Dann können wir ohne Einschränkung von Weltgestaltung durch Philosophie oder Weltgestaltung durch die Erfindungskunst philosophischen Denkens und Handelns sprechen. Damit wird die Logik der Philosophie zu einer Logik der Erfindung, die aber schon seit jeher ein ästhetisches Problem im universalen Sinne war, ein Problem nämlich, das zur Aufgabe stellt, wie durch Erfindung Welt anschaulich hervorgebracht werden kann.

Der gefährliche Stoff Natur

Die Gefährdung des Menschen durch sein Werk setzt dann ein und wird zum unabwendbaren Verhängnis, wenn es nicht gelingt, Natur und Mensch durch die Gestaltung der entbundenen Naturkräfte zur neuen Möglichkeit einer künftigen Menschheit werden zu lassen, die sich eine Ordnung des Handelns gibt, deren Maßstab das Sein dessen bleibt, der sich zum Handeln ermächtigt weiß. Das Kunststück aber wird darin bestehen, den Gebrauch dieser neuen Wirklichkeit so zu gestalten, daß der Spielraum der Freiheit zwischen Etwas und Nichts, zwischen Endlichkeit und Unendlichkeit, die schaffende Phantasie nicht steril werden läßt, daß sich die neue Wirklichkeit nicht in einem Verdinglichungsprozeß fixiert, der stillschweigend die Freiheit zur Weltgestaltung auf den Nullpunkt reduziert.

Dies aber hieße, daß die Welt unter ihr Naturpotential zurückfiele, in den Abgrund der Unfreiheit, deren Wesen die abschüssige Beliebigkeit, die zufällige Haltlosigkeit und die Bodenlosigkeit des Nichts ist. Unfreiheit aber ist die Ohnmacht eines Individuum, das bar und entblößt jeder Möglichkeit ist. Sie ist hoffnungslose Unmöglichkeit und damit ein Schicksal ohne Chance, ein Dasein ohne Gestalt.

Denn die Indifferenz des baren Nichts ist die Gestaltlosigkeit selbst, ein Abgrund, der keinen Sinn aus sich zu entlassen vermag, eine Endlosigkeit, die ihr Ende immer schon erreicht hat, eine Hoffnung, die immer schon zu spät kommt, da alles schon geschehen, alles schon vorbei ist. Und was bleibt noch zu tun? Nichts. Was bleibt noch an Gestalt? Nichts. Und was wird aus Welt, die durch uns geworden? Sie liegt nicht einmal im argen, es muß ihr nicht einmal geholfen werden, denn ihre Ungestalt ist das blanke Nichts.

Wunder der Wunder

Doch kann der Mensch ohne Gestalt überhaupt leben? Diese Frage zieht die andere auf sich. Kann der Mensch überhaupt ohne Gestaltung sein? Ist denn die Tat nicht vielmehr sein Wesen, sobald er beginnt, da zu sein, um die Gestalt seiner Weltexistenz durch seine Geschichte hindurch zu zeitigen? Ist das Tun nicht die Leidenschaft seines Wesens, das Handeln nicht die Wesensbewegung seines Willens zur Gestalt und durchaus nicht ein bloßes Geschehenlassen mit sich?

Sind diese Antriebe zur Gestaltung nicht Eingriffe in die Natur, wozu den Menschen sein Wesen treibt? Diese Fragen weisen schon in die Richtung des Sinnes, in welchem die Antwort zu suchen ist; denn was wäre eine Frage ohne Sinnziel, die nichts wissen will, die keine Antwort erreicht? Die Frageintention fiele in sich zusammen.

Dies aber besagt, daß wir durch Fragen der Philosophie, durch das Forschen der Wissenschaft, durch das Hervorbringen des Künstlers, durch das Probieren des Erfinders allein schon freilich unversehens im Begriffe sind, Welt als Gestalt sozusagen unterderhand zu schaffen, so daß wir durch diese Akte unseres Daseins überrascht und betroffen uns selbst eine Welt zumuten, die wir hervorgebracht haben.

Diese Gestalt blickt uns an, ihr Auge verfolgt uns, wohin wir auch vor dieser unserer Wirklichkeitsgestalt entfliehen mögen. Doch im Akt der Weltgestaltung scheinen wir durch die Tat und in der Tat uns selbst von unserem Dasein zu befreien und uns durch unsere Werke von ihm zu lösen. Was von diesen Akten der Weltgestaltung gilt, ist dies: Einem gelang es, er hob den Schleier der Göttin von Sais. Was sah er? Wunder der Wunder — sich selbst.

Doch wir können dieses Wort der Göttin von Sais umformulieren: Was tat er? Wunder der Wunder — sich selbst. So ist Weltgestaltung Selbstgestaltung. Denn wenn die Tat das Wesen des Menschen ist und wenn dieses Wesen freigestaltende und bildende Vernunft ist, dann sind die Weltgestalten Entwürfe des kreativen Subjekts Mensch.

Zu meinen, wenn das Problem gelöst ist, verschwinde das Rätsel, ist obenhin gedacht. Denn das Wesen der Freiheit des Geistes besteht ja gerade darin, daß der Geist unerschöpflich ist, daß er in der Zone des Handelns sich jedoch begrenzen und einschränken muß, falls dieser Spielraum nicht zum Schwinden gebracht werden soll. Doch dies wäre das Ende der Weltgestaltung in der Gestaltlosigkeit, und der Mensch wäre durch sich selbst in das Ende gestürzt, bevor ihm das Ende des Daseins beschieden ist. Damit wäre ihm aber die Gestaltlosigkeit zum Verhängnis geworden, dann hätte er sich um die Vollendung seines freientworfenen Spielraums des Handelns gebracht, dessen Ende nicht der Sturz in ein totes Dasein, dessen Erfüllung vielmehr die Weltgestalt seiner Existenz sein konnte, aber nicht mußte.

Der Gestaltungsraum von Welt ist zu erweitern

Darum heißt Weltgestaltung durch Philosophie nicht, das Dasein durch die Einfälle der Phantasie und durch Erfindungen zu bereichern, um so das Dasein zu entlasten, sondern das kreative Handeln sich zum Stil, und dies heißt, zur Ausdrucksweise von Welt werden zu lassen, sich also nicht im eigenen Werk zu verdinglichen, sondern durch Kunst, Wissenschaft und Technik eine anthropologische Weltgestalt als Werk zu setzen, das wirklich ist.

Geschieht dies, dann wird der Spielraum des freitätigen Schaffens und Bildens durch Wissen und Werk erweitert. So ist die Aufgabe, die die Notwendigkeit der Weltgestaltung stellt, synthetischer Natur. Denn Weltgestaltung ist nur dann sinnvoll, wenn sie unser Wissen erweitert, so daß der Spielraum der individuellen Freiheit des Menschen als Gestaltungsraum von Welt erweitert wird.

Gestaltet der Einzelne überhaupt Welt?

Doch es bleibt die schicksalhafte Frage: Gestaltet der Einzelne überhaupt je Welt — und sei es seine eingeschränkte Weltexistenz unter den Bedingungen der Endlichkeit, nachdem er sein Dasein weder gewählt noch wirklich sein lassen kann?

Denn was wäre und vermöchte schon der Einzelne oder eine organisierte Gesellschaft, wenn der Daseinsraum nicht die Bedingung gewährte, überhaupt hier und jetzt handeln zu können. Ist also das Daseinsgeschick die Voraussetzung und damit die Möglichkeit, die individuelle Weltgestalt seiner selbst hervorzubringen? Ist diese Möglichkeit nicht gerade den antiindividuellen Mächten ausgeliefert, die vorzeichnen, wie der Zeitgenosse sich vergruppen soll und muß? Diese Frage ist um so brennender, als die neuzeitliche Entwicklung der Gesellschaft dahin zu treiben scheint, den Einzelnen zu einem Rädchen der Weltmaschine umzufunktionieren, die nicht mehr ein Gott der Geschichte, wohl aber die Machthaber der Gruppen in Gang hält und deren Lauf das Management von Krieg und Frieden reguliert und dirigiert.

Damit hängt die Steuerung des Daseins durch die Diplomatie zusammen, die zur Kunst dessen wird, was in diesem Augenblick möglich sein soll, was durch Gruppenkonstellationen am Ende festgelegt wird. Die diktatoriellen Kräfte kollektiver Weltgestaltung sind es und nicht der Einzelne, die das geschichtliche Weltdasein in Atem halten, mag er auch das politische und ökonomische Kräftespiel von Fall zu Fall immer wieder auszugleichen versuchen. In Wahrheit bleibt er allenfalls der gerissene Handlanger, der schlaue Fuchs, der vielleicht eine bedrohliche Konfiguration von Machtverhältnissen überspielt, keineswegs aber meistert.

Ein Reisediplomat, so verdienstvoll er im Augenblick sein mag, kann nicht ein Beispiel für eine geschichtliche Weltgestaltung sein, allenfalls übernimmt er die Rolle eines Funktionärs der Geschichte seiner Zeit. Ein Funktionär aber ist nie der Herr seiner selbst, allenfalls der Erfüllungsgehilfe eines anderen, er bleibt bezogen auf ein kollektives Selbst und gerade nicht auf das Ich eines freitätigen Selbsts; darum sind Funktionäre Spielbälle von Institutionen im Spannungsfeld von Gruppeninteressen, die nach der bekannten Stalinschen Theorie der Adaption um eines politischen und ökonomischen Zieles willen für den Augenblick wandelbar sein können. Doch im Endziel sind Gruppeninteressen ideologischer Natur so fixiert wie ein axiomatisch bestimmtes Regulativ des Handelns.

Wo bleibt da ein auch noch so eingeschränkter Spielraum individueller Weltgestaltung oder gar eine auch nur in Andeutungen durch das Individuum selbst definierte Möglichkeit der Hervorbringung von weltgestaltender Freiheit, die der Mensch doch im Verlauf eines Lebens, wie immer seine natürlichen, gesellschaftlichen, ökonomischen, politischen und individuellen Daseinsbedingungen sein mögen, dennoch haben soll?

Kann unter zeitgenössischen Daseinsbedingungen der Prozeß der Weltgestaltung überhaupt noch ein Individuierungsprozeß sein, ja, soll er dies überhaupt noch sein können? Dennoch zeichnet das Sein der Weltnatur dem Einzelnen vor, trotz aller kollektiven Daseinsbedingungen, sich über diese dadurch zu erheben, daß er die Weltgestalt seiner Existenz zu bilden versucht.

Der Mensch konstruiert eine neue Natur

Der Natur abzuringen, was sie selbst nicht leisten kann, dies ist eine Tat der Freiheit des gestaltenden Geistes, der die Differenz zwischen der Notwendigkeit des Verlaufes der Natur und sich setzt.

Versucht aber ein denkendes und schaffendes Subjekt hier und jetzt eine Gestalt hervorzubringen, so hat es den Kampf zwischen Natur und Geist, zwischen Notwendigkeit und Freiheit solange durchzustehen, bis die Gestalt — in welchen Figuren der Kultur auch immer — gelungen ist. Stets hat sich die kreative Gestaltungskraft des Subjektes Mensch ganz ins Werk zu setzen, ganz alles, was es vermag, ins Spiel zu bringen.

Wenn der Mensch Welt gestaltet, so tut er nicht nur das, was die Natur mit Notwendigkeit vollbringt, nun spontan und darum frei, sondern er tut das, was die Natur nicht kann, nämlich die Differenz zwischen Notwendigkeit und Freiheit selbst als Gestalt durchzusetzen, indem er eine zweite oder neue Natur, die Wesenswelt des Menschen als Wirklichkeit konstruiert und damit zur Weltgestalt bringt.

Dies ist der Grund, weshalb Natur es mit dem Weltsein des Menschen auch nicht einmal in einem einzigen Differenzpunkt entfernt aufnehmen kann. Darum besteht zwischen Natur und Welt kein Verhältnis der Ähnlichkeit, sondern allein das der Freiheit. Nur weil Natur zum Stoff für die Weltgestaltung werden muß, darum ist sie zwar eine unerläßliche Bedingung, keineswegs aber der Grund, aus dem Freiheit die Gestalt der Welt entwickeln kann.

Der apriorische Sinngrund

Die Indifferenz der Freiheit des Geistes differenziert sich zur Gestalt; auf diese Weise individuiert sich das Allgemeine. Die Differenzierung der Indifferenz, die Besonderung des Allgemeinen, die Gegenwärtigung der Zeit als Augenblick, die Gestaltung des Stoffes der Natur zur Weltgestalt der Kultur aber könnte überhaupt nicht geschehen, wenn in der Indifferenz die Differenz, im Allgemeinen das Besondere, im Augenblick die Zeit nicht immer schon grundgelegt wäre.

Auf diese Weise wird die Differenzierung der Indifferenz zur Setzung der Differenz zwischen Form und Formlosigkeit, zwischen Ungestalt und Gestalt, zwischen Allgemeinem und Besonderem. Die Differenzierung des Individuierungsprozesses erweist sich als Prinzipienvorgang, da die Differenz als Unterscheidung, nicht aber als Geschiedenheit von Zeit und Augenblick, von Allgemeinheit und Besonderheit, eine Differenz in der Identität ist.

So kann deutlich werden, daß das Allgemeine, die Zeit und die Indifferenz, lediglich eine Bedingung, nicht aber der Grund der Weltgestaltung sein kann; denn es kann kein Augenblick als Gegenwärtigung der Zeit, kein Individuum als Ganzheit wirklich werden, wenn nicht Identität der Differenz, Sinn dem Sinngebilde zugrunde läge.

Ungrund kann nicht Grund von Gestalt sein

Aus Nichts kann nicht Etwas werden. Könnte aus Nichts Etwas werden, dann wäre die Rede vom Allgemeinen, von der Indifferenz und von der Zeit, nichts anderes als eine Tautologie, die nichts benennen kann, weil ihr die Differenz gebricht. Doch die Unterscheidung von Indifferenz und Differenz ist der Nerv jedweder Reflexion.

Unterstellen wir aber, daß aus Nichts Etwas werden, aus der baren Veränderung etwas sich verwandeln könne, daß aus Ungestalt Gestalt, aus Formlosigkeit Form, aus der Notwendigkeit Freiheit werden könne, dann behaupteten wir in der Tat, daß die Reichweite eines Prinzips geringer sei als die Reichweite dessen, dessen Grund es ist. Könnte dem handelnden Subjekt aus Nichts Etwas werden, dann wäre der Urgrundsatz der Weltgestaltung außer Kraft gesetzt; denn dies hinwiederum setzte voraus, daß das handelnde Subjekt sich in diesem Akt selbst außer Kraft setzte, daß es selbst nicht Etwas sein müßte, um überhaupt einen Anfang setzen zu können. Es ist aber selbst Etwas, das sich im Akt der Gestaltung seiner zu Welt befreit.

Wovon aber macht sich das weltgestaltende Subjekt frei? Von der Gleichgültigkeit der relativierenden Macht der Zeit. Aus diesem Grunde können die Gestalten der Weltgestaltungskraft des Subjektes Mensch zu Zeugnissen der Möglichkeit einer Überwindung in der Zeit sein und eine Überwindung des Allgemeinen durch die Individuierung des Allgemeinen im Exempel und der Differenzierung der Differenz in der Indifferenz, eben durch die Differenz der Ungeschiedenheit, wohl aber der Unterscheidung von Allgemeinem und Besonderem, von Zeit und Augenblick, von Indifferenz und Differenz — trotz ihrer Unterschiedenheit von Grund auf.

Könnte das weltgestaltende Subjekt von diesem ontologischen Differenzpunkt seines Seins nicht ausgehen, dann könnte der Prozeß der Weltgestaltung überhaupt nicht anfangen. Denn aus blinder Indifferenz, aus einer toten Mächtigkeit, aus einer wesenlosen Gleichgültigkeit, aus einem Ungrund der Indifferenz kann keine Differenz, keine Unterscheidung und schon gar nicht eine Geschiedenheit zwischen dem schaffenden Subjekt und seinem Geschöpf entstehen. Die blinde, tote Indifferenz ist in Wahrheit eine tabula rasa, eine unbeschriebene, aber auch gar nicht beschreibbare, also eine nicht zu differenzierende Allgemeinheit.

Niemals könnte daraus die Einheit in der Mannigfaltigkeit als Welt entworfen werden. Der Name für die gestaltlose Differenz, für ihre Herrenlosigkeit, Gleichgültigkeit und Beliebigkeit ist das Nichts. Die blinde Indifferenz ist weder Abhängigkeit noch Unabhängigkeit vom Allgemeinen oder von der Zeit. Freiheit wäre nicht gestaltende Spontaneität, sondern chaotisches Einerlei. Daher kann die gestaltlose Indifferenz selbst nicht Prinzip der Form sein und der Ungrund nicht zum Grund der Gestalt werden und der willenlose Wille nicht Etwas wollen; die herrenlose Indifferenz kann nicht zum Prinzip der Beherrschung von Natur durch die Erfindung der Freiheit der Vernunft werden, geschweige denn zum Prinzip der Weltgestaltung.

Da die blinde Indifferenz so jeder Möglichkeit beraubt ist, kann sie nicht einmal der Grund der Kontingenz sein. Das Einerlei, die Einebnung jedweden Unterschiedes und jedweder Unterscheidung müßte das Handeln aufgrund dieses Ungrundes zum baren Zufall werden lassen.

Die übernatürliche Tat

Um zu verstehen, was mit originärer Weltgestaltung gemeint ist, ist im Auge zu behalten, daß die ursprüngliche Weltgestaltung durch das Subjekt Mensch keine Umgruppierung innerhalb ein und desselben Kreises zum Ziel hat. Originäre Umgestaltung heißt aber auch nicht Metamorphose oder Umwandlung ein und derselben Sache in ein und demselben Gestaltkreis. Die Ursprünglichkeit der Weltgestaltung besteht vielmehr darin, durch die konstruierende Vernunft eine Weltfigur hervorzubringen, eine Gestalt eines bisher überhaupt nicht seienden Ganzen zu bilden, die die Natur weder organisieren, ausbilden oder entwickeln könnte.

Aus diesem Grunde ist Weltgestaltung kein regeneratives Geschehen, als ob nur Altes verjüngt würde. Die Weltgestaltung geschieht ja gerade dadurch, daß ihr kein geformtes, bereits vorhandenes Vorbild zugrunde liegt. Denn das Prinzip Weltgestaltung – kraft dessen das Subjekt handelt – geht immer schon jeder auch nur möglichen Gestalt voraus.

Diese Absetzung von der Natur durch Weltgestaltung ist also kein naturnotwendiger Vorgang, sondern eine übernatürliche Tat. Darum ist die Gesetzlichkeit dieses Handelns in der Autokephalie des Geistes grundgelegt. Das Apriori der Weltgestaltung ist die Einbildungskraft der Kreativität des handelnden Subjektes. Auf diese Weise wird das Dasein zum Wirkungskreis freier Wesen.

Das Apriori der Weltgestaltung

Wenn wir nun die Dimension oder den Bereich, die Reichweite der Weltgestaltung durch Philosophie bezeichnen wollen, so wäre es zu kurz gegriffen, wenn man meinte, es genüge, den Prozeß der Gestaltung sozusagen ipso actu fassen zu wollen. Dann beschriebe man allenfalls eine Abstraktion, die wir herbeigeführt haben, indem wir irgendeine Weltgestaltung, die uns mehr oder weniger typisch für einen solchen Vorgang erscheint, zum Gegenstand der Untersuchungen machen. Wir faßten die Weltgestaltung dann in ihrer Beschränkung auf ihren spezifischen Wirkungskreis, auf ihren Umfang und ihre Reichweite. Wir beschrieben in Wahrheit eine Tatsache. Doch worauf es uns ankommt, ist ja die Frage, warum kann der Mensch überhaupt zur Weltgestaltung ansetzen. Dieses philosophische Interesse treibt uns dazu, das Anfangen einer Weltgestaltung, das Entstehen des Prozesses selbst ins Auge zu fassen, seinen Beginn in den Blick zu bringen und diesen Vorgang bis auf den Grund zu verfolgen.

Welcher ist jedoch der Grund der Möglichkeit, einen solchen Prozeß überhaupt in Gang zu bringen, so daß durch den ersten Schritt der Weltgestaltung wirklich etwas gesetzt wird, das nicht nur eine Veränderung herbeiführt, sondern etwas zu werden anfangen läßt, das so fortschreitet, daß mit dem Werden zugleich Gestalt wird?

Zum Thema steht somit der Werdegang der Gestalt selbst, aber nicht das Wie, sondern das Warum, nicht die Art und Weise der Gestaltung, sondern das Anfangen der Gestalt selbst, nicht, wie geht es zu, wenn sich Welt gestaltet, wie verhält sich das Werden, wenn es Gestalt gewinnt, welches ist die Ursache, daß dieser Weltprozeß überhaupt als Gestaltung anfangen kann, sondern allein die Ursache, die eine Gestalt verursachen kann, der Grund, aus dem eine Gestalt erfolgt. Dies aber fordert den Rückgang auf die *ratio formandi*, auf den Grund des Gestaltens. Denn ist dieser erkannt, dann ist die Gesetzlichkeit des Gestaltungsprozesses begriffen.

Dies aber heißt, daß es kein formloses Werden ist, das alles mit sich reißt, dessen Kraft wie ein Strom ist, der alles zerstört, was ihm im Wege steht. Denn aus geballter Kraft allein, aus der baren Wucht der Bewegung, ist noch nicht eine Weltgestalt hervorgegangen, sondern nur Chaos, das, wenn es wütet, zeigt, daß Nichts am Werke ist. Dies nämlich ist der Grund dafür, daß schließlich das blinde Wüten einer Bewegung kraftlos zerfällt und der Stillstand der Bewegung eintritt, die das Dasein in das Nichts seiner selbst führt.

Dann hat die planlose und ziellose Bewegung sich selbst zunichte gemacht und sich entwirklicht. Das Ende ihrer selbst ist herbeigeführt, ihre Kraft versiegt; der Fluß verliert sich ins Meer. Hat die Bewegung dadurch ihr Werden verloren, so wird das Meer zum Verlust des Werdens und damit seiner Wirklichkeit. Es vermag nichts mehr zu bewirken, nicht einmal die Zerstörung. Das Meer scheint zwar zu wachsen, so wie die Wüste wächst, und doch hat es die Bewegung verschlungen.

So werden Meer und Wüste zu Metaphern für die Weise, wie das Werden sich verliert. Wie kommt es aber, daß man mit dem Begriff des Werdens gemeinhin den Begriff des Etwas verbindet und damit bereits den Umschlag des Vergehens bezeichnet? Wie aber läßt sich das Werden im Vergehen fassen? Ist dies gar ein Umschlag von Nichts in Etwas, der Negation in die Position? Doch da aus Nichts nicht Etwas werden kann, kann der Anfang des Werdens der Weltgestaltung nicht Nichts, sondern er muß Etwas sein.

Welcher aber ist der Grund des Etwas, also die Gestalt der Gestalt? Welche ist die Urhandlung, durch die der Anfang der Weltgestaltung gesetzt, wodurch der Anfang geplant wird, indem er durch

Konstruktion erfunden wird, so daß das Werden sich als Gestaltung erweisen kann? Erweist sich der Anfang als eine Ursächlichkeit, die die Kraft zu entwickeln vermag, ein Ganzes werden zu lassen, das als Ganzes — in welcher Gestalt auch immer — nicht nur anschaulich wird, sondern die Unanschaulichkeit der Weltgestaltung erwirkt, so ist sie der Grund dafür, daß Gestalt hier und jetzt für die Sinne wie für das geistige Auge wirklich anschaulich wird.

Gestaltung als Überwindung von Zeit

Die Aufgabe der Weltgestaltung durch Philosophie ist es, die Urform der Form, den Gestaltungsgrund jedweder Gestaltung als Prinzip der Weltgestaltung des schaffenden Subjektes zu fassen.

Diese Kraft aber ist die Arbeitsenergie der Weltgestaltung; denn wer Welt gestaltet, hat Arbeit zu leisten. Es gilt, im Übergang vom Nichts zu Etwas sich der Formlosigkeit durch die Tat der Setzung des Anfanges der Gestaltung, durch die erfindende Konstruktion eines Anfanges sich dem destruktiven Sog der Formlosigkeit in der Ungestalt des Nichts zu widersetzen.

Dies aber ist ein Überwindungsprozeß der Negation, und deshalb ist die Weltgestaltung keine Metamorphose, also kein Gestaltwandel ein und derselben Sache. Denn wie sollte sich Ungestalt in Gestalt kehren, gar das Nichts sich in ein Etwas verwandeln? Wäre allerdings kein Nichts, nicht die Ungestalt der Negativität der Zeit, würde kein Beginn der Gestaltung erwirkt werden können. Die weltbildnerische Natur des schaffenden Subjektes aber entfaltet sich in dem Maße, als sie sich der nichtigen Zeit widersetzt.

Solange Zeit im Gestaltungsprozeß nicht bezwungen ist, solange der bewegte Strom der Zeit nicht zur Gegenwart des Augenblicks der Zeitgestalt Welt geworden ist, solange der Augenblick der Gestalt noch nicht gelungen ist, ist der Widerspruch der Zeit, ihre Vergänglichkeit im Akt des Schaffens nicht abgearbeitet, ist die Gestalt noch nicht gelungen.

Deshalb muß im Akt des Schaffens die Vergänglichkeit der Zeit umgekehrt werden. Der Widerspruch der Zeit gegen das Sein aber wird zur negativen Gestaltungskraft, die die Positivität des Gestaltungsprozesses dadurch herbeiführt, daß die Differenz von Nichts und Etwas, von Tod und Leben im Gestaltungsvorgang, im Entstehen der Gestalt selbst tätig ist. Denn die Weltgestaltung kann nur unter den Bedingungen der Negativität der Zeit vollzogen werden.

Damit wird aber die ursprüngliche Setzung eines Anfanges ein Akt der Kraft, die die Arbeit der Differenz zu jedwedem Vergehen zu leisten hat, so daß die Genesis der werdenden Gestalt zu einem Vorgang der Gestaltung werden kann. Damit wird der Wirklichkeitsverlust des reinen Vergehens zu einem Wirklichkeitsgewinn, der ohne die Bedingung der Negativität der Zeit sich nicht zutragen könnte. So kann gerade durch die Negativität der Zeit der Gestaltungsvorgang zu einem Profilierungs- oder Differenzprozeß werden, der ermöglicht, daß eine Weltgestalt von der anderen unterschieden werden kann.

Das Geschick der Weltgestalten

Weil aber die Wirklichkeit der Weltgetalt allererst werden muß, ihr Werdegang aber kein absoluter, sondern ein begrenzter ist, ist das Werden in Gestalt eines Gestaltungsprozesses ein Profilierungsvorgang. Deshalb muß der Widerspruch als Negativität in jedem Weltgestaltungsprozeß ausgetragen werden. Weil dies aber ein Werden im Vergehen ist, ist das Geschick aller Weltgestalten, der Kunstwerke, der Gebilde der Technik, der Staaten und der Ökonomie, daß sie wieder zerfallen. Aus diesem Grunde kann keine Weltgestalt als fehlerfreies Ideal funktionieren; denn sie ist, wie selbst das vollendetste Kunstwerk, zeitbedingt, — sonst hätte es ja nicht als Gestalt im Verlauf der Zeit entstehen können.

Dies aber kommt für uns dadurch zum Ausdruck, daß jedes Kunstwerk wie ein Blitz als eine Zeitgestalt für einen Augenblick den Horizont erleuchtet, um sich dann wiederum im Horizont der Zeit zu verlieren, — der Augenblick ist gewesen. Zwar ist das stehende Jetzt die gestaltgewordene Kraft, doch damit ist die Zeitgestalt seines Werdeganges zur Weltgestalt nicht eliminiert, sondern vielmehr in den Augenblick aufgehoben.

Die *Gestalt* als Welt bleibt eine Weise der Zeit. Aus diesem Grunde ist die hervorgebrachte Welt als Kunstwerk eine Zeitgestalt, so daß wir mit Recht die Zeit als Anlaß des Wandels der Stile begreifen können. Der Gestaltungsprozeß selbst ist ein zeitliches Stilgeschehen, durch das das Werden der Weltgestaltung überschaubar wird.

Die Weltgestaltung ist zwar der Vorgang, der auf Vollkommenheit und Perfektion hinarbeitet, — aber wann wäre ein schlechthin vollkommenes und perfektes Werk als Weltgestalt gelungen? Wann wäre es allein gelingbar? Im Augenblick? Doch dieser ist eine Zeitgestalt, dies aber heißt: die gestaltgewordene Endlichkeit. Die Absetzung von der Zeit gelingt durch den Schaffensprozeß nicht einmal für einen Augenblick. Dies ist durch das Weltbewußtsein der Neuzeit unverkennbar deutlich geworden; denn wenn die Weltgestaltung eine zeitlose Tat wäre, hätte das Stilproblem zu keinem Zeitproblem werden können und schon gar nicht ein Phänomen der Geschichte.

Permanente Krise der Weltgestaltung

Die Notwendigkeit, Weltgestaltung auch nur für einen Augenblick beginnen lassen zu müssen, ist gezwungen durch den applanierenden Strom der Zeit, von dem die Zeitgestalt des Kunstwerks sich für einen Augenblick absetzt, wenn es gelungen ist. Doch das prokreative Schaffen des Menschen vermag dies nur für einen Augenblick; dies aber macht einleuchtend, daß Zeit die Ursache für die permanente Krise der Weltgestaltung ist. Der Krisisbegriff ist uneliminierbar so wenig wie der Begriff der Negativität, wenn das Problem der Weltgestaltung durch Philosophie in Rede steht.

Erst wenn die Weltgestaltung nicht mehr als ein zu bildendes Nebeneinander genommen wird, sondern als geschichtlicher Prozeß, dann ist es ja gerade der Augenblick, der davon Kunde gibt, nicht nur vom Beginn der Gestaltung, sondern zugleich vom Grund der Möglichkeit, der Herkunft also dieser neuen Welt.

Durch die Zeitgestalt der Welt bekommen wir ihren Ausgangspunkt ihrer Gestaltung zu fassen, also jenen Augenblick, da das Entstehen der Gestaltung selbst beginnt, jenen Differenzpunkt, da sich entscheidet, welche Gestalt das Werden, indem es vergeht, für einen Augenblick bekommen soll.

Ursprung und Ziel der Weltgestaltung

Aufgabe einer Philosophie der Weltgestaltung aber ist herauszufinden, welches ihr Ursprung und ihr Ziel ist; denn erst wenn gewußt wird, warum Weltgestaltung gelingen kann, wovon und worauf sie ausgeht, sprechen wir mit Grund von einer Philosophie der Weltgestaltung. Wenn wir nun wissen, daß das Wovon und das Worauf immer schon beschlossen ist in jenem Subjekt, das gestaltet oder das handelt, dann können wir mit Hölderlin erläutern: „Es ist nämlich ein Unterschied, ob jener Bildungstrieb blind wirkt, oder mit Bewußtsein, ob er weiß, woraus er hervorging und wohin er strebt, denn dies ist der einzige Fehler der Menschen, daß ihr Bildungstrieb (Gestaltwille) sich verirrt ... oder ... auf halbem Wege, bei den Mitteln, die ihn zu seinem Zwecke führen sollten, stehen bleibt" (Hölderlin, Der Gesichtspunkt, aus dem wir das Altertum anzusehen haben).

Dies aber heißt, daß der Bildungstrieb oder die Weltgestaltung dann seinen/ihren Zweck verfehlt, wenn er zu einem bloßen Mittel herabgesetzt wird, zu einer Funktion, um fremde Zwecke durchzusetzen. Aus diesem Grunde ist Weltgestaltung ein Individuierungsprozeß, der Welt in der Zeitgestalt für einen Nu in Besonderheit ganz sein läßt, der Welt als Kontur für einen Augenblick objektiv anschaulich werden läßt. Welt vermag sich deshalb nur geschichtlich zu individuieren, so daß sich jede Weltgestalt der Kultur nur für einen zückenden Augenblick als Individuum gegenwärtigt. Ist aber eine Weltgestalt gelungen, dann ist sie schon geschichtlich und verlangt, die Weltgestaltung erneut zu beginnen.

Vom Verfehlen des Zieles

Ein grenzenloses und damit beliebiges Produzieren einer Weltgestaltung aber führt zur Verödung der Gestalt. Denn gerade das endlose Produzieren täuscht den Schein der Notwendigkeit vor, tritt im Schein der Notwendigkeit auf. Dann aber wird der Zufall zur Notwendigkeit der Weltgestaltung. Der Akt des Produzierens wird zur leeren Relation, zu einer tautologischen Tat, die das hervorgebrachte

Produkt zum sinnleeren Modell werden läßt, so daß der Gestaltungsprozeß zu einem Funktionalisieren wird.

Weil der Akt der Weltgestaltung aber allein im Widerstreit mit der Zeit vollzogen werden kann, ist es die Zeit, die den Schein von Notwendigkeit erzeugt. Das gestaltende Tun weiß nicht mehr, warum überhaupt Welt gestaltet werden soll. Dies ist in Wahrheit eine anthropologische Exzentrierung des Handelns, nämlich durch den Handelnden selbst, so daß nicht nur die Tat ohne Grund, sondern das Tun ohne Gestalt und die Handlung ohne Kraft ist.

Ein endloses Produzieren macht sich den Schein der Notwendigkeit vor, in Wahrheit aber schreibt es sich vom Zufall her. Der vermeintliche Gestaltungsprozeß aber ist ein funktionalisierendes Geschehen, das wegen seiner Exzentrierung aus seinem ontologischen Weltgrund auch kein Ziel der Gestalt haben kann. Das Produzieren wird dann zum Mittel des Zufalls. Was zu entstehen scheint, sind nicht Sinngestalten von Welt, sondern Zufallsprodukte.

Kairos und Zufall

In den Gestalten der Erfindung aber besteht nun die Freiheit darin, daß der Einfall sich einfach begibt, wenn seine Stunde da ist. Darum gehört der Augenblick, der Kairos notwendig in den Horizont des Erfindens, der Zufall dagegen in den Umkreis jener Beliebigkeit von Zeit, der sich der Augenblick des Einfalles versagen muß. Deshalb vermag ein sich noch so intensivierendes Produzieren keine Gestalt hervorzubringen, es sei denn, die Veränderungen des Produzierens sollen selbst zur Gestaltung der Veränderung werden. Doch der leeren Veränderung des Veränderns kann sich keine Gestalt geben.

Weltgestaltung heißt jedoch nicht Weltvervielfältigung. Denn vervielfältigte sich die Weltgestaltung, so träte ein Schwund der Identität ein, bis hin zum Identitätsverlust. Dies aber bedeutet zwangsläufig einen Verlust der Form und eine Verödung der Weltgestalt zur leeren Produktion. Dies hat zur Folge, daß die Krise der Weltgestaltung zur Krise eines permanenten Schaffens werden muß, dessen Ziele von Zufall zu Zufall wechseln. Dann freilich wird das weltförmige Handeln zu einer bloßen Angleichung, zur Anpassung an die Zufälligkeit.

Die indefinite Indifferenz

Die Weltgestaltung ist zwischen Endlichem und Unendlichem durch ein Näherungsverfahren zum Austrag zu bringen. Dennoch kann die aporetische Kluft zwischen dem Absoluten, zwischen dem Sein und dem Seienden nur durch eine Entendlichung zwar nicht aufgehoben, wohl aber in ihrer symbolischen, metaphorischen Bedeutung gelesen und geschaut werden.

Der Hiatus, die Kluft zwischen „endlich" und „unendlich", die wir durch den wissenschaftlichen Kunstausdruck Aporie benennen oder durch den der Amphibolie, also das ungleiche Verhältnis und Wechselspiel zweier Punkte kann sich nie decken, ihre Relation wird nie die Einheit beider. Der Zwischenraum der Analogie kann nie überwunden werden. Die Punkte bleiben zwar verknüpft, können jedoch nie kongruent werden; denn ihre Parallelität ist nicht isomorph. Dennoch kann sie polymorph werden.

Es geht hier um die einseitige Verwiesenheit des Endlichen auf das Unendliche, die nicht reversibel werden kann. Diese unipolare Dialektik von „endlich" und „unendlich" ist der Sinn der permanenten Unruhe von Weltgestaltung durch die Epoche der Menschheit. Doch der tiefere Grund für dieses aporetische oder antinomische Verhältnis der Polaritäten von „endlich" und „unendlich" ist gerade der Grund der Möglichkeit, daß überhaupt etwas gestaltet werden kann.

Auf diese Weise entsteht der antinomische Spielraum des freitätigen Schaffens, den wir jetzt als die indefinite Indifferenz bezeichnen. Ohne diesen Zwischenbereich, in welchem endliches Schöpfertum sich tätigt, wäre der Freiheit zur Weltgestaltung keine Chance eingeräumt. Dies ist kein Mangel der Freiheit, sondern ein Zeichen, ein Wink, daß der Mensch, falls er sich durch seine Taten dem Risiko der Weltgestaltung aussetzt, überhaupt den Schritt vom vorhandenen Dasein zur Gestaltung seiner Weltexistenz tun kann.

Das Maß von allem

Die antinomische Indifferenz oder die nicht aufzulösende Aporie aber ist das Rätsel der Freiheit zur Weltgestaltung, das Existenzphänomen, das wir dann Kultur nennen, sofern wir damit nicht ein makelloses Ganzes verstehen, in dem wir uns wohl einrichten können.

Eine Weltkultur zu schaffen, ist zwar eine Aufgabe der Weltgestaltung des Menschen, nicht aber ist diese Aufgabe für immer zu erledigen. Darum können wir allenfalls Kulminationspunkte der währenden Weltgestaltung, nicht aber eine ewige Befriedigung des Daseins durch das weltbildnerische Subjekt herbeiführen.

Das Bedürfnis des Menschen nach Totalität, nach Welt, ist die Unentschiedenheit der Indifferenz, die allerdings um so drängender wird, je breiter die Fülle der Möglichkeiten erkannt wird, Welt gestalten zu müssen, weil das Subjekt es vermag und darum soll. Die Kraft der Indifferenz aber besteht darin, daß sie durch die Macht der Freiheit zur Weltgestaltung, das Geschick der Menschheit bestimmen kann. In diesem Sinne ist der Mensch das Geschick seiner Welt. Sein Weltmaß aber ist das Allmaß, nach welchem die Gestaltung und Zeitigung seiner Weltexistenz zu geschehen hat.

Wenn wir nun sagen, der Mensch sei das Maß von allem, also das Allmaß der Welt, so meinen wir dies nicht in einem protagoräischen Sinne, also nicht so, als sei der Einzelne, der hier und jetzt Etwas ins Werk setzt, als Gestalter das Maß aller Dinge; denn dieser könnte sich noch durchaus darauf hinausreden: Wie die Dinge mir erscheinen, wie ich die Dinge mache, so sind sie mir und so schaffe ich sie für mich, wie sie dir erscheinen und wie du sie hervorbringst, so sind sie dir, so sind sie dein Werk.

Doch warum können sie denn mir überhaupt erscheinen, warum kann ich überhaupt gestalten, welches ist denn das Erscheinungs- und Gestaltungsprinzip überhaupt? Diese Frage stellt der Sophist nicht mehr, weil er sich durch den Augenschein beschwichtigen läßt.

Das Weltsubjekt Mensch, das als Prinzip jedes handelnde Subjekt bestimmt, ist das Maß von allem, freilich nur dann, wenn sich der Einzelne den Augenschein nicht zum Anfang eines subjektivistischen Denkens und Handelns werden läßt, wenn sich der Einzelne nicht in die Beliebigkeit eines zufälligen Denkens und Handelns verliert, sondern sich als Prinzip Mensch im Hervorbringen von Gedanken oder Kunstwerken oder technischen Gebilden immer nur zwar als Einzelner, aber doch im Werk als Wesensindividualität (Personalität) und damit als Ganzheit individuiert.

Wenn der Einzelne denkt und hervorbringt, ist dieser Vorgang aber keineswegs eine Relativierung; denn das einzelne Subjekt vermöchte überhaupt nicht in seiner Einzelheit zu sein und durch sie zu wirken, wenn es nicht in sich die substantiale Gegenwart seiner Weltsubjektivität inbegriffe, ohne die das kreative Sein des Einzelnen zu einer namenlosen Indifferenz würde, die sich jetzt als seine Unfreiheit ausweise.

Der Mensch ist vielmehr die aporetische Weltmetapher. Damit ist gesagt: er vermag in den einzelnen Weltakten — durch diese, wenn er gestaltet, das Ganze zu symbolisieren; denn er ist immer schon durch seine Seinsartung ein seiendes Weltsymbol, eine Weltmetapher, die schlechterdings durch ihn ist. Und so kann gesagt werden, der Einzelne ist durch sein Sein die ontologische Weltsignatur, das symbolische Weltzeichen und damit die apriorische Weltanweisung für jedes Handeln.

Welt als Werk des Menschen

Es heißt nun vom Menschen eine Selbstverständlichkeit behaupten, wenn man sagt, er sei wesenhaft auf das Ganze des Daseins bezogen. Diese Behauptung verliert jedoch in dem Maße an Gewicht, als man den Ort oder gar die Zeit dieser Ganzheit des Daseins messen wollte. Denn ermessen läßt sich dieses Ganze nie und nimmer ganz. Die Relativität der Zeit, ihre Rückbezogenheit auf das messen- und ermessenwollende Subjekt vereitelt dies, so daß die Rede vom Menschen, er stehe zu einer Daseinsganzheit in Beziehung, um so fraglicher wird, als erkannt ist, daß dieses vermeintliche Ganze, der Himmel und die Erde erst dadurch zum Himmel und zur Erde für den Menschen werden, daß er sie sich allererst zudenkt, indem er ihnen eine anthropologische Bedeutung verleiht, falls er von seinem Gestaltungsvermögen freitätig Gebrauch macht.

Erst dadurch wird diese vermeintliche und so selbstverständlich erscheinende Gegebenheit eines Ganzen, das man Dasein zu nennen pflegt, zu einer Totalität, die ein Seiendes, dessen Wesen die Tat der Hervorbringung ist, sich gestaltend zudenkt und diese sich zugedachte Totalität nun als Weltgestalt entwirft, die nunmehr als die gewordene Weltwirklichkeit des Menschen in Gestalt der Kultur begriffen werden kann.

Diese kreativ entstandene Wirklichkeit der Weltgestalt durch den schaffenden Menschen ist jedoch nicht eine Zwischenwelt von Natur und Geist. Dies zu meinen, hieße, noch nicht gesehen zu haben, daß das Wesen dieses Seienden, das Welt hervorbringt, die *Tat* ist und darüber hinaus oder vielmehr zuvörderst der Inbegriff einer wechselseitigen Durchdringung von Natur und Geist, von Freiheit und Notwendigkeit, deren Prinzip die Fülle der Indifferenz möglicher Welten ist, weil der Mensch, was er tut, was er schöpferisch hervorbringt, selbst frei und durch die wissende Vernunft ganzheitlich, weltförmig und darum individual gestaltet. So gestaltet er das Dasein zur Welt um und setzt darum eine neue Wirklichkeit, nämlich die der Geschichte und der Kultur. Diese Einsicht steht der Galileis keineswegs nach. Hier gilt nicht nur das Wort „und sie bewegt sich doch", sondern auch ‚*er gestaltet doch*'.

Der Grund der schöpferischen Regeneration durch Weltgestaltung aber ist die sinnerfüllte Indifferenz der Freiheit des Menschen zur Tat der umgestaltenden Neuschöpfung, zwar nicht des Daseins einer Ganzheit, wohl aber der Ganzheit einer Totalität, die durch den Titel Welt definiert ist. Darum ist kein Zweifel, daß dem Menschen die Herrschaftsaufgabe über das Dasein, über die Zeit und den Raum und die freie Hervorbringung von Welt zukommt. Doch über welche Welt? Über seine Welt, deren Gestalt allein sein Werk sein kann, weil er diese nicht nur entwirft, sondern als Wirklichkeit Gestalt werden lassen kann.

Gegenwärtigung der Transzendenz

Sprechen wir vom anthropologischen Prinzip der Weltgestaltung, so meinen wir jenes Jenseits, ohne das jedwedes Diesseits gar nicht wäre. Die Metapher Jenseits fassen wir nun philosophisch zu dem Begriff der Transzendenz. Man kann und muß von der Transzendenz des anthropologischen Prinzips der Weltgestaltung sprechen, weil diese ontologische Urform der Seinsverfassung des Menschen als Prinzip weder von Raum noch von Zeit erreicht werden kann. Ohne diese Transzendenz der Urform zerfiele das Dasein und alles Vorhandene in ein glattes Nichts; denn ohne Gestalt vermöchte es überhaupt nicht zu sein.

Aus diesem Grunde hat die Rede von der Ganzheit des Daseins nur dann Sinn, wenn sie durch das anthropologische Prinzip der Weltgestaltung bestimmt ist; denn die Ganzheit des Daseins wäre eine Chimäre, eine Fata Morgana, wenn sie nicht durch ein schaffendes Subjekt als Welt begriffen würde und durch die kreative Tat als Wirklichkeit einer Gestalt zu erscheinen vermöchte. Damit aber ist nicht ein leeres oder blindes All gemeint, sondern die sinnerfüllte Gestalt einer Ganzheit, die gerade, weil sie die Gestalt der Wirklichkeit ist, die das schaffende Weltsubjekt Mensch hervorgebracht hat, als eine anthropologische Weltmetapher genommen werden muß.

Somit heißt Weltgestaltung durch Philosophie nun nichts anderes als Weltgestaltung des Diesseits durch das Jenseits der anthropologischen Urgestalt von Welt. Dies nämlich meinen wir, wenn wir vom Weltsubjekt Mensch sprechen.

Sprechen wir also vom Jenseits der Prinzipien oder von ihrer Transzendenz, so meinen wir nicht eine ferne unnahbare Ganzheit, nicht ein rätselhaftes Dunkel, das wir verlegen Geheimnis nennen. Transzendent nennen wir die Urwirklichkeit oder das Prinzip anthropologischer Weltgestaltung; Transzendenz nennen wir das Apriori der Urform des Weltsubjektes Mensch, die durch keine Zeit einholbar, durch keinen Raum ermeßbar — immer schon im Vorhinein — in jedem Seienden, das wir Mensch nennen, sich gegenwärtigt.

Dieses Jenseits muß allerdings, wenn es handelt, Zukunft und Vergangenheit auf sich entlassen; denn Zeit und Raum und die Hervorbringung im Nacheinander und Nebeneinander sind die Bedingungen, unter denen dieses Prinzip in den Weltgestalten, deren Urheber der Mensch ist, allein gegenwärtig zu sein vermag. Wäre die Transzendenz der Prinzipien nicht die Wirklichkeit der Urgestalt selbst, wie wollte in einem Diesseits eine Wirklichkeit je durch die

Tat des Menschen als Weltgestalt überhaupt entstehen können!

Aufgrund der Dynamik der anthropologischen Urform von Welt heißt darum Weltgestaltung durch Philosophie nun: Gestalten endlicher Wirklichkeit entstehen lassen, die als Wirklichkeit der Kultur in der Weise von Kunst und Wissenschaft anschaulich oder durch Technik als Zweckgebilde greifbar werden.

Die Produktivität der schaffenden Weltnatur des Menschen aber besteht nicht darin, daß der Mensch allein selbsttätig verursachend etwas als Gestalt setzt und Wirklichkeit verleiht, sondern darin, daß die Wirklichkeit der schaffenden Weltgestalt allein individuiert anschaulich zu werden vermag. Daher sprechen wir von Weltgestalten, die hervorgebracht werden. Diese erwirkte Welt ist nur deshalb nicht, ehe sie wurde, schon verfallen, weil die Werke der Kultur allein als Ganzheiten oder als System oder als Totalitäten, wenn auch vereinzelt, zu sein vermögen.

Ohne Freiheit keine Weltgestaltung

An diesem Punkt aber wird eine Unterscheidung wichtig, die schon Aristoteles kennt, nämlich die zwischen Handeln und Hervorbringen, die uns erlaubt, die Weltgestaltung als einen morphopoietischen Akt des Menschen zu begreifen. Aristoteles unterscheidet zwischen *prattein* (handeln) und *poiein* (hervorbringen). Der springende Punkt der Unterscheidung aber liegt darin, daß das Handeln immer wieder zu sich zurückkehrt, sozusagen zurückgenommen wird in die Verantwortung dessen, der handelt.

Der morphopoietische oder kreative Charakter eines Handelns aber, das zur Hervorbringung wird, besteht gerade darin, daß der Mensch selbständig Seiendes, eine Weltgestalt, zu schaffen vermag. Darum wird das Handeln dann zu einem Gestaltungsakt, wenn das, was geschieht, solcher Art Form gewinnt, wirklich und damit wahr wird, daß es sich von seinem Urheber zu lösen vermag.

Wer gestaltet, handelt gemäß der *techne*, die jedoch nicht ohne *theoria* zu denken ist; denn wer Welt durch Handlung kreativ zu gestalten versucht, wer also Neuschöpfungen hervorbringt, tut dies nicht grundlos oder zufällig, sondern gemäß dem Gesetz der Gestaltung, das Vernunft ist. Und so kann Aristoteles die Kunst oder *techne* als die Seinsverfassung (hexis) definieren, die mit Überlegung und Einsicht, also kraft des *logos* etwas bewirkt (Eth., Nic. VI,4 1140a).

Deshalb wird der in der Kunst zu höchst Erfahrene, wie etwa Phidias, ein Weiser genannt, so daß man sagen kann: ohne *sophia* keine *techne*, ohne *sapientia* keine *ars*, ohne Weisheit keine Kunst und darum auch ohne die Weisheit der Kunst keine Weltgestaltung, ja, wir müssen sogar jetzt sagen: ohne Freiheit keine Weltgestaltung, und dies heißt jetzt, ohne die Besonnenheit der Hervorbringung muß Weltgestaltung mißlingen.

Die energetische Weltkonstante

Wäre aber der Mensch nun nicht sein kreativer Weltentwurf, bestünde darin nicht sein Sein, wie könnte er dann beginnen, eine Welt zu gestalten, einen Weltentwurf zu erdenken und diesen Plan in die Tat umzusetzen? Daher sprechen wir von der Weltkonstante Mensch. Die Weltkonstante Mensch ist durch Vernunft und Wille das kristallinische Bewegungszentrum von Welt. So kann er auch die energetische Weltkonstante genannt werden, die wahrlich keine tote Substanz oder das wesenlose Selbst einer blinden und kraftlosen Identität ist. Deshalb sprechen wir von der achsendrehenden Bewegung der hervorbringenden Kreativität des Menschen, deren in sich beharrende Selbstbewegung die Ursache der Weltgestaltung ist.

Das morphopoietische Weltsubjekt Mensch als die achsendrehende Ursprünglichkeit der in sich beharrenden Selbstbewegung vermag allein Welt hervorzubringen. Darum kann von der anthropologischen Entwicklung nicht nur eines Weltbewußtseins, sondern von einer Verwirklichung von Welt gesprochen werden, die erst beginnen konnte, als der Mensch war. Das morphopoietische Selbstverständnis begann sich zu entwickeln, als der Mensch zu erfinden begonnen hatte und somit sich selbst in den Stand setzte, sich durch die Erfindung von Weltgestalten die Erkenntnis von Welt zu vermitteln, also zu wissen, warum überhaupt Welt werden konnte.

Zwischen Pythagoras und Prometheus

Doch diese durch ihn gewordene Welt würde durch ihn selbst dann wiederum zunichte gemacht, wenn er die prometheische Verlockung nicht gewahrte, daß überhaupt nichts hätte werden können, wenn Zeit nicht zur Bedingung seines Schaffens, wenn die Endlichkeit ihm nicht zur Unabdingbarkeit und darum zum notwendigen Stoff geworden wäre, an dem er die Kraft der Weltgestaltung zu erproben hatte.

Das Nichts ist die Grenze dessen, was nicht ist, die Ungestalt, die Verneinung dessen, was nicht Figur gewinnen kann. Das Nichts und die Ungestalt werden somit zu Randphänomenen der irrealen Realität, die wir die Negativität des Nichts nennen. Sie sind Chiffren dafür, daß allein unter den Bedingungen der Endlichkeit und Zeitlichkeit etwas Gestalt gewinnen kann. Dies aber ist der prometheische Verweis, immer nur nach dem eigenen Bilde schaffen zu können. Dies ist das Bild eines endlichen Subjektes, nicht eines Gottes, falls ein Gott überhaupt bildfähig sein könnte.

Wäre die morphopoietische Weltkonstante Mensch nicht trotz der Fähigkeit, aus eigener Kraft Welt als Gestalt hervorbringen zu können und damit sich selbst in der Schöpfung von Kultur zu erblicken, abhängig von Endlichkeit, dann allerdings wäre die Tat der Weltgestaltung ein absoluter Akt, der weder eine Geschichte hätte noch der Zeit bedürftig wäre. Der Akt morphopoietischer Weltgestaltung könnte nur getätigt werden, nein, er müßte immerdar getätigt werden, so wie der Gott — im pythagoreischen Sinne — immerdar Mathematik treibt. Prometheus und Pythagoras müssen im Spiel bleiben, falls der Akt anthropologischer Weltgestaltung nicht zur Tat einer Selbstvernichtung dessen werden soll, der dazu verurteilt ist, die Kunst der Weltgestaltung als Notwendigkeit seiner Weltexistenz zu lernen.

Zwischen Pythagoras und Prometheus aber hat sich das morphopoietische Weltsubjekt Mensch zu behaupten, um durch eine kreative Handlung den Schritt vom Dasein vorhandener Dinge zur Gestalt der Weltexistenz des Menschen zu tun. Dieser Schritt vermöchte nicht unter den kontingenten Bedingungen des Daseins gelingen, wenn das handelnde Subjekt nicht immer schon durch sein Sein morphopoietisch grundgelegt wäre, wenn dieses morphopoietische Sein des Menschen nicht immer schon im Vorgriff einer Wirklichkeit stünde, die unerschaffen und unerschaffbar ist.

Dies aber nennen wir den geschichtlichen Absolutpunkt des morphopoietischen Gewissens eines Subjektes, das, falls es handelt, dies weltförmig und darum verantwortlich zu tun hat. Dies aber besagt: nach dem Maßstab von Vernunft und Freiheit unter den Bedingungen der Kontingenz dieses Seienden, daß ein Ursprung von Weltgestaltung ist. Diese ontologische Seinsbestimmtheit der Weltnatur des Menschen, die er ist und nicht selbst setzt, ist der Grund dafür, daß das handelnde Subjekt zwischen Pythagoras und Prometheus sich zu behaupten vermag. Dies ist aber auch der Grund für ein Prinzip Hoffnung, das sich durch Welthervorbringung metaphysisch legitimieren läßt und nicht über Zäune blicken muß; denn Zäune zu bemühen, heißt doch diese achten, um sie zu vernichten.

Weltmetapher Mensch

Die Seinsverfassung des Menschen, sein demiurgischer Charakter, muß nun im Schaffensprozeß so eingebildet werden, daß er in den symbolischen Weltgestalten seinen Widerschein hat, die nichts anderes sind als der metaphorische Reflex der Weltmetapher Mensch. Er ist das Prinzip der metaphorischen Gestalten.

In diesem Sinne behält Hegel recht, daß der Mensch das Maß von allem sei. Doch welcher Mensch? Jener, der durch seine Individualität das Maß von allem ist. Diese wird uns zugänglich durch das einzelne Individuum. Es gestaltet das Kunstwerk nicht mimetisch; denn das Weltsubjekt ist nicht der Mimus seiner selbst. Es ahmt in seinen Weltgestalten sich selbst nicht nach, es setzt vielmehr in den Weltgestalten kreativ die Sinnbilder seiner selbst. Denn es ist das Ursinnbild, das Ursymbol, das Urgepräge seiner selbst in Gestalt von Metaphern. Weil der Mensch Weltsinn bildet, darum kann er seine Produktivität in Sinnbildern gegenwärtigen. Sinnbilder repräsentieren; denn sie sind weder Nachahmung noch Kopien noch Typen.

Gestalt und Chaos

Wenn man das Verhältnis von Gestalt und Gestaltlosigkeit bedenkt, stellt sich die Schärfe der Problemstellung erst dann ein, wenn man Gestalt und Ungestalt einander gegenüberstellt, wie Ding und Unding, wie Wirklichkeit und Unwirklichkeit. Denn die Rede von Gestalt und Gestaltlosigkeit will doch besagen: Sprechen wir von Ungestalt und nicht von Gestaltlosigkeit, nicht von Form, sondern von Unförmigkeit, so meinen wir, daß der Gestaltlosigkeit und Ungestalt, dem Chaos Proportion und Symmetrie gebricht.

Doch es ist nicht so, daß das Chaos das Ziel sei; denn dies hieße Gestalt und Ungestalt, Form und Unförmigkeit verkehren, und zwar nicht so, wie wir uns durchaus einen viereckigen Kreis als Gedankending vorstellen können. Oder ist es gar das Ziel, aus der Ungestalt Gestalt, aus dem Chaos Welt zu schaffen? Ist denn der Chaotisierungstrieb, der Wille zur Destruktion am Ende die Voraussetzung für die Kraft der Destruktion, so daß das Chaos nicht der Grund, wohl aber die Bedingung der Möglichkeit für Weltgestaltung ist?

Destruktive Weltveränderung

Nun ist die merkwürdige Amphibolie der endlichen Zeitigung der Existenz deutlich zu machen. Das Janus-Gesicht der Zeit, der Rhythmus der Zeit ist sowohl als ein Fallen ins Nichts als auch als ein Zug zum Sein zu fassen, als ein Identifizierungsgeschehen, woraus Geschichte wird. Geschichte ist die Anschauungsform der anthropologischen Zeit.

Jede Weltveränderung, die nicht durch ein Sein dem Ideenkosmos der Subjektivität des Subjektes folgt, ist ein Destruktionsmoment und ist in Wahrheit darauf gerichtet, Bestehendes umzuwälzen, zu revolutionieren. Weltveränderung kann aber nur dann zur Weltgestaltung werden, wenn sie einer solchen legitimierten Idee folgt und in ihren Konsequenzen einsehbar ist.

In jeder destruktiven Form von Weltveränderung steckt ein Moment von Ungestalt darin. Darum ist es auch konsequent, daß sich an solche Veränderungen immer die Utopie des Paradieses knüpft, deren Theorie immer auch ein Kapitel über den Terror enthält. Daß Terror ein legitimer theoretischer Topos wird, eine geläufige Problemfigur, ist ein Spezifikum der Neuzeit. Daß so etwas passieren kann, weist auf den noch lange nicht abgeschlossenen Prozeß der Selbstfindung des Menschen als Weltsubjekt hin. Da die Linie oder Grenze nur fließend ist zwischen der Legitimität einer Probe auf diese Möglichkeiten, ist die Gefahr groß, daß diese Probe zur Versuchung um jeden Preis wird.

Diaphane Vollkommenheit

Lassen wir uns die Kugel als Sinnbild der Vollkommenheit zum Inbegriff unserer Weltgestaltung werden, so tritt sie an die Stelle der Vorstellung von einem Welthorizont. Die Kugel wird nun zum Inbegriff aller Weltdimensionen, zum Sinnbild diaphaner Vollkommenheit. Denn sie gewährt nicht nur einen umfassenden Überblick, sondern einen Durchblick durch die Fülle der unermeßlichen Möglichkeiten einer Weltgestaltung quer durch alle Epochen der Menschheit.

Probe aufs Exempel

Der Mensch ist durch seine Seinsnatur das Paradigma, der ontologische Grundriß einer Welt, die durch ihn wird, indem sie vergeht, und die vergeht, indem sie wird. Dies aber ist die Paradoxie des Weltsubjektes Mensch, etwas tun zu müssen, was nicht frei von den Einschränkungen der Negativität der Zeit gelingen kann, die dennoch die Voraussetzung für die Kunst des Menschen ist, sich also selbst als eine Welt darstellen zu müssen, sich selbst als der Grund der Endlichkeit auf den Begriff bringen zu müssen, sich selbst als eine gebrochene Weltgestalt bilden zu müssen, sich selbst im Kampf mit der Zeit deren relativierenden Tendenzen durch das weltbildnerische Tun entziehen zu müssen.

Mit diesem amphibolischen Spiel von Konstruktion und Destruktion wird ihm die Leistung einer Weltgestaltung abgefordert. Darum ist die anthropologische Weltgestaltung in Wahrheit die Probe aufs

Exempel, ob der Mensch in sich den Mut entwickelt, den Übergang vom Dasein einer puren Vorhandenheit zu bewußter und spontan gewordener Existenz zu leisten, die wir dann seine definitive Weltgestalt nennen. Dabei entscheidet es sich, ob die Selbstgestaltung des handelnden Subjektes ihm zur Weltgestaltung wird. Dies aber ist ein Problem auf Leben und Tod.

Gestaltete Wirklichkeit des Gewordenen

Wenn etwas Gestalt gewinnt, so könnte man meinen, daß etwas von der Ungestalt in Gestalt übergehe. Es könnte aber auch gemeint sein, daß aus Nichts Etwas werde. Wenn also vom Übergang die Rede ist, so heißt dies, daß etwas, was vorher noch nicht war, jetzt nicht Etwas werden kann, wohl aber, daß dadurch etwas *geworden* ist, das dadurch so und nicht anders jetzt wirklich ist, daß ein Anfang des Werdens gesetzt wurde, der der Grund dafür ist, daß ein Gewordenes überhaupt entstehen konnte.

In diesem Sinne kann jetzt der Akt der Gestaltwerdung des Gewordenen als ein Übergang vom Nichts zu Etwas als einem Nicht-Dasein zu einem Dasein gedacht werden — oder von einer noch ungestalten Wirklichkeit zu einer gestalteten Wirklichkeit des Gewordenen, das das Vergehen als das Vergangene, als das Präteritum hinter sich läßt.

Was hier ungestalte Wirklichkeit heißt, meint die Setzung eines Anfanges, dem die Kraft innewohnt, Werden in Gang zu bringen, mit dem Ziel, daß in diesem Akt das Vergehen dann überwunden sein soll, wenn Gestalt geworden ist. Mit Recht spricht man deshalb davon, daß das Werden im Gewordenen zur Ruhe gekommen ist und damit seine Vollkommenheit erreicht hat.

Was nicht war, ist nun. Doch es kann nicht gesagt werden, was unwirklich war, ist nun wirklich; denn das Unwirkliche hat keine Vergangenheit, das Unwirkliche ist ja gerade nicht und kann darum auch nicht gewesen sein. Das Gestaltgewordene ist zur Ruhe gekommen und darum das Präteritum des Gestaltens; denn Gestalten ist immer ein Vorgang des Werdens. Wenn etwas Gestalt geworden ist, ist das Werden vergangen. Und so gewinnen wir Verständnis für die

Formel: Weltgestaltung ist ein Entstehen im Vergehen. Was vergeht, ist nicht mehr. Darum ist die Gewordenheit der Gestalt ein Präteritum. Das Entstehen ist nun vergangen, und was bleibt, ist das Gegenwärtige, freilich nicht als eine leere Allgemeinheit, sondern als eine *Welt*.

Konsonanz von Ursprung und Gewordenem

Das Gestaltgewordene ist der Niederschlag des Werdens im Vergehen. Der Prozeß des Schaffens hat in der entstandenen Gestalt seinen Niederschlag gefunden. Er ist abgeschlossen, zur Ruhe gekommen.

Ist dieses Präteritum eines Werdens, ist die entstandene Gestalt damit zu einem toten Etwas geworden? Oder ist dieses Gewordene am Ende nichts anderes als das gestaltete Entstehen, als die Herbeiführung und das Zuwegebringen der Gestalt der Einheit des Werdens? Wenn dies so ist, dann aber ist die Gestalt das Resultat oder der Widerklang dessen, was dereinst nicht war, jetzt aber wurde, was einst noch nicht wirklich gewesen ist, jetzt aber wirklich ist.

Gestalt ist somit die Wirklichkeit einer Sache. Als geprägte Form ist sie nun das Resultat als Einklang von Gedanke und Tat, als Konsonanz von Ursprung und Gewordenem, als Konformität von schaffendem Subjekt und hervorgebrachtem Werk jener ursprünglichen Präge- und Profilierungskraft. Auf diese Weise stellt sich im resultierenden, konsonierenden und konformierenden Akt des Schaffens eine Entsprechung von Prinzip und Werk her; dies aber heißt Wahrheit. Somit eint Gestalt in sich den Werdegang schöpferischer Hervorbringung, die gestaltgewordene Zeit des Endlichen, worin die Weltgestaltung als ursprüngliche Hervorbringung zum Abschluß gekommen ist.

Das Werk ruht nun als die Gewordenheit in sich. Seine Seinskraft und die Stärke seiner Ausdrücklichkeit sind ein Reflex der Kraft des Entstehens, die sich in der Gestalt des Werkes konzentriert. Die Gestalt ist der Ausdruck dafür, daß durch das Vergehen im Akt der Weltgestaltung immer etwas wird, nämlich ein Reflex der Ursprünglichkeit der Weltgestaltung, dessen Einheit das energiegeladene und sinnerfüllte Werk ist.

Die Gestaltkraft des Anfanges zu setzen, heißt also etwas ins Werk setzen, um auf diese Weise die Wahrheit der Ursprünglichkeit zur Erscheinung zu bringen. Dies ist der Grund für die Aussagekraft der Weltgestalten.

Ist das Resultat erreicht, der Gestaltungsprozeß vollendet, dann wird die Vollkommenheit der Weltgestalten anschaulich; denn Vollendung heißt hier Vollkommenheit. Dann ist der Prozeß der Weltgestaltung abgeschlossen und aufgehoben. Was bleibt, ist das wahre Sein in Gestalt des Werkes. Was aber als das Gewordene bleibt, ist der Grad der Intensität der Gestalt als Erscheinungsfeld der Ursprünglichkeit seiner Hervorbringungen. Es wird sichtbar, wieweit es gelungen ist, die Weltgestaltung in jedem Werk so zum Abschluß zu bringen, daß der Werdegang des Schaffens als Entfaltung seiner Kraft anschaulich wird.

Könnten sich die Weltgestalten vom Präteritum dessen, was geworden ist, lösen, dann allerdings wäre erwiesen, daß die Weltgestaltung durch Philosophie eine zeitfreie Prinzipienverwirklichung möglich macht. Das Vergehen ist zwar in jeder gelungenen Gestalt zum Nichts herabgesetzt, aber das Werk kann sich deswegen nicht als Resultat von seinem Werdegang lösen; denn wäre dies möglich, dann hätte es seine Gewordenheit überwunden.

Gestaltgewordene Einmaligkeit

Dies aber ist die Schwelle, durch die die Weltgestaltung nicht hinweggebracht werden kann. Dies aber besagt, die Weltgestalten gegenwärtigen zwar den Ursprung ihres Entstehens, sie können aber niemals selbst Ursprung werden; denn sonst hätten sie nicht erst zu entstehen brauchen. Die Weltgestalt hat Dasein; darin besteht ihre Kraft. Sie ist konkret; jedoch das Dasein der Weltgestalten kann immer nur beschränkt geschaffen werden. Darum ist der endliche Vollzug der Weltgestaltung ein Prozeß der Selbsteinschränkung und Selbstbegrenzung. Ihr Ausdruck aber ist die gestaltgewordene Zeitlichkeit des Endlichen.

Der Mensch erweist durch die Ursprünglichkeit seiner Handlungen, daß er ein *deus humanatus* ist, um diesen Gedanken des Nikolaus von Cues noch aufzunehmen; und dies um so deutlicher, wenn man bedenkt, daß das Gewissen der geschichtliche Absolutpunkt des Subjektes Mensch genannt wurde, freilich eines in Geschichte verwahrten Absolutpunktes, der sich im Akt der Hervorbringung einer Gewissensentscheidung, gerade weil dies eine Folge der Weltnatur des Menschen ist, im Jetzt, da eine Tat vollbracht wird, frei setzt.

Was frei gesetzt wird in der Zeit, erhebt sich über den Verlauf der Geschichte und gewinnt dadurch die überzeitliche Gültigkeit des Einmaligen, das nun immer in sich bleibt als das, was es geworden ist. So wie die Gewissensentscheidung eine ursprüngliche Handlung ist, eine originäre sittliche Tat, so ist jedes hervorgebrachte Werk, sofern es der Inbegriff eines Einzelnen ist, eines Subjektes, dessen Wesen Vernunft, Sprache und Freiheit ist, eine Einmaligkeit seiner selbst.

Genesis der Welt

Wenn es zutrifft, es sei die Methode der neueren Philosophie, daß die Objekte der Erkenntnis nichts anderes sind als die Tätigkeiten des Geistes selbst, dann sind die Hervorbringungen von Weltgestalten in Wahrheit Verleiblichungen der kreativen Weltnatur des Menschen, und zwar deren Individuierung.

Trifft dies zu, dann aber ist jeder Weltgestaltungsprozeß ein Selbstgestaltungsvorgang des handelnden Subjektes, und zwar dergestalt, daß sich die Vollzüge der Zeit schließlich dadurch individuieren, daß sie Zeitmomente anschaulich machen. So wird Welt in Gestalt von Augenblicken zum Universum der Künste. Denn der Wille zur Gestalt, wie Schiller sagen würde, der Wille zur Totalität, wie Humboldt dies formulierte, oder die Tätigung der Natur, wie Goethe sich ausdrückte, und schließlich der Wille zum System, im Blick auf Kant gesagt, zielen alle auf die Gestaltung einer systematischen Einheit.

Dies aber ist nichts anderes als die Bändigung der Zeit durch den Augenblick in Gestalt der Form, in Gestalt der Totalität, in Gestalt der Natur und in Gestalt des Systems. Sie alle sind, logisch gedacht, die inbegriffliche Fassung von Welt.

So hat sich gezeigt, daß die kreative Genesis von Welt zum Thema stand. Denn was in diesem kreativen Akt wirklich wird, ist die Gestalt der Welt. Durch Werden wird etwas wirklich, was zuvor noch nicht ist, dem aber Möglichkeit innewohnte.

Doch wenn Welt wirklich wird, so wird sie immer ein Dieses, so daß der Gestaltungsakt zur einschränkenden und begrenzenden Individuierung wird. Dies aber ist gerade der Sinn der Genesis von Welt, daß sie allein als Gestalt wirklich werden kann, und zwar in Gestalt der Grenze, durch die das Werden Figur gewinnt. Deshalb ist die Genesis von Welt die Figuration oder Konstellation der Wirklichkeit des Werdens, die nun bewerkstelligt, daß Welt anschaulich wird. Allein dieses so und nicht anders als Welt seiend werden zu müssen, dies ist das Geschick für die philosophische Weltgestaltung. Das Prinzip von Welt kann also nur determiniert wirklich werden als Gegenwärtigung des Wirklichen.

Gestalt und Sein

Es ist für das Nachdenken über das Entstehen und Vergehen von Gestalt von nicht geringer Bedeutung, an eine geistesgeschichtliche Beobachtung zu erinnern, daß nämlich jede Spätphilosophie eines zu Ende gehenden Zeitalters mit dem Problem der Gestalt zu ringen hat. Man denke nur an die ausgehende Antike. In der Philosophie Plotins ist von der Gestaltlosigkeit selbst die Rede; was keine Gestalt habe, habe kein Sein, dem gebreche die Wirklichkeit. Denn wirklich in der Weise des Seins ist immer nur das Begrenzte, das Begrenzte aber ist immer ein Dieses und ein Sosein.

Das grenzenlose Eine ist aber die Seinslosigkeit selbst. Nun aber wird bei der Fortführung dieses Gedankenganges das Problem einer Sprachontologie akut, denn was begrenzt ist, bedarf der *onomasia*, oder wie wir heute sagen würden, der Beschreibung. Darum faßt das Werden im Akt der Weltgestaltung in sich selbst Stand, es substantiiert sich und wird zum „Herd" aller Dinge (vgl. Plotin V 5,5-6). — In diesem Sinne können wir sagen: zum Herd aller Gestalten. Wird so Gestalt aus dem Werden hergeleitet, sammelt es sich in sich selbst, dann gewinnt die gewordene Gestalt die Kraft zu sein.

Sprechen wir also von der Weltgestaltung durch Philosophie, so rückt jenes Prinzip ins Zentrum der Nachdenklichkeit, das der Grund von Gestalt ist. Wir werden vom Anfang unserer Überlegungen her auf die Spontaneität der kreativen Weltnatur des Subjektes Mensch gelenkt, das unmittelbar und darum selbsttätig ein Werden entstehen lassen kann, durch das *etwas* wird, das dann, wenn es wirklich geworden ist, Gestalt gewonnen hat.

Ist damit der Prozeß der Gestaltwerdung abgeschlossen, dann hat, was wirklich geworden ist, Figur und Form erlangt. Die Figur bezeichnet nun die umrandete Begrenzung. Entwickelt sich aber aus der Figur die Gestalt, so begreift diese in sich die Wesenswelt der Totalität dessen, was Gestalt zur Erscheinung bringt.

Gestaltverlust ist Weltverlust

In dem Maße aber, als Gestaltungskraft zerfällt, entäußert sich die Seinswelt der Gestalt in die Figur. Zerbricht die Figur, dann ist selbst das Lineament der Gestalt zerbrochen; dann ist der Verlust der Gestalt zum Weltverlust geworden. Was einst als Gestalt seiend war, ist im Nichts zerfallen.

Aus diesem Grunde muß das Problem einer Weltgestaltung immer als eine ontologische Frage erster Größenordnung im Blick bleiben. Durch das Schwinden der Gestalt wird die Prozessualität und Zeitlichkeit von Weltgestaltung rückläufig. Welt verliert ihren Stand, sie wird substanzlos und damit entwirklicht. Was bleibt, scheint die bare Umrandung zu sein. Mit Recht sprechen wir davon, daß wir in einer Sache an den Rand getrieben seien. Was bleiben mag, ist die Linie, kaum aber ein Profil.

Denn wenn Weltgestaltung eine Profilierung von Wirklichkeit ist, dann zieht der Verlust der Gestalt notwendig die Reduzierung auf die Linie nach sich. Die Linie selbst aber verläuft ins Nichts der Gestaltlosigkeit, die gar nicht wirklich sein kann, weil ein Werden, das sich nicht als Gestaltung erweist, keine Wirklichkeit, die ist, hervorzubringen vermag.

Verödung der Gestalt

Läßt man den Prozeß der Weltgestaltung reversibel werden, so setzt ein Vorgang des Verfalls der Gestalt dadurch ein, daß die Kraft des gestaltenden Willens geschwächt wird. Es setzt ein Auflösungsprozeß der sogenannten inneren Form oder eine Seinsauflösung dessen ein, was geworden ist. Dies ist allerdings zunächst eine Verflüchtigung des Gehaltes der Gestalt, der, wie es scheint, allerdings einen Halt an der umrandeten Linie findet. Der Inhalt der Gestalt wird an den Rand gedrängt, indem die Gestalt sich entäußert und damit zunichte macht.

Der Schritt über das Lineament der Gestalt, der durch eine reversible, rückläufige und inversive Bewegung geschieht, ist nun nicht eine Entschränkung des Gestaltungsprozesses in die Grenzenlosigkeit des Grundes der Gestalt, sondern mit zunehmender Intensität des Prozesses in die Bodenlosigkeit des Nichts. Die Intensität des Vernichtungsprozesses der Gestalt, ihrer Selbstdestruktion, ist bewegt von der Negativität des Nichts, deren Ungestalt die Nichtigkeit oder der Tod der Gestalt ist. Dies wird bewirkt durch die Reversibilität oder den Rückgang und die Gegenbewegung der Entwicklung einer Gestalt. Was dereinst wurde, was durch die Einheit der geprägten Gestalt wurde, was damit als Welt erschien und somit Wirklichkeit gewonnen hatte, wird jetzt durch den Fall der Gestalt entweltlicht.

So führt der Verlust der Gestalt zur Weltlosigkeit, die sich nun nicht einmal mehr durch die Linie definieren läßt. Die Konturen von Gestalt beginnen zu schwinden, und zwar darum, weil der Wesensumriß zerfallen ist und die innere Form sich aufgelöst hat. Damit scheint nun die Verödung der Gestalt abgeschlossen. Der Prozeß ihrer Entweltlichung erweist sich nun als der ruinöse Rückgang der Verödung. Was einst Gestaltung war, wird nun zu einem Verfallsgeschehen, dessen Sog die Leere ist. So wird der Gedanke der Gestalt hinfällig. Die Gestalt ist dahingegangen, die Figur verschwunden: Welt ist dahingegangen. Dies wäre das Ende der Wirklichkeit von Gestalt.

241

Sog zum Nichts

Wo aber keine Gestalt ist, dort hat der Zweifel an der Wirklichkeit der Welt überhandgenommen. Was wir die Weltlosigkeit der Figur genannt haben, ist jetzt ihre Unwirklichkeit. Was weltlos ist, nennen wir nunmehr seinslos. So wird die Flucht vor der Gestalt in Wahrheit zu einer Flucht vor dem Sein. Was wir eine Weltgestaltung nannten oder die Formgebung von Welt, ist jetzt ein rückläufiger Werdegang, eine Entwerdung von Gestalt. Dies aber heißt: wenn dereinst durch Weltgestaltung das Werden wirklich wurde und damit die Wirklichkeit von Weltgestalt entstand, wird es jetzt entwirklicht, das Werden geht dahin, es wird weltlos, verliert die Seinskraft. Dies führt in Wahrheit zur Kraftlosigkeit des Gestaltungswillens. An der Stelle des Willens zur Gestalt wird nun der Sog zum Nichts mächtig.

Woher aber nimmt das Nichts die Kraft, den Verfall herbeizuführen, um den Abbau und den Schwund von Gestalt überhaupt beginnen zu können? Wie aber vermöchte das Nichts dies, wenn der Rückgang von Gestalt nicht der Schwund von Etwas wäre? Was bleibt noch, wenn die Gestalt zerfällt, wenn die Welt aufgehört hat zu sein? Wir sagen schnellhin: nichts. Was ist denn aber das Nichts?

Das Nichts können wir nicht anders denn als Negativität fassen; damit nehmen wir den Werdegang der Gestalt als Prozessualität. Wir bezeichnen diese Prozessualität als die Antinomik der Weltgestaltung, die für uns durch die Spannung des Gestaltungsprozesses greifbar wird, durch seine Energie, die sich als Zeitlichkeit der Weltgestalt anschaulich gemacht hat.

Hinfälligkeit der Gestalt

Das Phänomen des Verfalls von Gestalt, die Hinfälligkeit von Form und Figur sind Hinweise auf die im Prozeß der Weltgestaltung in jedem Augenblick wirkende Hinfälligkeit, die ihren Grund in der Zeitlichkeit und Prozessualität des Daseins hat. Somit ist die Negativität nur Ausdruck für die Zufälligkeit und darum für die kontingente Wirkungsweise der Weltgestaltung überhaupt.

Die Defizienz, die Hinfälligkeit der Weltgestaltung besteht gerade in dem Mangel, daß das Werden allererst werden muß und daß Gestalt entstehen muß. — Daß aber Gestalt zu Bruch gehen kann, daß selbst die Individuierung der Gestalt nur für einen Augenblick währt und nur als gebrochene Gestalt einer Weltstelle oder eines Weltaugenblickes zu sein vermag, hängt damit zusammen, daß die Negativität aus der Wirklichkeit Welt nicht ausgeschlossen werden kann.

Gelänge es, die Zeitlichkeit im Akt der Weltgestaltung zu eliminieren, dann allerdings wäre ein absoluter Akt möglich, dann könnte ein absoluter Akt, von Zeit gelöst, hervorgebracht werden. Doch der Sinn dieser Paradoxie, dem wir uns in einem solchen Gedankenexperiment aussetzen, besteht darin: Wäre in der Dimension der Hinfälligkeit die Hervorbringung einer absoluten Gestalt auch nur denkbar, dann müßte sie überhaupt nicht erst gedacht werden; denn sie wäre immer schon wirklich.

Dritter Abschnitt

Was gegründet ist, bleibt

Wird die Seinsnatur des Menschen als Prinzip gefaßt, so handelt es sich bei diesem Prinzip um jene Selbstbewegung, die man Selbstursächlichkeit nennt. Darum nennen wir die Bewegung der Subjektivität, worin sich das Denken auf sich zurücknimmt, eine achsendrehende Bewegung. Diese aber ist eine innerliche Bewegung.

Im Gegensatz hierzu steht die *actio transiens*, eine Ursache, die zwar etwas setzt, jedoch nach außen und sich von ihr absetzt. Die achsendrehende Bewegung dagegen ist immanente Bewegung, sie muß substantialer Natur sein, da sie eine bleibende, in sich bleibende, bei sich seiende und darum freie Bewegung ist. Aus diesem Grunde nennen wir sie Selbstbewegung: die Bewegungskraft bleibt im Beweger. Hierin besteht die Freiheit der Kausalität ihrer selbst, die Identität der Freiheit des Aktes.

Die substantiale Natur der immanenten Bewegung ist organisch, eine Bewegung, die *eine* ist und als organische systematisch zielbestimmt ist; sie hat immer schon ihr Bewegungsziel in sich und bewahrt es als den Bewegungsgrund ihres ursächlichen Handelns. Aus diesem Grunde sprachen wir von der achsendrehenden Bewegung, die in sich selbst steht und als selbstbewegende ihre Kausalität und damit ihre Freiheit im Akt des Verursachens, im Effekt, den sie hervorbringt, bewahrt. Deshalb ist sie als Ursache der Grund des Schaffens. Das Verursachte kann darum das sein und bleiben, als welches es hervorgebracht wurde; denn es ist gegründet.

Über die Schwelle des Todes

Weil aber die Achsendrehung eine Prinzipienbewegung ist, kann sie nicht zerfallen. Dies ist sie nämlich, wenn wir von der Selbstbewegung sprechen oder von ihrer freien Tätigkeit und eben nicht von einer notwendigen Bewegung, die etwas als *actio transiens* nach außen hervorbringen muß, wovon streng zu unterscheiden ist, nämlich etwas, was nach außen zwar frei tätig hervorgebracht werden kann, aber nicht muß. Dies nennen wir eine kontingente Hervorbringung, die von außen so lange als Zufall betrachtet werden kann, als der Grund ihrer Verursachtheit noch nicht aufgedeckt ist.

Nur weil die achsendrehende Bewegung substantialer Natur ist, also apriorisch oder uranfänglich, kann sie nicht zerfallen; sie ist als Bewegungsprinzip von der Endlichkeit der Zeit nicht berührbar, der nagende Zahn der Zeit vermag nichts gegen sie, denn als Prinzip ist sie vor aller Zeit und nach aller Zeit, so daß wir sagen können, die achsendrehende Bewegung geht durch ihre Substantialität im vorhinein jedem endlichen Beginn und zeitlichen Anfang immer schon voraus und im nachhinein hat sie jedes zeitliche Ende und selbst den Tod immer schon eingeholt, und zwar dadurch, daß das endliche Subjekt Mensch sich deswegen im Tode durch seine Weltgestalt der Existenz apriorisch, von Grund auf, als das gezeigt hat, was und wer es frei zu werden vermochte.

Existenz aktualisiert sich aber nicht, sie kann sich gar nicht aktualisieren, denn sonst wäre sie ein Kennzeichen des Daseins, das sich aktualisiert, ob wir wollen oder nicht. Wir sind da, und wir sind hier. Die Raum-Zeitlichkeit ist nicht in unserer Hand.

Anders aber steht es mit der Gestaltung der Weltexistenz des Menschen. Sie ist über die Schwelle des Todes hinweg allein sein Werk. Sie ist durch den Menschen in jedem Augenblick im Werden, sofern der Mensch frei und vernünftig zu handeln beginnt. Sie kann stärker werden, und sie kann abnehmen, bis zu der Schwelle, da Vernunft den Menschen zu verlassen scheint und die Freiheit ruht.

Was wir über den Punkt unseres Daseins hinweg als Existenz gestaltet haben, bleibt, hebt uns für alle Zeit vom Dasein ab. Existenz kann zwar gleichsam ausgelöscht oder in der Dunkelheit eines von keinem Licht der Vernunft und der Freiheit erhellten Daseins versenkt werden, aber Existenz kann in jedem Augenblick und allerorten sich wieder zur Existenzgestalt zeitigen, dann nämlich, wenn das Bewußtsein wieder erwacht und sich selbst zur produktiven Tat der immerwährenden Hervorbringung, zur Existenz ermächtigt. Die Weltgestaltung besteht nun darin, etwas werden zu lassen, was Natur überhaupt nicht hervorzubringen vermöchte, nämlich ohne Vorbild zu gestalten, also nirgendwo und nirgendwann sich auf ein Vorbild berufen zu können. Gewiß, sofern der Mensch naturbedingt ist, gehorcht er dem Organismus ihrer Gesetzlichkeit, ist er den Gesetzlichkeiten der Natur preisgegeben. Aber Naturgesetze sind keine Weltgesetze.

Darum ist selbst eine Krankheit zum Tode ein währender Kampf zwischen der Freiheit des Geistes mit dem naturbedingten Dasein des Menschen. Gerade der Tod ist der Sieg des Geistes über die Zeitbedingtheit, die eine Naturbedingtheit des Menschen ist. Darum kann Natur im Akt des Sterbens zum Medium werden, und zwar gerade dadurch, daß der Körper zunichte wird, auf daß das Sein des Geistes offenbar werde. An die Stelle des Körpers, der durch die Sinne zugänglich, der zeitbedingt ist, tritt nun die Existenzgestalt des Leibes. Der Geist wird als Gestalt anschaulich, zwar geworden, bedingt durch Zeit, nun aber frei von ihr. Dies nennen wir den unvergänglichen Leib oder die Gestalt der Existenz des Geistes.

Darum kann der Tod anschaulich gegeben sein, darum kann es in der Tat ein Gespräch der Geister geben. Die dialogische Identität des Geistes, die sich als Existenz verleiblicht, bürgt auch dann, wenn der Körper dahingegangen ist. Der Verkehr der Geister untereinander im Medium der Existenz bedarf nicht mehr des Daseins, weder des

Raumes noch der Zeit; das Medium ist jetzt nicht mehr Natur, sondern die Kraft zur Existenz schon hier und jetzt, von Augenblick zu Augenblick, durch jede Tat des Menschen, die er zwar zeitbedingt, aber geistbegründet hervorbringt. Damit aber ist die Voraussetzung geschaffen, ein Gespräch von Existenz zu Existenz zu führen.

Der Tod als Zusammenbruch der Zeit

Träfe die lässige Rede zu, daß wir im Tode alle gleich, alle einerlei sind, dann wäre die Rede von der dialogischen Identität des Subjektes Mensch eine leere Formel, die nie zum ontologischen Modell für die Weltgestalt der Existenz des Menschen werden könnte. Denn Identität ohne Gestalt kann allenfalls in der Zone des berechenbaren Daseins ihren Ort haben, sofern das Dasein als Stoff, der Stoff als Stoff, die Zeit als Zeit mit sich selbig ist.

Doch was ist denn Natur als Stoff für die Existenz? Sie ist lediglich eine zeitbedingte und zeitbeschränkte Voraussetzung für das Werden einer Gestalt der Existenz. Was aber einmal bleibt, wenn Existenz gezeigt, ihre Gestalt gelungen, der Tod eingetreten ist, ist der Seinsgrund, der ermöglicht, daß die individuelle Gestalt der Existenz vom Augenblick des Zusammenbruchs der Zeit an ohne Stoff als Wirklichkeit des Geistes definit zu sein vermag. Denn was ist der individuelle Tod anderes als der Zusammenbruch der Zeit im Augenblick? Was aber bleibt, nicht zurückbleibt, was nunmehr immerdar ist, weil es bleibt, ist die Existenzgestalt der dialogischen Identität, deren Wirklichkeit Geist ist.

Darum kann der Tod das Leben sein, das den Zusammenbruch der Zeit herbeiführt, und die Vollkommenheit der im Verlauf der Geschichte Gestalt gewordenen Existenz, die offenkundig macht, daß ihre Substanz Geist ist, ihre Vernunft ein Gespräch und ihre Freiheit nun nicht mehr die latente Indifferenz des Geistes, sondern die offenbare und damit wahre Indifferenz der Freiheit des Geistes, deren Macht es gelungen ist, sich von der Abhängigkeit der blinden Allgemeinheit der Indifferenz ebenso zu lösen wie von der Zeit. Dies aber geschieht dadurch, daß die Allgemeinheit und die Zeit durch die Tat der Weltgestaltung im Werk als der Sonderfall des Allgemeinen, als Augenblick der Zeit überwunden sind. Denn im Werk wird das Allgemeine zur Gestalt des Individuum, und die Zeit sammelt sich in der Gestalt des Augenblickes.

So kann mit Recht gesagt werden, daß es die Aufgabe der Weltgestaltung durch Philosophie ist, die Gestaltungsprinzipien freizulegen, die der Grund der Möglichkeit dafür sind, daß das Allgemeine sich dadurch besondert, daß der applanierende Strom der Zeit durch die hervorgebrachten Figuren der Kultur zu Weltgestalten werden, deren Sinn schaffende Kräfte, Vernunft, Sprache und Freiheit, sind, die sich nunmehr als Bewegungskräfte des Geistes erweisen. Die Lösung von der einebnenden Allgemeinheit und der nivellierenden Zeit ist dann gelungen, wenn der Geist seine Substanz „Freiheit" als das individuierte Allgemeine zur Erscheinung bringt, und zwar als die Zeitgestalt des Augenblicks.

Der begriffene Tod

Wenn wir den Tod als Zusammenbruch der Zeit zu verstehen versuchen, dann muß man sich fragen, ob es nicht eine Anmaßung sei, den Tod überhaupt begreifen zu wollen. Verbirgt sich in dem Wort, der begriffene Tod, am Ende ein intellektueller Herrschaftsanspruch, der, wie leicht einzusehen ist, dann schon zum Scheitern verurteilt ist, wenn wir die Möglichkeit des menschlichen Denkens mit der bitteren Realität des Todes konfrontieren? Dies wäre aber eine Möglichkeit, wie der Versuch, den Tod intellektuell beherrschen zu wollen, mißlingen muß.

Doch bedenkt man, wie gleichgültig nicht nur einem Toten, sondern so manchen Lebenden der Tod schon zu ihren Lebzeiten ist, dann scheint die Rede vom begriffenen Tod eine schöne oder beschwichtigende Redensart zu sein, die mit der Realität, die wir hier und jetzt durchzustehen haben, gar wenig zu tun hat.

Hat die Philosophie wirklich etwas mit dem Tode zu tun? Oder wie kommt denn der Tod überhaupt in die Philosophie? Wie kommt es, daß der Mensch trotz aller seiner Flucht vor dem Tode den Tod nicht loszuwerden scheint? Aber warum wollen wir es so genau wissen, was der Tod wirklich ist? Denn dies zu wissen, begehren wir, wenn wir dazu ansetzen, uns eine Vorstellung vom Tode zu machen. Warum also wollen wirbegreifen, wer der Tod ist? Um schließlich sagen zu können, wir haben einen Begriff vom Tode, wir wissen, wer er ist, weshalb wir ihn fürchten oder herbeisehnen?

Oder läßt uns die Rede vom begriffenen Tod gleichgültig, weil wir wissen, daß er ‚nichts' ist? Es ließe sich noch eine Reihe von Gedanken oder Gleichgültigkeiten nennen, mit denen man dem Phänomen des Todes begegnen kann, oder sagen wir, wie man das Gespenst des Todes abzuwehren versucht. Man mag sagen, das seien alles Übertreibungen eines Denkens, dem das Realitätsbewußtsein gebricht, dem das Auge stumpf geworden ist für die unausweichlichen Anforderungen, um auch nur das Leben zu fristen oder es sich zum Genuß werden lassen zu können. Läßt sich am Ende sagen: Wer nach dem Tode fragt, dem fehlt der Blick für das Leben?

Es ändert sich jedoch die Situation völlig, wenn man sich den Tod nicht wie irgendein Ding vorstellt, wenn er nicht wie ein unerwünschter Ankömmling genommen wird, sondern als einer, der zu uns gehört wie das Leben, das uns bewegt, ja, der dann noch unser ist, wenn dieses Leben gewichen zu sein scheint, weil wir nicht mehr da oder dort sind, weil wir, der Zeit und des Raumes ledig, überall und immerdar — zwar nicht mehr materiell, wohl aber als geistige Existenzen, nicht in einem anderen Jenseits, sondern in einer Sphäre sind, die alle Dimensionen irdischen Daseins durchbricht und die gerade darum nicht faßbar ist, da sie nun die Sphäre des Geistes ist, die das Licht unserer individuellen Existenz geworden ist.

Ironie des Todes

Die folgende Überlegung versucht, den Wesenszusammenhang von Licht und Tod aufzudecken. Wir setzen mit dem Problem der Ironie des Todes ein, um den Zusammenhang von Licht und Tod dadurch nach und nach in den Blick zu bringen, daß wir ein spezifisches Weltphänomen, nämlich das der Ironie für den Begriff der Existenz produktiv machen.

Man mag einwenden, man könne ein Phänomen nicht produktiv machen, sondern man habe es zu beschreiben. Die Bedeutung dieses

Einwandes ist zwar nicht zu unterschätzen, doch wenn von diesem spezifischen Weltphänomen Ironie die Rede ist, so ist im Blick zu behalten, daß eine ausschließende Phänomenbeschreibung nur sichtbar machen kann, was wir meinen, wenn wir von Ironie im Hinblick auf Welt sprechen. Gibt sich uns im Akt einer Wesensbeschreibung des Phänomens Ironie jedoch nicht die Frage, welcher Weltsinn mit dem Ironiebegriff zu verbinden ist, so bleibt diese Beschreibung steril, weil sie nicht zu zeigen versucht, um wessentwillen denn Ironie für das Verständnis von Welt integrierend ist.

Für die Problematik einer Ironie des Todes ist es unausweichlich, fragend zu bedenken, ob nicht allererst das Weltphänomen Ironie die Unwirklichkeit Tod in ihrer Negativität herauszustellen vermag. Dies ist der Grund, weshalb wir mit der phänomenologischen Was-Frage, die sich auf eine Sachbeschreibung beschränken kann, notwendig die Warum-Frage verbinden, die antworten will auf Herkunft, Ziel und Sinn der Ironie im Hinblick auf die Bedeutung des Todes für das Weltverständnis.

Stellen wir aber die Herkunfts- und Zielfrage im Horizont des Todes, so setzen wir uns instand einzusehen, daß Ironie zwischen der puren Faktizität des Todes und seinem Sinngrund, den wir durch die Metapher Licht veranschaulichen, vermittelt. Diese methodische Überlegung sollte andeuten, um wessentwillen wir vom Weltphänomen Ironie sprechen und welches Ziel wir verfolgen, wenn wir mit der Wesensfrage die Warumfrage, mit der Methode der Beschreibung die einer Prinzipienreflexion verbinden, um schließlich durch die Einbeziehung des Vermittlungsbegriffes die methodische Bedeutung des Ironiegedankens positiv zu fassen. Ironie ist die Weise, wie sich in der Dimension der vergänglichen Endlichkeit die Einsicht geben kann, daß Licht und Tod in Wahrheit eins sind, so daß wir dann zu sagen vermögen, die Wahrheit des Todes ist das Licht, — wobei die Metapher Licht einsichtig machen soll, daß durch den Tod Wahrheit einleuchtend zu werden vermag.

249
Unwirklichkeit Tod?

Es mag vermessen erscheinen, sich über die Ironie des Todes Gedanken machen zu wollen. So mag es insbesondere demjenigen scheinen, der den Tod zwar als eines der sogenannten Lebens-Rätsel ansieht, aber sich selbst nicht so leicht wünscht, daß das Dunkel dieses Rätsels sich lichte. Er zieht es vor, an dieses Urphänomen des menschlichen Daseins nicht zu rühren, es stillschweigend auf sich beruhen zu lassen, ohne freilich zu bemerken, daß er auf diese Weise der altehrwürdigen Erhabenheit des Todes eine Ehrerbietung erweist, die ihn zumindest in der mitmenschlichen Alltäglichkeit kaum in Anspruch nimmt. So bleibt der Tod für ihn das große ‚Rühr-mich-nicht-an', obgleich er doch unterschwellig weiß, daß der Tod jede Sekunde nach ihm selbst oder in Gestalt eines anderen nach ihm zu greifen vermag.

So scheint es nicht nur; vielmehr ist dessen jeder so selbstverständlich gewiß, daß es entweder nicht der Rede wert zu sein scheint, auf diese Tatsächlichkeit des Daseins überhaupt einzugehen, oder daß diese Todesgewißheit über jede andere Erfahrungsgewißheit zu stellen sei, so daß es gerade die unbestreitbare Nähe des Todes ist, die uns über ihn eben so zu schweigen heißt wie die ungreifbare Ferne seiner Wesenlosigkeit. Doch wenn der Tod in der Tat wesenlos wäre, warum gibt es dann eine eingestandene oder überspielte Todesfurcht? Diese Frage läßt einen ebenso ins Stocken geraten, macht nicht minder stutzig, wie die Frage: Warum fürchten wir eigentlich das Nichts, warum schaudern wir vor einem Abgrund oder warum lockt er uns, warum zieht uns gar die Negativität an, warum gibt es eine Sehnsucht zum Tode, wenn er doch in der Tat ‚nichts' ist? Oder ist er doch ‚etwas'? Weil wir ja immer schon in seinem Vorgriff sind? Dann aber läßt dieser Vorgriff die Stunde des Todes zur Stunde der Wahrheit werden, nicht irgendeiner Wahrheit, sondern dieser unserer Wahrheit, die allein durch diesen unseren Tod als die von uns gezeitigte Wirklichkeit, der wir den Namen Existenz geben, offenbar wird.

Damit aber hat sich zunächst thetisch der Gedanke umgekehrt, und durch das Weltphänomen Tod wird nun sichtbar, daß er uns zwar als Unwirklichkeit erscheint, während er, wenn man ihm auf den Grund zu gehen versucht, sich als die ironisch verstellte Wirklichkeit des Lichtes erweist. Der Tod ist nicht nur ein Phänomen der vergänglichen Endlichkeit, sondern er ist ein Prinzip, in welchem der Grund der Möglichkeit hinterlegt ist, daß die Existenzgestalt des Menschen im Tode seine erworbene und doch unvergänglich gewordene Wirklichkeitserscheinung bringt.

Nähe und Ferne des Todes

Die Rede von der Nähe des Todes zielte auf ihn als Faktizität oder als eine Welttatsächlichkeit, die Ferne aber auf die Existenz, die sich im Verlauf eines Daseins ein Seiender erwirbt und die im Tode ihre endgültige Seinsgestalt gewinnt. Die Spanne des Todes reicht von diesem Augenblick hier und von jener Stelle dort, da der Tod gedacht wird, bis in eine in Unendlichkeit sich verlierende Ferne. Doch ist die Polarität des Todes am Ende nicht die unvermeidbare Zone des Daseins, die ein jeder zu durchlaufen hat, ob er vor dem Tode die Augen schließt oder ob sein Blick ihn in einer Ferne sucht, die ihm die Gewißheit gibt, daß weder Ort noch Augenblick den Tod je zu fassen vermögen?

Der Todesgedanke vergegenwärtigt etwas, das uns noch unvermeidbarer erscheint als unser Dasein in diesem Augenblick. Denn was ist dies für eine seltsame Gegenwart, die die Zeit flieht und sich dem Raum entzieht? Ist gar der Entzug des Raumes und die Flucht vor der Zeit die Weise, wie wir des Todes habhaft werden können, nämlich durch die Verneinung der Zeit und des Raumes, also durch den Gedanken, daß der Tod im Verlauf der Zeit keine Gegenwart und in der Erstreckung des Raumes keine Stelle hat, ja, keinen Augenblick und keine Stelle zu haben vermag, obgleich er in den Raum einzutreten scheint, wenn er kommt, obgleich er plötzlich wie im Augenblick uns der Zeit entzieht und damit durchaus seine Stunde hat, wenn er erscheint?

Diese unberechenbare Gegenwart mag es nun sein, die erlaubt, von ihm zu schweigen. Das Schweigen über den Tod kann sich darauf berufen, daß er doch nie anzutreffen sei, weder in einem verschwindenden Augenblick noch an einer Stelle, für die nicht einmal die geringste Maßeinheit zureichend ist. So schattenhaft uns auch seine Gestalt zu sein scheint, der Schatten der Zeit oder des Raumes berührt ihn nicht. Doch wenn wir uns in dieser metaphorischen Redeweise bewegen, liegt es dann nicht ganz nahe, zu sagen, daß der Tod am Ende gar das Licht selbst sei, ein Licht, das zwar keine Zeit und keinen Raum erhellt, doch ein Licht, das so fern und nah ist — und uns durch seine Ferne dem Tod entzieht und durch seine Nähe uns so blendet, daß wir vor diesem Lichte fliehen. So aber wird deutlich, warum uns die Todeszone zur Dimension des Schattens werden muß, falls wir uns Gedanken über die Gegenwart des Todes zu machen versuchen.

Ist also dies uns ein Zeichen der Ironie des Todes, daß wir seine Nähe fliehen und uns seine Ferne verfolgt? Könnte uns Ironie dazu verleiten zu sagen, der Tod erscheine darum unermeßbar zu sein, weil er Flucht und Entzug in einem ist, Flucht vor der Zeit und Entzug im Raume? Wie aber soll etwas ermessen werden können, dessen Gegenwart sich weder durch Raum noch durch Zeit fixieren läßt, gerade darum aber zur durchgängigen Ironie unseres zeitbedingten und raumbestimmten Daseins werden kann, die uns den Tod entzieht, wenn wir ihn zu greifen versuchen, und die uns vom Tod verfolgt sein läßt, wenn wir vor ihm fliehen.

Ist deshalb sein Wesen schon Flucht und Verfolgung? Sind dies Weisen der Ironie, nämlich der Verdeckung durch Entzug und der Verstellung durch Verfolgung? Greift die Ironie des Todes nicht gerade dadurch nach uns, daß sie uns an seiner Wirklichkeit zweifeln läßt? Ist dies seine Wissensironie, daß er uns bis in die Mitte unseres Daseins verfolgt und beunruhigt, uns in ein Unwissen stürzt, uns in die Verzweiflung vor ihm treibt, uns dadurch nicht zur Ruhe kommen läßt, daß wir ihn in einer unerreichbaren Ferne zu suchen getrieben sind, obgleich wir wissen, daß er unerreichbar ist und dennoch unvermeidbar, weil er sich in uns festgesetzt zu haben scheint?

Das ironische Gehaben des Todes, das Gift seines zerreißenden Zweifels ist ebensowenig zum Verschwinden zu bringen, wie unser raumzeitliches Dasein, solange wir der vergänglichen Endlichkeit ausgesetzt sind, solange wir hier und jetzt sind. Denn allenthalben und allseits, immerdar und überall verfolgt uns der Tod nicht minder, wie er sich entzieht, seine Ironie treibt das Gift der Verneinung in die Mitte unseres Daseins und zersetzt es, seine Ironie treibt uns in den verhängnisvollen Lauf, ihn zu meiden, obgleich wir wissen, daß er weder zu vertreiben noch zu finden ist.

Der trennende Riß des Todes

Wenn Welt sich aber in der Gestalt der Existenz im Verlaufe eines Daseins zeitigt und damit ihr Sein substantiiert, ihren Selbststand gewinnt, also durch Zeit bewegt, sich intensiviert und damit inständig wird, wird im Tode der ekstatische Charakter der Existenz offenbar. Existenz entfernt sich ekstatisch vom Dasein, führt den Riß zwischen Dasein und Existenz herbei. Sprechen wir darum vom ekstatischen Charakter der Existenz, so meinen wir, daß die Zeitgestalt des Daseins nun deutlich hervortritt und durch den Tod in die Existenzgestalt erhoben wird. Was bleibt, ist nicht die Zeit, wohl aber die Zeitlichkeit als Zeichen der endlichen Herkunft der Existenz. Denn der Fluß der Zeit ist schon für die anthropologische Existenzgestalt der Welt immer schon so eben gewesen und immer schon so eben gekommen. Vergangenheit und Zukunft punkten sich als Existenz und heben sich damit in die Allheit der Weltexistenz des Menschen auf. Sie wird zwar bewahrt, ihre Vergänglichkeit aber ist immer schon längst verfallen. Was einst war oder sein wird, ist jetzt durch die Einheit der Weltexistenz des Subjektes als Vergänglichkeit und damit als Nichts erwiesen. Dies aber vermag allein der trennende Riß des Todes.

Damit hat aber auch die Ironie in der Ekstatik des Todes ihr Ende gefunden. Der Tod verdeckt und verstellt zwar, vermag aber jetzt nichts mehr in Frage zu ziehen, es sei denn die Vergänglichkeit selbst, es sei denn den entschwindenden Fluß der Zeit. So enthüllt der Tod, macht offenbar, stellt ins Licht der Immerwährendheit des Augenblickes, zwar nicht der Zeit, wohl aber des Seins, das der Zeit ledig geworden ist, die nun immerwährende Weltexistenz des zeitfreien oder vielmehr des zeitfrei gewordenen Seins des Subjektes Mensch, dem die Vergänglichkeit des Daseins zwar zerfallen, die gezeitigte Existenz seiner selbst aber dadurch blieb, daß der Tod ihn dem Dasein entzog.

Das Dasein ist nun zerfallen, die sterbliche Vergänglichkeit an ihr

Ende gekommen. Nun kann an die Stelle der irdischen Unwissenheit, das ironisch verdeckte Wissen um den Tod und durch die Aufhebung der Schwebe der Ungewißheit des Daseins die Gewißheit angesichts der Weltexistenz des Mensch-Seins, das nun schlechterdings existierend ist, treten. An die Stelle des einstigen Pathos des Staunens, daß überhaupt Etwas, also Welt ist, tritt nun die Ekstatik des Todes. Was aber macht diese einleuchtend? Daß der weltseiende Mensch als Existenz nun immerdar der Nämliche, immer Derselbe seiner Existenz ist. Er hat sich nun durch Existenz als Welt in der Ekstatik des Todes identifiziert. Erst die Nämlichkeit oder Selbigkeit des nun zur Weltexistenz gewordenen Subjektes Mensch läßt den Tod zur Identifikation des Menschen als Welt werden.

Die identifikatorische Weltfunktion des Todes setzt diesen in sein Daseinsrecht ein. Hat er aber diese Daseinsfunktion erfüllt, wenn mit dem Menschen das Dasein gestorben ist? Ist das Dasein durch die Weltekstase der Existenz verdrängt? Dann allerdings mag zwar der Mensch gestorben sein, der Tod sich selbst getötet haben, das ekstatische Sein des Subjektes aber offenbart, wer nun als Existenz bleibt, sofern er sich im Riß des Todes bewahrt, was er im Laufe des Daseins geworden ist — und nun nicht mehr nur zeitlos bleibt, sondern immerdar ist. Denn wenn der Tod sich getötet hat, wenn das Dasein zerfallen ist, hat er keine Zukunft mehr und das Subjekt vermag ihn nicht einmal mehr zu fürchten.

Mit der Erhebung der Weltexistenz erhebt sich das Subjekt über den Tod und damit über die Vergangenheit und Zukunft hinaus, keineswegs in eine immerwährende Gegenwart, deren Sein die Zeit wäre, sondern in das ekstatische Sein der Existenz selbst, die das Subjekt jetzt ist. Denn der Riß des Todes läßt die wesenlose Nämlichkeit der Zeit zerfallen, zerbricht ihre Kontinuität, hält ihren Fluß auf, und an ihrer Stelle erhebt sich das Subjekt der Existenz, die als Möglichkeit seiner Zeitlichkeit schon zugrunde liegen mußte, damit das Subjekt sich auf dem Weg zur Erhebung der Existenz überhaupt behaupten konnte.

Der befreiende Riß des Todes

Im Tode gewinnt die Daseinsfigur eines Subjektes ihre Seinsgestalt der Weltexistenz. Die Weltexistenz ermöglicht, daß das Subjekt überall und immerdar zu sein vermag, wann und wo immer es zu sein wünscht. Denn als Weltexistenz, die frei von jeder Zeit- und Raumbeschränkung ist, ist der Mensch im Tode wahrhaft freigesetzt und damit ermächtigt, überall und immerdar für jeden gegenwärtig zu sein. Allein die Weltexistenz gewährt nun jenes Reich der Freiheit, das ein Subjekt dem anderen dann schenkt, wenn es die Freiheit in Liebe kehrt.

Dann aber hat Freiheit ihre Gestalt gefunden. Zwar wirkt Zeit an der Hervorbringung der Weltgestalt der Existenz des Subjektes mit, nicht aber liegt sie der Existenz zugrunde. Zeit ist ein Vorkommnis unter anderen Vorkommnissen des Daseins, eine Beiläufigkeit unter anderen Beiläufigkeiten. Darum ist die Umläufigkeit der Zeit in Wahrheit ihre Beiläufigkeit. Darum ist sie für die Sache der Existenz nebensächlich. Für das Sein der Existenz war sie eine nebensächliche Bedingung, die sich freilich im Dasein als Hauptsache, zumal wegen ihrer Endlichkeit, aufzuspielen vermag. Wäre Zeit etwas anderes als eine Nebensächlichkeit, als eine Beiläufigkeit und Umläufigkeit des Daseins, wann könnte die Zeitlichkeit eines seienden Subjektes denn dann überhaupt zerfallen, wenn sie durch den Tod und mit ihr der Tod selbst zu Fall gebracht worden ist?

Darum befreit der Riß des Todes von der Endlichkeit, Beiläufigkeit, Mitläufigkeit und Nebensächlichkeit und von dem Zufall zumal und läßt offenbar werden, was denn in Wahrheit dieses Endlichsein des Daseins eines Weltsubjektes überhaupt universal überall und schlechterdings allgemein ist, was immerdar schon vorzeitlich als sein Urstand zugrunde liegt: nämlich seine substantiierende Instimmigkeit, die zwar durch keine Zeit- und Endlichkeit angefochten werden konnte, im Riß des Todes aber als Urstand der Substanz der Freiheit das zur Weltexistenz immer schon ermächtigte Ich offenkundig macht. Darum ist Weltexistenz gerade durch ihren ekstatischen Charakter die zeitfreie Gestalt dessen, was das Subjekt von Grund auf, also aus seinem zugrundeliegenden Sein, als Welt werden ließ, damit dereinst ekstatisch hervortreten kann, warum denn das

Subjekt die universale Existenz von Welt frei sein soll. Darum muß der Tod ein Riß sein.

Daher ist der Tod kein naturaler nahtloser Übergang von hier nach dort, den der Fluß der Zeit wie von selbst leistet, auch nicht ein Schritt hinauf über die Sterne, sondern eine Tat, die die Beiläufigkeit, Nebensächlichkeit, genannt Dasein und Endlichkeit, zerfallen läßt und das Subjekt der Notwendigkeit einer frei zu gestaltenden Weltexistenz anheimstellt.

Woran der Tod nicht rührt

Ist das Universum aber als Weltgrund in Gestalt der Existenz des Subjektes durch den Riß des Todes offenbar geworden als das, was wir jedwedem weltseienden Wesen, das hier ist, zugrunde gelegt wissen, dann ist auch offenbar, daß es das *esse universale*, das Weltsein heißt, ist, das die Kontinuität des Werdens in der Zeit bedingt. Darum kann selbst das Werden und nicht minder die Zeit eines und in einem sein. Darum kann schon von der Einheit des zeitbedingten Kosmos gesprochen werden, der unsere Alltäglichkeit bestimmt. An das *esse universale* wie an das Weltkontinuum selbst, den Grund der Nämlichkeit oder der Identität des Weltseins der Welt eines seienden Subjektes in Gestalt des Menschen, an diese Kontinuität vermag nicht einmal der Riß des Todes zu rühren.

Doch die zur Gestalt der Weltexistenz gewordene Subjektivität des Weltsubjektes Mensch hat die Frage nach der Kontinuität der Welt überholt, denn sie ist abgelöst durch die Identität des Subjektes, das durch den Tod der Zeit der Endlichkeit entzogen wurde, so daß der Urstand der Welt oder ihre inständige Nämlichkeit schon in dieser Zeit und Stunde nun ‚nach dem Tode' offenbar werden konnte. Diese Inständigkeit aber ist die ekstatische Weltexistenz des Menschen, ob er lebt oder stirbt; denn ob er lebt oder stirbt, um dereinst zu existieren, er ist und bleibt immerdar das *esse universale* der Welt, so daß wir zu Recht von dem Zusammenhang oder von der Kontinuität der Welt, von dem einen Weltzusammenhang, dem Prinzip, das Welt eines sein läßt, zu sprechen vermögen: als dem einen Grund der Einheit des Menschen der Welt und der Welt im Menschen.

Dieser anthropologische Weltzusammenhang, genannt durch die Bestimmung: der Mensch das weltseiende Wesen oder das Weltsein der weltseiende Mensch, ist der Ort der Weltergründung; denn das Prinzip, durch das alles, was ist, allüberall überhaupt ist, kann nun als die Einheit von Welt begriffen werden. Das Prinzip des Weltzusammenhanges oder der Grund der Einheit des empirischen Daseins der Welt und des Weltsubjektes Mensch ist das eine Sein in seiner Nämlichkeit, durch den der seiende Mensch und jedwedes seiende Ding ist.

Soll aber das All der Welt als Begriff gefaßt werden, dann muß Welt als Universum begriffen sein. Dies aber kann nur dadurch geschehen, daß die Umkehr des *orbis terrarum* durch die *universio* des Weltenrunds in den *orbis hominis* gelingt. Denn die Grenze des Erdenkreises bestimmt der, der Grenze und Kreis in eins zu denken vermag: das Weltsubjekt Mensch selbst.

Sprachgrund der Existenz

Wird der Mensch geboren, so ist er ein Mensch; stirbt er, so ist er zwar ein Mensch gewesen, doch was aus ihm zwischen Geburt und Tod geworden ist, wozu er sich gemacht hat, das vermag deshalb zu bleiben, weil das Prinzip Mensch weder geboren zu werden noch zu sterben vermag.

Wäre der Mensch nicht gerade allein schon durch die Herkunft seiner Geburt in eine Sphäre erhoben, die weder Geburt noch Tod kennt, so würde er sich — kraft dieses Prinzips, wodurch er als dieser ein Mensch ist, nicht schon im Verlauf seiner Lebensbahn von der puren Vorhandenheit als Ding unter Dingen, als Seiender unter Seienden zu einer Existenz zu bilden vermögen, die ihn schon vor dem Tode als ein Sein ausweist, das durch die Herkunft seiner Geburt am Ende seiner Lebensbahn die Kraft eines Wissens gewonnen hat, das gerade der Mensch im Sterben durch seine Herkunft ereignet, aus der er geboren wurde, um sich durch die Kunst der Existenz nun aber als Gestalt eines Geistes immerdar, ohne der Zukunft zu bedürfen, jedwedem anderen Sein aus freien Stücken ohne Zeit oder Vorhandensein zu verlautbaren.

Darum ist allein das Wort der Toten in einer Sprache gesprochen, die immerdar verstanden werden kann. Denn in jener Dimension, die wir den entgrenzten Bereich des Seins der Prinzipien nennen, wird eine Sprache gesprochen, die weder die Zeit im Fortgang der Rede noch den Raum zu ihrer Entfaltung notwendig hat. Denn im Bereich der Urwelt des Menschen erweist sich die Gestalt der Existenz als Wort des Geistes, der in sein irdisches Dasein als Mensch entlassen wurde, um durch die Kraft seiner Freiheit und das Wissen seiner Vernunft die Möglichkeit zu haben, seine Lebensbahn als Weg des Todes zu durchlaufen.

Dieser Weg führt in Wahrheit in eine Wirklichkeit, die offenkundig macht, daß die Gestalt der Existenz das gezeigte Wort eines Seienden ist, das erstmals Mensch werden mußte, um dereinst durch das gestaltete Wissen seiner Freiheit seiner selbst als Geist gewiß zu sein. Denn was im Akt des Sterbens sich als Sprache vernehmlich macht, läßt uns begreifen, daß die Substanz der Gestalt der Existenz ein Wort ist, das uns erstmals zwar ohne unser Zutun in die Geburt entließ, um uns dadurch zugleich die Möglichkeit zu geben, durch die schöpferische Vernunft der Sprache, frei und darum mit Wissen auf Unvergänglichkeit hin eine Existenz zu gestalten, die dereinst im Akt des Todes sich als Wort des Geistes ereignet, einmal und damit allemal, so daß der Einzelne allein und damit für alle immerdar zu sprechen vermag.

Liebe und Tod

Gehört wird es von jedem, der die Zone des Todes überschritten hat, vernommen aber wird es allein von jenen, deren Liebe man während der Lebensbahn zu gewinnen vermochte. Das Maß der Liebe von einst bestimmt den Grad der Intensität des Bestehens durch alle Ewigkeit und in alle Ewigkeit. Wen die Liebe einst erwählte, der bleibt auch eine Ewigkeit in jenem Ende ohne Ende verbunden. Dies hat seinen Grund darin, daß die Liebe keine blinde Notwendigkeit, sondern wissende Freiheit ist. Sie ist zwar die Herkunft unserer Geburt und das Ziel des Sterbens. Aber im Verlauf der Lebensbahn ist der Zwist von Notwendigkeit und Freiheit, von Nacht und Tag, von blinder Notwendigkeit und Helle des Wissens auszutragen.

Weil die Geburt der Liebe entspringt und der Tod in die reine Liebe zurückführt, kann das Leben schöpferisch bleiben und sein Verlangen nach Gestalt stillen. Dies geschieht in dem Maße, als es der Kraft der Freiheit des Einzelnen gelingt, sich die dumpfe Vorhandenheit als Ding unter Dingen, als Vorkommnis unter Vorkommnissen, als Beiläufigkeit unter Beiläufigkeiten zum bloßen Stoff werden zu lassen, zur ungebildeten Materie, die freilich immerhin die Bereitschaft hat, sich zu einer Gestalt der Existenz bilden zu lassen, deren Zukunft Ewigkeit ist.

Sakrosankte Existenz

Im Akt des Sterbens wird das Sein des Menschen in seinem transitiven Charakter offenbar, und zwar darum, weil es ein Bleibendes ist, ein Individuelles, das im Füreinander ein Für-sich-Sein ist. Erst als Existenz hat der Seiende und darum besondere Mensch seine Isolation aufgegeben. Er ist nun nicht mehr allein, der Besonderte, der sich von der Sprache entfernt, sondern der, der als Ich zur Sprache des Du gefunden hat.

Jetzt erst wird von einer anderen Seite her deutlich, weshalb der daseiende Mensch im verendenden Lauf des Daseins und im begrenzenden Raum sich zu vergesellschaften, sich zu vergruppen, sich zu vergemeinschaften sucht. Warum? Um sich darin als ein Du zu finden. Doch er tut dies um den Preis, daß er als der Besonderte und Vereinzelte sich in diesen Mehrheiten eben nicht als solcher wiederfindet, sondern sich darin verliert. Damit aber bleibt ihm nichts anderes übrig, als sich unterzuordnen, sich zu fügen, sich zu beherrschen und sich in ein Ganzes einzugliedern. Und er muß dies, wenn er sein Leben fristen will.

Wäre er nicht ein Wesen der Wirklichkeit und damit ein Wesen der Zukunft, hätte er nicht in sich den Willen, sich von dem Dasein zunehmend unabhängig machen zu wollen, sich von diesem zu lösen, dann wäre er auf Gedeih und Verderb den Gruppen ausgeliefert und hätte sich an sie verloren, noch ehe er begonnen hätte, sich auf sich selbst zu besinnen, um die Sprache seiner selbst zu erringen, um sich den unverwechselbaren Namen seiner selbst zu geben, durch den er von jedem nicht nur als der erkannt, sondern als der angesprochen werden kann, der er als er selbst einmal über alle Zukunft hinaus sein wird, nämlich ein Existierender, der aufgehört hat, ein transitives Wesen zu sein, weil er nun eine sakrosankte Existenz geworden ist, die in sich bleibt, die ihre alleinige Eigentümlichkeit ist, die die Eigentümlichkeit der Sprache ist, durch die er diese seine eigentümliche Identität als seine Einzigartigkeit, Einmaligkeit nicht nur verlautbart, denn dies tut das Tier auch, sondern vernehmlich macht, indem er zu verstehen gibt, nicht was er ist, sondern wer er als einstiges Wesen der Zukunft geworden ist.

Ist dies aber ausgesprochen, dann ist ein Wesen, das sein transitives Sein verloren hat und zur intransitiven Existenz geworden ist, dadurch in die Mitte seiner selbst zum Stehen gekommen, daß es nunmehr allein durch die Freiheit des Geistes seiner selbst, dessen Medium oder Gemeinsamkeit die Sprache ist, im Wort dieses Fürsichseins im Füreinander vernehmlich macht. Damit aber ist das Wesen, das in die Mitte seiner selbst und damit in sich zu stehen gekommen ist, eben nicht mehr die isolierte Eigentümlichkeit seiner selbst oder die auf sich beharrende Eindeutigkeit seiner selbst, sondern die Ausgewogenheit seiner selbst, die wir seine Kommunikabilität oder seinen Willen zur Sprache nennen.

Ist die Sprache als Kommunikabilität oder als Dialog erkannt, dann ist die Individualität der Existenz nicht die Zwiespältigkeit, wohl aber die Zwiefaltigkeit eines Individuum, und zwar so, daß dieses für es selbst konstitutiv ist. Die Zwiefaltigkeit oder der Dialog des Individuum ist das Füreinander im Fürsichsein der Individualsprache dieses Seienden.

Frei von allen Abhängigkeiten

Würden wir aber den Tod nicht als einen Wendepunkt vom Dasein zur Existenz begreifen können, würde sich wahrlich im Tode nicht alles wenden, dergestalt, daß sich das transitive Dasein eines individuellen Lebewesens zu einer intransitiven und gerade darum in sich selbst identischen Individualität gezeitigt hat, dann wahrlich wäre der Tod der definitive Untergang des Einzelnen, dem kein Aufgang wie im Blitz zu folgen vermöchte. In diesem Wendepunkt aber fällt die Materialität: alle Zeit, jeder zuzumessende Raum, dessen Maß das Wieviel oder Wiewenig ist. Der geschichtliche Absolutpunkt seiner selbst, in dessen Mitte nun dieses Wesen zu stehen kommt, erweist sich als sein unbedingter Geist, der, wenn er sich verlautbart, nicht mehr einer Stufe der Zeit bedarf. Denn dieser Geist ist eben nicht der einer individuellen Zeitgestalt, sondern das Urantlitz seiner selbst, die sprechende Individualität seiner selbst. Was wir einst die Zukunft eines Individuum nannten, ist im Wendepunkt des Todes als sein Geist offenbar geworden.

Wenn wir also von einem Toten sagen, er sei entschlafen, habe seinen Geist aufgegeben, so heißt dies, daß er sich im Ereignis des Sterbens von den Endlichkeiten seines Daseins befreit hat, so daß nun das Individuum allererst in die Mitte des Geistes seiner selbst zu stehen gekommen ist und wahrlich überall und immerdar als seine Existenz ist. Darum ist der Geist die Substanz der Existenz; denn er offenbart als Existenz die Offenbarkeit seines individuellen Daseins. Darum ist das existierende Individuum eine *effabilitas*, die immerwährende Aussprache seiner selbst, deren Sinngehalt das Wort ist, das als Medium Sprache ist, wodurch sich eine Existenz dem anderen als deren Freund vernehmlich macht. Warum aber ist jetzt die Freundschaft des Füreinander die individuelle Sprache der Existenz?

Erst wenn der Einzelne als Existenz, als individuierter Geist, von keiner Zeit mehr abhängig ist und durch keinen Raum mehr eingeschränkt werden kann, hat er sich von der Einsamkeit befreit, ist er als Individuum eben kein Solitär mehr. Warum? Weil er nun das Dasein losgeworden, weil er der Zeit ledig geworden ist. Einst war er als Daseiender schon vor dem Tode zwar im Vorgriff seines Absolutpunktes, der als Gewissen das Subjekt unter den raum-zeitlichen Bedingungen des Daseins zur Welt nötigte und immer wieder der Einsamkeit seiner Entscheidungen preisgab, nun aber ist das Individuum nach dem Tode durch seine Existenz frei von allen Abhängigkeiten, Einsamkeiten und Einschränkungen. Darum ist der Absolutpunkt zur dialogischen Identität des Individuum geworden und das Individuum ist als Existenz verewigt. Das Individuum hat sich im Akt des

Sterbens seines Daseins selbst entschlagen. So allein konnte es sich im umkehrenden Wendepunkt des Todes als Identität verewigen.

Was im Tode entschwindet

Was kann die Rede heißen: Es sterbe jeder seinen Tod? Wie kann der Tod überhaupt sterben? Soll dies heißen: Jeder endige seinen Tod und bringe ihn damit aus dem Leben heraus, beseitige ihn, um ihn zum Ableben zu bringen. Dies scheint so zu sein. Denn wenn einer stirbt, scheint doch das Ende herbeigeführt; sein Dasein schwindet, der Körper wird zu Staub, und was von ihm zu bleiben scheint, ist zu wenig, als daß wir auch nur das Geringste von ihm wissen oder ihn gar ergründen können, um sagen zu dürfen, der Dahingegangene, ja der nun Entschwundene sei immer noch.

Doch was ist mit dem Dahingegangenen entschwunden? Was ist vergangen? Vergangen ist die Möglichkeit, abermals das sein zu können, was er einst durch seine Körperlichkeit uns zu sein schien. Eine Möglichkeit ist zunichte geworden, nämlich so da zu sein, wie der Verewigte einst bis zum Eintritt des Todes, bis zu der Stunde, da er auf seine Körperlichkeit verzichtete, da war.

Was der Dahingegangene zurückließ, war eine entindividualisierte Körperlichkeit, war der Stoff seines Daseins, nämlich das, woran er gebunden war während seiner Lebenszeit. Die Bedingungen des Daseins sind zwar geblieben, aber zerfallen ist seine Figur, seine körperliche Figürlichkeit hat sich aufgelöst und seine raumzeitliche Ausdehnung als Figürlichkeit ist geschwunden.

Ars moriendi

Es ist eine der Seltsamkeiten, daß Denken die Tendenz hat, sich das Nacheinander und Nebeneinander des Daseins dadurch gegenständlich werden zu lassen, daß es das raum-zeitliche Dasein punktuell und damit als Augenblick in der Zeit und als Ort im Raume zu fassen versucht. Tun wir dies, dann vergegenständlichen und verdinglichen wir das Dasein und damit uns selbst. Soll nun aber nach Prinzipien gedacht werden, so ist es Aufgabe, diese Denktendenzen des Daseins dadurch zu überwinden, daß wir langsam in uns eine Welt entwickeln, deren Wesen die Gegenstandslosigkeit selbst ist. Diese Dimension nennen wir den Bereich der Prinzipien.

Unter diesem Gesichtspunkt ist die Philosophie eine Einübung in den Tod, eine *ars moriendi*, nämlich die Kunst, den Willen zur Gegenständlichkeit und die Denktendenz, alles, was wir denken, zu vergegenständlichen, sterben zu lassen. Diese Kunst des Philosophierens, diese Fähigkeit, dieses Können gilt es in uns zu entwickeln, wodurch wir das punktuelle Denken sterben lassen, um zu einem alles durchfassenden und alles in sich befassenden Denken zu gelangen.

Existenz jenseits der Schwelle

Wenn wir von einem geschichtlichen Absolutpunkt des Gewissens sprachen, so unter der Rücksicht unserer Daseinstendenz; denn wo und wie sollten wir in uns prinzipiell Stand fassen, wenn nicht in einem Punkt in uns selbst. Doch wenn das Dasein verfallen und seine Punktualität dahingegangen ist und wir gerade durch das Gewissen überall und immerdar, Kreis und Punkt der Existenz in Gestalt der Person selbst geworden sind, ist das Gewissen nicht mehr Prinzip seines individuellen Daseins, sondern vielmehr Prinzip dessen, was wir frei und bewußt, selbsttätig und selbständig aus uns im Dasein gemacht haben.

Die Punktualität des Daseins ist im Tode zunichte geworden; wir sind das Ganze unserer Existenz. Und warum mußte die Punktualität fallen? Weil im Tod das Nacheinander und Nebeneinander der Raum-Zeitlichkeit aufgehoben ist und wir das reine Sein unserer selbst, das wir uns erworben haben, in uns und um uns selbst sind, also das Ganze, das keine Punkte kennen kann. Unsere Lebensgeschichte bleibt. Was aber mit der Punktualität im Tode fällt, ist unsere beiläufige Endlichkeit. Diese ist geendigt.

Nun aber ist entscheidend, daß im Tode die bewältigte Lebenszeit und Lebensgeschichte eines Individuum wie eine reife Frucht dem Dasein entgleitet, um das Ganze, Mitte und Peripherie des individuellen Seins, offenbar zu machen. Dies aber nennen wir die Existenz jenseits der Schwelle.

Unvordenklichkeit des Todes

Was mag nun die Rede vom unversehenen Tod in diesem Zusammenhang anderes heißen, als daß der Tod unversehens kommt, unbemerkt und unbeachtet eintritt? Denn wir wissen von keiner unserer Möglichkeiten mit solcher über jede Wahrscheinlichkeit hinausgehenden Gewißheit wie um die Möglichkeit des Todes, um seine unnahbare Mächtigkeit. Und doch trifft er uns, wenn er naht, unversehens, plötzlich, unvorhergesehen. Warum kann er uns nur plötzlich treffen? Weil er als ein Phänomen der Freiheit von Zeit uns keine Zeit dazu läßt, ihn zu erwarten. Während wir da sind, ist unser Tod immer noch für uns das große Noch-Nicht.

Was aber ist denn dieses große Noch-Nicht in Wahrheit? Es ist die Unvordenklichkeit selbst. Wenn der Tod kommt, geht er als der Unvordenkliche, als einer, der sein könnte, aber noch nicht in unser Sein überging, herbei; er läßt sich herbeiseiend werden. Dies aber vermag er nur, indem er sich mit einem seienden Individuum, dessen Dasein fällt, verbindet. Darum ist der Tote ein Existierender, der jetzt der ist, der er durch die Tat seines Daseins inkünftig sein wollte.

Sprachereignis des Todes

Diese Überführung (translatio) vom Dasein zur Existenz geschieht durch eine Erhebung dessen, was ein individuell Seiendes endlich und zeitlich ist und in der Zeit abgearbeitet hat und was damit zu Ende gebracht wurde. Was im Ringen mit der Zeit aus ihm geworden ist, diese seine geendigte Endlichkeit und gezeitigte Zeitlichkeit wird nun zur Positivität befreit. Dieser Befreiungsakt ereignet sich im Medium der Sprache; denn nur durch sie kann sich Wahrheit verlautbaren, kundgeben und mitteilen, was als eine Existenz nun sein kann, was sie bedeutet, was sie im Austausch von Wort zu Wort zu geben vermag.

Darum ist die Sprache nicht nur Sinn, nicht nur Bedeutung, nicht nur Verlautbarung, sondern Sprache und Kundgabe einer gewordenen Wahrheit und damit gewordene Wirklichkeit einer Existenz, die nun nimmer vergeht, nun aber auch nicht mehr wird, sondern ist. Darum kann das Wort zum ontologischen Element der Kundgabe von Wahrheit im Medium der Sprache der Existenz werden, deren letzte Einheit das Element des Wortes ist, das freilich gerade dadurch, daß es etwas kundgibt, seine dialogische Kommunikabilität offenbart. So wird durch Sprache die Existenz dialogisch, dies heißt: als Sprachgemeinschaft konstituiert. Darum fällt im Ereignis des Todes die Einsamkeit; denn der Tod ereignet die Erhebung in die Sprachgemeinschaft der Existenz.

So ist das Sprachereignis des Todes die aufhebende und darum bewahrende Erhebung dessen, was im Dasein individuell in die bleibende Gegenwart des Ewigen gezeitigt wurde. Darum ist der Todesakt eine *translatio*, eine Überführung dessen, was nach der vergangenen Endlichkeit eines Individuum nun immerdar bleibt und nimmermehr vergeht. Was aber bleibt? Das, was das Individuum als Subjekt an Dasein durch die Freiheit seines individuierten Geistes abgearbeitet hat, indem es auf die in ihm angelegte Gestalt der Existenz hin die Selbstgestaltung seiner individuellen Subjektivität entfaltete und sich selbst und anderen durch die Sprache seines Wesens schon in der Zeit und jetzt nach der Zeit im Medium der Sprache durch das Element seines individuellen Wortes kundgab.

Es wäre darum ein Mißverständnis, wenn man meinen wollte, daß durch diese *translatio* des Daseins zur Existenz Zeit und Ende mitüberführt würden. Diese fallen für die Abgeschiedenen. Im Akt der *translatio* wird die gezeitigte Zeit und die geendete Endlichkeit durch die Befreiung zur Existenz beglaubigt. Aus diesem Grunde kann der Todesakt kein Ereignis des Absoluten sein, sondern die Tat einer Zeitlichkeit, die auf Ewigkeit, eine Endlichkeit, die auf Unendlichkeit in der kontingenten Seinsverfassung des Subjektes Mensch angelegt ist. Darum ist der Todesschritt kein nahtloser Übergang in der gleichen Dimension, sondern ein Überstieg, in welchem die Dimension der Zeit verlassen und die Sphäre der Ewigkeit sich gibt.

Sprechen wir also von den Abgeschiedenen und Verewigten, so meinen wir, daß ihre auf Lebenszeit verweisende Zeitlichkeit sich nun als Spur der Ewigkeit zeigt. Die Zeitlichkeit kann nicht durch sich selbst, sondern nur durch Ewigkeit vollendet werden. Was als Zukunft oder Vergangenheit war, ereignet sich jetzt als Sein der Ewigkeit eines einst zeitlich Seienden. Weil aber das Sein der Ewigkeit nicht blinde Notwendigkeit ist, sondern die Helle des Geistes und somit Freiheit, so besagt dies, daß Existenz im Sprachereignis des Todes sich immer schon als grundgelegt in der sprachlichen Natur des Individuum Mensch erweist.

Wenn durch den geschichtlichen Absolutpunkt des Gewissens eines Subjektes einst der Anlaß gegeben war zu der Annahme, daß der in Endlichkeit versenkte Geist sich einmal als der Grund des Daseins erweisen werde, so wird er im Sprachereignis des Todes zur Grundlegung der Wirklichkeit der Existenz. Das Medium, in welchem dies geschieht, ist die Sprache, die nun durch das Element des individuierten Wortes der Existenz zum Leib des Geistes wird, so daß die Existenz sich vernehmlich machen und vernommen werden kann. Deshalb sprechen wir nicht von verstandenem oder vernommenem Tod, sondern wir begreifen den Tod, weil durch seine Hypothesis sich die Wahrheit der Existenz als ihre Wirklichkeit einleuchtend macht, weil die Erkenntnis der Existenz sich als eine Weise zeigt, wie ein Individuum nicht nur sein soll oder sein möchte oder sein könnte, sondern wer es als seiende Person durch die Gestaltung seiner Endlichkeit geworden ist, deren Gestalt durch den Tod von den Bedingungen der Vergänglichkeit befreit wurde.

Darum kann von der Erkenntnis der Existenz als Wissen, wer das Individuum in Gestalt der Person wirklich ist, gesprochen werden. Und so kann mit Recht auch von der Hypothesis des Todes gesprochen werden; denn grundgelegt wird nicht der Tod, sondern durch das Todesereignis im Medium der Sprache die neue Wirklichkeit des Individuum, die der Tod in schöpferischer Gestalt des Wortes als Ausdruck des Wissens gebraucht.

Was das Individuum durch sein Sein von Grund auf ist, mußte es sich allererst erwerben, nämlich die unanfechtbare Lauterkeit seiner Wahrheit. Die Freiheit des Geistes, die im Wort der Existenz sich individuell artikuliert, ist nun nicht mehr vor die Wahl gestellt, zwischen Wahrheit und Irrtum, zwischen Gut und Böse wählen zu müssen.

Schönheit der Existenz

Das offenbare Sein der Existenz ist das Gesicht der Schönheit; denn vor der Integrität einer individuellen Existenz, die sich als Wort des Geistes verlautbart hat, schwindet das Böse als Mangel der Vollkommenheit. So erst wird Dasein zum Feld des Häßlichen, das die Grenze der Wahrheit der Existenz, die offenbare Lauterkeit und Ausgewogenheit der Existenz verdunkelt. An die Stelle des Glanzes der Schönheit tritt die Finsternis.

Die Ausgewogenheit der Existenz besteht in ihrer Integrität, die weder ein Zuviel noch ein Zuwenig und darum weder das Böse noch das Häßliche kennt, weder einen Entzug noch einen Mangel.

Was ein Individuum durch sich an ethischer Schönheit im Dasein geworden ist, was ihm an Schönheit als Tugend ward, ist jetzt dem Existierenden zum Sein geworden, zur Vollkommenheit, die als Lauterkeit und Ausgewogenheit sich dadurch als Schönheit der Existenz erweist, daß es mit der Mitte seines einstigen Daseins, mit dem geschichtlichen Absolutpunkt des Gewissens nun identisch ist.

Der Ausschluß des Mangels und der Häßlichkeit des Daseins ist die Ausgewogenheit der Symmetrie der Existenz. Diese besteht für den Existierenden darin, daß er mit dem Absolutpunkt seines individuellen Seins fürderhin in Einklang gebracht ist. Das Dasein mußte in sich zerfallen, um mittels des Todes zur Existenz zu gelangen, zur Lauterkeit manifester Wahrheit, die für das Auge des Geistes als Schönheit der Existenz anschaulich ist.

Weil der Existierende nicht mehr zu handeln und darum auch nicht mehr zu wählen hat, darum ist er die Kraft der Sprache selbst, in welcher sich die Freiheit des individuellen Geistes als Glanz des Wortes ausspricht, so daß er in Übereinstimmung mit sich selbst ist, in Konsonanz mit seinem Absolutpunkt, ohne jede Möglichkeit des Verfehlens. Nun wird deutlich, was es heißen soll, daß Existenz der reine Gesang der Sphäre der Wirklichkeit ist. Darum bildet die Gemeinschaft der Existenzen den Chor der Erfüllung, dessen Lied aus dem Grund der reinen Kommunikabilität entspringt. Dieser Chor weiß nicht nur, *was* er singt, sondern *warum* er singt.

So wird die individuelle Existenz zum Widerklang, zur Resonanz des individuellen Absolutpunktes und erweist sich als Urmelodie, auf die der Mensch schon als Daseiender abgestimmt war, als er sich durch die schöpferische Komposition seines Daseins allererst zur Gestalt der Musik seiner selbst werden lassen mußte. Darum können wir von einer Urmusikalität der Seinsnatur eines Subjektes sprechen, dessen Bedingung das Dasein, dessen Ziel aber das Ereignis, das Sprachereignis der Überführung des Daseins zur Existenz im Tode ist. Ist damit die relative Freiheit des Daseins gefallen, dann kann im Sprachereignis des Todes das Wort der Existenz sich als der reine Gesang erweisen, als schlechthin vollkommene Musik. Somit ist das Sein des Menschen zur offenbaren Wahrheit geworden, zur fehlerfreien Resonanz des Urseins, das nichts anderes ist als der Ursprung und Urgrund von Wahrheit und Schönheit und damit des Guten.

Dialogische Harmonie

Wäre aber der geschichtliche Absolutpunkt des ontologischen Gewissens nicht der apriorische Vorgriff des Urseins selbst, dann wäre die dialogische Harmonie der Existenzen unmöglich. In dialogischer Symmetrie, in Einklang und Übereinstimmung harmonieren Ich und Du; darin besteht die ontologische Schönheit des Prinzips der Kommunikabilität. Dieses dialogische Prinzip ist inhaltlich bestimmt durch die Harmonie der Freiheit des Geistes, der der Grund dafür ist, daß individuelle Existenzen durch die Symmetrie von Ich und Du harmonisch in der Freiheit des Willens übereinstimmen. Das Wort, das sie zueinander sprechen, ist wahr, und die Syntaktik der Rede ist vollkommen. Die unverminderte Integrität der Existenz schließt die Vollkommenheit des Wortes in sich und die Lüge aus.

Der Mut zur Wahrheit ist nun die frei getätigte Wahrheit im gesprochenen Wort, das zwar abgeschlossen, aber gerade deshalb nicht tot sein kann; denn die einem Individuum mögliche Fülle der Wahrheit hat sich in der Rede der Existenz verleiblicht.

Wenn wir also von dialogischer Harmonie sprechen, so meinen wir die Schönheit des Geistes, deren Ursprung die Sinnlichkeit als unsinnliches Prinzip des Sinnenfälligen ist. Solange sich Schönheit in vergänglicher Endlichkeit zu behaupten hat, kann sie dies nur im Auf und Ab des Stilwandels der Gezeiten menschlicher Kreativität tun. Erst wenn einem schaffenden Individuum das Dasein zerfallen ist, wenn sich in ihm im Medium der Sprache der Geist als Existenz verleiblicht hat, dann können wir von der geistigen Schönheit einer individuell seienden Existenz sprechen, die als daseiende den Namen Mensch trug, als Existenz sich aber den individuellen Eigennamen gibt, durch den es nunmehr mit dem Wort seiner selbst identisch ist.

III
Paradigmatischer Teil

DER MENSCH ALS WELTBEISPIEL

Erster Abschnitt

Was sucht der Mensch?

Es ist die Aufgabe einer morphopoietischen Metaphysik, das Prinzip der Weltgestaltung aufzuweisen. Vermöchte der Mensch in sich selbst nicht, die Symmetrie seiner Weltnatur zu suchen, dann dürfte er nicht den Anspruch erheben, daß Philosophie Weltwissenschaft sei, die einsichtig macht, wie und warum Welt in den Gestalten der Kultur des Menschen anschaulich und damit greifbar wird.

Deshalb ist es die spezifische Aufgabe des Philosophen, „das immer auf dieselbe Weise sich Verhaltende" in sich selbst zu suchen, um so den Grund von Weltgestalt und den Ursprung von Weltgestaltung zu entdecken. Was er sucht, ist das Prinzip der Weltgestaltung in sich selbst, der Grund, der Maß von allem ist. Maß von allem ist aber Welt, deren Architektur symmetrisch im Menschen vorgezeichnet ist.

Daß der Mensch immer schon im apriorischen Vorgriff dieser Ursymmetrie seines Maßes steht, erweist sich dadurch, daß er das Immergleiche und auf dieselbe Weise sich Verhaltende in sich zu finden vermag. Dies nun, was sich immer auf die gleiche Weise zu sich selbst verhält, sich auf sich selbst bezieht, sich in sich selbst zentriert, nennen wir die morphopoietische Weltnatur des Menschen. Sie ist als Vernunft, Freiheit und Sprache der substantiale Bezugspunkt, der architektonische Inbegriff von Weltgestaltung überhaupt. Der Umriß der morphopoietischen Weltnatur des schaffenden Subjektes aber gewinnt symbolische Weltgestalt durch das Kulturschaffen des Menschen.

Morphopoietische Weltmetaphorik

Läge jedoch dem Menschen nicht immer schon seine morphopoietische Weltnatur als eine Weltmetaphorik zugrunde, repräsentierte sich diese nicht in der Architektonik der Seinsnatur des Menschen, wäre also der Mensch selbst nicht durch sein Sein die apriorische Weltmetapher selbst, so vermöchte er sich im Akt der Weltgestaltung nicht mundan zu bilden, gar seine Weltnatur in seinen Werken darzustellen. Wäre der Rhythmus der Weltbildung nicht durch die Symmetrie der Dynamik seines Schaffens bestimmt, so könnte Kultur nicht zum Weltsymbol werden.

Allein weil sich der Mensch durch Vernunft, Freiheit und Sprache zu sich selbst weltförmig zu verhalten vermag und das Maß von allem, nämlich von Welt, ist, vermag er durch die Kraft der Symmetrie seines Schaffens Gestalten hervorzubringen, in welchen er sich selbst anthropomorph darstellt. Allein das morphopoietische Weltsein des Menschen, die Proportionalität von Vernunft, Freiheit und Sprache ermöglicht, daß der weltbildende Mensch morphopoietisch handelt, indem er den Willen zur Gestalt in die Tat umsetzt, — sei diese nun eine Sinngestalt im Bereich der Kunst oder eine Zweckgestalt im Bereich der Technik oder eine Staatsgestalt im Bereich der Politik oder eine Wirtschaftsform im Bereich der Ökonomie.

Die symbolischen Weltgestalten sind nichts anderes als der Gestaltreflex der Urmetapher Mensch. Der Mensch ist das Prinzip der metaphorischen Weltgestaltung. Daher behält Hegel recht, wenn er sagt, daß der Mensch das Maß von allem sei. Doch welcher Mensch? Jener, der durch seine Weltindividualität das Maß von allem ist. Sie wird uns zugänglich durch das einzelne Individuum in Gestalt der Person, das sich in Wissenschaft, Politik oder Ökonomie als den metaphorischen Inbegriff seiner morphopoietischen Weltnatur wiedererkennt.

Das Kunstwerk oder das Werk der Technik ist freilich nicht eine Mimesis, eine Nachahmung; denn der Mensch ahmt durch seine Weltgestalten nicht sich selbst nach, er handelt nicht mimetisch, wenn er schafft, sondern er schafft vielmehr diese Sinnbilder seiner selbst aus sich, aus dem Grund der Möglichkeit seiner selbst hervor. So ist der morphopoietisch Schaffende das Ursymbol, das Ursinnbild des Gepräges seiner selbst in Gestalt der Urmetapher Welt. Weil das schaffende Subjekt das substantiale Weltsinnbild ist, darum kann der Mensch seine Kreativität in Sinnbildern gegenwärtigen. Was Kreativität im besonderen heißt, werden wir am Phänomen der Musik paradigmatisch erörtern. Doch zunächst müssen wir noch einmal klären, was wir meinen, wenn wir vom schaffenden Subjekt als Inbegriff der Weltgestaltung sprechen.

Realpotenz aller Möglichkeiten

Versuchen wir den Fachausdruck „Inbegriff" metaphorisch zu umschreiben, dann kann das Bedeutungsfeld dieses Fachausdruckes durch das Bild der Quelle, der Fülle, veranschaulicht werden. Das Bild der Quelle deutet darauf hin, daß unsere Rede vom Inbegriff die Realpotenz aller Möglichkeiten des Gestaltens in sich schließt, die aus der Schaffenspotenz des Weltsubjektes Mensch hervorgehen können. Diesen Hervorgang bezeichnen wir durch den Begriff *Ursprung*.

Die Metapher der Quelle und der Begriff des Ursprunges meinen also jene Produktivität oder Kreativität, die wir als die morphopoietische Grundkraft des Menschen ansprechen. Wollen wir sie weltförmig bezeichnen und inbegrifflich nennen, so muß diese Realpotenz jetzt als Welt- oder Allkraft ausgelegt werden, weil sie als Prinzip der Ursprung der Fülle von Möglichkeiten des Schaffens ist.

Der Begriff der Fülle meint dann das All oder die Ganzheit; er meint damit *Welt*. Insofern eine Möglichkeit wo auch immer in die Tat umgesetzt wird und durch die Schaffenskraft eines Subjektes etwas wo auch immer Gestalt gewinnt, muß das Prinzip des Schaffens, also der Grund und Ursprung von Schaffen überhaupt im Spiele sein, falls nämlich ein Kunstwerk ein Ganzes sein soll, falls das Zweckgebilde einer Maschine funktionieren und nicht in Teile auseinanderfallen soll. Der Begriff der Fülle schließt als Inbegriff alle je möglichen Möglichkeiten in sich. Wird daher der Begriff der Fülle als Quelle oder Ursprung genommen, so hat er kategorialen Charakter; damit ist das Prinzip der Möglichkeit ausgesagt, das, was je und je in die Tat umgesetzt werden kann.

Diesen Inbegriff also nennen wir Welt, das Ganze, das Allumfassende und Allumgreifende. Wir bezeichnen damit zugleich auch die Befähigung des Weltsubjektes Mensch oder seine Möglichkeit und Ermächtigung, als bildender Künstler oder entwerfender Techniker oder Erfinder *etwas* als Sinn- und Zweckgebilde hervorbringen zu können.

Diese Auslegung von „Inbegriff" als Prinzip, das wir inhaltlich als Ganzheit, als Grund, als Ursprung und schließlich als Urmaß fassen, verliert sich keineswegs im Plural. Möglichkeit oder Mächtigkeit als die Möglichkeiten und Mächtigkeiten sind nicht als Teile eines Ganzen, als Teilmöglichkeiten oder Teilmächtigkeiten zu verstehen. Denn wann und wo immer eine Möglichkeit aus der Fülle der Möglichkeiten in die Tat umgesetzt wird, wann und wo immer ein einzelnes Weltsubjekt in den einzelnen Kunstwerken oder Gebilden der Technik solche Weltgestalten hervorbringt, sind diese nicht Teile eines Ganzen, sondern zeitliche und geschichtliche Individuierungen, Besonderungen eines Allgemeinen oder individuelle Gestalten einer Urgestalt. Denn diese Weltgestalten in der Dimension von Kunst und Technik, von Politik und Wirtschaft hätten nie hervorgebracht werden können, wenn sie nicht individuierte Ganzheiten wären, individuierte Weltgestalten, die grundgelegt und entsprungen sind in und aus einer Urgestalt, welche apriorischen Charakter hat und darum *Prinzip* heißt.

Spontaneität aus Freiheit

Diesen Gesichtspunkt festzuhalten, ist deshalb von Wichtigkeit, weil man sonst nicht einsieht, daß ohne die Gegenwart des Prinzips der hervorbringenden Allkraft des weltschaffenden, weltbildenden und weltgestaltenden Subjektes in den individuierten Weltgestalten jeder Versuch, Welt gestalten und anschaulich machen zu wollen, schon der Versuch, kreative Möglichkeiten in die Tat umsetzen zu wollen, in sich zerfiele. Denn der eine Grund und Ursprung der Möglichkeit, etwas in der Dimension der Geschichte in die Tat umsetzen zu können, ist das Gesetz der Gestaltung, das den gesamten Prozeß, den ganzen Akt, jede Handlung des Schaffens, Gestaltens und Hervorbringens durchträgt, dem das handelnde Subjekt zu folgen hat, falls ihm eine Weltgestalt geschichtlich gelingen soll.

Die Meisterschaft solcher Hervorbringungen besteht dabei darin, daß dieses weltbildnerische Tun eine Tat der Freiheit ist, daß das Gelingen der Weltgestalt kein Naturprozeß ist, sondern eine spontane und darum freie Tat der bildnerischen Potenz des Weltsubjektes Mensch. Die Meisterschaft besteht also darin, daß diese demiurgische Welttat bildnerischen Schaffens spontan geschieht; keiner kann zur Gestaltung eines Kunstwerkes gezwungen werden. Spontan heißt: frei handeln, nämlich selbsttätig. Selbsttätig handeln aber heißt: die Ursache der Hervorbringung von Weltgestalten selbst sein. Daher geschieht das weltbildnerische Handeln des schaffenden Subjektes aus eigener Kraft und Vollmacht und ist darum frei.

Damit haben wir jetzt von der anderen Seite den Inbegriff Realpotenz oder die Befähigung und Ermächtigung zum bildnerischen Hervorbringen von Weltgestalten als Spontaneität bestimmt. Die Momente oder Wesenszüge eines spontanen oder freien Handelns sind folglich: Selbstursächlichkeit, Selbsttätigkeit und Handeln aus eigener Kraft.

Deshalb ist jeder produktive Akt der Freiheit einer bildnerischen Hervorbringung von Weltgestalten ein Akt der *Selbstbestimmung*. Denn das handelnde Subjekt bestimmt, welche der Fülle von Möglichkeiten in den Kunstwerken oder in den Werken der Technik individuiert werden soll und in welchem Augenblick und an welchem Ort das Prinzip Welt geeinzelt jetzt oder dort, ganz und gar, durch und durch in den geschichtlichen Weltgestalten gegenwärtig sein soll.

Allein durch die Gegenwart des Prinzips Welt in den Weltindividuierungen der Kunstwerke und der Werke der Technik vermag das einzelne Kunstwerk ganz das zu sein, was es der Intention des Künstlers nach sein soll, und auch das Werk der Technik vermag nur durch diese Weltgegenwart zu funktionieren.

Welt als Allmaß

Wird das Weltsein des schaffenden Subjektes selbst zum Maß epochaler Weltgestalten, so ist der Hervorbringungsakt eine nach einem

Maß schaffende und zugleich eine Maß gebende Handlung. Das Kunstwerk oder Werk der Technik ist dann als Weltgestalt die ihm zugemessene Ganzheit. Weil also Welt Prinzip ist, durchmißt sie alles. Sie ist die Ausgemessenheit selbst. Die alldurchmessende Welt ist das allumfassende, allumgreifende Sein, das in den Weltgestalten individuiert ist. Weil aber das individuierte Prinzip den Weltgestalten das Maß zumißt, darum sind diese Kulturgestalten von Kunst und Technik individuelle und somit eingeschränkte Individualitäten. Insofern das Gestaltungsprinzip Welt allbewegend ist, ist es als Raumeinheit allerorten und als Zeiteinheit allezeit.

Ist der Mensch Inbegriff von Welt, so ist er Ursprung, Quelle, die Fülle aller ihrer Möglichkeiten und so eine Urkraft oder die Mächtigkeit des Möglichen, dazu nämlich ermächtigt, etwas zu tun, was bisher noch nie und nirgends war. Darum ist die Urkraft die ermächtigende Gewalt, etwas hervorzubringen und zu bilden, was bislang und seitdem noch nicht gewesen ist. Dies heißt: *etwas* gestalten aus der Kraft des morphopoietischen Sinngrundes.

Indifferenz und Identität

Die eine inbegriffliche Möglichkeit jeder nur möglichen Möglichkeiten ist das All der Möglichkeiten und darum Welt als Urmöglichkeit, als apriorische Möglichkeit — und somit das Prinzip, also der Grund, Ursprung und Uranfang jedweder Fülle und Gestaltungskraft. Darum ist die Urmöglichkeit und Urmächtigkeit die Allmacht selbst, die alles kann, was möglich ist.

Damit ist die Urmöglichkeit als morphopoietischer Sinngrund die Kraft der Kreativität und Produktivität. Im endlichen Vollzug sind aber die Möglichkeiten deshalb unerschöpflich und unermeßbar, weil sie die Fülle sind. Was als das freie Schaffen der Indifferenz und damit als noch nicht getane Möglichkeit erscheint, ist in Wahrheit die Fülle der Möglichkeiten, die als Prinzip in sich differenziert ist. Dem freien Schaffen aber muß die Fülle der Differenz und Unterschiedenheit als Indifferenz erscheinen, sonst vermöchte es nicht frei tätig, aus eigener Kraft, nach seiner Entscheidung zu handeln.

Damit gewinnt das Problem der Indifferenz jetzt den Charakter der *Identität*. Denn Indifferenz heißt jetzt: die inbegriffliche Einheit aller je möglichen Möglichkeiten, sofern diese in dem einen Punkte, nämlich in dem Können von Möglichkeiten einig sind. Deshalb kann Indifferenz als Prinzip der Möglichkeit keine Tautologie sein, keine leere Indifferenz meinen. Sie ist die Fülle oder das Sein der Welt aller Möglichkeiten. In diesem Sinne muß die höchste Möglichkeit auch die höchste Wirklichkeit sein. Wäre das Urmögliche nicht wirklich, wie könnte es dann Prinzip der Wirklichung des Möglichen sein?

Der Seinsgrund schaffender Freiheit

Darum heißt Indifferenz als Inbegriff von Möglichkeit höchste Wirklichkeit selbst. Denn nur so leuchtet ein, warum Freiheit aus dem Grunde der Indifferenz allein zu schaffen vermag. Darum ist der Seinsgrund der Freiheit nicht blinde Möglichkeit, sondern das lichte Sein dessen, was getan werden kann, aber nicht muß.

Dies nämlich meinen wir, wenn wir vom Seinsgrund der schaffenden Freiheit sprechen. Denn diese allein ist als inbegriffliche Fülle der Möglichkeiten die schaffende Seinskraft, durch die Welt zum Ganzen hervorgebracht und damit gebildet werden kann. Ihr endlicher Ort und Augenblick ist die substantiale Gestalt der Seinskraft des Geistes, der sich als Vernunft, Freiheit und Sprache auslegt, wenn er handelt. Dies nämlich ist die Allgegenwärtigkeit und die Allräumlichkeit der Potenz der hervorbringenden Subjektivität des Subjektes Mensch, die in den Weltgestalten der Kultur anschaulich wird.

Weltgestaltung ist nicht durch ein Nichts oder durch eine dunkle Leere und blinde Notwendigkeit, also nicht einem Schaffensdrang, einem Instinkt des Schaffens entsprungen; der Grund der Weltgestaltung ist vielmehr die in Endlichkeit noch ungetane Fülle wirklicher Möglichkeiten, die wir die Indifferenz der Freiheit des Geistes nennen, welche die Wirklichkeit, die wirkliche Möglichkeit, Welten hervorzubringen und auszubilden, als Urwirklichkeit erweist.

Das Prinzip Mensch als Weltbeispiel

Der Inbegriff einer Sache schließt die Fülle der Möglichkeiten in sich. Er begreift als Grund der Möglichkeiten jedwede Perspektive und jedweden Aspekt in sich. So begreift der Inbegriff Mensch zeit- und raumlos jedwede Möglichkeit in sich, die je war, ist oder sein wird. Darum ist der Inbegriff Mensch der Urmensch oder der Mensch als Weltprinzip selbst. Der Inbegriff Mensch ist so das Beispiel der Beispiele, das Weltbeispiel schlechthin, so wie jedweder einzelne Mensch sein könnte und darum sein sollte, es aber nie so zu sein vermag; denn selbst der Mensch, der sich im Verlaufe seines geschichtlichen Daseins und schließlich im Übergang des Sterbens als zeitlose Weltgestalt definit hervorgebracht hat, ist nicht der Mensch schlechthin, da die Zeit der Endlichkeit an der Abtragung seines vorhandenen Daseins mitgewirkt hat, damit er sich als definite Wirklichkeit seiner Existenzgestalt immerdar zu bewahren vermag. Zeit ist zwar gefallen, doch die Weltgestalt der Existenz bleibt nach wie vor durch Zeitlichkeit signiert. Deshalb war schon zu Zeiten seiner Vorhandenheit die freitätige Hervorbringung einer endgültigen Existenzgestalt die Möglichkeit schlechthin, sich durch den Tod zeitfreie Wirklichkeit zu erwerben.

Auf diese Weise ist die Wirklichkeit der definitiven Weltgestalt der Inbegriff der unverwechselbaren individuellen Personalität, die ein Mensch nur mit sich und mit keinem anderen zu teilen hat. Im Gegensatz dazu steht der beispielhafte Mensch, der das Bild der Bilder ist, der reine und bloße Mensch. Sprechen wir also vom Menschen als Weltbeispiel, so ist er dies gewiß nicht *als* das einzelne handelnde Subjekt. Doch als Prinzip ist er das Beispiel der Gestaltungskraft, die Kraftfülle selbst, die freilich nur bedingt durch Zeit und Raum ein konkretisiertes Beispiel sein kann.

Auf diese Weise ist das Urbeispiel Mensch Quelle und Inbegriff, Ursprung und Fülle der Möglichkeiten; es begreift alle je möglichen Möglichkeiten immer schon in sich, was und wie der endlich seiende Mensch hier und jetzt zu sein vermag. Der Inbegriff ist so die ontologische Totalität alle Potenzen. Darum ist der Inbegriff immer das durch und durch ohne Einschränkung Mögliche; darum ist der Inbegriff im ontologischen Sinne die Physis oder die Natur und damit das Prinzip einer Sache.

Die paradigmatische Bedeutung von Prinzipien

Worin aber besteht die Beispielhaftigkeit des Beispiels? Doch darin, daß es ganz und gar sich selbst gehört, weil es ist, was es sein soll. Aus diesem Grund ist es einzig, das Alleinzige, das Einmalige schlechthin, das Originäre. Aus diesem Grunde ist die Kraft des Urbeispiels unerschöpflich. Darum begreift es als Ursprung alle Kraft in sich, ist die Kraft aller Kräfte, der Anfang aller Anfänge, das Urbild aller Urbilder und darum das kraftvolle Gestaltungsprinzip oder die Gestaltungskraft selbst.

Und so haben Prinzipien eine paradigmatische Bedeutung. Aber sie sind deswegen auch eine Verlockung und Verführung, es diesen Urbeispielen gleichtun zu wollen, sie zu imitieren, sie nachzuschaffen oder mit ihnen zu kokettieren, so zu tun, als sei es eine Kleinigkeit, Beispiele zu schaffen, also Beispiele zu geben: das Exemplarische in jedem Exemplum oder Exemplar, die Ganzheit in jedem Stück ganz schaffen zu können. Aus diesem Grunde sind Beispiele und Vorbilder auch Verführungen; denn sie rufen auf, das Unmögliche hier und jetzt möglich zu machen, und verlocken dazu, das Einzelne im Einzelnen ganz, das Stück in allen Stücken makellos zur Erscheinung bringen zu wollen. Das Prinzip oder die Uridee des Inbildes aller Bilder, die Welt aller Welten, der Idealfall in jedem Einzelfall, soll nicht durch einen Zufall, sondern mit Notwendigkeit gewirklicht werden. Der Glücksfall des Gelingens, das Geschenk soll zur Selbstverständlichkeit, die Gunst der Stunde, ihre Einmaligkeit zur Selbstverständlichkeit für jeden Augenblick und in jedem Fall und darum auf alle Fälle herbeigeführt werden.

Die Spanne zwischen Urbild und Beispiel

Doch die Gunst der Stunde ist immer nur das Aufblitzen der Idee, ist die Schau aller Möglichkeiten für einen Nu, ist immer nur die Gewißheit eines untrüglichen Sinnes und die Unbeirrbarkeit der Kraft des Urteils, wo im Raum des Denkens oder der Idee das Beispiel mit dem Urbild hier und jetzt verknüpft wird. Die Spanne zwischen Urbild und Beispiel ist nur in der Brechung der Vereinzelung der Stücke zu wirklichen. Die Herausgehobenheit des Beispiels, sein signifikanter Charakter bezeichnet, was sein soll und sein könnte. Was durch die Gunst des Augenblickes, durch das Glück eines Einfalls, durch einen guten Gedanken gelang, verleitet zu der Fiktion, daß alles, was beispielgebend hier und jetzt erscheint, immer und in jedem Fall und durch jedes Stück gelingen kann.

Doch das Inbild und Vorbild, der Inbegriff und das Prinzip einer Sache zeigen, wie etwas sein soll und darum sein könnte, falls es gelänge. Ob es aber gelingt, ob dies auch nur erwartet werden kann, steht noch aus, liegt in der Zukunft beschlossen. Es muß sich vielmehr zeigen, ob dem Willen zum vollendeten Werk auch die Kraft des Gelingens zuwächst, — oder ob nicht in jedem gelingenden Werk der Sold der Endlichkeit zu entrichten ist. Denn diese läßt sich weder brechen noch auch einfordern.

Was sind Beispiele?

Der Inbegriff ist die wesenhafte Einheit des Vielen. Er ist das Stück der Stücke. Er ist das Ganze der Teile; denn für ihn ist ja die ungeteilte Ganzheit sein Wesen. Wie könnte er sonst Prinzip sein? Wie könnten wir sonst davon sprechen, daß im Beispiel das Wesen oder die Natur einer Sache erscheint, daß ein Muster gezeigt oder eine Probe dargeboten werden kann. Wir sprechen ja davon, daß man eine Probe machen müsse, und sagen, man könne ja einmal eine Probe versuchen, so wie man den Wein probiert. Man kann ja einmal versuchen, ob er hält, was er verspricht. Doch hat ein Beispiel nicht schon die Bewährungsprobe hinter sich?

Wenn wir dann die Vorzüge einer Sache rühmen, wenn wir sagen, sie sei vorzüglich gelungen, dann meinen wir, daß etwas die Erwartung erfüllt, daß es nicht enttäuscht. Das Maß seiner Vorzüglichkeit aber soll ja durch das Beispiel gesetzt und an ihm die Güte einer Sache gemessen werden.

Beispiele sind daher nicht nur *auch* „etwas" oder Teile eines Ganzen oder ein wenig, von dem wir sagen, es sei doch schon etwas, und damit meinen, dies oder jenes sei nicht das Ganze, zwar nicht der Gipfel, zwar nicht die Vollendung, dennoch aber sei es doch schon etwas, was durchaus noch werden könne. Der Teil, von dem wir sagen, er sei doch auch etwas, läßt bereits durchblicken, wie und was das, was schon etwas ist, dereinst ganz sein wird.

Beispiele lassen uns nicht gleichgültig, sie sind kein Einerlei. Denn sie setzen die Differenz, sie erzwingen die Unterscheidung von „gelungen" und „mißlungen"; sie zielen darauf ab, die Form von der Unform, die Gestalt von der Ungestalt, die Formvollendung von der Formlosigkeit zu unterscheiden. Doch weil Beispiele nicht gleichgültig lassen, weil sie uns nicht einerlei sein können, weil sie uns nicht kalt lassen, sondern anrühren, darum führen sie in diese Unterscheidung. Wird aber der Beispielcharakter des Beispiels erkannt, dann steht es immer für das Ganze.

So sind Beispiele keine leeren Tautologien und können darum nicht wiederholt werden. Sie sind zwar Muster, doch diese sind nur annäherungsweise wiederholbar. Und doch beziehen wir uns auf Beispiele und Muster, weisen auf sie hin; denn sie sind nun einmal das Vorbild, wie etwas, das etwas sein kann, darum auch dereinst sein soll.

Der Maßstabcharakter des Beispiels

Beispiele vertreten etwas. Sie stehen nicht für sich, sondern für anderes. Sie wollen zeigen, wie inskünftig etwas gemacht werden soll. Sie repräsentieren die Idee, gemäß welcher Etwas gestaltet werden soll. Somit sind durch Beispiele Maßstäbe gesetzt; nach ihnen soll verglichen werden. Deshalb können wir mit Recht ein Stück mit dem Beispiel vergleichen und sagen, ob es dem Vergleich standhält, ob es dem vorbildlichen Beispiel gewachsen ist.

Beispiele sind also keine leeren Abstraktionen. Vielmehr zeigen sie das Wesen einer Sache und haben in diesem Sinne die Aufgabe, zu den Dingen zu führen. Darum sind Beispiele nicht abstrakt, sondern konkret. Ihre Konkretheit besteht gerade darin, daß sie die Wesentlichkeit der Sache als Ganzheit anschaulich zur Erscheinung bringen.

Beispiele bringen also das Wesen einer Sache konkret zum Vorschein und sind darum die Vermittlung des Erreichbaren und Machbaren im Zeitspielraum des Daseins; von daher rührt der Anreiz des Beispieles, seine Verlockung, seine Verführung, und zwar dies um so mehr, wenn ein Beispiel bisher nicht seinesgleichen hat und man es ihm darum gleichtun will. So kann eine Maschine Beispiel dafür sein, wie überhaupt Etwas funktioniert oder abläuft oder tätig sein soll.

Nehmen wir ein Beispiel philosophisch in den Blick, dann suchen wir den Grund, um wissen zu können, worin denn die vorbildliche Wesentlichkeit des Beispiels, seine Mustergültigkeit und Vorzüglichkeit besteht. Der vergleichende Geist durchbricht die Schale des Beispiels und sucht den Kern, das Wesen der Sache, wofür das Beispiel ein Beispiel ist, sei es für das Machen und Herstellen, sei es, daß das Beispiel ein Blickpunkt und Orientierungspunkt dafür ist, was denn in Gang gesetzt werden muß, damit ein Stück beispielgebend und mustergültig gelingen kann, so daß wir sagen können, es sei gelungen, und zwar deshalb, weil wir durch das Beispiel einen Blick in das Wesen der Sache getan haben, die als Beispiel vorbildhaft zum Vorschein bringt, was sie an sich ist.

Aus diesem Grunde lassen Beispiele keine Doubletten zu. Sie sind einmalig, vorbildlich und dulden darum keine Wiederholungen ihrer selbst. Darin besteht ihre Einmaligkeit. Sie sind Idealfall, kein Sonderfall. Sie sind keine Ausnahmeerscheinung, sondern sie schreiben die Regel vor, wie unter endlichen Bedingungen etwas erscheinen soll, weil es wesensgemäß so und nicht anders ist und darum sein kann.

Das Beispiel als das resultierte Wesen

Ein Beispiel ist immer das konkrete Resultat eines Wesens. Es hat den Originalcharakter des Wesens. So sind Beispiele konkret gewordene Ursprünge, Uranfänglichkeiten, Urformen und Urgestalten, die Maßstäbe setzen, weil ihr Grund das Wesen ist. Durch Beispiele wird uns das Wesen zugänglich; im Beispiel wird es zur Anschaulichkeit gebracht.

Das Resultat des Wesens, das wir Beispiel nennen, kann nicht wiederum Resultat werden. Dadurch, daß das Beispiel Vorbild ist, ist es in sich das resultierte Wesen. Hat man etwas als Beispiel erkannt, so schärft es den Blick für das Wesen der Sache. Als Resultate geben Beispiele Anlaß zu bedenken, wie es anzustellen sei, damit Etwas nach seinem Vorbild werden kann, das Bestand hat. Die Beständigkeit des Gemachten aber ist grundgelegt im Wesen; im Beispiel kommt es nur zum Vorschein.

Die Erweckungskraft von Beispielen

Das Beispiel erreicht seine unübertroffene Bedeutung dann, wenn durch das Exemplarische der Exempla die kreativ schaffenden Kräfte des Künstlers am Leitfaden des Beispiels geweckt werden.

Das beispielgebende Stück aber wird in einer vorbildlichen Darstellung gerade nicht wiederholt, sondern neu gebildet. Auf diese Weise gewinnt es als ein Anderes Gestalt. So kann das Beispiel eine Initialkraft für den Schaffenden haben, ihn zu neuer und anderer Gestaltung zu veranlassen. Dann bedeutet der Blick auf das Beispiel gerade nicht einen Stillstand der Gestaltung, sondern vielmehr die Erweckung der Tatkraft des Künstlers, der seine Phantasie aktiv werden läßt, indem er nun selbst eine neue beispielgebende Gestalt schafft. In diesem Sinne sind Kopien keine bloßen Wiederholungen; denn ohne die Gestaltungskraft des Künstlers wären sie nicht. Durch die Darstellung kann das Beispiel gerade durch seine Inbegrifflichkeit die verschiedensten und mannigfaltigsten Möglichkeiten seines Vorbildes zur Anschauung bringen. Dennoch bleibt das Beispiel, weil es inbegrifflichen Charakter hat, das Ideal, das Sein-Sollende, das Inbild aller je möglichen Bilder, die nach seinem Bilde durch Darstellung geschaffen werden.

Das Beispiel als Idealfall

Andererseits bleibt das Beispiel selbst als Idealfall immer noch ein Sonderfall eines einzelnen Gelingens, das darauf hinweist, wie ein

Stück gelingen müßte, wenn es dem Ideal folgte. Im Beispiel als Idealfall, der in einem einzigen Stück beispielgebend zur Darstellung kommt, wird das Ideal gerade an der Grenze seiner Unerreichbarkeit anschaulich. Man sieht jetzt den Kopf eines Pferdes als eine gelungene Vollkommenheit, daß wir in ihm das Pferd schlechthin, *Pferdheit*, die das Urpferd vergegenwärtigt, sehen.

Das Kunstwerk hat dann eine solche Transparenz erreicht, daß das ungreifbare Ideal wie zum Greifen erscheint. Dies nämlich meinen wir, wenn wir von einer unübertreffbaren Spitzenleistung sprechen. Und dennoch bleibt es dabei, daß die Einmaligkeit einer künstlerischen Leistung uns in die Schranken weist: so sollte künftighin ein Kunstwerk gelingen, falls es den Anspruch auf das Ideal einer Darstellung erheben will.

Was aber dem Sollen als Maßstab der Inbegrifflichkeit des Ideals widerstrebt, ist dies, daß jedes Kunstwerk das Werden seiner Wirklichkeit der *Zeit* verdankt, daß es das beispielhafte Sein allein im Medium der Zeit zu vergegenwärtigen und die Gestalt im Medium des Raumes allein anschaulich zu machen vermag.

Das tote Beispiel

Wird aber ein Beispiel wie ein totes Ding genommen, so ist es gerade nicht beispielgebend. Es lähmt dann die autochthone Schaffenskraft des Künstlers, und zwar deshalb, weil es sein Handeln auf sich selbst fixiert, so daß es steril werden muß und die lebendige Strahlkraft des Schaffens bricht. Zwar handelt er, doch seinen Hervorbringungen fehlt die Dynamik. Dem „Beispiel" fehlt die Mustergültigkeit des Möglichen. Es kann daher nicht mehr vorgeben, wie etwas gestaltet werden soll.

Wird das Beispiel als totes Vorbild genommen, dann wird alles, was nach ihm gebildet ist, ein blasser Abklatsch und nicht eine lebendige Sinngestalt oder gar eine Neuschöpfung. Dann spielt das Beispiel nicht mehr Möglichkeiten der Gestaltung zu. Es erregt nicht und bleibt darum ein kraftloses Vorbild, dem keines es gleichtun will. Es wird zum toten Einerlei, zu einem beliebig austauschbaren Stück unter Stücken.

Beispiel durch Zufall?

Beispiele wollen den Zufall des Gelingens ausschließen. Denn nicht das, was einmal gelang und sich nicht wiederholen läßt, macht das Beispiel aus, sondern seine Singularität besteht darin, daß es als dieses Einzelstück für eine Gattung stehen kann, ja, daß es der Inbegriff etwa eines Kruges oder eines Gelehrten darstellt. Beispielhafte Figuren müssen keineswegs auf das Gute abzielen. So kann einer ein Beispiel eines Verbrechers sein, als einer, der das Verbrechen so einmalig verkörpert, daß er seinesgleichen nicht hat.

Beispiele als Leistungsgrenzen

Dennoch gilt es, durch Beispiele „den Makel der Zufälligkeit" auszuschließen. Denn Beispiele zeigen auf etwas, das sein könnte und darum sein sollte. Sie haben darum archetypischen Charakter. Sie zeigen, wie man es machen kann und muß, wenn ein Stück gelingen soll, sofern man seiner Sachlogik folgt.

Beispiele führen darum das Charakteristische vor Augen, sie führen vor, sie weisen durch sich selbst darauf hin, was möglich ist, was gelingen kann, welchen Grad von Perfektion man durch Gelingen oder Mißlingen, welche Gestalt oder Ungestalt man durch die Energie des schaffenden Willens erlangen kann. Dabei ist zu unterscheiden, ob ich etwas oder jemanden nachahme, mit ihm wetteifere, in seiner Nachfolge bin und mich selbst an seinem Beispiel messe und erprobe. Darum sind Beispiele immer Erprobungen, indices der Leistungsmöglichkeit und Leistungsfähigkeit, sie sind die Verkörperungen der Anstrengung und Arbeit des Künstlers, der mit sich in das Äußerste, ja über die Grenze menschlicher Leistungsfähigkeit und Schaffenskraft beinahe hinaus geht, so daß wir es kaum noch als menschenmöglich fassen können, daß ein solches Kunstwerk gelang, an dem Jahrtausende gebaut zu haben scheinen, falls man sich die kosmische Wucht des Seins, die hier Stein geworden ist, vergegenwärtigt.

Das ontologische Beispiel

Ein Beispiel hat nun insofern ontologischen Charakter, als es die kopierende Nachahmung von sich weist. Denn es verlangt die kreative und darum ursprüngliche Selbstdarstellung des Seins in Gestalt eines Kunstwerks, das eben, weil es eine Seinsgestalt vergegenwärtigt, seinesgleichen überhaupt nicht haben kann.

Ein solches ontologisches Beispiel verlangt dennoch nach seinesgleichen und kann seinesgleichen nimmermehr finden. Dies aber ist der Konflikt, in den ein ontologisches Beispiel bringt. Daher sind ontologische Beispiele ein Anruf dessen, was im strengen Sinne sein, also wirklich sein soll.

Auf diese Weise kann ein ontologisches Beispiel ein Interpretationsmodell sein, so etwa eine Partitur, die zwar den Umkreis je und je epochal gewandelter Verwirklichungen absteckt, aber dennoch die Freiheit läßt, nach dem beispielgebenden Vorbild zu suchen.

Weil ein Seinsbeispiel Idealcharakter hat, darum kann es den Spielraum der Freiheit der Erscheinung gewähren. Denn das ontologische Beispiel gegenwärtigt vorbildhaft das Prinzip oder die Idee eines Kunstwerkes. Auf diese Weise wird das ideale Beispiel maßgebend für die Gestalt der Wirklichkeit. Am Beispiel kann nun der Rang eines Kunstwerks gemessen werden; denn in diesem Idealcharakter des Beispiels ist die Proportion oder Analogie von Beispiel und dessen, was nach ihm gebildet wird, grundgelegt.

Das Sein des Beispiels

Damit wird der Schaffensprozeß im Blick auf die beispielgebende Idee zu einem Analogisieren und zu einem Proportionieren. Das Beispiel gewinnt in dem Maß die Kraft des Ideals, als es zur Nachfolge zwingt. Hier liegt die Kraft der Wirksamkeit des ontologischen Beispiels, die wir das Sein des Beispiels nennen. Das Beispiel verkörpert Sein; seine untrügliche Wirklichkeit fordert, ja zwingt geradezu, es ihm gleich zu tun, damit man selbst *wirklich* wird.

Dies meint die Rede von der Wucht des Seins, von der vis entis.

Denn wer wirkt, setzt Sein und nicht Nichts. Er bringt etwas hervor, er setzt etwas hervor, das ist und von dem wir durch das künstlerische Urteil sagen, es ist gelungen und damit wirklich oder es ist mißlungen und darum unwirklich, kraftlos, abstoßend.

Der Hang zum Nichts oder der Makel der Zufälligkeit

Wir würden jedoch das ontologische Problem verkürzen, wenn wir nicht bedächten, welche Anziehungskraft das *Häßliche* haben kann, sofern wir darunter nicht *taxis*, nicht Ordnung, sondern ein Chaos an Gestalt, eine Ungestalt verstehen, die in Wahrheit ein Nichts an Gestalt anstrebt, sofern wir also darunter nicht die Symmetrie, sondern die Asymmetrie der Unausgewogenheit verstehen. Diese führt in den Abgrund des Maßlosen, sofern wir darunter nicht die Begrenzung, ja nicht einmal ein Lineament verstehen, sondern das herbeigeführte Zerfallen selbst noch der Linie. Die Ungestalt wird zur Beliebigkeit, deren „Wesen" es ist, gerade das zum „Maßstab" werden zu lassen, was den Zerfall auslöst.

Das beispielhafte Kunstwerk dagegen ist vom Makel der Zufälligkeit, vom Makel des Häßlichen dadurch befreit, daß es unter dem Gesetz von Gestalt und Notwendigkeit steht. Darum hat es weder einen Ton zuviel noch einen Pinselstrich zu wenig oder gar einen überflüssigen Stein, der das Bauwerk nicht mittrüge.

Das Ungestaltete, das unter Norm- und Symmetriegesichtspunkten Mißlungene ist also das Häßliche, die Gegenkraft, die als Hang zum Nichts an Gestalt auftritt, die zum bloßen nackten Stoff, zur ungestalteten Materie, zum Zufallsprodukt, zum Unfaßbaren, zur Linienlosigkeit strebt. Der Hang zum Nichts treibt vom durchgrenzenden Grundriß ab, um der ungestalteten Materie eine Mißgestalt einzubilden, um das Etwas, das jedes Kunstwerk ist, sofern es ist, ins Nichts zu kehren. Zwischen Künstler und Kunstwerk, zwischen dem Gestalter und der Ungestalt soll ein umkehrbarer Funktionszusammenhang hergestellt werden, der zum Mangel an Inhaltlichkeit, zur Linienlosigkeit der Ungrenze und der Unfigur führen muß.

Verdient ein Beispiel Bewunderung?

Beispiele verdienen deshalb Bewunderung, weil sie Etwas zur Erscheinung bringen und dadurch auf das Urmuster hinweisen, dem es nachzueifern gilt. Das Vorbild des Beispiels ist es, das die Bewunderung verursacht, die wir einem geglückten Beispiel zollen. Das Muster selbst aber ist die unanschauliche *Idee*, die sich im Beispiel als Anschauung verleiblicht hat. Das *schöne* Beispiel hat zu seinem Grunde Schönheit selbst. Dies aber ist das Prinzip der Beispiele, ihr Inbegriff, die Beispielhaftigkeit selbst.

Beispiel und Stil

Wenn Beispiele zur Bildung des Geschmacks beitragen, haben sie ihren Sinn erfüllt. Es ist ihre Aufgabe, die Schärfe der Urteilsbildung zu entwickeln, das Geschmacksvermögen, die ästhetische Urteilskraft auszubilden. Beispiele haben zudem eine Bedeutung für das Gattungsverständnis; sie stehen für viele Einzelstücke, weil sie eine Totalgestalt sind. So vergegenwärtigen sie etwa die Welt des Portraits, die Welt des Mannes, der Frau oder die Welt des Tempels, wenn man etwa an den Tempel in Segesta denkt.

Die Frage nach der Machart, nach dem Stil im weitesten Sinne wird wichtig. Beispiele sind vor allem stilbildend, sie fordern heraus und sind deshalb für die Entwicklung der Kunst einer Epoche, für die Erkenntnis eines Stiles unerläßlich. Ihre epochale Stellung läßt sie zu Kristallisationspunkten der Epochen von Kunst werden, die Maßstäbe setzen. Mit Recht sprechen wir davon, dieses oder jenes Kunstwerk stelle einen Gipfel der Möglichkeit des Schaffens dar. Es sei für seine Zeit unübertrefflich, da es nicht seinesgleichen habe. An ihm hätten Jahrhunderte mitgearbeitet, und Himmel und Erde hätten sich vereint, um etwa ein Kunstwerk wie den Markus-Dom in Venedig zuwege zu bringen. Und so konnte der Barockbaumeister mit Recht über das Portal in Ottobeuren schreiben „porta coeli", da der Himmel bei der Entstehung dieser Unvergleichlichkeit in seiner Zeit wohl die Hand mit im Spiel gehabt zu haben scheint.

Kreativität und Zeit

Mit der Machart einer Epoche kommt das vieldiskutierte und die Kunstgeschichte der Neuzeit bestimmende Problem von Kunst und Geschichte, von Kreativität und Zeit mit ins Treffen. Denn es ist nicht bestreitbar, daß künstlerische Hervorbringungen unter der Bedrängnis der Zeit dennoch auf Zeitüberlegenheit zielen. Damit aber hängt andererseits die Individuierungstendenz des schöpferischen Machens zusammen; denn eine Individuierung ohne Zeit ist undenkbar. Doch wie konnte Goethe angesichts des Andranges der Zeit vom Kunstwerk sagen: wie *seiend* es sei! — dies aber heißt, wie *wirklich* es ist.

Die Provokation durch Beispiele

Beispiele verleiten zur Nachahmung, auf daß man es ihnen gleichtue. Darum sind Kunstwerke zwar Individualitäten, aber keineswegs Partikularitäten. Unter einzelnen Beispielen ist nicht der Einzelne oder ein Einzelnes, sondern der Typus ganz gegenwärtig, die Gattung. Darum hat ein Beispiel als Beispiel keine Leerstelle, keinen blinden Fleck, keine weiche Stelle. Es stellt im Einzelbeispiel immer den Typus ganz und eben nicht zerteilt dar. Darum ist, wie man sagt, ein Beispiel ein Glanzstück oder ein Musterstück oder ein Probestück, freilich im guten wie im schlechten Sinne, und deshalb vermag es dazu zu verlocken, seinesgleichen werden zu wollen, indem man es ihm gleichtut. Im negativen Sinne entsteht so der Fanatiker, der seinem Beispiel blind folgt, weil es ihm zum Idol geworden ist.

Nun ist es nicht uninteressant, sich daran zu erinnern, daß Platon den nachahmenden Künstler mit dem Sophisten vergleicht, der sich in dem Schein gefällt, nicht an das Sein und die Wahrheit rühren zu können. Darum sei es ein kläglicher Beruf, Schattenbilder herzustellen und sophistisch so zu tun, als verstehe man sich wie ein Tausendkünstler auf alles.

Nimmt man dazu die nominalistische Komponente der Sophisten hinzu, so wird die Flucht in das Stilproblem der Kunst erklärlich, wie dies in der Ästhetik des 19. Jahrhunderts geschehen ist. Die

Form wird zur inhaltslosen Figur; entscheidend wird nun das „Wie" des Machens, das im scharfen Gegensatz zu jeder Gestaltästhetik von Platon bis Hegel steht.

Absage an eine Metaphysik der Schönheit

Der folgenschwerste Einbruch aber in eine Gestaltästhetik, der an Radikalität den Nominalismus weit übertrifft, geschah bereits durch Augustinus. Zwar hat es den Anschein, daß er mit dem untrüglichen Sinn für die Schönheit der Dinge begabt ist, doch gerade dieser Spürsinn für die „pulchritudo tam antiqua et tam nova" treibt ihn durch die Vorstellung des Bösen, der Sünde und des Todes in eine Antithetik, welche die antike Metaphysik der Schönheit in den Fundamenten erschüttert. Der Glanz und die Sinnlichkeit der Sprache Augustins darf den Blick dafür nicht verstellen, daß Augustinus das Problem des Bösen, der Sünde und des Todes ästhetisch zu lösen versucht.

Diese Negationen haben beispielsweise im Gesamt eines Gedichtes eine Wesensbedeutung für den Aufbau einer Metaphysik der Schönheit; so wie die schwarzen Stellen in einem Gemälde integrierend sein können für die Schönheit, so wie selbst der Tod ein Gleichnis für die Pausen beim Aufsagen eines Gedichts oder in einer Musik sein kann.

Augustins Weg nach innen war in der Tat die radikalste Absage an eine Metaphysik der Schönheit. Dennoch konnte seine Philosophie der Innerlichkeit noch nicht zum Ansatzpunkt einer authentischen Metaphysik der Welt werden, der später dann im Horizont der neuzeitlichen Philosophie die Voraussetzung dafür war, daß der Mensch sich als *Weltmetapher* zu begreifen vermochte, die er in den Werken seiner von ihm hervorgebrachten Kunst zur Selbstanschauung bringt.

Der Mensch als Weltbeispiel

Inwiefern aber kann gesagt werden, daß der Mensch ein Weltbeispiel sei? Inwiefern zeigt er durch sich wie in einer Abbreviatur an, daß er eine vereinzelte und doch *eine ganze* Welt ist? Worin besteht seine Exemplarität für Welt und als Welt?

Es wäre zunächst zu prüfen, ob denn das Exemplar nur ein Exemplar der Gattung sei, oder ob denn nicht nach dem „principium individui" der Einzelne zwar die Gattung Mensch in sich begreift, nicht aber die Gattung Mensch den Einzelnen, sofern er nicht als ein Moment, als Teil, als Perspektive für das Ganze der Gattung genommen wird.

Individuum: Exemplar der Gattung?

Die Indifferenz der Freiheit hat ihre Metapher im Symbol des Kindes, und zwar in seiner Unschuld. Denn das Kind hat als Kind noch nicht gehandelt. Es ist noch im Stande der Unschuld, der Ruhe. Aus diesem Grunde kann es das Sinnbild für die Indifferenz des Geistes selbst sein. In dem Augenblick aber, wo seine Natur sich als Handlung auslegt, wo es beginnt, ein Individuum in Gestalt der Person zu werden, muß es den Sündenfall des Denkens und Erkennens begehen; denn ohne die Loslösung des Geistes aus der Natur, ohne den Übergang von der Indifferenz der Unschuld in die Differenz des Denkens als Reflexion und des Handelns als Invention kann das Individuum seine einzigartigen Möglichkeiten des Wissens und Empfindens nicht zum Werk werden lassen.

Der Sündenfall von Reflexion und Invention ist unvermeidbar und darum das Geschick des Menschen. Allein aus dem Noch-nicht-gehandelt-haben, allein daraus, daß die Indifferenz der Freiheit des Geistes sich hat noch nicht zur Differenz werden lassen, kann das Denken und Handeln schöpferisch werden, indem es noch nie Gewesenes als Gedanken und Gestalt Wirklichkeit werden läßt.

Nur weil der Mensch dadurch zum Individuum wird, daß er seinen Anfang als Gattungswesen in der Zeit nimmt, deshalb kann die Gattung sich im Individuum individuieren, so daß es als das Einzelne, allerdings als Gesonderheit, die Gattung in der Zeit darstellt. Denn als kristallisierte Geschichte gegenwärtigt der Einzelne die Gattung. Darum ist das Individuum nun der Gattungsaugenblick und die Gattungsstelle im Prozeß der Geschichte.

Daß die Gattung durch die geschichtliche Individuierung sich einzigt, macht die Gesonderheit des Individuum Mensch aus. Aus diesem Grunde können wir sagen, daß die Zeit sich als Geschichte in Gestalt der einzelnen Individuen substantiiert. Dies aber besagt, die Zeitlichkeit des Individuum wird dadurch zur Geschichtlichkeit, daß es sich aus der Indifferenz der Gattung hier und jetzt individuiert. Dies meint die Rede von der Unschuld, von der Indifferenz des Kindes, daß nämlich der Einzelne sich durch die Differenz zwar nicht selbst zeugt, wohl aber durch die Tat seiner morphopoietischen Handlung, durch und mit sich selbst sich in die Gestalt des Kunstwerkes die Existenzgetalt des Weltseins gibt.

Somit ist klar, daß das Individuum Mensch allererst durch seine Selbstgestaltung zum Exemplar der Gattung wird. Es hat freilich die Gattung einer individuellen Weltexistenz dadurch zu zeitigen, daß ihm der Übergang von der Gattung zum Individuum gelingt, indem es die Indifferenz als kreative Differenz setzt. Denn der Einzelne soll in diesem Übergang zur Anschauung des Unterschiedes von Gattung und Individuum kommen. Auf diese Weise wird der Individuierungsprozeß zu einem Differenzierungs- oder Gestaltungsprozeß von Welt. Die Möglichkeit, mittels der Gattung ein Individuum zu werden, ist ein Integrationsvorgang, dergestalt, daß durch Individuierung und Differenzierung sich die Gattung im Individuum zur Wirklichkeit integriert. Dann aber erweist sich Gattung als das Weltsein des Individuum, *sofern* sich dieses als Weltsubjekt Mensch spezifiziert.

Weltspezifikation der Gattung

Das Individuum Mensch ist insofern eine Weltspezifikation der Gattung, als es nicht die Vereinzelung der Gattung ist, sondern deren individuierte und differenzierte Gesonderheit. Wäre dies nicht so, wie könnte das Individuum durch sich als Individuum exemplarische Bedeutung gewinnen. So aber weist sich die Gesonderheit Mensch in Gestalt des geschichtlich Einzelnen allein durch die Freiheit, also durch den „Sündenfall" des Selbstdenkens und Selbsterfindens, als Selbstgestaltung aus.

Die Differenz zwischen dem Allgemeinen als Gattung und dem Allgemeinen als Individuum aber kann nur im Übergang von der Gattung als individuale Indifferenz zur individuellen[14] Differenz und von der ungeschiedenen Unschuld zur Differenz geleistet werden. Dadurch wird das Individuum zum Symbol der Gattung. Die durchlaufende Zeitlichkeit des Individuum, das allerdings sich zur Welt seiner selbst zu integrieren hat, wird damit bestimmend.

So substantiiert sich der Einzelne zum Exemplar der Gattung. Der Einzelne wird als gesonderte Gattung durch die Tat der Freiheit des Geistes zum bleibenden und darum wirkenden Symbol der Ewigkeit. Wenn er sich so gestaltet hat, daß Zeit zum Anlaß wurde, sich zur Weltgestalt Existenz hervorzubringen, dann hat er die Gattung als Individuum integriert. Dies aber besagt, daß das Individuum Mensch durch die Tätigkeit des Unterschiedes von Indifferenz und Differenz zur Gesonderheit der Gattung wird, so daß der einzelne Mensch bleibt, falls er durch diesen differenzierenden Individuierungsprozeß sich selbst zum Kunstwerk der Existenz und damit zur Gestalt des Weltalls seiner selbst geworden ist.

Damit aber hat er sich als Gattungswesen durch die Weltgestaltung seiner selbst überwunden und ist unverwechselbar er selbst geworden; darin besteht die inständige Beharrlichkeit der individuellen Weltgestalt des Einzelnen, falls ihm das Kunstwerk der Gestaltung des Weltalls seiner selbst gelang. Damit aber ist die Wirklichkeit des freien und vernünftigen Individuum Mensch selbst dies: nicht nur da zu sein, sondern weil es ist, auch zu *wissen*. Denn allein als Individuum vermag der Geist seiner bewußt zu werden. Darum ist die Tat der individuellen Weltgestaltung der Existenz die Hervorbringung eines wissenden Seins. Damit ist die Wirklichkeit des Individuum Mensch durch Vernunft, Freiheit und Sprache definiert, die im Akt der Gestaltung ihrer selbst sich zur substantialen und darum autonomen Gesonderheit der Gattung wird.

Ist der Einzelne so zum Exemplar der Gattung geworden, dann hat er durch die Hervorbringung der Weltgestalt seiner selbst eine urbildliche Bedeutung gewonnen. Er ist exemplarisch zur Originalität seiner selbst geworden, indem er sich vom Besonderen zum Allgemeinen, zum beispielhaften Weltsein des Individuum Mensch gebildet hat. Allein ein Sein, dessen Welthaftigkeit Geist und Freiheit ist, vermag sich durch Weltindividuierung zum Kunstwerk seiner selbst zu gestalten, dies aber heißt zu substantiieren, zu wirklichen, zu einem Etwas, das ist und darum in sich bleibend, durch Willen und Tat in sich beharrend wirklich ist.

Das schöpferische Individuum Mensch

Ist dieser Übergang von der Gattung zum Individuum geleistet, dann zeigt sich, daß das Individuum der Ursprung der Gattung ist, daß das Individuum der Ursprung von Welt ist, daß Geist nur als bewußter Geist, Freiheit nur als Differenz getätigt werden kann; beides aber setzt als Ursprung ein selbsttätiges und bewußtes Individuum als Wirklichkeit voraus. Was uns als Indifferenz oder als Realpotenz erscheint, ist die noch nicht getätigte und noch nicht gestaltete Individualität des Allgemeinen, das in Wahrheit die quer durchlaufende Wirklichkeit des Seins ist, das aber nicht anders denn als Individuum hier und jetzt wirklich zu sein vermag.

Doch allein das schöpferische Individuum Mensch, das zur Kunst ermächtigt ist, vermag den Vollzug der Urindividualität sich zur Kunst der Existenz werden zu lassen. Darum ist der Einzelne der Künstler der Existenz. Sein wissendes Tun und sein Schöpfertum ermöglichen die Kunst der Existenz. Diese bleibt zwar eine exemplarische und darum vorbildliche Gestalt, selbst in der Gesonderheit des Individuum, aber die Indifferenz des Wissens ist als Realpotenz von keiner Individualität berechenbar. Darin besteht das Schöpfertum des Individuum Mensch. Denn was durch es geschieht, ist die freie und darum selbstursprüngliche Tat der Schöpfung von Gestalt, die alles zumal ist: Sinngestalt der Vernunft und schöpferische Freiheit.

Was aber Wirklichkeit gewinnt durch die Kunst der Existenz, ist die Unabhängigkeit und Undeterminiertheit des schöpferischen Individuum Mensch. Und weil der Schöpfungsakt des Individuum, obgleich es alles zumal ist und sein muß, ein Vollzug von Zeit ist, darum kann die Kunst der Existenz nur in einem morphopoietisch bestimmten Kreis eines Individuum Gestalt gewinnen.

Der Mensch als Urkünstler

Ist der Einzelne Künstler der Existenz, so ist er von Grund auf, also immer schon als Urkünstler zu verstehen. Der Urkünstler ist das Inbild der Bilder. Er ist Künstler par excellence, im eminenten Sinne. Er sticht hervor, fällt auf, hat keine geborgte, sondern eine natürliche Autorität. Darum interessiert uns weniger seine menschliche Schwäche als die Stärke seiner Gestaltungskraft. Darum ist er der Mann des Gerundiv, wenn man dies grammatisch ausdrücken soll.

Er ist das wahre Beispiel des Allgemeinen, das im Besonderen, des Abstrakten, das im Konkreten anschaulich wird, das Ganze, das in jedem seiner Teile ganz gegenwärtig ist, die Verlautbarung des Geistes oder der Idee in jedem Punkte seiner Erscheinung hier und jetzt, in jedem Augenblick. Darum ist er der Augenblick der Augenblicke, das Erscheinungsfeld aller Erscheinungsbilder und darum das Licht des Lichtes, das Wahre der Wahrheit, das Gute des Guten, die Freiheit der Freiheit und damit als Urkünstler die Gegenwart der Welt der Kunst in ihm, also das Prinzip Kunst.

Individuierte Objektivität „Kunstwerk"

Ist dies begriffen, dann kann der Künstler nicht mehr als ein „Affe der Muße eines Anderen degradiert werden". Dies Andere ward einst die Natur. Von unserem anthropologischen Ansatz der Weltgestaltung kann nun gesagt werden, Kunst ist die objektiv gewordene Gestalt der Indifferenz der Freiheit des Geistes. Dies findet ihre Vollendung durch das kreative Handeln, das in der individuierten Objektivität des Kunstwerkes die Wirklichkeit der Gestalt anschaulich werden läßt.

Diese Objektivität legt sich deshalb als Kunstwerk aus, weil die Hervorbringung ein Gestaltungsvorgang ist, ein Wille zu erwirkter Ganzheit, die sich der Hand ihres Urhebers entzieht. Was die Indifferenz des Geistes hieß, heißt jetzt — nach dem Hindurchgang durch den Gestaltungsprozeß individuierte Objektivität und damit anschauliche Sinngestalt des Geistes. In diesem Schaffensprozeß integriert sich die Freiheit des Geistes im Kunstwerk als Welt. Dies aber wäre nicht möglich, wenn der Grund der Indifferenz des Geistes nicht die Urgestalt eines Logos wäre, der sich zunächst als Indifferenz der Freiheit des Geistes gibt, als seine Möglichkeit zur Gestaltung, um dann sich als Weltgestaltungsakt im Kunstwerk metaphorisch als Formprinzip individuiert zur Anschauung zu bringen.

Woher die Amphibolie des Schönen?

Platon spricht an einer Stelle (Symp. 211 b) von dem Sein, das mit sich selbst und für sich selbst immerdar eingestaltig ist. Er erläutert diesen Gedanken durch ein Ausschließungsverfahren. Dabei rührt er aber gerade an jene Aporie, die deutlich macht, welcher Zwiespältigkeit das Sein des Schönen, das Schönsein ausgesetzt ist, wenn es in der Welt des Werdens sich individuiert, wenn es so für den einen schön und für den anderen häßlich erscheint.

Woher diese Amphibolie des Schönen? Woher das Schillern des Schönen, wenn es von einem je verschiedenen Standpunkt aus angegangen wird? Woher diese Doppelbödigkeit des eingestaltigen Seins, das auf diese Weise bald schön und bald häßlich erscheint? Durch die Bezüglichkeit des Raumes und der Zeit stellt sich dieser Gegensatz ein. Ist dieser nur eine Sichtweise, oder ist dieser in der Weise begründet, durch die sich die Schönheit des Seins hier und jetzt zur Sprache bringt?

Wandelt sich diese Schwierigkeit, wenn wir uns das eingestaltige Sein am Beispiel des Lebendigen zu erläutern versuchen, so daß Goethe mit Recht in der Nachfolge Platons sagen konnte (Hippias major 288 c), daß eine schöne Vase keinen Anspruch auf Schönheit erheben könne, da sie den Vergleich mit einer schönen Stute, einem schönen Mädchen oder einem anderen Lebendigen nicht aushalte? Muß also die eingestaltige Schönheit allererst in die vielgestaltige Schönheit des Lebendigen gekehrt werden, damit man wissen könne, daß allein die Gegenstrebigkeit von Idee und Zeit das Leben der Schönheit auszumachen vermag?

Der Grund aller Künste

Wenn aber der Mensch demiurgisch handelt, so bringt er eine Gestalt hervor, in der das Gepräge von Welt, nämlich der Mensch selbst, seine kreative Seinsnatur erscheint. Diese Erkenntnis des Grundes der Weltgestaltung macht ihm möglich, Kunst als Kunst zu bestimmen. Die Kunsterkenntnis ist also grundgelegt im kunsthervorbringenden Subjekt.

Es wäre aber eine Selbsttäuschung des Menschen als Künstler, wenn er vorgeben wollte, daß seine Hervorbringung ein zeitfreier und unendlicher Akt sei, durch den er Welt ereigne. Der einzelne Schaffende, das künstlerisch schaffende Subjekt selbst kann sich nur als Gleichnis der Welt und damit als Weltmetapher verstehen. Allerdings muß auch gesagt werden, daß der Künstler nur deshalb Kunstwerke bestimmter Stilepochen zu schaffen vermag, weil seine Weltförmigkeit der Grund der Möglichkeit ist, systematische Einheit zu ereignen, die in der Gestaltung des Kunstwerkes anschaulich wird.

Die Möglichkeit nun, daß überhaupt Künste entstehen können, hat daher einmal ihren Grund in der Zeitlichkeit des künstlerischen Aktes und zum anderen im Weltcharakter des Prinzips Kunst. So begreift der Künstler seine Welthaftigkeit als Einheit in der Mannigfaltigkeit und darum als systematische Einheit, weil das Mannigfaltige der Künste im System der Kunst geeint ist. Dieser Wesenszusammenhang aller Künste, den wir Welt nennen, hat seinen Grund im Weltsein der Produktivität und Kreativität des weltseienden Menschen; der Mensch ist das metaphorische Weltall der Kunst selbst.

Die künstlerische Weltnatur des Menschen

Es dürfte nun für das Mißverständnis kein Raum mehr sein, als gehe es bei der Weltgestaltung durch Kunst um die Formungen oder Umgestaltungen einer Wirklichkeit, die schon vorliegt, die der Künstler sich zum Stoff werden läßt. Vielmehr ist *er* die einzige Wirklichkeit, die er durch sich selbst findet und die er dann kraft der künstlerischen Weltnatur des Menschen im Kunstwerk anschaulich Gestalt gewinnen lassen kann, freilich unter den Bedingungen des Raumes und der Zeit. Denn das Werden des Kunstwerkes kann nur im Nacheinander und Nebeneinander geschehen. Wäre dieses schaffende Kunstprinzip Mensch nicht ein morphopoietisches Etwas, so vermöchte es sich nicht als Weltgestalt vor sich selbst zu Gesicht zu bringen und sich für andere anschaulich zu machen.

Was wird im Kunstwerk anschaulich?

Auf diese Weise wird nun nicht mehr Schönheit im platonischen Sinne oder Natur im Kunstwerk anschaulich. Was nämlich nach der philosophischen Freilegung der schöpferischen *Subjektivität des Subjektes Mensch* im Kunstwerk anschaulich wird, ist die Ermächtigung des schaffenden Menschen zum Werk. Dies aber heißt: anschaulich wird die *Freiheit des Geistes* in Raum und Zeit mittels ihrer Ursächlichkeit. Wir sprechen von der Freiheit des Geistes, die im Kunstwerk anschaulich wird, deshalb, weil Kunstwerke Sinn anschaulich machen; sie erheben den Anspruch, daß durch sie etwas vernommen werde und nicht nichts. Das Vernehmen und Verstehen aber ist nicht Sache der Natur oder des Instinktes, sondern des freien Geistes.

Der Kampf um die Weltgestaltung des Menschen aber besteht darin, den Zufall von Raum und Zeit dadurch zu überwinden, daß im Ereignis des Kunstwerkes das freie Genötigtsein des Menschen zur Weltgestaltung, dies aber heißt seiner selbst, zur anschaulichen Gewißheit gebracht wird.

Arbeit und Einbildungskraft

Wollte man nun sagen, weil Weltgestaltung ein künstlerischer Akt sei, sei Weltgestaltung in Wahrheit ein Weltspiel, dann hätte man jene Bedingungen der Endlichkeit nicht berücksichtigt, die das künstlerische Schaffen zur *Arbeit* werden lassen.

Was als mühelose, spielende und darum vollkommene Hervorbringung des Kunstwerkes erscheint, ist in Wahrheit dadurch geworden, daß Raum und Zeit als die Endlichkeit dieses Prozesses der Hervorbringung abgetragen wurden. Darum hat es den Anschein, als ob Weltgestaltung wie im Spiele gelingen könne.

Im Gegensatz zu Schillers These, Schönheit sei „Freiheit in der Erscheinung", steht eine Metaphysik der Kunst, deren endlicher Grund die Weltmetapher Mensch ist. Das schaffende Subjekt kann im Vollzug eines endlichen Aktes sich seiner selbst im Kunstwerk als Welt auf mannigfaltige Weise anschaulich werden. Dies aber ist ein bildnerischer Akt; denn im Kunstwerk ist die Weltnatur des Menschen als Raum- und Zeitgestalt eingebildet. Doch dies vermöchte nicht zu geschehen, wenn der endliche Ursprung des Kunstwerkes nicht selbst Einbildungskraft wäre, dessen Wesenszüge Vernunft, Freiheit und Sprache sind. Auf diese Weise legt sich nun das Prinzip Geist als Einbildungskraft aus, so daß wir mit Recht von der schaffenden Kunst des Geistes sprechen können, die das Sein des Künstlers bestimmt.

Durch diese Überlegung ist nun der Fußpunkt erreicht, auf dem die These von der Weltmetapher Mensch ruht; denn das metaphorische Weltsubjekt Mensch ist weder ein absolutum noch vermag es absolut, frei von den Bedingungen von Raum und Zeit zu handeln. Aus diesem Grunde sprachen wir von der Weltmetapher Mensch.

Nun ist zwar der Grund seines Handelns die Einbildungskraft des Geistes, aber diese vermag sich immer nur unter den Bedingungen der Endlichkeit zu tätigen. Darum handelt das schaffende Subjekt als Künstler gleichnishaft als das Bild seines Prinzips. Was also eingebildet wird durch den Akt künstlerischen Schaffens im Kunstwerk, was in ihm Welt und damit Gestalt gewinnt, ist die Einbildungskraft des Geistes. Darum können wir mit Recht von der Weltgestaltung des Menschen sprechen, die im Kunstwerk objektiv anschaulich ist, dies aber heißt, frei von Raum und Zeit, durch die es geworden ist.

Geschichtlichkeit des Kunstwerkes

Doch die Hinfälligkeit der Künste ist nicht bestreitbar; denn sie vermögen sich vom Makel der Zufälligkeit nur im Augenblick der Veränderung, nur für einen Augenblick zu lösen. Was wir die Hinfälligkeit der Künste nennen, ist in Wahrheit ihre Geschichte.

Ist dies erkannt, dann kann eingesehen werden, daß der bildnerische Prozeß des Künstlers ein Stilproblem par excellence ist, nämlich das des Ausdrucks und der Machart. Denn der Ausdruck wird im Medium der Endlichkeit und bestimmt damit die Objektivität des Kunstwerks epochal, so daß sich uns über das Stilproblem das Kunstwerk als ein Phänomen der Geschichte erweist, das sich schroff gegen Natur stellt. So ist nunmehr zu verstehen, wie im neuzeitlichen Verstande Natur und Kunst einen antithetischen Charakter gewinnen. Obwohl Kunst Natur ausschließt, ist damit aber keineswegs ausgeschlossen, daß gegen Natur die Wucht des Seins steht, die durch das bildnerische Schaffen das Sein von Wirklichkeit gegenwärtigt.

Wenn wir demnach von Weltgestaltung sprechen, so ist damit die Hervorbringung von anschaulichen Seinsgestalten gemeint, die wir Welt nennen. Auf diese Weise ist zwar dem Kunstwerk durch Gestalt und Sein der Makel der Zufälligkeit genommen, nicht aber seine Geschichtlichkeit.

Weil im Kunstwerk Seinsgestalten Ereignis werden, allerdings unter den einschränkenden Bedingungen der Endlichkeit, deshalb sprechen wir – trotz des ontologischen Charakters des Kunstwerks – von seiner Hinfälligkeit, obgleich ihm in der Dimension der Kultur es beschieden sein kann, quer durch die Jahrhunderte hindurch Seinsgestalten anschaulich zu machen, falls das Kunstwerk nicht im Nichts der Verwüstung verfällt. Weil diese Möglichkeit aber nicht auszuschließen ist, deshalb bleibt die Weltgestaltung eine immerwährende Seinsaufgabe des schaffenden Subjektes.

Beispiel und Geschichte

Kunstwerke sind darum Beispiele; als Beispiele aber werden sie zu Experimenten, weil sie den Menschen zum Handeln bestimmen. Am Leitfaden des Beispieles probiert er, wie weit es ihm gelingt, durch eine Wiedererfindung nun selbst ein beispielhaftes Stück hervorzubringen, also eine Probe des eigenen Könnens zu geben.

Weil Experiment und Handeln füreinander integrierend sind, also kein Experiment ohne Handlung und keine Handlung ohne kreative Selbsterprobung des Handelnden selbst, deshalb besteht zwischen Experiment und Geschichte ein Wesensbezug; deshalb sind gerade Beispiele sozusagen eine Kristallisation der Zeit in Form einer Vorbildlichkeit. Dies aber hat zur Konsequenz, daß Beispiele immer im Zeichen des Stils einer Zeit auftreten, so daß sie das Gepräge des jeweiligen Zeitalters aufweisen.

Darum aber können solche Gebilde exemplarisch für eine Epoche sein, keineswegs jedoch können sie im Horizont des neuzeitlichen Bewußtseins, für das die Zeitlichkeit wesensbestimmend ist, den Charakter der Klassizität haben, daß sie nämlich ein für allemal, zu jeder Zeit und zu allen Zeiten vorbildlich sind. Gerade dadurch unterscheidet sich der Stilbegriff und damit der Beispielbegriff der Antike von dem der Neuzeit, wonach Stilunterschiede Unterschiede des epochalen Bewußtseins der kreativen Schaffenskraft des Menschen sind. Aus diesem Grunde können Beispiele expochemachende Begebenheiten, künstlerische Ereignisse sein, deren Zeuge der Mensch ist, sei es, daß er durch Beispiele Maßstäbe für eine Epoche setzt, oder sei es, daß er durch sie sich selbst zum Zeugen der geschichtlichen Gestaltung des Daseins gerade durch seine Hervorbringungen macht. Aus diesem Grunde können Beispiele der Inbegriff von Zeit und Geschichte der Selbstdarstellung des Menschen sein und eine Epoche in Gestalt von Exempla ausmachen.

Die reine Zeit einer Epoche im Beispiel

Im Beispiel identifiziert sich die reine Zeit einer Epoche, deren Widerpart die empirische Zeit des Nacheinanders ist. Wird in einer Epoche ein Beispiel Ereignis, so bringt das Beispiel die Identität der reinen Gegenwärtigkeit der Zeit des geschichtlichen Augenblickes zur Erscheinung. Dies geschieht dadurch, daß sie das Beispiel aus der empirischen Zeit herauslöst und den Augenblick des künstlerischen Schaffens beispielhaft gegenwärtigt.

Ist dieses Experiment als Beispiel geglückt, dann ist die reine Zeit einer Epoche, also ihre säkulare Zeitlichkeit im Beispiel gegenwärtig. Darin aber besteht die epochale Schönheit dieses Beispiels, das nun den Charakter der Maßgeblichkeit gewinnt. Im Beispiel ist die Zeit einer Epoche als reine Zeit wie in einem Inbegriff vereint, so daß man jetzt sagen kann, so und nicht anders hat sich das epochale Bewußtsein damals die Natur oder ein Gerät oder auch einen Menschen vorgestellt.

Wir sprechen von der reinen Zeit einer Epoche, weil ein Beispiel als signifikante Gegenwärtigkeit mittels ihrer Maßgeblichkeit Vergangenheit und Zukunft hinter sich und vor sich läßt, indem es sich über den Strom der empirischen Zeit erhebt. Das „harmonisch fließende Bild der Zeit"[15], um eine Formulierung Schellings aufzugreifen, wird zur reinen Anschauung im Ereignis des Beispieles, in welchem sich keineswegs ein Absolutum, sondern die reine Zeit des produktiven Schaffens als Gestalt gegenwärtigt.

Das harmonisch fließende Bild der Zeit im Verlauf des Nacheinanders wird nun, quer zum Strom der Zeit, zu dessen Gestalt. Aus diesem Grunde ist nicht nur die Musik eine Zeitgestalt, sondern jedwedes Beispiel, das der Inbegriff und der Ausdruck eines zeitlich bestimmten Schaffens ist.

Sprechen wir also von der reinen Zeit, die im Beispiel Ereignis wird, so soll dies heißen, daß Zeitlichkeit sich in Gestalt eines Beispieles als das identifiziert, was sie ist, nämlich ein Augenblick, der im Kunstwerk beispielhaft verweilt. So wird der Schaffensprozeß durch die reine Zeit als reine Tätigkeit identifiziert.

Was möglich ist, wird im Beispiel wirklich; das Allgemeine wird im Besonderen, die reine Zeit in der empirischen Zeit zur Gestalt der Kontinuität des Schaffens. Indem das Beispiel die Differenz der Zeit wird, wie sie sich in den Stilepochen manifestiert, entzieht sich das Beispiel der aplanierenden und nivellierenden Kraft der empirischen Zeit[16]. Es läßt sich vom einebnenden Srom der Zeit nicht mehr erfassen.

Die Profilierungskraft der reinen Zeit

Die reine Zeit, die im Beispiel anschaulich wird, wird vielmehr zum Anstoß der Gestaltung der empirischen Zeit, um das formlose Einerlei, die Gestaltlosigkeit der empirischen Zeit zu gestalten, so daß — kraft der reinen Zeit, die im Beispiel gegenwärtig ist —, keine Zeit der anderen gleicht ebensowenig wie ein Beispiel dem anderen.

Dies aber ist die Profilierungskraft der reinen Zeit. Denn wird durch die produzierende Konstruktion das erfinderische Schaffen zu einem Gestaltungsprozeß der Zeit, dann ist es gerade die Zeitlichkeit der reinen Zeit, die zum Antrieb wird, es nicht dabei zu belassen, daß man beschwichtigend sagt, es sei ja doch alles gleich, was solle man denn gestalten, da jedes jedem gleich sei, alles ein ununterschiedenes und totes Allerlei, dessen Ausdruck der alles mitreißende Strom der empirischen Zeit sei.

Doch, so ist nun zu fragen, was will jetzt noch die Rede vom „harmonisch fließenden Bild der Zeit" besagen? Es besagt, daß von einer reinen Zeit nur deshalb gesprochen werden kann, weil sich ihre Zeitlichkeit allein als Gestalt, die Etwas zum Ausdruck bringt und nicht Nichts, zur Anschauung bringen kann.

Schellings Appell

Wird also in einem Beispiel eine Epoche Ereignis, so bringt das Beispiel die Identität der reinen Gegenwärtigkeit der Zeit, des geschichtlichen Augenblickes zur Anschauung. Ist das Experiment als Beispiel geglückt, dann ist die reine Zeit einer Epoche im Beispiel gegenwärtig. Dadurch aber, daß die Schaffenskraft oder die Kreativität des Menschen selbst in der Zeit als reine Bewegung ein Beispiel Ereignis werden lassen kann, vermag sich der geschichtliche Augenblick des Schaffens zu gegenwärtigen. Darum können Beispiele epochale Ereignisse sein. Beispiele sind die Verkörperung jenes Imperativs, den der Philosoph Schelling in den Appell formuliert: „Lerne nur, um selbst zu schaffen. Nur durch dieses göttliche Vermögen der Produktion ist man wahrer Mensch, ohne dasselbe nur eine leidlich klug eingerichtete Maschine."[17]

Im Beispiel wird dieses göttliche Vermögen Ereignis. Doch es verkörpert keinen Gott; Beispiele sind keine Götter, schon gar nicht Objektivationen des Bewußtseins. Sie sind vielmehr der Ausdruck dafür, daß der Mensch Zeit als Gestalt zu durchdringen und im Experiment des Handelns zu beherrschen vermag. Darum kann ein Kunstwerk ein Jahrhundertereignis sein, das der Augenblick gegenwärtigt. Es bleibt jedoch ein Gebilde der Epoche, weil es nicht eine ars absoluta gebildet hat, sondern der Erfindungskunst des zeitbedingten Schaffens eines Subjektes entsprang, von ihm hervorgebracht wurde.

Die Reinheit der Zeit aber besteht darin, daß sich allein im Augenblick das Allgemeine im Besonderen identifiziert, also sich, wenn auch nur unter den einschränkenden Bedingungen der Endlichkeit, als ein productum zu erkennen geben kann. Dadurch aber wird das Beispiel zur Demonstration im Experiment selbst. Die empirische Zeit ist zum Stillstand gebracht; der Strom der Zeit gewährt nun den einen Augenblick durch ein Beispiel des epochalen Augenblickes. Auf diese Weise ist die Produktivität des schaffenden Subjektes objektiv zur Anschauung, dies heißt jetzt: zu exemplarischer Anschauung gebracht. Ist aber etwas zu beispielhafter Anschauung gebracht und identifiziert worden, so hat sich gezeigt, was Kreativität des schaffenden Subjektes vermag.

Würde aber nicht der reine Augenblick zum Identifikationsfaktor, sondern zur reinen Zeit selbst, dann wäre eine absolute Identifikation von Mensch und Wirklichkeit gelungen. Dies hätte zur Konsequenz, daß der Mensch selbst das Ende seiner Schaffensmöglichkeit oder Kreativität herbeigeführt hätte.

Doch es hieß bei Schelling: Lerne nur, um selbst zu schaffen; und nicht: nur durch das göttliche Sein, sondern: durch dieses göttliche Vermögen bist Du wahrer Mensch. Die Göttlichkeit besteht darin, daß schon im Fluß der Zeit der Mensch seine Göttlichkeit als den Absolutpunkt seines Wesens durch die gestaltende Tat zur objektiven Anschauung zu bringen vermag.

Experimentum mundi

Der Bereich des Schaffens aber ist die Geschichte, und diese ist ein Experiment des Handelns. Die Tat des Schaffens jedoch ist immer die Selbsterprobung der Reichweite einer endlichen Handlung, die im Werk – trotz der Zeit – die Zeit für einen Augenblick beispielhaft zum Stillstand zu bringen und damit zu beherrschen vermag. Dies nur vermag das göttliche Vermögen der Weltgestaltung des Menschen, seine Kreativität.

Die Göttlichkeit dieses Vermögens der Kreativität aber besteht darin, daß keine empirische Zeit den epochalen Weltaugenblick der reinen Zeit aufzulösen vermag, der im Kunstwerk beispielgebend Ereignis wird. Die Identifikation dieser Göttlichkeit aber kann kein Einzelgeschehen sein, sondern ein Begebnis, das, wenn es epochal ist, immer alles ganz zu umfassen vermag. Darum wird Welt in jedem Beispiel dieser reinen Zeit, im Kunstwerk anschauliches Ereignis.

Der Mensch ist das experimentum mundi schlechthin. Weil in diesem Experimentieren seine Erfindungskunst anschaulich wird, darum ist dies eine Tat, die allein der Mensch einzig zu vollbringen vermag, und darum ist es das Ziel seines Daseins, durch die Selbstgestaltung der Welt zu erweisen, ob seine Weltexistenz frei und nicht gezwungen, vernünftig und nicht durch Willkür und Zufall gezeitigt werden kann.

Zweiter Abschnitt

Der Sündenfall des Geistes

Der Anfang dieser Welttat ist ein „Sündenfall". Denn erst der Bruch mit der Natur, also die Erkenntnis, Welt allererst durch Freiheit zu bilden und zu gestalten, setzt den Menschen von der Notwendigkeit der Natur ab. Damit aber ist die Freiheit der Erkenntnis sein Los. Erst wenn die Unschuld der Natur durch den Eingriff des Menschen gebrochen ist, kann der Mensch eine Welt entstehen lassen, in welcher sich der Mensch in der reinen Zeit des Augenblickes zur Selbstanschauung bringt. Zeit aber ist der Stoff, durch den er die Identität des Allgemeinen im Besonderen individuiert.

Der unumgehbare Sündenfall besteht sonach darin, daß der Mensch genötigt ist, die Natur nach seinem Bilde zu individuieren, und sie nicht das sein läßt, was und wie sie ist: die Notwendigkeit ihrer selbst. Läßt der Mensch sich Freiheit so zum Los werden, dann erprobt er sich im Fluß der Zeit und demonstriert damit, daß er Zeit beherrscht, — wenn auch nur für einen Augenblick *beispielhaft*.

Wäre er aber nicht auf diesen göttlichen Augenblick von Grund auf immer schon angelegt, dann müßte ihm die Weltgestalt selbst im

Augenblick als Beispiel zerfallen. Weil aber der Mensch die paradigmatische Weltgestalt von Grund auf ist, vermag er die reine Zeit im Augenblick als Beispiel für seine Gestaltungskraft zur Anschauung zu bringen.

Die Musik ist nun in einzigartiger Weise ein Phänomen, an dem deutlich gemacht werden kann, was Kreativität heißt, und zwar darum, weil Musik einmal in einem besonderen Bedingungsverhältnis zur Zeit steht — wie sonst keine der Künste, zum anderen aber, weil das kreative Schaffen des Komponisten und des Interpreten in sich zerfallen würde, wenn sich das göttliche Vermögen der Freiheit nicht am Stoff der Zeit bewähren könnte. Musik stellt daher das Verhältnis von Freiheit und Zeit unter dem Horizont der Kreativität ins Zentrum der Überlegungen.

Das Beispiel Musik

Wenn Musik wesenhaft Bewegung ist, und zwar Bewegung der Zeit, und dies wiederum in einer Zeit, die rhythmisiert ist und deren Rhythmisierung sich in der Vollendung des Kunstwerkes kristallisiert, dann kann gesagt werden, daß durch die freie Tat des Musikschaffenden Zeit und Freiheit im Augenblick der Vollendung identisch werden. Fiele in diesem Akt der Kreativität das Moment der Zeit aus, dann fiele Musik in sich zusammen, da ihr das Bewegungsmoment, nämlich Zeit, genommen wäre. Doch die Rhythmisierung der Zeit macht noch nicht Musik aus. Rhythmisierte Zeit wird erst dann zur Musik, wenn die Zeit moduliert wird, wenn der Rhythmus zum gestaltenden Prinzip des Sinnes wird, den Musik vermittelt.

Durch Rhythmisierung und Modulation substantiiert sich Zeit in Musik, und zwar dadurch, daß Freiheit im Modus der Zeit substantiale Gestalt gewinnt. Doch sobald das Leben der Freiheit nicht mehr Zeit wäre, reflektierte sich diese musikalische Substanz. Was aber geschähe dann? Musik entschlüge sich der Bewegung des Rhythmus' und wäre darum nicht mehr modulationsfähig. Ist dies erkannt, so stellt sich mit Notwendigkeit die Frage, ob denn Musik nicht beispielhaft Zeit und der Ton die anschaulich gewordene Substanz der Freiheit des Geistes ist.

Wir würden jedoch Musik verfehlen, wenn wir insgeheim unterstellten, daß wir es seien, die als Zuhörer von Musik das musikalische Schaffen des Künstlers erst im nachhinein qualifizierten. Das Gegenteil ist der Fall. Die Hervorbringung des Musikwerkes im musikalischen Schaffen, also ihr Grund oder ihre Spontaneität ist durch die Seinsweise dieses Grundes als eine Urmöglichkeit des Menschen im vorhinein immer schon qualifiziert, ehe ein schaffendes Subjekt durch Rhythmisierung und Modulierung der Zeit jene Substanz, also jene Wesenheit oder jene rätselhafte Natur hervorschafft, der wir dann den Namen Musik geben, wenn wir durch das Ohr des Geistes ihren Klang vernehmen. So ist also die erklingende und ertönende Musik für uns ein Phänomen, das *etwas* zur Erscheinung bringt, von dem wir, wenn wir Musik hören oder vernehmen, im vorhinein noch gar nicht wissen, was es ist.

Der Weltcharakter der Musik

Das Erscheinungsfeld von Musik aber ist für die Musikerkenntnis der hohe Anlaß, jenes kreative Tun des Künstlers zu erfassen, das wir die musikalische Weltgestaltung nennen. Doch welches ist denn der ursächliche Grund, der das Beispiel Musik durch das kreative Tun des handelnden Subjektes ins Werk setzt? Welches ist der ursächliche Grund dafür, daß durch den Entwurf von Musik eine Welt eigener Prägung entsteht, die für uns nicht irgendeine Welt ist oder gar ein Gedankending, sondern *Wirklichkeit*, die den Hörer ergreift, fasziniert, in Bann schlägt, begeistert und ihn nicht, wie es scheint, für einen Augenblick in eine *andere* Welt versetzt, von der wir am Ende insgeheim doch wissen, daß sie *Schein* ist, in der es kein Verweilen gibt.

Ist aber diese Hinfälligkeit der musikalischen Welt nicht gerade die große Chance eines Künstlers, entweder durch originäre oder durch reproduzierende Interpretation die Welt von einst für einen Augenblick einer Aufführung wirkliche Gegenwart hier und jetzt werden zu lassen? Diese Unstimmigkeit zwischen der Macht der Subjektivität des schaffenden Künstlers und der Gebrechlichkeit des

Musikwerkes aber ist es ja gerade, die den Weltcharakter von Musik ausmacht, die Größe der musikalischen Welt.

Aufgrund der apriorischen Natur der Kreativität des Subjektes ist Musik ein Urereignis der Freiheit des Geistes. Geschieht Musik hier und jetzt, so gewinnt die Versinnlichung, die Veranschaulichung des Geistes im Medium der Zeit hier und jetzt für einen Augenblick eine Absolutgestalt. Darum ist Musik ein Urereignis und nicht allein ein Urvorgang. Erhöbe sich nämlich das musikalische Schaffen nicht aus dem naturalen Prozeß, der sich weder selbst reflektiert noch begreift, dann wäre Musik keine Handlung des Menschen. Urvorgänge können rein kosmischer Natur sein; Urereignisse aber sind geschichtliche Begebenheiten, die nicht nur einem subjektiven Bewußtsein entspringen, sondern die der Grund von Reflexion, also der Geist, das Zentrum von Vernunft, Freiheit und Sprache, im Verlauf der Zeit als die Weltgestalt der Künste hervorbringt.

Die musikalische Phantasie entwirft unter dieser Rücksicht in Gestalt von Takt, Rhythmus und Melodie eine in sich geschlossene Welt der Zeit, und zwar so, daß man von einem Musikwerk sagen kann, es sei ein Ganzes, eine Welt für sich und darum ein künstlerischer Wurf und nicht ein kunstfertiges oder kunstgewerbliches Gemächte, sei es auch noch so virtuos dargeboten.

Kunst geht jedermann an

Die Seinsweisen von Kunst und Wissenschaft mögen unterschieden sein; dennoch ist es der *eine* anthropologische Seinsgrund, also das eine Sein von Welt, das die Freiheit der produktiven Kräfte des Subjektes aus der Ruhelage in die Gestalt der Aktivität zwingt.

Die Prosa des menschlichen Daseins, die bare Alltäglichkeit gilt es durch die Tat des Künstlers zu überwinden. Dem Zuhörer kommt dabei die Aufgabe zu, selbst musikalisch zu werden und nicht nur anwesend zu sein, um gewiß zu werden, welch schöne Welt uns doch die Kunst mache, wie sie das Dasein verschönere. Kunst ist nicht dazu da, uns nur die Prosa der Alltäglichkeit vergessen zu lassen; sie ist kein Wert, von dem man dispensiert werden kann. Kunst geht im aktiven Sinne jedermann an, so wie keiner vom Wert des Gewissens dispensiert werden kann, falls man für einen Augenblick unser Problem oder den Zwiespalt von Kunst und Prosa in der Sprache eines Denkens in „Werthierarchien" formulieren will. Kunst geht alle und jedermann an, weil der Mensch a natura ein künstlerisches Wesen ist. Darum soll uns Kunst nicht lediglich eine schöne Welt machen, sondern sie soll die Subjektivität des künstlerisch schaffenden Subjektes dazu provozieren, Welt in Gestalt des Kunstwerkes allererst kreativ zu entwerfen.

So wird Kunst zur Aufgabe, die Prosa der Alltäglichkeit als die Prosa eines Daseins, in der wir uns vorfinden, vergessen zu machen, damit wir den Schritt in den Spielraum der Freiheit, in welchem allein ein Kunstwerk entsteht, tun können.

Die Gefahr der Verdinglichung von Kunst

Diese Entflechtung von Kunst und Alltäglichkeit kann nur gemeistert werden durch die kreative Tat des schaffenden Subjektes. Dann wird der Sinn des Daseins allererst im Schritt zur Existenz, also im Spielraum der Freiheit, also durch die Aktivierung der kreativen Potenz des Menschen verstanden. Allein ein kreativ genommener Weltbegriff kann einleuchtend machen, warum Kunst eine indispensable Wahrheit ist und warum Kunst darum den Anspruch der Authentizität erheben muß.

Der Konflikt aber, der im künstlerischen Schaffen auszutragen ist, besteht darin, daß die Gegenstrebigkeit von Dasein und Existenz, von Prosa und Freiheit, immer nur für einen Augenblick aufhebbar ist. Denn in dem Moment, da wir versuchen, den musikalischen Augenblick, also die Vollendung des Kunstwerkes zu fixieren, unterläuft uns unter der Hand, daß wir Kunst verdinglichen, daß der Kunst das Leben des Geistes entweicht und Kunst selbst prosaisch wird. Welt, die als Totalität des Kunstwerkes im Entwurf als künstlerischer Wurf wahrhaft gelungen ist, verdinglicht sich, wird fest gemacht, und es geschieht, wie wir es in jedem autoritären System erfahren, daß sie ideologisierbar wird. Damit aber wird Kunst der Prosa, der Zufälligkeit, der Beliebigkeit, der Hinfälligkeit, der Vergänglichkeit, also dem Verschleiß der Alltäglichkeit ausgesetzt.

Doch wer Freiheit und Prosa kontaminiert, sich also zutraut, Fremdartiges wie ein Verwandtes mischen zu können, verhunzt das Kunstwerk. Die Totalität der Einheit des Kunstwerkes beginnt zu bröckeln und seine Weltgestalt einzubüßen.

Vollkommenheit in Zeit

An sich freilich ist das Kunstwerk frei und darum unantastbar; denn es bedarf zu seiner Vollkommenheit keines anderen. Aber es ist nur eine Vollkommenheit in Zeit, weil das Kunstschaffen und somit das Werk von Kontingenz betroffen ist, daß etwas zwar vollkommen sein kann, aber nicht muß, daß sich alle kreative Hervorbringung in einem tendere ad esse und einem tendere ad nihil bewegt. So kann nur von einer geschichtlichen Vollkommenheit eines Kunstwerkes die Rede sein. Darum spricht man von der Seinsweise des Kunstwerkes, nicht aber von seinem Sein schlechthin.

Musik ist durch Zeit eingeschränkt. Der Werdegang ihrer Vollkommenheit ist die Hervorbringung in einem Zeitverlauf. Die Vollkommenheit der Musik ist der Atem des Augenblicks oder die Gegenwart der Idee, des Geistes in der Geschichte produzierender, reproduzierender, hervorbringender und wiederholender Subjekte. Was aber mag dann geschichtliche Vollkommenheit eines Kunstwerkes heißen? – Damit ist gemeint die schöpferische Hervorbringung aller kreativen Möglichkeiten, die ein Kunstwerk in sich zuläßt, hier und jetzt im Augenblick, der das Kunstwerk ganz Gegenwart werden läßt. Darum kann durch das Kunstwerk Welt wirklich werden.

Weltgewißheit durch Kunst

Die Freiheit der Kunst ist die Spontaneität des Geistes als künstlerisches Urvermögen, als Einheit von Potenz und Energie, die dem schaffenden Subjekt innewohnt. Durch die der Sujektivität des schaffenden Subjektes innewohnende Wirklichkeit des Geistes wird im Medium der Zeit durch Sinnentwürfe der Musik eine Welt entworfen, ein Ganzes geschaffen, das dem vernehmenden, nicht nur dem hörenden Ohr eine Wirklichkeit, eine unhintergreifbare Realität anschaulich werden läßt, durch die gewiß wird, daß Welt unverrückbar hier und jetzt da ist. So ist das Verhältnis von Welt und schaffendem Subjekt nicht umkehrbar. Nicht Welt an sich ist der Inbegriff von Wirklichkeit, sondern der kreative Mensch ist das Weltsein der Welt, da er der Ort und der Augenblick musikalischer Spontaneität ist.

Wie weit die jeweilige Gesellschaft dem freien Schaffen des Künstlers den Spielraum zur Entfaltung einräumt, wie weit der Künstler gelenkt wird, dies entscheidet über die Möglichkeit, ob der Mensch im kreativen Akt seiner selbst als Weltwesen seiner gewiß werden kann, ob er durch Kunst und Philosophie der vermeintlichen Welt, selbst im Horizont der Prosa der Alltäglichkeit eine Ortsbestimmung geben kann. Denn Kunst wird nicht im leeren Raum oder im Laufe einer geschichtsfreien Zeit realisiert, sondern sie ist darauf angewiesen, daß sie geschichtlich, zeitlich im Miteinander der Menschen, also gemeinschaftlich vermittelt wird.

Musik als Weltflucht

Die ideologische Einschränkung oder freie Entfaltung musikalischen Schaffens hat ihr Kriterium, also ihr Unterscheidungsmoment darin, inwieweit ihre Ideologisierung ein falsches oder irreführendes Bewußtsein erzeugt. Man ist davon überzeugt, Musik steigere die Leistungsfähigkeit des Menschen oder Musik verkläre das Dasein oder Musik verschönere die Welt. Das „Machen" von Musik mache allererst eine schöne Welt, sie stimme uns festlich, sie sei der erhabenste Ausdruck für das Göttliche, während in der Tat alle diese falschen oder in die Irre führenden Bewußtseinseinstellungen der Musikliebhaber, der Musikkenner oder der Musikinteressenten ein unwirkliches Weltbewußtsein und Weltverständnis in sich entwickeln, das in sich schon zusammengebrochen ist, noch ehe der Konzertsaal verlassen wird.

In Wahrheit ist diese ideologische Flucht in die Musik eine Weltflucht. Wohin diese unterschwellige Weltflucht führt, welche Folgen dieser illusionäre Schein der Musik zwangsläufig nach sich zieht, ist leicht einzusehen. Eine illusionäre Welt wird entworfen, Weltwirklichkeit vorgetäuscht, der Mensch erliegt dem Trug einer vorgegaukelten Welt; ja, Musik kann auch dahin umfunktioniert werden, daß man mit ihr Verbrechen travestiert, so daß Musik durch ihren ideologischen Gebrauch an der Weltvernichtung mitwirkt.

Wenn man vorgibt, in die Welt der Musik flüchten zu können, um sich ihres Trostes zu versichern, und andererseits Musik als einen Entwurf der Innerlichkeit der Subjektivität des Subjektes Mensch dennoch begreifen will, so ist diese Flucht in die Kunst als Rückzug in die Innerlichkeit dann in Wahrheit nichts anderes als eine Überantwortung der Kreativität des Menschen in eine faule Subjektivität, in eine verderbliche oder verderbende Innerlichkeit. Dann wird Kunst zum vergifteten Honig, an welchem Welt abstirbt. Wirklichkeit wird nun faktisch fungibel; und Kunst hat Anteil an der Verwaltung von Welt, weil ihr authentisches Wesen, ihre autonome Kreativität des schaffenden Subjektes, depotenziert ist. Die Kraft dieser Depotenzierung führt zum Verderben, zum Verfaulen der Innerlichkeit, die mit ihrer schlechten Unendlichkeit eine Vollkommenheit vorgibt, die in Wahrheit nicht mehr als Routine ist.

Faule Subjektivität und Kitsch

Erst wenn das Problem der schlechten Unendlichkeit, der faulen Subjektivität, durchdacht ist, ist unschwer zu erkennen, wie viel oder wenig das kreative Schaffen des Subjektes, ja wie wenig Kunst überhaupt mit jenen Hervorbringungen der faulen Subjektivität zu tun hat, die man Kitsch nennt.

Der Zusammenhang zwischen einer Kunst, der man eine beschwichtigende Weltfunktion zudenkt, und den Gemächten des Kitsches ist mit Händen zu greifen. Gegenüber dem Kitsch ist die Prosa der Alltäglichkeit fast noch Kunst von einigem Rang; denn Kitsch ist seinem Wesen nach unironisch, ohne Humor, und wir bezeichnen eine kitschige Musik oder Malerei daher als Plattheit, als Gemächte ohne Hintergrund, als Vordergründigkeit, die so durchsichtig ist, daß ihre Struktur, ja ihr Wesen gerade darin besteht, daß ihr die Konsistenz mangelt, daß sie verschiebbar ist, daß sie im banalen Sinne „machbar" ist, daß sie austauschbar und verwechselbar ist. Kitsch hat nichts von der Dialektik der Zweideutigkeit an sich, die gerade den Weltcharakter der künstlerischen Entwürfe ausmacht. So *ist* das musikalische Kunstwerk, indem es wird, dadurch, daß es aus dem Grunde der künstlerischen Apriorität des Subjektes spontan wird; es scheint sich zu verdinglichen und läßt sich dennoch nicht wie ein Ding greifen.

Kunst und Wissenschaft

Sprechen wir von der Authentizität der Musik, so meinen wir dies nicht im Sinne etwa einer musica perennis. Es geht uns um gültige Aussagen. Wir folgen aber nicht der These Adornos, „daß die absolute Grenze des geschichtlichen Tonraums der abendländischen Musik erreicht scheine". Denn dies hieße, die Seinsverfassung der menschlichen Natur zu verkennen, wollte man ihrer Spontaneität Grenzen setzen, wollte man gar den Grund der Möglichkeit der Möglichkeiten der Kreativität im vorhinein einschränken oder gar zum Tode verhelfen wollen.

Wie aber steht es nun mit dem Verhältnis von Kunst und Wissenschaft, da doch beide den Anspruch auf Authentizität erheben? Können sie gar identisch werden? Musik und Wissenschaft können schon deshalb nicht identisch werden, weil Musik nicht das Allgemeine in der Form des Allgemeinen, sondern das Allgemeine im Besonderen zu Gehör bringt. Darum hat der Künstler diese Sonate und jene Symphonie oder Oper zu meistern. Das Gesetz der Individuierung ist schlechterdings nicht auszuschließen. Hier wird der Gegensatz zur Wissenschaft evident.

Kunst und Wissenschaft ereignen sich in verschiedenen Dimensionen — dadurch, daß in Wissenschaft Welt als anthropologisches Prinzip entworfen wird und in Musik Welt aus dem kreativen Grunde der Subjektivität des Subjektes sich in der Besonderheit dieses oder jenes Kunstwerkes konkretisiert. Sie können auch insofern nicht identisch werden, als Wissenschaft in Gestalt der Philosophie ein insistentes Ringen mit der Zeit ist, um diese nämlich aufzuheben, während Musik allein im Medium der Zeit eine substantiale Sinngestalt zu Gehör bringt und somit auf Zeit angewiesen bleibt.

Philosophie negiert die Zeit, um auf dem Wege der Abstraktion ihre Aussagen den relativierenden Tendenzen der Zeit zu entziehen; so ist Philosophie Prinzipienwissenschaft. Musik dagegen könnte sich überhaupt nicht in Zeit individuieren, wenn nicht die Aporie der Zeit, die Dissonanzen, die Widersprüchlichkeit, die Unstimmigkeit, gar die Negativität im künstlerischen Schaffensprozeß das Kunstwerk profilierte, indem es Etwas wird und nicht Nichts. Hier sitzt die Differenz von Musik und Philosophie.

Darum muß das Kunstwerk, wenn es aufgeführt wird, durch einen dreifachen Negationsprozeß hindurch, damit es sich individuieren kann. Das Kunstwerk entsteht so eigentlich erst: durch die Individuierungskraft des Komponisten, der schöpferische Differenzen setzt, durch den Interpreten, dessen Ziel es ist, dieses Musikwerk unverwechselbar von jedem andern abzuheben, im Gegensatz zu möglichen anderen Interpretationen (wofür die Interpretationsgeschichte eines einzelnen Kunstwerkes ein Beispiel ist) und schließlich durch den Individuationswillen des Hörers, der ja, wenn in ihm die Kraft der Unterscheidung nicht mächtig würde, also die der Negation, die Differenzen setzt, ein Kunstwerk vom anderen überhaupt nicht unterscheiden könnte. Dieser durchgängig negativ bestimmte Individuierungsprozeß aber macht Musik allererst kommunikabel. Wie aber sollte das Individuum zum individuellen Hörer überhaupt werden können, wenn das Kunstwerk das Subjekt nicht zu diesen drei Negationen zwänge, um so auf seine Authentizität oder Gültigkeit zu bestehen.

Die zeugende Kraft der Kunst

Es muß Arbeit geleistet werden, um die Trägheit der endlichen Bewegung zu überwinden. Arbeit aber wird im Bereich des Werdens, in der Zone künstlerischer Hervorbringung dessen, was noch nicht ist, dessen, was allererst werden soll, woraufhin etwas geschehen soll, um wessentwillen etwas sich begeben soll, durch die Gestaltungskraft des Subjektes geleistet.

Dies macht ja gerade den Weltcharakter künstlerischen Schaffens aus, daß es nicht ruht, daß es notwendig ist, solange zu probieren und sich einzuüben, bis jene Kraft voll entwickelt ist, ohne die ein Kunstwerk nicht gelingen kann. Darum bedarf Perfektion und Meisterschaft der Vorarbeit der Einübung. Wie anders sollte die innere Musikform durch die Energie des musikalischen Schaffens, ja durch die Kraft der Zeit äußere Gestalt gewinnen können? Dazu aber muß die Zeugungskraft zum Zeugungsakt der Kunst, zum Energieprozeß, der im Kunstschaffen zu leisten ist, geworden sein. So nur begreifen wir, welche Energie im Zeugungsakt künstlerischen Schaffens freigesetzt wird und aus der Ruhelage aktiviert werden muß, damit durch diese Energie ein Ergon entstehen kann, nämlich das konkrete Werk hier und jetzt.

So nur entsteht Welt, so nur wird die Welt der Musik entworfen. Dies macht die ästhetische Kraft des Künstlers aus, dergestalt mundan auszugreifen, daß durch sein Werk ein musikalisches Weltbewußtsein, eine musikalische Weltansicht im Werk anschaulich wird.

Kausalität und Motiv

Die Kausalität ist das Handlungsprinzip des Schaffens, doch nur in der Einheit von Ursache und Wirkung, die sich in der endlichen Einheit der Zeit manifestiert, also durch die währende Kraft einer Zeit, die sich mit Sinn verbindet. Dabei bewahrt sich Musik das Leben der Zeit solange, als die sinnbewegte Kraft der Kausalität am Werk ist. Nirgends aber werden die Bewegungskräfte des Geistes tätiger als dort, wo im Medium der Zeit Sinngestalten als Motive des Musikwerkes anschaulich werden.

Was aber ist dann das Urmotiv musikalischen Schaffens? Es ist die sinndurchdringende Kausalität. Allein weil Zeit durch Motive Gestalt gewinnt und so anschaulich wird, wird im Musikschaffen Zeit durch Motive bewegt, so daß leere Zeit zur sinnerfüllten Zeit wird. Der Leerlauf sinnfreier Zeit wird durch das Motiv, also durch die innere Musikform oder Idee zur Zeitgestalt, deren Klang vernehmbar wird, falls wir vernehmend hören. Darum kann das Motiv den Sinnzusammenhang der Musik verlautbaren; darum kann allein Zeit in Gestalt von Musik kommunikativ werden.

Wäre dieses Schaffen aber nicht das eines Subjektes, das Ich zu sich und von sich und Du zum anderen zu sagen vermag, wie sollte Musik je im kreativen Akt künstlerischen Schaffens einem anderen überhaupt kommunikabel werden? Hat man aber Anteil an der Musik, so hat man Anteil an der Kreativität des anderen, und zwar gerade dadurch, daß Unsinnliches, in Sinnlichkeit übersetzt, so im Klangleib dem Gehör vernehmbar wird.

Das Lied der Zeit

Darum zielt Musik auf den Hörer. Es gibt hierfür wohl kein überzeugenderes Beispiel als die Tragödie der Griechen. Was aber wäre eine Tragödie ohne Musik? Eine Musik, die sich als den einen Akt einer Gemeinschaft verkündet. Darum können Motive erregend sein, eine Faszination ausüben, also den anderen ansprechen; was nichts anderes heißt als seine Rezeptivität in Bewegung bringen und darum wesenhaft begeistern. Darum vermögen wir nicht nur irgendeine Melodie, sondern die eine Melodie unter den vielen zu hören.

Was aber wäre ein Motiv ohne die Melodie? Es wäre eine Zeiteinheit ohne Grund. Verbindet sich aber das Motiv mit der Melodie, dann wird die Melodie zum Lied der Zeit. Was aber wäre eine Melodie ohne Rhythmus, wenn der Rhythmus die Grammatik der Melodie ist? Sie wäre ein Ungegliedertes, ein Nichts. Was jedoch durch den Rhythmus wiederkehrt, ist das Werden der Bewegung, das Werden der Zeit, der Sinn, der allein ist, indem er im Rhythmus der Zeit zum Lied wird. Und so lange auch muß die mühelose Kraft der Freiheit arbeiten, bis der Anschein entsteht, daß nichts müheloser entstehe als ein Musikwerk. Darin liegt alle Virtuosität und Meisterschaft.

In diesem Lied der spielenden Zeit wird Welt entworfen; denn ein Lied ist nie ein Bruchstück, sondern ein Ganzes und darum welthaft. Darum spielt in der Musik die Zeit nicht für sich, wohl aber für uns das Sinnspiel der Welt.

Musica ars libera

Was aber ist das Spiel der Welt? Das Spiel der Welt ist die künstlerische Tat der Freiheit. Dies nämlich meinten wir, als wir von der

Spontaneität des musikalischen Schaffens sprachen. Nur weil Musik eine ars libera ist, darum kann sie sich selbst genug sein, darum ist sie weder heteronom noch autonom, sondern ein authentischer Weltentwurf. Darum ist sie sie selbst; darum ist sie wirklich, und dies heißt jetzt: wahr. So allein kommt das Musikwerk als Welt mit sich in Einklang, in Harmonie.

Diese Harmonie aber ist weltförmig, sie bewahrt sich und ereignet sich durch Bleiben und Vergehen der Zeit. Das Ereignis des Musikwerkes ist so ein Werden im Vergehen, aber nicht absolut. Wäre sie absolut, dann ließen sich ihre Möglichkeiten absehen. Weil sie aber weltförmig ist, auf Zeit, Endlichkeit und Vergänglichkeit relativ bezogen, weil sie relativ ist, darum ist ihre Kreativität unerschöpflich, so daß die absolute Grenze des geschichtlichen Tonraumes nur approximativ zu erreichen ist. Musik ist das Ganze des Werdens in der Zeit, die Einheit der jeweiligen Zeit, das Ganze eines Sinnes, der dem musikalischen Schaffen hier und jetzt vorläufig ist, in dem doppelten Sinne von „voraus" und „hinfällig". Darum ist das Ereignis der Musik die Gegenwärtigung der Ganzheit des Geistes, der durch die endliche Differenz der Freiheit verursachend und darum sinnführend eine einzige Sinnbewegung ist, die sich in die Sinnfälligkeit des Klanges als Welt entäußert. Wäre aber Musik nicht eine ars libera, wie vermöchte sie dann die Vollmacht zu haben, sich authentisch als sie selbst im Akt ihrer Hervorbringung an den Hörer zu entäußern.

Janusköpfige Zeit

Wann aber berührt uns die Entäußerung der Kunst mehr als dann, wenn ein Musikwerk verklungen und zu Ende gekommen ist! Das Spiel ist aus, es ist gewesen. Jetzt liegt es an uns, mit dieser Selbstentäußerung des musikalischen Schaffens fertig zu werden. Was ist das Schmerzliche daran? Da jede künstlerische Tat nur zwischen Etwas und Nichts, also im Ineinanderspiel der endlichen Weltkraft von Positivität und Negativität gelingen kann, vermag Musik die Negativität der Zeit schlechterdings nicht zu überwinden. Was wir vernehmen, indem wir es hören, ist das konkrete Kunstwerk hier und jetzt. Dies ist der innere Grund, weshalb wir in jedem musikalischen Akt, ob wir ihn produzieren, interpretieren oder rezipieren, über die Unstimmigkeit der Welt nicht hinauskommen; denn der Stoff musikalischer Gestaltung ist die Zeit, und Zeit wiederum ist es, die gerade dieses im Klang Gestalt gewordene Etwas am Ende ins Nichts fallen läßt. Dies nämlich ist die unerläßliche Negativität, die unvermeidliche Dissonanz inmitten der Harmonie des Musikwerkes.

Freiheit und Zeit

Nun könnte man dazu verleitet sein, zu fragen, wodurch eigentlich das Musikwerk sei. Worin ist sein Bleiben denn im Augenblick gegründet? Ist es eine Schöpfung aus dem Nichts? Wie aber kann aus Nichts etwas werden? Woran hält sich denn die Kreativität? Ist es nicht vielmehr die eine Seinsverfassung des endlichen Geistes, dessen Subjektivität aus dem Grunde der Freiheit seiner Indifferenz die Differenz, aus sich selbst etwas hervorgehen läßt, nämlich die zeitdurchdrungene Sinngestalt der Musik, die wir vernehmen.

Wäre aber die Negativität im Akt kreativen Schaffens nicht wirksam, wie vermöchte sich das Musikwerk im Medium der Zeit zu individuieren? Denn was wir hören, ist immer das Musikwerk, das dieser Künstler geschaffen hat. Wenn sich also im Klang Welt verleiblicht, so verleiblicht sich die Differenz, die es von jedem anderen Musikwerk unterscheidet. Gelänge es dabei nicht, Freiheit und Zeit, Negativität und Positivität, Indifferenz und Sinn zusammenzubringen, dann wäre Musik ein tönendes Einerlei, eine Nacht, in der kein Ton vernommen werden kann, eine tödliche Stille.

Im musikalischen Akt läßt der Mensch durch seine Kreativität Zeit gestaltet hervorgehen. Woraus aber? Aus dem Sein seiner selbst. Was aber geht hervor? Etwas, das ist, indem es wird; etwas, das vergänglich ist; etwas, das bleibt, obwohl es hier und jetzt vergänglich ist.

Darum sind Freiheit und Zeit in einem Wesenszusammenhang. Dies heißt: Wäre der Mensch nicht selbst die Ursache von Kunst, vermöchte er sie nicht zu motivieren, der hervorgebrachten Zeit Sinn zu verleihen, so könnte die Beweglichkeit der Zeit, also ihre Unfixierbarkeit, gar nicht zur Weise werden, durch welche Freiheit sich in Kunst verweltlicht. Darum ist Freiheit die Allbeweglichkeit oder das Prinzip der sinnbewegten Zeit, die sich in der Musik selbst anschaulich wird.

Die metaphorische Natur kreativen Schaffens

Geht man in einer philosophischen Reflexion auf Musik vom Akt musikalischen Schaffens, sei es nun genuin, interpretativ oder rezeptiv, aus, dann wird Musik zwar nicht zu einem Weltmodell der Kreativität, wohl aber zu einer fundamentalen Weltmetapher. Der ontologische Charakter dieser Metapher wird dadurch deutlich, daß die in der Seinsverfassung des Menschen grundgelegte Musikalität im konkretisierten Musikwerk hier und jetzt anschaulich wird.

Was metaphorisch entworfen wird, ist die auf Grund der kreativen Subjektivität des künstlerisch schaffenden Subjektes erfundene Welt. Es hieße jedoch, die setzende Kraft dieses Aktes überschätzen, wollte man meinen, daß diese erfundene Welt je zur absoluten Musikwirklichkeit werden könnte. Die *inventio* oder der musikalische Fund kann nicht anders anschaulich werden als metaphorisch, also nicht als Prinzip, wohl aber als Konkretisierung des Prinzips in einem bislang noch nicht gekannten Etwas, das im einzelnen Musikwerk für das Gehör die Kraft der Anschaulichkeit gewinnt.

Da dieser Akt der künstlerischen Realisierung nur im Modus der Zeit geschieht, kann deutlich werden, weshalb dieser Akt der freien Setzung in dem Maße an Intensität gewinnt, als er einerseits durch die Besessenheit oder Leidenschaft des Künstlers hervorgetrieben wird und andererseits im Musikwerk die Kraft der Vollkommenheit, wenn auch nur für einen Augenblick gewinnt. So sind also Zeit, Intensität, das Hervorbringen im geschichtlichen Verlauf und schließlich das Anschaulichwerden einer kreativen Möglichkeit des Menschen im individuierten und geschichtlich eingeschränkten Musikwerk der innere Grund für den metaphorischen Charakter musikalischen Schaffens, das immer nur in der gebrochenen Identität und Unvollkommenheit einer am Ende doch hinfälligen Gestalt wirklich ist. In diesem Sinne ist jedes kreative Schaffen unter der Rücksicht des künstlerischen Prinzips metaphorischer Natur, metaphorisch allerdings in dem Sinne, daß die Kraft der Hervorbringungen sich dadurch verzeitlicht, daß sie als Moment der Individuierung der Kunst in den Künsten das einzelne Kunstwerk zeitigt.

Repetition oder Wiederholung?

In diesem ungleichen Übergang vom Kunstprinzip zum individuierten Kunstwerk wiederholt sich das Prinzip in dem Sinne, daß es die Gestalt des Rhythmus annimmt. Die Grundgesetzlichkeit künstlerischen Schaffens von Musikwerk zu Musikwerk wiederholt sich dabei rhythmisch nach dem Gesetz der Metrik. Aus diesem Grunde kann man den Rang eines Musikwerkes daran erkennen, ob es im metaphorischen Sinne wiederholbar ist oder ob es die Repetition in eine schlechte Identität zurückfallen läßt.

Niemals freilich ist Repetition eine Wiederholung ein und derselben Sache, in ein und derselben Dimension oder gar, was unmittelbar einleuchtet, in ein und demselben Augenblick der Zeit. Repetition ist schlechte oder faule Wiederholung und darum eine leere Tautologie, die gerade nicht erlaubt, in den individuierten Künsten das eine Prinzip von Kunst zu identifizieren. Denn Iteration geschieht ja je und je in einem anderen Zeitpunkt des rhythmischen Zeitverlaufes. Darum vermag Musik sich in Zeit in dem Maße zu intensivieren, als sie sich als Sinngebilde profiliert und im Auf und Ab der Zeit der Vollendung entgegengeht, und sei das Ende die Vollkommenheit oder eine unlösbare Aporie, so daß die vermeintliche Unstimmigkeit und die unvermeidbaren Dissonanzen gerade darum ihre Kraft erweisen, daß sie Welt entwerfen, so wie sie ist, vorläufig, und das heißt: im Vorgriff auf das Ende der Zeit, sei es, daß ein Stück rund, vollkommen, perfekt und vollendet ist, oder vorläufig, sei es, daß der künstlerische Prozeß wie mit einem Schlage abbricht und damit dramatisch das Ende anzeigt.

Wir vermögen deshalb vom Vorgriff der Zeit zu sprechen, weil das Prinzip musikalischen Schaffens immer schon die Idee Zeit voraussetzt, so daß das Prinzip künstlerischen Schaffens von keiner Zukunft eingeholt werden kann. So scheinen wir also immer bei der Musik zu sein, immer schon und immer noch: immer schon, ehe die

Musik beginnt, und immer noch, nachdem sie zu Ende gekommen ist. Vergangenheit und Zukunft scheinen bereits vor jedem Musikstück zu liegen, dergestalt, daß unser Musikschaffen immer schon und immer noch im Kraftfeld der Zeit zu sein scheint, so unausweichlich, daß Zeitlichkeit ein Wesenszug von Musik ist. Dies läßt sich auch dadurch zeigen, daß das musikalische Geschehen ein Zeitigungsprozeß ist, von freilich nicht liniarer, wohl aber dialektischer Natur.

Diese Dialektik ist ein Akt rhythmischer Wiederholung — von der Art, daß die Höhe und Tiefe eines Tones oder der Rhythmus nur nach einem Metrum geschieht und daß die Harmonik eine Konsonanz von Gegensätzlichkeiten ist. Wenn daher irgendwo die Welthaltigkeit des Rhythmus' zu greifen ist, dann im Medium der Zeitlichkeit. Denn nicht vorübergehend oder vorüberfließend läßt Zeit Welt gewahren, sondern das bleibende Element der Zeit, die von ihr nicht wegzudenkende Zeitlichkeit als die ihr wesentliche Substanz ist es, die uns Welt zugänglich macht.

Was macht das Leben der Musik aus?

Darum läßt sich der Begriff des Rhythmus' nicht durch den billigen Hinweis auf das griechische Wort „rhein", also „fließen", verstehen. Denn Rhythmus ist ja der geordnete, der gegliederte, der metrische und darum systematische Fluß der Zeit. Wenn sich in Harmonik Zahl zu Zahl stellt, zumal sich Zahlen exakt widersetzen, so daß Punkt gegen Punkt steht, so entsteht durch diese Contrarietas von Opposita und Contraposita, und sei es in einem Freund-Feind-Verhältnis, Harmonie, die schön sein kann.

Die eine dialektisch bewegte Contrarietas, diese eine lebendige Gegensetzlichkeit und Widersetzlichkeit, fließend nach den Gesetzen der Zahl und der Gestalt und nicht des Zufalls, macht das Leben der Musik aus. Dann erst können wir sagen, Musik sei schön, und dies heißt richtig. Nur so kann das Ganze der Proportion als Gesetz musikalischer Grammatik gefaßt werden.

Musik mag aber noch so schön und darum richtig sein, nie käme es zu ihrer Stimmigkeit, wenn es keine Dissonanzen gäbe, wenn nicht beispielsweise Vorhalte möglich wären, die einen Erwartungshorizont eröffnen. Ein Vorhalt hält etwas zurück, er läßt etwas noch nicht erklingen; dadurch spannt er die Erwartung und hält damit die rhythmisch bewegte Zeit in Spannung; dadurch aber verleiht er ihr gerade eine Intensität, die den Hörer auf die Sache sammelt wie kaum zuvor.

Der Vorhalt wird vielleicht nur noch übertroffen durch eine intensiv gesetzte Pause, die uns nicht hinhält oder in die Leere fallen läßt, sondern uns den Atem anhalten läßt, bis der lösende Ton uns entweder erschreckt oder überfällt oder enthusiasmiert. In jedem Fall aber ist es die Intensität, also, die durch die Zahl, durch den Rhythmus Form gewordene und dadurch gestaltete Zeit, die alle Energien der Musikbefähigung mobilisiert und in die Tat umsetzt.

Im musikalischen Akt ist der Künstler von seinem Schaffen ganz besessen. Die Besessenheit des schaffenden Künstlers wäre nicht zu begreifen, wenn er nicht unter dem ontologischen Druck der Notwendigkeit, dies und nichts anderes hervorbringen zu müssen, stünde. Seine Besessenheit ist die Leidenschaft künstlerischen Schaffens, die im musikalischen Akt zur Intensität der Zeit, zur zwingend bewegten Gestalt des Rhythmus wird.

Unerschöpflichkeit künstlerischer Möglichkeiten

Kunst — und Musik — zumal bleibt eine fundamentale Metapher der Zeitlichkeit von Welt. Was für das Weltsein des Menschen konstitutiv ist, nämlich morphopoietisch schaffen zu müssen, erscheint in den Künsten metaphorisch, in der Musik aber als Übertragung der Zeitlichkeit der Seinsverfassung des Menschen in Gestalt von Klangwelten.

Dieser metaphorische Charakter der Musik macht nicht möglich, sondern notwendig, daß Musikwerke immer neu und neu interpretiert werden müssen; denn Kunst steht nun einmal in einem Wesensbezug zur Geschichte des Menschen. Wäre aber Kunst als Weltentwurf[18] nicht möglich, so könnte Musik nicht eine fundamentale Metapher der Zeitlichkeit von Welt sein, also zur Zeitgestalt von Welt werden.

Wenn nun der Mensch nicht selbst eine ontologische Totalität als Kunstpotenz wäre, so könnte nicht gezeigt werden, daß das System der Musik seinen zureichenden Grund in der musikalischen Natur des Menschen hat, also im System der Seinstotalität des Menschen, worin letztlich seine morphopoietische Weltnatur definiert ist. Dies ist der zureichende Grund, der totale, umfassende, erschöpfende oder welthaltige Grund des einen Systems der Kunst überhaupt, das sich in einer Epoche beispielhaft verleiblicht.

Sprechen wir vom System der Kunst, so meinen wir die substantiale Einheit der Künste, ihre Totalität, ihre durchgliederte Ganzheit, die alle Möglichkeiten ihrer Unerschöpflichkeit erschöpfend erfaßt. Mit System meinen wir daher die Architektur der einen Totalität, die wir deshalb Welt nennen, weil sie als Potenz, als Realpotenz alle künstlerischen Möglichkeiten in sich unausschöpfbar begreift.

Damit gewinnt aber die morphopoietische Natur des Menschen *prokreativen* Charakter. Ihre Prokreativität besteht darin, daß das Schöpfertum vor allem in der unerschöpflichen Natur künstlerischer Möglichkeiten liegt, so daß man darum im Bereich der Kunst gerade nicht vor Überraschungen gefeit ist. Darin auch besteht der Potenzcharakter der Freiheit, unendlich viele Möglichkeiten zu aktualisieren. Diese Überlegung darf aber nicht dazu verleiten zu meinen, der morphopoietische Grund des Menschen sei irrational. Denn was ist unerschöpflicher als die entwerfende Subjektivität!

Vernunft als zureichender Grund der Kunst

Das Genugsame des zureichenden Grundes der Kunst besteht darin, daß — im Rückgriff auf das Prinzip — alle Möglichkeiten künstlerischen Schaffens systematisch, umfassend, total, universal als eine ganze Welt in ihrer unerschöpflichen Fülle in eins gefaßt sind. Das ontologische System der Kunst der Künste ist ein durchgestaltetes, durchgegliedertes, durchgeformtes, durchgebildetes und durchkonstruiertes Ganzes, das darum der Grund für die Welt der Kunst ist.

Das Prinzip der Durchgliederung aber ist *Vernunft*. Darum ist der zureichende Grund künstlerischen Schaffens nicht das Dunkle, Irrationale, nicht ein Grund ohne Reflexion, sondern das Seinssystem der durchkonstruierten, durchgebildeten, durchgestalteten, durchgeformten, durchentwickelten und somit von Vernunft durchgearbeiteten Einheit, die es gilt, im Werk durch Entbindung der schöpferischen Kräfte anschaulich, also bewußt zu machen, das heißt, das Leben des Geistes, das im Grunde ruht, im Akt des künstlerischen Schaffens als produktiv zu erweisen, so daß der zureichende Grund, den wir morphopoietisch fassen, sich als die Helle des Geistes ausweist. Allein durch die morphopoietische Vernunft kann diese Produktivität freigesetzt und in den Künsten anschaulich gemachten werden.

Einfall und Zufall

Von daher läßt sich zeigen, wodurch der Einfall sich vom Zufall unterscheidet. Der Einfall unterscheidet sich vom Zufall vor allem durch den Charakter der Wesensnotwendigkeit. Der Zufall steht im Raume der Beliebigkeit, welcher man durch ein notwendiges Handeln im nachhinein Herr zu werden versucht. Der Einfall ist zwar im vorhinein nicht berechenbar, nicht erzwingbar, aber dennoch ist er von Grund auf ideebestimmt. Darin hat er seine Sinnotwendigkeit, die den künftigen Verlauf des Schaffens bestimmt.

Der Zufall fällt in den Raum der Unsicherheit, der Ungewißheit. Es bleibt die Frage, was soll auf Grund eines Zufalls geschehen. Der sinnbestimmte Einfall dagegen eröffnet eine neue Dimension, in der sich nun das musikalische Schaffen des Komponierens vollziehen kann. So wird der Einfall zum Sachanfang eines Werkes, zur Motivationskraft, die dann in einem Motiv Gestalt gewinnt. Dabei ist es gerade das Sinnmoment, das die Freiheit zu schaffen provoziert, das das morphopoietische Tun in Gang bringt.

Die anscheinend so leere Freiheit, die nicht weiß, was sie soll, wird durch Sinn zielbewegt und damit zur Gestaltungskraft. Sie vermöchte dies nicht, würde sie im Akt freien Kunstschaffens mit dem immanenten Sinnziel nicht den Willen zum Werk verbinden. Einfälle müssen daher im kreativen Tun durchgearbeitet werden, auf daß etwas, was noch nicht ist, nun als erfundene Welt ins künstlerische Dasein tritt. Verbindet sich mit der Erkenntnis des Einfalls nicht die schaffende Freiheit, so wird kein Werk; denn das Schwerste ist die Ausführung des Einfalles, die Realisierung der Idee als die sinnliche Arbeit des morphopoietischen Schaffens selbst.

Nun setzt der Kampf der Freiheit mit der Zeit ein, die zum Rhythmus, also zur Form werden muß — nach dem Gestaltungsgesetz der Grammatik von Musik. Verbindet sich jedoch mit der Divination des Einfalles nicht die Arbeit der Durchgestaltung, dann wird der Einfall allenfalls zum provokanten Anspruch, der steril bleibt, da ihm der morphopoietische Wille, also die Kraft zum Werk gebricht.

Vergäße man also die zähe Vorarbeit, die voraussetzt, daß der Einfall überhaupt als Einfall wahrgenommen werden kann, so bliebe er ohne Wirkung. Die Vorbereitung des Einfalles, ohne ihn erzwingen zu wollen, liegt beim schaffenden Subjekt. Der Einfall selbst aber steht quer zur Zeit und zum Schaffen. Deshalb ist es nicht von ungefähr, daß Einfälle abrupt, plötzlich mitten in der Arbeit kommen. So ist es der künstlerische Arbeitsprozeß, der es ermöglicht, den Einfall als Einfall zu erkennen und nicht an ihm vorbeizuarbeiten, ihn zu übersehen oder ihm auch gar wie blind zu folgen. Das Neue des Einfalles, seine ehedem noch verborgene, jetzt aber offenkundige Sinngestalt wird gewiß, so daß die Arbeit des Komponierens die einst noch in sich verschlossene Vollkommenheit, welche im Einfall angelegt war, durchführt.

Doch wenn man beginnt, den „Zufall einzukalkulieren"[19], wie Stockhausen andeutet, dann kann auch der Zufall musikalisch produktiv werden, falls er die Zone der Beliebigkeit überschreitet, um so zum musikalischen Einfall zu werden. Denn wenn sich mit der Zeit Notwendigkeit verbindet, bestimmt die musikalische Grammatik, welche die Gesetzlichkeit und die Grundverhältnisse der Tonrelationalität zum Gegenstand hat, wieder das musikalische Schaffen, das darum, — und sei es unter der durch und durch gewandelten geschichtlichen Bedingung, der morphopoietischen Natur des Menschen nach seinem ontologischen Rang folgt.

Musik als Thema der Philosophie

Musik wie jedes kreativ gewordene Werk des Menschen kann nicht anders als im Schnittpunkt von Absolutheit und Nichtigkeit als ein Werden im Vergehen realisiert werden, als eine entworfene Realität, die ist und nicht ist und die gerade deshalb das aporetische, amphibolische Sein des kreativen Subjektes anschaulich zu Gehör bringt.

Wird der ontologische Grund des Musikwerdens im Medium der Zeit zum Ursprung von Kunst, dann erhebt sich das musikalische Schaffen in den Sinnbereich des Menschen; denn Vernunft und Freiheit sind Wesensmomente der musikalischen Seinsverfassung des Menschen. Wäre aber die Seinsverfassung des Menschen nicht dazu verurteilt, schon, indem das Subjekt auf sich selbst reflektiert, kreativ tätig zu werden, dergestalt, daß es um die Gestaltung der Zeit ringen muß, dann freilich gelänge es, eine absolute Wirklichkeit, ein absolutes Kunstwerk hervorzubringen, absolute Musik zu machen; dann müßten die Hervorbringungen des musikalischen Schaffens auch nicht als eine Zeitgestalt gefaßt werden, durch die Musik allererst gegenwärtig hervorgesetzt wird, um hier und jetzt wirklich zu sein.

Welches ist aber die Kraft, die das Musikwerk hervorbringt? Ist dies vielleicht das Erlebnis des Kunstschaffenden? Keineswegs. Wohl aber ist es die logoide Grammatik der Kunst, welcher der Schaffende folgt, um auf diese Weise etwas, das ehedem noch nicht gewesen ist, hier und jetzt den Charakter der Realität zu geben. Die logoide Grammatik der Musik wird nicht erlebt, wohl aber erkannt; deshalb kann Musik auch ein Thema der Philosophie sein, welche die logoide Grammatik von Kunst überhaupt aus dem Grunde der Möglichkeit der Seinsverfassung des Menschen aufzuweisen hat.

Gegenwärtigung zeitüberlegener Welt

Das Phänomen der Erinnerung macht auf das Problem der Gegenwärtigung von Musik aufmerksam. Das Problem einer Gegenwärtigung einer erklungenen Musik macht nun mehr als deutlich, daß Musik als Zeitgestalt dann, wenn sie versunken ist, allererst ihr zeitüberlegenes Sein erweist, das aus dem Dunkel der Erinnerung in die Helle des Geistes der Gegenwart deshalb hervorzutreten vermag, weil dieses Musikwerk in „etwas" hineingebildet und in Zeit und Sein eingestaltet wurde, der zeitüberlegen ist, der bleibt, ob Musik gehört wird oder nicht, ein Sinn, der eine erfundene Welt jederzeit zu erinnern vermag, aber nun nicht mehr durch ein Ohr, das akustische Phänomene hört, sondern durch ein Ohr, das einer sinnlichen Verleiblichung schlechterdings entzogen ist.

Damit rühren wir an das Problem einer kreativen Rezeptivität. Musik hören, indem man sie vernimmt, heißt, Zeitabläufe zu synchronisieren. Das Gehör wird aktiv, indem es das Nacheinander der Zeit zu einer einzigen Gestalt der Gleichzeitigkeit der Vollzüge aller Zeitabläufe werden läßt. Doch was ist diese synchronisierende Kraft, welche die Energie der Tempi einigt?

Beantworten wir diese Frage aufgrund der musikalischen Natur des Menschen, so zeigt sich, daß die Kraft der Gleichzeitigkeit eine Weise der Zeit ist, die durch das kreative Prinzip des Menschen das neue Kunstwerk auf einmal, als Wurf, ja, als Weltentwurf hervorbringt, so daß das, was einmal entworfen ist, kraft des auf Zeit hin gestalteten Aktes allemal gehört wird, wann immer dieses Stück gespielt wird, und daß es überall gehört wird, wo es erklingt. Was aber so entworfen ist, daß es überall und allemal gehört werden kann (trotz der aporetischen Natur des kreativen Schaffens), ist eine *Welt*.

Was aber macht ein solch hervorgebrachtes Sinngebilde denn zum Kunstwerk? Dies doch allein, daß gerade im Gegenzug zur gestaltlosen Zeit, die Kreativität des Subjektes ein Ganzes ins Dasein ruft. Denn der Künstler bringt das Werk im Stoff der Zeit hervor. Es wird für ihn zur Zeitgestalt, die er anschaut, wie eine von ihm erstmals erschaffene Welt. Diese ist im Augenblick des Gelingens zwar autonom, doch sobald die Zeit vergeht, vergangen ist, vertritt es als erinnerte Welt den Schaffenden. Soll aber das Werk aufgeführt werden, so muß es Gegenwart werden; dies heißt: real wieder hervorgesetzt werden. Damit ist auch jede Interpretation eine Gegenwärtigung zeitüberlegener Welt.

Die Integrität des kreativen Aktes

Ob nun das Musikwerk zum erstenmal geschaffen, also im kreativen Akt der Produktivität des Komponisten entsteht, oder ob es in einem reproduktiven Akt der Kreativität abermals entsteht, immer wird Realität der Musik hervorgesetzt, wird Weltwirklichkeit in der Zeitgestalt des Musikwerkes real präsent, hier und jetzt gegenwärtig. Der Künstler macht die Zeit produktiv, sie wird zur weltentwerfenden Kraft, die in der Hand des Musik Schaffenden die Ganzheit einer Gestalt dadurch gewinnt, daß ein Sinngebilde entsteht, das durch das Gehör des Geistes vernommen werden kann, weil der Sinn es ist, der Zeit gestaltet. Diese Sinnqualität ist es, die ja Zeit zur erfüllten Zeit, zum musikalischen Kairos zeitigt. Und dies ist der Verlauf der künstlerischen Konstruktion des Neuen.

Nicht weniger geschieht durch den Musikinterpreten. Zwar wird zunächst das Musikwerk aus der Erinnerung gegenwärtigt, doch es ist das kreative Moment eines geschichtlichen Nachschaffens, so daß der musikalische Entwurf von einst jetzt in dieser Epoche des musikalischen Bewußtseins seiner Zeit gemäß ist. Darum ist Interpretation die Rekonstruktion der musikalischen Zeitgestalt, die einst real war. Die Bedingungen der Zeit mögen sich ändern, Grund und Ursache des Musikschaffens wandeln sich nicht; denn die Integrität des ontologischen Grundes von Musik ist unberührbar, unantastbar, es sei denn, man mache den absurden Versuch, ein Kunstwerk umstimmen zu wollen, so wie man heute meint, das Bewußtsein der Menschen von Grund auf durch ideologische Eingriffe umstimmen zu können.

Die kreative Kraft des Musikschaffens besteht jedoch gerade darin, Zeitabläufe zu synchronisieren, die Modi der Zeit als Gleichzeitigkeit zu fassen, so daß sich das Kontinuum Zeit in der Einheit des Gestaltungsprinzips überblicken läßt. Dieses synchronisierende Tun ist selbst ein zeitlicher Akt. Darum ist die Gegenwärtigung eines Musikwerkes ein Prozeß, in welchem sich Zeit durch Sinn zur Gestalt zeitigt und darum vernommen werden kann.

Es ist das Wesen des kreativen Aktes, daß der von ihm entworfene Zeitverlauf nicht reversibel ist. Dies beweist schon das Hörerlebnis, für welches Vergangenheit und Zukunft nicht austauschbar sind. Damit ist auch deutlich, daß der kreative Sinnverlauf von Zeit auf Zukunft hin, daß die Kausalität des Schaffens, die Relation von Künstler und Kunstwerk, nicht umkehrbar ist. Dies aber ist eine Garantie dafür, daß die Gefahr einer Veräußerlichung nicht nur des Kunstwerkes, sondern auch des kreativen Aktes selbst ausgeschlossen ist. Gleichwohl ist es freilich möglich, daß man sich sowohl dem Kunstwerk wie dem kreativen Akt verschließt. Die Vernichtung der Kreativität, wäre sie überhaupt möglich, würde bedeuten, daß der Rückgang vom Musikwerk zu seinem Sachanfang zerstört wird und damit die Sachvoraussetzung des musikalischen Schaffens selbst. Dann fiele die Differenz zwischen Künstler und Kunstwerk, da die Zeit, sozusagen von rückwärts aufgerollt, zerstört würde. Das Sinngebilde Kunst verlöre seine musikalische Note. Zeit ist integrierend für Musik. Schwände der Hiatus der Endlichkeit des Kunstwerkes, so verschwände mit der Endlichkeit die Welthaltigkeit des Kunstwerkes selbst. Zeit löste sich in nichts auf.

Dieser Gedankengang muß durchgeführt werden, damit man sieht, wohin es führt, wenn man versucht, den Hiatus zwischen dem Musikschaffenden und dem Musikwerk aufzuheben. Allein die kreative Differenz zwischen Künstler und Kunstwerk ermöglicht immer wieder, neue Werke zu entwerfen. Fiele dieser Unterschied, so bliebe die schöpferische Potenz des Musikschaffenden steril; sie hätte in der Tat ihr Bewegungsmoment, Zeit, verloren, so daß auch die kreative Vernunft nicht mehr Zeit musikalisch mit Sinn zu erfüllen vermöchte. Der morphopoietische Akt käme somit überhaupt nicht mehr zustande.

Warum treiben wir Musik?

Stellt man an die Musik die Urfrage Warum überhaupt nicht und läßt es dabei bewenden, zu fragen, wie Musik funktioniere, dann gibt es zwar in der Welt der Tatsachen auch „Musik", die Frage aber, worin denn die Welthaltigkeit von Musik bestehe, müßte allerdings ohne Antwort bleiben. Desgleichen wird in einer positivistischen Reduzierung von Musik auf ihre physikalischen Bedingungen, nicht aber auf ihren ontologischen Grund, die Sinnfrage illusorisch.

Damit aber wäre die Frage, was denn Musik sei und warum der Mensch Musik schaffe, selbst ohne Sinn. Was wir vernehmen, wenn wir Musik hören, wissen wir dann nicht. Dann mag es bei den zwei Gleichungen Stockhausens bleiben: Komposition ist Zuordnung von Schallereignissen; Schallereignisse sind Zuordnungen von Impulsen. Die Frage der Sinnqualität der Musik wird durch solche Gleichungen bedeutungslos. Uns kam es jedoch darauf an, das musikalische Denken in ein philosophisches zu überführen. Bei diesem Versuch ist uns aufgegangen, daß die musikalische Natur des Menschen, sein morphopoietischer Seinsgrund, die humane Basis des Musikschaffens selbst die Frage geradezu erzwingt: Warum und zu welchem Ende treiben wir das Weltgeschäft Musik? Etwa nur, um zu delektieren, um uns zu amüsieren oder um den Wurm der Zeit zu vernichten? Oder um Zeit produktiv zu machen, ihr eine Gestalt abzugewinnen, um schließlich zu wissen, warum das Weltgeschäft Musik seine Verbindlichkeit hat?

Die Antwort also lautet: In der Musik überführt sich der Mensch durch Kreativität vom puren faktischen Dasein zur Existenz. Er entwirft in Gestalt eines aporetischen Aktes zwischen Nichts und Etwas *Welt*.

Die morphopoietische Natur des Menschen ist der Ort, an welchem das eine Prinzip der Kreativität in ihren drei Wesenszügen: Vernunft, Freiheit und Sprache gefunden, analysiert und begriffen werden kann. Darin gründet nicht nur die musikalische Autorschaft des Menschen, sondern zugleich die Möglichkeit der Meisterschaft seines musikalischen Schaffens. Darum ist das Subjekt Mensch der Weltpunkt von Musik.

DER MENSCH ALS KRISTALLISATIONSPUNKT VON WELT

Sprachontologik

Vorbemerkung

Was ist Seiendes, indem es ist? Was ist Welt, indem sie wird? — Zunächst könnte geantwortet werden: Das Sein ist aussagbar von allem, was ist, war und sein wird. Der Grund, warum es von jedwedem Seienden aussagbar ist, soll im folgenden dargelegt werden.

Es hat den Anschein, als ob der Begriff Sein beziehbar sei auf die drei Weisen der Zeit, also auf Vergangenheit, Gegenwart und Zukunft. Aber es ist fraglich, ob es sich um das gesuchte Sein der Urwissenschaft Metaphysik handelt. Oder betrifft es nur die Aussageweise des Seins im Modus der Zeit? Doch was wir suchen, ist die Inständigkeit des Seins selber, seine Selbstbeständigkeit. Zur Rede steht die Inständigkeit oder das In-sich-Sein des Seienden, also der Grund seiner Wirklichkeit.

„Sein" — ein bloßer Name?

Wir sagen von den Gegenständen der Wahrnehmung, daß sie seien. Aber kann uns denn die sinnliche Wahrnehmung den Zugang zu dem Sein gewähren, von dem wir behaupten, es sei der Seinsanfang von allem, was je war, ist und sein wird?

Freilich ist es auch denkbar, daß wir auf das Bleibende im Wechsel oder auf den Zusammenhang einer Bewegung blicken. Aber auch vom Wechsel und von der Bewegung sagen wir, daß sie seien.

Kann also das in sich Bewegte Zugang zu dem gewähren, was wir Sein der Wirklichkeit nennen? Kann dies schon das reine Sein sein, weil im Wechsel etwas bleibt und sich in der Bewegung etwas bewegt, von dem wir sagen, daß es auf irgendeine Weise sei? Ließe sich überhaupt von Bewegung sprechen, wenn nichts wäre, worauf wir die Bewegung beziehen müssen, um sie messen zu können?

Wir sagen, daß Dinge seien, womit wir immerhin behaupten, sie hätten Wirklichkeit. Dabei ist noch nicht entschieden, was sie sind, wie sie sind, ja nicht einmal, ob sie überhaupt sind; vielleicht sind sie trotz der kompakten Dichte ihrer Dinglichkeit leerer Schein oder eine Beliebigkeit. Wir können auch sagen, daß unsere Vernunft sei; denn wie vermöchten wir überhaupt etwas zu denken, wenn unsere Vernunft als die eines Subjektes, das denkt, überhaupt nicht wäre? Wir geben so zunächst an, was wir denn meinen, wenn wir im Hinblick auf Dinge und Vernunft behaupten, sie seien. Daraus ergibt sich, daß dieses Sein-haben noch nicht das allgemeine, universale Sein ist, das wir suchen.

Wir haben uns die Wahrnehmung, den Wechsel, das Werden, die Dinge und die Vernunft zum Anlaß werden lassen zu behaupten, daß doch von alledem nicht gesprochen werden könnte, wenn all dies nicht wäre. Dabei ist die Frage noch nicht entschieden, was denn früher ist: die Wahrnehmung, das Werden, der Wechsel, die Dinge, die Vernunft, von denen wir meinen, behaupten zu müssen, daß sie auf irgendeine Weise seien und auf irgendeine Weise Anteil hätten an dem einen universalen Sein, an der einen Wirklichkeit, die Gegenstand der Metaphysik ist.

Aber, könnte man fragen, ist dieses hier behauptete Sein nicht lediglich ein Name, den wir der Wahrnehmung, den Dingen und der Vernunft unterschiedlich beilegen? Dagegen wäre zu fragen: Muß es nicht ein allgemeines Sein geben, das jedwedes Seiende haben muß, eine allererste Seinsbestimmung, damit es überhaupt hier und jetzt wirklich zu sein vermag?

Ist dies gesuchte Sein bloß ein leerer Name? Ist also die Behauptung, die Dinge, die Wahrnehmung seien, lediglich eine Benennung? Werden sie nur durch Konvention ermöglicht, so daß wir die Dinge auf eine Vokabel zuordnen? Oder müssen sie nicht schon immer auf eine Wirklichkeit als Vernunft zugeordnet sein, um überhaupt sein und benannt werden zu können?

Muß es also nicht doch ein universales Sein geben, das jedwedem Seienden zukommt? Muß nicht eine allererste Bestimmtheit von Wahrnehmung, von Vernunft, von Bewegung sein, welcher wir den

Namen „Sein" geben, damit überhaupt etwas, das wirklich ist, benannt werden kann?

Ist gar die Rede vom Sein unter dieser Rücksicht der „Schatten von Wirklichkeit", welchen die Dinge schon immer vor sich herwerfen? Ist überhaupt eine Wirklichkeitsaussage möglich, wenn nicht in jedem Satz, der behauptet, etwas wäre, immer schon im vorhinein die Bedeutungseinheit, die wirklich ist, mitgeführt oder wie ein Schatten vorausgeworfen wird? Dies ist die sprachontologische Bedeutung.

Wenn ich nämlich sage, diese Bank ist schwarz, so kann diese Kopula „ist" eine zweifache Bedeutung haben. Dieses „ist" hat einmal eine funktionale Bedeutung, indem ein Prädikat auf ein Subjekt bezogen wird, aber dieses „ist" kann auch über seine logische Bedeutung hinaus eine Wirklichkeitsbedeutung haben, indem über dieses Ding, das schwarz scheint, etwas ausgesagt wird, nämlich daß es in der Tat wirklich sei. Damit macht man eine Wirklichkeitsaussage über eine Sache.

Man kann aber auch so fragen: Ist das Sein nicht das mindeste, was von den genannten Möglichkeiten, zu sein, ausgesagt wird oder gerade noch ausgesagt werden muß, damit Vernunft, Bewegung, Wechsel und Ding überhaupt dem Denken zugänglich sein können?

Dieser Gedankengang hat damit versucht, den Seinsbegriff aus den konkreten Bestimmtheiten der Dinge, Bewegungen, Wahrnehmungen zu entwickeln, so wie dies in der Sprache schon geschieht.

Man könnte jetzt annehmen, daß das Sein ohne Bezug auf Vernunft, auf die Dinge, auf den Wechsel, auf die Wahrnehmung ein anonymes „X" bleibt und daß es ein allgemeines, aber leeres Sein meinen muß, sobald man diesem „X" den Benennungsgesichtspunkt oder die Bezüglichkeit auf Wirkliches nimmt.

Wir reden nicht von einer Tautologie, von einem leeren blinden Sein. Wir wollen ermitteln, warum der Grund von Sein für unser Wirklichkeitsverständnis von eminenter Bedeutung ist. Warum etwa diese Welt nicht „zusammenfällt", darauf kann nur die Seinsfrage eine Antwort geben. Dies ist der erste Versuch, über die Wahrnehmung, die Dinge, die Bewegung, die Vernunft, Zugang zu einem universalen Sein zu gewinnen, das der Gegenstand der Metaphysik ist.

Wenn wir daher vom Sein reden, so haben wir es nicht mit einer leeren Abstraktion zu tun, sondern mit der Fülle der Wirklichkeit. Die Gewinnung eines Zugangs zum universalen Sein, das der Gegenstand der Metaphysik ist, hat den Begriff „Urwirklichkeit", die den Namen „Sein" führt, zum Ziel.

Vielleicht haben wir in unserem bisherigen Gedankengang den Satz erhärten können: Sein ist aussagbar von allem, was war, ist und sein wird.

Damit haben wir den prädikativen Sinn von Sein gewonnen, nämlich daß in allem, was ausgesagt wird, notwendig das „ist" mitausgesagt wird. Sonst vermöchte ein Urteil weder Wahrheit noch Falschheit zu behaupten, und ein Satz vermöchte weder zu bejahen noch zu verneinen.

Wir haben dadurch einen ersten prädikativen Sinn von Sein gewonnen, indem wir sagten, die Wahrnehmung, der Wechsel, die Bewegung, das Ding, die Vernunft habe Sein. Aus der Alltagserfahrung meinten wir allerdings noch nicht entscheiden zu können: ob unsere Seinsbehauptung erwiesen ist, ob das universale Sein wirklich die allererste Bestimmung, und zwar prädikative Bestimmung von Wahrnehmung, Bewegung, Wechsel ist.

Sein als architektonante Einheit

Mit der Seinsfrage, die wir als Weltfrage zu fassen versuchen, steht nun aber eine Analyse ihrer Weltarchitektur in Rede. Es steht also die Problemarchitektur der ontologischen Weltfrage in Rede. Von Problemstruktur sprechen wir deshalb nicht, weil es nicht mehr darum geht, einige Elemente dieser Weltfrage durch Analyse namhaft zu machen. Wir verstehen unter Analyse jetzt nicht eine Zerlegung, eine Zergliederung oder Zerstückelung in Elemente, sondern wir versuchen den Wesensaufbau, sofern er die Architektonik des Seins ist, zu analysieren.

Wenn diese Architektur des Seins herausgearbeitet werden soll, müssen folgende Probleme ins Spiel gebracht werden: das der Substanz, der Möglichkeit, der Notwendigkeit. Diese Elemente fügen sich zu einem Ganzen zusammen, das wir dann die Architektonik des Seins oder seinen notwendigen Wesensaufbau nennen. Dieser wird analysiert, und dieser wird als eine in sich bezogene Gegliedertheit, Durchgestaltetheit und Durchgeformtheit begriffen.

Ist von der Durchführung, Durchgestaltung und Durchgegliedertheit der einen Urwirklichkeit die Rede, so sind Momente, Wesenszüge dieser Ganzheit genannt durch die Namen Möglichkeit, Wirklichkeit, Notwendigkeit. Es wird also nicht das Problemfeld der Metaphysik zerlegt, sondern es wird als eine einzige Ganzheit begriffen, in die diese Elemente eingeschrieben sind.

Wir fassen durch die Analyse einer Problemarchitektur den Punkt ihrer Einheit ins Auge, um den ontologischen Aufbau der Wirklichkeit zu bestimmen. Wir suchen also die Wesenszüge des einen Seins als Prinzip zu ermitteln, damit das Sein für uns nicht als ein totes Einerlei, sondern als eine architektonante Einheit erscheint, damit dieses eine Sein als Energie, als die wirkende Kraft der Wirklichkeit im Sinne des Aristoteles begriffen werden kann, damit das Sein für uns nicht als Vielerlei erscheint, sondern als das, was von Grund auf ist, nämlich als die eine architektonant bestimmte und so erfaßbare Welt. Diese durchgegliederte und durchgestaltete Einheit des Seins nennen wir das All, ja die Allheit des Seienden oder das All-Sein des Seienden oder den ontologischen Weltzusammenhang.

Welt als Urgestalt des Seins

Dem Ursein kann deshalb der Charakter der Allheit zugesprochen werden, weil alles und jedwedes, was ist, gedacht zu werden oder zu sein vermag, allein gedacht und zu sein vermag durch die Gegenwart dieser Urwirklichkeit in jedwedem wirklich Seienden. Entscheidend aber ist jetzt der Modus, die Weise der Gegenwart, weil durch den Logos dieses Urseins und die Urausgesagtheit seiner Wirklichkeit es möglich wird, daß jedwedes Seiende durch die Gegenwart dieser Ausgesagtheit etwas zu bedeuten vermag und kraft seiner Bedeutung erkannt und ausgesagt werden kann. Wir rühren hier an den Bedeutungs- und Aussagegrund dieser Urwirklichkeit.

Also ontologischer Weltzusammenhang des Seienden ist die Allheit der Seinswelt der Grund dafür, daß jedwedes Seiende überhaupt *ganz* und damit *weltförmig* als das jeweils eine Seiende zu sein vermag.

Deshalb ist Welt, sofern sie eine Ganzheit ist, sofern sie ein Totum ist, sofern sie ein All ist, die Urgestalt des Seins; denn sie ist als All die durchgestaltete, durchgegliederte und durchgeformte Einheit des Seins, kraft welcher etwas ist, das in sich eben nicht, solange es ist, in eine ungestaltige Mannigfachigkeit zerfallen kann. Diese ontologische Gesetzlichkeit des Seins-All — wir können auch sagen: der Seinstotalität — macht, daß das, was dereinst seiend war, jetzt seiend ist oder einst gegenwärtig sein wird, überhaupt zu sein vermag in der Weise der endlichen Wirklichkeit von Vergangenheit, Gegenwart oder Zukunft.

Setzen wir aber damit nicht voraus, daß das All dieser Urwirklichkeit in Wahrheit eine Uraussage sein muß, falls über Seiendes in Gestalt der Sprache überhaupt etwas ausgesagt werden soll? Dann aber müssen wir von Sprachontologie sprechen, weil unsere Gedanken zum Verhältnis von Sprache und Logik ontologisch fundiert sind, und wir sprechen von Sprachmetaphysik, weil der Logos des Seins der Grund dafür ist, daß etwas ausgesagt werden kann und als Grund und Ursprung begriffen werden muß.

Der anthropologische Ansatzpunkt

Der Ort aber, an dem uns diese ontologische Ausgesagtheit des Seins zugänglich ist, ist das sprechende Subjekt selber, das in jedem Satz und Wort, das es ausspricht, das in jedem Urteil, in dem etwas bejaht oder verneint wird, von diesem Etwas behauptet, es sei wirklich oder es sei nicht wirklich. Dieses Subjekt, das von einem Satz sagt, er sei wahr oder er sei nicht wahr, spricht und urteilt immer schon im Horizont ontologischer Urausgesagtheit.

Im Hintergrund also steht das Problem der Frage nach dem Grund der Möglichkeit dafür, daß wir uns ermächtigt wissen, über etwas Wahrheit oder Falschheit, Richtigkeit und Unrichtigkeit aussagen zu können. Stünde nicht immer schon das Subjekt, das denkt und spricht, in einem logoiden Seinshorizont, dann vermöchten wir nicht in jedem Wort, das wir sprechen, in jedem Satz, den wir bilden, überhaupt etwas auszusagen.

Diese logisch-ontologische Ausgesagtheit oder der dem Sein zugrundeliegende Logos, von dem wir immer schon betroffen sind, ist der Grund dafür, daß überhaupt in der Sprache etwas ausgesagt und vernommen werden kann. Er ist der Grund dafür, daß Kommunikation möglich ist, daß also jedwedes Seiende, das so und nicht anders ist, uns etwas bedeutet, uns auf etwas hinweist, etwas zu verstehen geben kann. Er ist der Grund, daß ein Subjekt ist, das so geartet ist, daß es das, was zu verstehen gegeben wird, auch zu vernehmen und mitzuteilen vermag.

Selbstbeständigkeit

Den ersten Schritt zur inhaltlichen Erläuterung dieser ursprünglichen Selbstaussage des Seins versuchen wir mit Hilfe des Begriffes Wesenheit oder Selbstbeständigkeit zu tun.

Warum fassen wir Sein als Wesen? Warum ist jedwedes Sein so und nicht anders? Warum fassen wir das Sein, das so und nicht anders ist, als ein Insichsein, ein Fürsichsein und als ein Inständigsein und damit als Selbstbeständigkeit? Welches ist der Grund dafür, daß es nicht nur ein Seiendes, sondern vielfältig durch sein Sosein unterschiedenes Sein gibt, daß also Sein individuiert oder geeinzigt zu sein vermag? Wäre dies nicht so, dann wäre diese Seinswirklichkeit ein blindes Einerlei und für unser Denken und Aussagen eine blinde Nacht.

Methodisch geht es also um die Grammatik der Wirklichkeit oder um die metaphysische Syntaktik, um den gegliederten Sinnzusammenhang der Einheit des Seienden. Wir wollen mit der Klärung des Grundphänomens von Sprache dadurch vorwärts kommen, daß wir nicht von einzelnen Sprachen ausgehen, sondern daß wir ein Sprachprinzip als solches suchen. Dabei setzen wir voraus, daß das auslegende Subjekt, wenn es sagt, was etwas bedeutet und dies auf die Einheit eines Begriffes zu bringen versucht, immer schon in einem ontologischen Bedeutungs- und Aussagehorizont steht. Wir befassen uns also hier mit metaphysischen Grundlegungsproblemen. Dies ist gemeint, wenn wir sagen, das denkende und sprechende Subjekt sei immer schon im Vorgriff einer ontologisch bestimmten Sprachontologie.

Was also meinen wir, wenn wir von der Wesenheit einer Sache sprechen? Wir meinen das ihr notwendige und nicht zufällig zukommende Sein. Damit aber zielen wir ab auf ihr Sosein als ihre Totalität, auf ihre Ganzheit. Diese setzt voraus, daß alles, was eine Sache in sich begreifen muß, um nicht überhaupt nur sein, sondern um *so* sein zu können, in den Blick unseres Denkens gebracht werden muß.

Wir fragen nicht mehr nur, was ist notwendig, damit etwas wirklich und möglich sein könne, sondern wir fragen, warum denn dieses Ding da so sein muß, falls wir sagen wollten, dies sei eine Bank. Es geht um diese So-Geartetheit. Denn nur diese So-Geartetheit erlaubt, daß wir dies Bestimmungsmomente nennen können, die notwendig sind und nicht weggedacht werden dürfen, wenn ich wissen will, was eine Bank ist.

Wesensbestimmung als Wesensdifferenz

Begriffe jedoch eine Sache nicht notwendig alles das in sich, was wir ihr Wesen nennen, wäre es unmöglich, ontologisch die eine Sache von der anderen zu unterscheiden. Die Wesensbestimmung also erlaubt die Differenz, die Unterscheidung des *einen* vom *anderen*. Dies läßt den Schluß zu, daß zwischen jedwedem Soseienden von Grund auf eine Wesensdifferenz bestehen muß, durch die deutlich wird, daß sowohl die eine wie die andere Sache jeweils ganz und gar mit sich allseitig identisch sein muß. Das eine oder andere soll nicht nur begrifflich in Gedanken, sondern kraft seines Seins unterschieden werden können. Die Wesenheit oder das Sosein einer Sache ist entscheidend für den ontologischen Differenzbegriff. Aus diesem Grunde sagen wir, daß das Sosein einer Sache ihre Wesensbegrenztheit meint, ihre Wesenseingeschränktheit oder ihren Wesensumriß.

Wenn nun der Begriff der Grenze und der Begriff der Einschränkung im Horizont des Weltbegriffes genommen wird, so wird die Wesensbegrenzung und die Wesenseingeschränktheit einer Sache ganz sicher nicht als eine räumliche Begrenzung oder Einschränkung zu verstehen sein.

Bei diesem Gedankengang dürfte aufgefallen sein, daß, wie von selbst genötigt, der Begriff des Wesens oder des Soseins, der Begriff der ontologischen Unterscheidung dadurch ins Spiel gebracht wurde, daß wir die unbestreitbare Mannigfaltigkeit des Seienden überhaupt nicht zu begreifen vermöchten, wenn sich das eine So-Sein vom andern nicht von Grund auf unterschiede.

Dies aber hat zur Voraussetzung nicht nur das Prinzip der Identität, sondern auch das Prinzip des Widerspruchs. Dies heißt nun im Zusammenhang unserer Überlegungen: das eine Sosein kann nicht zugleich das andere sein. Wenn gefragt wird, worin denn der Differenzgedanke ontologisch begründet ist, so wäre zu antworten: im Satz des Widerspruches. Dies scheint uns eine Selbstverständlichkeit. Doch die tiefgreifende Frage ist die, ob ein Denken, dessen logischer Charakter durch das Vermögen, unterscheiden zu können, hervortritt, überhaupt den Begriff der Einheit einer Wesenswelt ohne den Begriff der Andersheit zu denken vermag. Könnte ich überhaupt von der Identität einer Sache selber oder von ihrer Soseins- und Wesenseinheit sprechen, wenn es nicht eine Andersheit gäbe?[20]

So führt uns unsere Auslegung des Begriffes der Wesenheit am Leitfaden des Satzes der Identität und des Widerspruches dahin, einzusehen, daß im Prinzip der Reflexion und im Horizont einer Sprachontologik das eine nicht ohne das andere gedacht werden kann, eine wahre Behauptung nicht ausgesprochen werden kann ohne die Abgrenzung vom Unwahren. Dies aber hat zur Folge, daß sich nun an diesem Punkte der Überlegung sowohl das Prinzip der Identität als das des Widerspruches durch den Satz vom ausgeschlossenen Dritten verschärft. Dies will ja sagen: vom Einen kann nicht Wahrheit positiv behauptet werden ohne Differenz seiner Negation, und zwar alternativ, daß etwas wahr *oder* falsch sei, ein Drittes gibt es nicht.

Irgendetwas und Beliebigkeit

Um nun die ontologische Bedeutung des Problems der Wesenheit noch deutlicher in den Blick treten zu lassen, wollen wir den „Begriff" des Irgendetwas und damit den der Beliebigkeit in unsere Überlegungen einbeziehen. Kann es so etwas wie das Irgendetwas überhaupt geben, das heißt, etwas, das überhaupt nicht bestimmt ist und auch nicht definierbar ist?

Kann es also zu Seiendem, das Etwas ist, oder gegenüber einem Sein, das notwendig so wirklich ist, eine Beliebigkeit geben, die ebenso wirklich ist? Dies hängt mit dem Problem der Kontingenz zusammen: Etwas kann sein, muß aber nicht sein und ist darum kontingent. Damit hängt der negative Begriff der Endlichkeit und der der Vergänglichkeit zusammen. Anders formuliert: Kann ein wirklich Seiendes, das so und nicht anders ist, im Verlauf seines Daseins und im Verlauf seiner Geschichte sich in ein Beliebiges verkehren, solange es ist? Kann etwas, das so und nicht anders ist, plötzlich ein Zufälliges werden, wobei das Zufällige das wäre, was ohne Grund ist?

Jedwedes soseiende Etwas ist kein Irgendetwas, nicht eine Beliebigkeit, die man willkürlich austauschen kann; denn sonst könnte jedwedes Soseiende mit jedwedem Soseienden verwechselt werden. Damit wäre eine ontologische Wesenserkenntnis auch des Menschen nicht möglich.

Könnte demnach von einer Sache gesagt werden, sie sei nicht notwendig das, was sie ist, also nicht durch ihre Wesenheit definiert, so wäre sie überhaupt keiner Wesensdefinition oder Bestimmung bedürftig, sie wäre ein beliebiges austauschbares verwechselbares manipulierbares Irgendetwas. Da es ihm an der Wesenheit gebricht, könnte es auch darum nicht definiert werden. Wir brauchen dann auch nicht mehr zwischen diesen Irgendetwassen und Beliebigkeiten überhaupt zu unterscheiden. Daraus aber läßt sich die ontologische Konsequenz ziehen: ein schlechthin beliebiges Irgendetwas kann es überhaupt nicht geben, weil es „Nichts" wäre.

Dekomposition und Entsprachlichung

Die Konsequenz liegt auf der Hand: Wird ein Individuum als ein Irgendetwas gesehen und nicht in seiner einmaligen Einzigkeit, die als Existenz durch Vernunft, Freiheit und Sprache Gestalt gewinnt, so wird sein individueller Existenzvollzug zu einem Prozeß der Verbeliebigung, zur Dekomposition seiner Einheit und Deformation seiner Weltgestaltung, schließlich zur Entsprachlichung seiner Person, denn das dialogische Sprachvermögen ist das Unterscheidungsmerkmal zwischen Individuum und Person.

Der verbeliebigende Entindividualisierungsprozeß verläuft apersonal und zieht den Sprachverlust nach sich. Das Individuum wird wortfrei, auch wenn es noch zu sprechen scheint, seine Mitteilungen sind Informationen und seine Dialoge werden zu Entartungen monologisierender Verständigungen. Mit der personalen Differenz verfällt die Sprachdifferenz. Der Dialog entartet zur öffentlichen Meinung, er wird zum Sprachrohr eines apersonalen Zeitgeistes, der sich als Vernunft larviert.

Durch Sprache definiert

Wenn wir daher von einer Sprachontologik sprechen und nicht bei dem Fachausdruck Sprachlogik bleiben, so soll damit bezweckt sein, daß wir das Wort Sprache nicht im faktischen Sinne einer Einzelsprache, nicht einfach als bare Tatsache nehmen, sondern wir versuchen uns auf den Grund der Möglichkeit von Sprache, thematisch also auf den Seinsgrund der Möglichkeit von Sprache inhaltlich zu besinnen.

Wir gehen dabei von der Behauptung aus, daß Sprache konstitutiv oder grundlegend ist für die Seinsverfassung des Seienden, das wir Mensch nennen, daß Sprache für das Sein des Menschen integrierend ist, daß der Mensch durch sie wirklich oder wahrhaft das ist, was er ist, und sich auf diese Weise durch Sprache von jedwedem anderen Wesen unterscheidet. Ontologisch formuliert: daß durch Sprache die Wirklichkeit seines Wesens bestimmt und definiert ist.

Sprache ist das Individuierungsprinzip des Einzelnen, wodurch er das jeweilige Idiom seiner geschichtlich zu bildenden Existenz verlautbart. Ist das Individuum aber erst entsprachlicht, so mag es zwar in Zweckzusammenhängen noch etwas mitzuteilen, nimmermehr vermag es aber im Weltzusammenhang seiner selbst Aussagen zu verlautbaren, deren Gestalt die Bedeutungseinheit des Wortes ist, dessen Dimension bestimmt ist durch das Weltall des Geistes, das sich personal durch das Weltsein des dialogischen Subjektes Mensch individuiert. Diese seine sprachliche Welthaltigkeit geschichtlich zur Weltgestalt der Existenz zu bilden, ist der Sinn eines dialogischen Daseins der Person.

Durch die Sprache löst sich das Individuum Mensch zwar nicht aus der naturalen Bedingtheit seines Daseins, wohl aber erhebt es sich aus seinem personalen Grunde zur Existenz. Die dialogische Verbundenheit von Mensch und Mensch ist Sprache. Ihre Grammatik und Syntax sind die individuierenden Kräfte der geschichtlichen Gestaltung eines personalen Individuum zur Weltgestalt der Existenz.

Ursyntaktik

Unter Sprache verstehen wir die Möglichkeit, daß ein Seiendes, dessen Wesen die Reflexion ist, das also zu wissen vermag, daß es denkt, im gleichen Sinne das Vermögen hat, das, was gedacht wird, zu verlautbaren. Dabei wird die Bedeutungseinheit auf den Begriff und in die Verlautbarungseinheit gebracht, die wir das Wort nennen. Wollen wir aber das sprachliche Sein des Menschen als seine spezifische metaphysische Differenz fassen, und dies meint nun, Sprache in ihrer Ursprünglichkeit oder ontologisch näher zu bestimmen, so heißt dies, den Sinn oder die Bedeutung der Vernunft in Gestalt des Geistes zum metaphysischen Differenzpunkt einer ontologischen Weltauslegung des Seienden zu machen.

Dieser ontologische Akt unter Vollzug der Differenz der Seinsverfassung dieses Seienden, genannt Mensch, aber ist das loqui, das Sagen oder die Ermächtigung zur Aussage, sich in einem Wort oder Satz verbal syntaktisch, in gegliederten Satzzusammenhängen vernehmlich machen und vernehmbar sein zu können.

Diese elementare Ursyntaktik ist der Zusammenhang von Subjekt und Prädikat. Darum können wir vom Satzsinn, vom Aussagesinn oder vom prädikativen Sinn des Seins eines Seienden sprechen, das zur Sprache ermächtigt ist, also sprechen kann. In jedem Sprechakt aber wird die metaphysische Differenz zwischen jedwedem Seienden, das sich nicht sprachlich zu verlautbaren vermag, gesetzt. Wir nennen dies den prädikativen Sinn, weil er für das Sein dieses Seienden konstitutiv ist und damit dessen Wirklichkeit als Wesen bestimmt.

Originativität und Rationabilität von Seiendem

So verlautbart der Mensch durch Sprache die spezifische und idiomatische Differenz zu jedwedem anderen Seienden. Unter dieser Rücksicht ist Sprache die Wesenheit des Seienden, das seinen Sinn durch Reflexion auslegen kann und in Gestalt des Wortes und des Satzes syntaktisch darzulegen vermag. Dies nennen wir die syntaktische Auslegung der Seinsverfassung des Menschen in Gestalt der Sprache.

Damit meint der prädikative Sinn eines Satzes: Seiendes ist mit sich selbst identisch. Die Identität des Seins eines Seienden ist der prädikative Sinn seiner metaphyischen Identität, der er entspringt und in der er grundgelegt ist. Denn es wird das Subjekt ausgesagt, und von diesem sagen wir, daß es kraft der Gesetzlichkeit der Identität nur zu sein und allseitig und ganzseitig wirklich zu sein vermag.

Läge dem Sein von Seiendem nicht eine originative und zugleich rationabile Differenz zugrunde, so vermöchten wir seinen Sinn nicht zu begreifen und nichts prädikativ auszusagen. Dieser prädikative Sinn erlaubt daher in einem Hauptsatz zu sagen: A ist so und nicht anders; A ist gleich, ist immer die Gleichheit seiner selbst. Damit wollen wir die Behauptung erläutern, daß der metaphysische Grund des Seienden ontologisch seinem Sein nach einen Sinn in sich begreife und es möglich sei, diesen prädikativ in einer Aussage zu bestimmen.

Andersheit und Identität

Zugleich aber erlaubt der prädikative Sinn der Identität ihn als Andersheit zu fassen. Die Bestimmung der Andersheit seiner selbst ist nur im Hinblick auf die Differenz seiner von jedwedem anderen Seienden, das ist, was es ist, und nicht das ist, was das andere ist, zu begreifen. Der prädikative Sinn dieser Identität wird nun mit Hilfe des Begriffes der Andersheit ausgelegt, dies heißt, daß ein Subjekt nicht verwechselbar ist. Die Andersheit ist die Differenz, der Gegensatz, die Unterscheidung oder die Verschärfung der Identität. Wir sprechen von Andersheit nur in der prädikativen Auslegung der Identität, um ein Subjekt, das erkannt werden soll, schärfer zu fassen und um zu zeigen, weshalb das eine Seiende sich von einem anderen Seienden durch sein Wesen von Grund auf notwendig unterscheiden muß, wenn ich das eine vom anderen in der Aussage verlautbaren will.

Gemeinsam kommt jedwedem Seienden zu, daß es ist und ohne Sinn universal überhaupt nicht zu sein vermöchte. Nicht aber kommt jedwedem Seienden sein Wesen in gleicher Weise zu, sondern jeweilig als individuierte Wesenheit, als geeinzigte Wesenheit in Gestalt seines Soseins und nicht in Gestalt eines anderen.

Sprechen wir vom Wesen eines Seienden, so ist diese Identität eines Seienden nur dann nicht eine nivellierende oder verschleifende Identität, wenn das Wesen der Grund dafür ist, daß ich sagen kann: Dieses Seiende ist mit sich selbst identisch, jenes Seiende ist mit sich selbst identisch, ein anderes ist ebenfalls mit sich selbst identisch. Alle drei haben an dem einen Sein Anteil, müssen sich aber durch ihr Sosein jeweils unterscheiden; denn sonst kann überhaupt nicht von der Mannigfaltigkeit des Seienden gesprochen werden. Sprachontologisch und sprachmetaphysisch hat dies seine Konsequenz, daß ich aufgrund der jeweiligen Wesensverschiedenheit immer ein jedes Seiende in anderer Weise aussagen und einen anderen Bedeutungsgehalt aussagen muß.

Der Grund für das prädikative Sein eines Seienden ist sein logoides Wesen. Ohne die Wesenheit des Seins eines Seienden kann die Wesensnatur der Wirklichkeit nicht in ihrer Unverwechselbarkeit und Eindeutigkeit ausgesagt und von jedem anderen in der Aussage abgesetzt werden. Der prädikative Sinn der Identität des Seienden gründet in der Selbigkeit seines Soseins und gerade nicht in seinem Anderssein.

Logos als Grammatik des Seins

Dies nämlich meinen wir, wenn wir von der metaphysischen oder ursprünglichen Ausgesagtheit eines Seienden oder von seiner Grundgelegtheit in einer *ratio* sprechen. Die *ratio* des Seienden oder der Sinngrund ist die Ursache dafür, daß wir von einer metaphysischen Syntax und Grammatik reden können. Diese metaphysische Syntax oder Sprachontologik ist zu fassen durch die metaphysischen Sätze der Identität, des Widerspruchs und vom ausgeschlossenen Dritten sowie vom Grund. Der Grundbegriff, in dem die Möglichkeit liegt, von einer Syntax, von einer Grammatik des Seins sprechen zu können, ist der Logos, sein Ursinn, seine Urausgesagtheit oder seine Urvernunft. Er ist metaphysisch, weil das Sein von Seiendem ursprünglich und darum originativ rationabil und darum von Grund auf denkbar ist. Seiendes ist denkbar und darum nicht unmöglich und darum als Seiendes rationabil ergründbar und metaphysisch begründbar. Erst diese Sinngegründetheit von Seiendem, seine logoide oder vernünftige Natur macht seine rationabile Identität aus.

Deshalb kann im Bereich der Logik Seiendes gedacht werden. Darum ist das Sein eines Seienden oder seine Seinsnatur identifizierbar und diagnostizierbar, unverwechselbar und unvertauschbar eines, nicht ersetzbar durch ein anderes; denn das Seiende ist ontologisch grundgelegt in der Seinsidentität und rationabil gegründet und darum verstehbar. Dies ist eine metaphysische Voraussetzung, weshalb wir uns gegen die Manipulierbarkeit des menschlichen Subjektes nicht nur mit Fug und Recht wenden, sondern uns ihr auch in der Tat widersetzen können.

Wesensindividuität von Seiendem

Für diese Sprachmetaphysik im ontologischen Sinne ist die These grundlegend, daß das Sein des Menschen das Interpretament seiner selbst ist, also die Möglichkeit, sich selbst durch sein Sosein auslegen zu können, so daß der Mensch die Möglichkeit hat, sich durch die Natur seiner Seinsverfassung selbst zu wissen, zu begreifen und verstehen zu können. Dies nämlich ist gemeint, wenn wir von der ursprünglichen und grundlegenden Originativität und Rationabilität des Seienden sprechen. Dazu kommt, daß sich ein Seiendes deshalb von einem anderen, die eine Seinswirklichkeit von der anderen durch die Soheit seines Wesens unterscheidet. Die Soheit oder Wesenheit ist der Grund dafür, daß Seiendes hier und jetzt jeweils anders gedacht und individuiert werden kann und damit seine Soseinsindividuität jeweils anders hier und jetzt zur Erscheinung bringen muß. Denn es liegt dem Seienden ein jeweils anderer Soseinsbedeutungsgehalt zugrunde, der so und nicht anders gedacht, so und nicht anders ausgesagt werden muß, falls ein Seiendes so, wie es und was es ist, gedacht und darum wahr ausgesagt werden soll. Der Begriff der Wesenheit muß daher prädikativ sprachonto-logisch ausgelegt werden.

Gingen wir aber nicht von der metaphysischen These aus, daß das Sein von Seiendem vernünftig sei, vermöchten wir weder logisch noch sprachlogisch etwas über es auszusagen. So erst begreifen wir, warum Seiendes hier und jetzt jeweils anders gedacht und individuiert werden kann, also als Einzelnes zu sein vermag und damit seine Wesensindividuität, seine Soseinsindividuität jeweils anders hier und jetzt zur Erscheinung bringen muß.

Diese Wesensindividuität von Seiendem ist der Grund der Möglichkeit, daß das eine identische Sein von Seiendem nur in je verschiedener aber mannigfacher Weise begriffen, ausgesagt und verstanden werden kann. Doch diese mannigfache Aussageweise von Seiendem hat seinen Grund, daß es wirklich ist, wenn auch in je verschiedener Weise, in dem *einen* Sein. Das eine Sein ist jeweils anders in jedem Seienden gegenwärtig. Wäre dies nicht so, so gälte der Satz der Identität, nämlich der Satz der Einheit nicht. Wäre dies nicht so, so zerfiele das vielfältig Seiende in ein blindes Einerlei, seine mannigfache Bedeutung zerfiele in Sinnlosigkeit. Dies aber hätte zur Folge, daß auch nicht in einer einzigen Silbe über Seiendes etwas ausgesagt werden könnte.

Das diamantene Band

Der Satz der Identität ist also das „diamantene Band", die diamantene Bedeutungseinheit, daß überhaupt etwas nicht nur über etwas sinnvoll ausgesagt werden kann, sondern daß überhaupt dies Etwas hier und jetzt zu bleiben vermag und nicht in Nichts zerfällt. Doch der metaphysische Kristallisationspunkt der Ausgesagtheit eines wesenhaft Seienden ist jenes Etwas, für das die sprachliche Aussagefähigkeit und Aussagekraft die spezifische, und zwar idiomatische Wesensdifferenz ist, wodurch sie nicht nur allgemein, sondern spezifisch, und dies heißt jetzt, einmalig und darum im Hinblick auf diese Differenz eine Einmaligkeit ist, die in den Gebreiten des Seienden nicht ihresgleichen hat.

Nur weil dies so ist, vermögen wir zu sagen, daß in jeder ontologischen Aussage über Seiendes dieses sprachmetaphysisch ursprünglich grundgelegte Subjekt Mensch immer schon sein Sein mitaussagt. Diese durchgehende Seinsrationabilität ist der Grund der Möglichkeit für „Ist-Aussagen" in einem Satz, in einem Urteil.

Auch wenn man die Kopula nur funktional verstünde, so wäre dennoch nicht zu bestreiten, daß, wenn dieses „ist" nicht zumindest eine funktionale Bedeutung hätte, überhaupt nichts ausgesagt werden könnte; der Satzsinn, der Urteilssinn von Behauptungsaussagen zerfiele in sich.

Deshalb ist das syntaktische „ist" eines Satzes, das den prädikativen Sinn einer Aussage auf ein Subjekt bezieht, Wahrheit oder Irrtum, Wirklichkeit oder Unwirklichkeit, die durch Affirmation oder Negation behauptet wird. Wir könnten von Affirmation, von Wahrheit und Irrtum überhaupt nicht sprechen, wenn wir nicht die obersten ontologischen Grundsätze (Identität, Widerspruch, Satz vom ausgeschlossenen Dritten, Satz vom Grund) bedacht und das Subjekt als den ontologischen Sprachgrund des Seienden begriffen hätten.

Wäre dies nicht so, so vermöchte man nicht syntaktisch und grammatisch, also in gegliederten Wortzusammenhängen, die wir Sätze nennen, Aussagen zu treffen, durch welche mittels eines prädizierenden Zu- oder Absprechens von Etwas etwas dadurch behauptet wird, daß ein Subjekt einer seienden Wesenheit etwas zu oder abspricht und es in der Bejahung oder Verneinung von einem anderen unterscheidet. Diese Seinsaussage des Subjektes lautet: Dies ist, und dies ist so, jenes ist nicht und ist nicht so. Wort und Satz sagen ontologisch immer Sein von Seiendem aus, sei es logisch als gedachtes Sein, sei es ontologisch als Sein eines Seienden in Wirklichkeit.

Ist das Nichts aussagefähig?

Um dies schärfer herauszumodellieren, bringen wir den Begriff des Irgendetwas ins Spiel. Die Konsequenz, wenn wir zeitgenössische Kategorien anwenden wollen, ist die Manipulierbarkeit des Seienden, vor allem des menschlichen Subjektes. Daraus aber läßt sich die ontologische Konsequenz ziehen: ein beliebiges Irgendetwas kann überhaupt nichts sein, weil es Nichts und nicht ist. Es gebricht ihm radikal an ontologischer Bedeutsamkeit, es kann deswegen nicht definiert und an sich überhaupt nicht ausgesagt werden; es sei denn in Absetzung des Seienden von seinem Sosein. So stellt sich die Frage: Kann man über das Nichts, die Negation ohne Positivität, ohne Rückgriff auf das Etwas überhaupt etwas aussagen? Ist das Nichts aussagefähig?

Was aber von Grund auf nichts ist, ist *unmöglich* und liegt darum in einem Unbereich, in einer Undefinition, in einer Unsphäre, die sich dem Satz der Identität entzieht. Dies ist der innere Grund, weshalb das Nichts, die Beliebigkeit, nicht durch sich selber identifizierbar ist. Dadurch aber ist gesagt, daß ein Irgendetwas im strengen Sinne der Beliebigkeit nicht einmal eine bare schiere Möglichkeit in sich begreift, vielleicht doch wirklich sein zu können, vielleicht nicht einmal das zu sein, was in dem Sinne ein Nichts ist, daß es zwar noch nicht ist, aber zu sein vermag.

Wir unterscheiden deshalb den Begriff des Nichts im Sinne dessen, was noch nicht ist, und in dem Sinne, daß ein Nichts überhaupt und schlechterdings nicht sein kann. Dies soll heißen, daß das Irgendetwas nicht ein positives Nichts, nicht ein *Noch-nicht* sein kann, also eine *Möglichkeit*, die noch nicht ist, die aber bereits sein könnte; denn dem beliebigen Irgendetwas kann nur das radikale, das negative Nichts zugeordnet werden. Wir unterscheiden also zwei Begriffe von Nichts, den negativen Begriff des Nichts und einen positiven Begriff in dem Sinne, daß etwas noch nicht da ist, aber zu sein vermag.

Damit ist aber noch einmal der Satz bekräftigt, daß das ontologische Prinzip der Identität, des Widerspruchs, des ausgeschlossenen Dritten, der Grund der Möglichkeit dafür ist, *daß* etwas ist, *was* etwas ist und *warum* etwas ist.

Wie leichtfertig daher die Rede vom Ungrund, das Spiel mit Unmöglichkeiten und das Kalkulieren mit Beliebigkeiten ist, dürfte nun unter ontologischer Rücksicht deutlich geworden sein. Die Rede vom Ungrund nämlich, das Spiel mit Unmöglichkeiten oder das Kalkulieren mit Beliebigkeiten bewegt sich letztlich in der Dimension des Unverbindlichen, und zwar dadurch, daß der Bereich dieser radikalen Negativität ein ontologischer Unbereich ist, der an sich keine Differenz kennt. Wenn wir dessen ungeachtet den Grund vom Ungrund, die Beliebigkeit von der Notwendigkeit, das Etwas von Irgendetwas, die Wirklichkeit von der Unwirklichkeit, das Seiende vom Nichts unterscheiden, so vermögen wir dies allein mittels der ontologischen Affirmation des Satzes der Identität, der ontologischen Negation des Satzes vom Widerspruch und vom ausgeschlossenen Dritten.

Durch den Rückgriff auf diese metaphysischen Prinzipien sollte deutlich werden, welchen Ort das Unmögliche, das Nichts und die Beliebigkeit dennoch in dieser ontologischen Überlegung haben. Sie haben die Bedeutung der Verschärfung, der Abgrenzung der Identität.

Durchgängigkeit des Satzes der Identität

Die Wesenheit des Seienden ist der Grund dafür, daß ein Seiendes hier und jetzt so und nicht anders mit sich selbst identisch sein kann, solange es möglich ist, also werden kann, solange es ist, also wirklich ist, solange es vergeht, also seine raumzeitlich verwirklichte Möglichkeit noch nicht verloren hat. Die Identität läuft durch die Möglichkeit, das Werden, das Bleiben und durch das Vergehen eines Seienden im Bereich der Raum-Zeitlichkeit. Dies kann nun die Durchgängigkeit des Satzes der Identität genannt werden. Dieses Gesetz gilt aber auch, wenngleich viel schwieriger aufweisbar, im Bereich des Unsinnlichen. Wenn sich nämlich die Frage stellt, was es heiße, daß die an sich nicht greifbare Freiheit immer mit sich selbst identisch bleiben kann und es nicht zu ihrem Wesen gehört, in Unfreiheit umschlagen zu müssen.

Die Frage nach dem Ursprung der Sprache

Unsere Überlegungen zu einer ontologischen Metaphysik sollen nun auf eine sprachontologisch grundgelegte Sprache zulaufen. Der Ansatzpunkt hierfür ist, daß wir den Versuch machen, zu fragen, inwiefern dieses Subjekt Mensch der Inbegriff von Seiendem ist, oder inwiefern das Subjekt, das denkt und spricht, das im Urteil Wahrheit behauptet oder verneint, das im Denken Wahrheit verlautbart, der ontologische Kristallisationspunkt oder das Zentrum des Allgesamt des Seienden, das wir Welt nennen, ist. In diesem Sinne ist das Subjekt Mensch die ratio exemplaris, das Ur-Beispiel, die logoide Vorweggabe oder immerdar die uranfängliche Intention, sich als mundanes Sprachgeschöpf zu begreifen. Die Exemplarität besteht aber gerade darin, daß die mundane Natur des Menschen in ihrem Beispielcharakter der Inbegriff der Fülle von Menschenmöglichkeiten ist, hier und jetzt sich als totum zu ermitteln. Wenn wir also Sprachmetaphysik grundlegen wollen, beginnen wir mit der Subjektivität des Subjektes Mensch. Die Subjektivität des Subjektes Mensch ist der Zugangsort, an welchem wir die kardinale Frage nach dem Sinn von Sein stellen.

Ist aber dieses Subjekt hier und jetzt kraft seiner Seinsverfassung, die Weltstelle, an welcher der Sinn von Sein ermittelt werden kann, so setzt das voraus, daß dieses Sein universal sinnbestimmt ist und durch das Wort ausgesagt werden kann. Sonst sprächen wir nur metaphorisch von einer Sprachmetaphysik und nicht in einem ontologischen Sinne, denn wonach wir fragen, ist das Sein der Sprache. Welches ist der klassische Ort, an dem uns dieses Sein der Sprache zugänglich ist? Wir werfen mit anderen Worten die Frage nach dem Ursprung der Sprache auf.

Unbestreitbar ist, daß, wenn vom Ursprung der Sprache die Rede ist, dies ein metaphysisches Problem ist. Welches ist der Grund der Möglichkeit, daß ein seiendes Subjekt, von dem wir sagen, es sei, der Ort sein kann, an dem überhaupt so etwas zu entstehen vermag wie die Frage nach der Genesis der Sprache, nicht irgendeiner Sprache, sondern von Sprache als Prinzip, als durchhaltende Differenz, wodurch sich dieses Sein, genannt Subjekt Mensch, von Grund auf von jedwedem anderen unterscheidet. Wir haben es also mit der Sprache als Differenzpunkt des Seins zu tun, das wir Mensch nennen.

Das Wissenkönnen als Sprachdifferenz

Wir gehen von der These aus, daß das der Reflexion und der wissenden Verlautbarung fähige Subjekt der ontologische Ort von Sprache überhaupt ist. Wenn wir also von der Sprache der Dinge reden, so ist dies nur in einem metaphorischen und vorreflexiven Sinne möglich.

Ist von der Sprache der Dinge die Rede, so wird ein Sprachverständnis vorausgesetzt, das von vornherein das Wissen ausschließt. Denn dieses Subjekt, genannt Mensch, das spricht und von seinem ontologischen Grund des Ursprungs von Sprache weiß, vermag zu wissen, daß es spricht, was es spricht und warum es spricht.

Das Wissenkönnen um diesen spezifischen, sich von jedem anderen absetzenden Akt bestimmt die Sprachdifferenz zu jedwedem anderen Seienden.

Es wäre jedoch eine Einengung, wenn wir nur von einer anthropologischen Voraussetzung an das Sprachproblem herangingen. Denn, wenn vom Sinn von Seiendem die Rede sein soll, so geht es hier nicht um die anthropologische Einengung, sondern um eine metaphysische Fragestellung, dies aber heißt, um eine Fragestellung universaler Natur.

Wäre daher das aussagende Subjekt nicht selbst ontologisch grundgelegt, gleich jedem Seienden und im Hinblick auf die Wirklichkeit seines Seins ein vernünftiges Wesen, durch die es sich von jedwedem der Reflexion und Freiheit unfähigen Wesen unterscheidet, vermöchte und müßte dieses Subjekt Mensch nicht syntaktisch und grammatisch Sinnzusammenhänge, die wir Sätze nennen, verlautbaren, dann könnten wir nicht sagen, es sei der Differenzpunkt zu jedwedem anderen Seienden. Denn jedwedes andere Seiende, von dem wir in einem uneigentlichen Sinne Sprache aussagten, vermag nicht einem anderen Seienden Wahrheit zuzuerkennen oder Wahrheit abzusprechen, etwas zu behaupten, indem es bejaht oder verneint. Dies allein vermag das Subjekt Mensch, das der Reflexion und der Sprache fähig ist.

Der Ursprung ist Sprache

Die Seinsaussage des Subjektes lautet: Dieses ist oder dieses Etwas ist so, jenes nicht so. Wort und Satz sagen ontologisch immer, sei es auch nur durch die kopulative Funktion des „ist", ein Sein von Seiendem aus, sei es logisch als gedachtes Sein, sei es ontologisch als wirkliches Sein eines Seienden.

Diese Seinsaussage des Subjektes geht also immer schon ontologisch auf wirkliches Sein, auf die Basis des ontologischen Kristallisationspunktes, genannt das Sein eines Subjektes, das hier und jetzt ist. Weil dies so ist, deshalb vermögen wir metaphysisch zwar von einem allgemein jedwedem Seienden zukommenden Sein zu sprechen, falls etwas wirklich oder auch nur gedacht werden soll, aber die Frage, die entsteht, lautet nun: Muß der Grund und Ursprung, wenn wir ihn als Sein oder gar als Ursein fassen, als das zeitfreie und zeitlose Apriori schlechthin, nicht von Grund auf sinnbestimmt sein, wenn es der Grund dafür sein soll, daß überhaupt etwas, das ist, sinnvoll ausgesagt werden kann? Kann also dieses Ursein als Urausgesagtheit begriffen werden? Dies war gemeint, als vom prädikativen Sinn des Seins gesprochen wurde.

Dieses Ursein muß von Grund auf Vernunft und Sprache sein, falls es der Seinsursprung und Grund sein soll, in welchem die Denkbarkeit und Aussagbarkeit, und sei es auch nur gemäß der mannigfachen Weise eines individuellen Soseins, gegründet sein soll. Dieses Ursein wird mit Grund vorausgesetzt. Es ist unabweisbare Notwendigkeit, wenn davon gesprochen wird, daß der Grund selber Sprache ist. Wäre dies nicht so, dann wäre eine Unvernunft, eine irratio, der Grund und der Ursprung von Seiendem, von dem wir behaupten, es sei sinnbestimmt und wir vermöchten über etwas sinnvollerweise etwas aussagen. Wäre es so, daß das Ursein ohne Sinn und Grund wäre, dann müßte von ihm gesagt werden, daß Urgrund oder Ursprung blind und barer Zufall ist.

Doch der Zufall, der das Grundlose ist, kann nicht Grund und Sinn des Seins als der Wirklichkeit von Seiendem sein, weil die Notwendigkeit gebricht, ohne die wir nichts mit Gewißheit zu wissen vermögen und noch viel weniger über Wirklichkeit, Wahrheit und Unwahrheit etwas begründet zu behaupten vermöchten. Sonst wäre das von uns ontologisch besprochene Wesen von Seiendem allenfalls ein undurchschaubares Geschick oder ein böses Verhängnis Wahrheit wäre dann nur der Mangel des Grundes, und damit wäre die Warumfrage hinfällig. Wenn wir sagten, die Warumfrage sei die Urfrage der Metaphysik, so hat diese Warumfrage nur im Horizont einer ontologisch bestimmten Sprachmetaphysik ihren Sinn.

Dieser Satz gilt auch, wenn wir die Frage nach dem Grund auf den Bereich der Logik reduzieren, auf einen reinen Grundfolgezusammenhang. Denn falls Logik nicht das Ergebnis einer baren wissenschaftlichen Konvention sein soll, bedarf Logik einer ontologischen Grundlegung.

Das Wesen als Sinn

Allein die Originativität (Ursprünglichkeit), die Rationabilität (Sinnbestimmtheit), also Sinnbestimmtheit des Seins von Seiendem ermöglicht, daß man von einem Seienden — kraft der Notwendigkeit seines Wesens etwas wissen und aussagen kann. Wenn jemand fragte, warum wir in diesem ontologisch-metaphysischen Zusammenhang von der Individuierung des Seins in Gestalt des Seienden sprechen, so ist auf das Sosein einer Sache zurückzugreifen, die so und nicht anders ist. Dieses Sosein einer Sache aber gilt es jetzt zu verstehen. Es kann aber nur wieder verstanden werden, wenn das Wesen einer Sache als Sinn begriffen wird. Denn die menschliche Vernunft kann sich diesem Seienden nur dann zuwenden, wenn es von Grund auf rationabil oder logoid ist.

Sinngefüge Welt

Die aristotelische Position aber haben wir schon grundsätzlich verlassen, indem wir gesagt haben, daß die Seinsverfassung des Subjektes hier und jetzt der Kristallisationspunkt, der Inbegriff des Seienden, über das gedacht und von dem gesprochen werden soll, ist. Dies kann jedoch nur gelten, wenn wir vom Subjekt sagen, es sei das Weltsein der Welt, und zwar deshalb, weil es prinzipienfähig, weil es allumfassend und alldurchgreifend zu erkennen vermag.

Wenn dies alles durchdacht ist, können wir nämlich an die Stelle des aristotelischen Seinsbegriffes den Begriff der Welt setzen. Damit wird das Subjekt, das wir als Kristallisationspunkt der sprachfähigen Wirklichkeit begriffen haben, zum Weltpunkt oder zum Weltprinzip. Das Subjekt, in dem sich Welt punktet, also identifiziert, gibt sich als die cardiale Identität oder Weltpunkt schlechthin. Wenn hier vom Weltbegriff die Rede ist, so müssen die tausendfältigen Dinge des Kosmos freilich vergessen werden.

Wir sind zwar von dem Kosmos affiziert, die Prinzipienfrage zu stellen, die Tatsache des Kosmos aber als eines gegebenen kann nie und nimmer der Grund für das Weltverständnis des Menschen sein. Wenn wir von der metaphysisch-physischen Grundgelegtheit der Sprachontologie des Seienden sprachen, so ist damit ihr originativer und rationabiler Charakter gemeint. Darum sprechen wir mit Recht davon, daß das denk- und sprachfähige Subjekt der ontologische Inbegriff Welt oder der ontologische Kristallisationspunkt des Seienden sei, der Grammatik und Syntax, die Ursprünglichkeit und Rationabilität des Seins im *Allgemeinen* ist, so daß wir kraft der Identität von Seiendem individuiert zu denken, zu lesen, auszusagen, zu nennen vermögen, und zwar deshalb, weil dieser ontologische Inbegriff Mensch durch ratio dazu befähigt ist, über den Seins- und Aussagegrund des Seienden legitim etwas wissen und aussagen zu können. Die metaphysische Grammatik des Seins, also ihre ontologische Syntax, ihre Ausgesagtheit, ist grundlegend dafür, daß wir über die Wirklichkeit des Seienden überhaupt etwas auszusagen und vorauszusagen, zu kalkulieren und zu berechnen vermögen, wenn auch nur in analoger Weise. Trotz der Möglichkeit der metaphysischen Bestimmtheit der Seinsverfassung des sprachfähigen Subjektes, das etwas vorauszusagen vermag, ist aufgrund der Unschärferelation des Subjektes die Freiheit, etwas wissen und wahr aussagen zu wollen, dennoch kein absoluter Akt.

So sind also die Syntax und die Grammatik des einen Seins, dem allein zukommen muß, was überhaupt seiend sein soll, ursprünglich grundlegend für die Möglichkeit, über Seiendes überhaupt etwas zu wissen und im Satz überhaupt Wahrheit aussagen zu können, und zwar so, daß diese für jedermann als verbindlich verifiziert oder einsichtig werden kann.

Wir sagten, das Sein sei die allgemeinste Bestimmung des Seienden, sofern es gedacht werden oder sofern es sein soll. Durch einen zweiten Schritt wurde die Notwendigkeit eines Seins, durch das eine Sache erkannt werden soll, bestimmt: durch den Begriff des Wesens. Das Wesen aber ist die Notwendigkeit einer Sache, damit sie überhaupt gedacht werden kann. In einem dritten Schritt wurde der Wesensbegriff mit dem Sinnbegriff verbunden; denn die Notwendigkeit, so sein zu müssen, falls eine Rose etwa sein soll, soll ja verstanden werden. Sonst wäre das Wesen für ein verstehen-wollendes Subjekt blind und tot, wenn nicht eine Ursinnkommunikation durch die im Sein als Sein zugrundeliegende Vernunft möglich wäre.

Unsere ontologisch bestimmte Sprachmetaphysik wurde nicht frei von der Subjektivität des Subjektes angesetzt, sondern sie wird angesetzt in der Seinsverfassung des prinzipienfähigen Subjektes, das zu denken und zu sprechen vermag, das der Inbegriff von Welt, also des Seienden überhaupt ist. Deshalb kann es erkannt werden. Dies aber war der Grund dafür, weshalb wir gesagt haben, daß, wenn dies alles so ist, dann kein Zweifel mehr bestehen könnte, daß das Welt-Sein selber durch Vernunft und Wort signiert sein muß.

Bedeutung und Sinn

Das Sosein eines jedweden Seienden ist der Grund für seine Mannigfaltigkeit und damit für seine mannigfache Bedeutung. In Rede steht das Analogieproblem. Das Sosein oder die Wesenswelt eines Seienden ist der Grund dafür, daß wir ein Seiendes von einem anderen zu unterscheiden vermögen. Diese ontologische Wesenseinheit, die zugleich die *Wesensunterschiedenheit* des Seienden untereinander ausmacht, macht nicht nur seine Mannigfaltigkeit aus, sondern zugleich seine Soseinsindividuität, seine unteilbare Wesensganzheit, als ebendieses und kein anderes hier und jetzt sein zu können.

Diese Soseinsindividuität ist der Grund der Unverwechselbarkeit. Das Sosein eines Seienden oder seine Weltförmigkeit, die wir nun Wesensgestalt nennen, macht seine ontologische Individualität aus und erlaubt vom prädikativen Sinn des Seienden deshalb zu sprechen, weil das Sosein die Wesensbedeutung des einzelnen Seienden bestimmt. Spreche ich von der Wesensbedeutung des Seienden, so bin ich bereits in der Sinndimension der sprachontologischen Überlegung.

Dies besagt, das Sosein bestimmt, was ein Seiendes für ein anderes zu bedeuten, auszusagen vermag, und zwar deshalb, weil jedwedes Seiende in dem einen Bedeutungszusammenhang des Seins oder der einen Seinswelt steht, die nicht nur Urwirklichkeit ist, sondern den Grund ihrer Urwirklichkeit dem mannigfach Seienden durch dessen Sosein zu bedeuten vermag. Was also dieses Ursein an sich selbst bedeutet, wird ihm zugesprochen, zugedacht und als Erkenntnis möglich gemacht durch die Frage: Warum ist etwas so und nicht anders? Wäre Seiendes nicht in einer Ursprache ontologisch gegründet, könnte die Warumfrage überhaupt nicht gestellt werden. Diese Bedeutung des Seins nennen wir die ontologische Syntax oder metaphysische Grammatik von Welt.

Der ermöglichende Grund ontologischer Aussagbarkeit des Weltseins

Das Wesen von Welt und das, was es als Welt bedeutet, ist der ermöglichende Grund dieser Seinsgrammatik Welt, die wiederum als Sein, das kraft seines Wesens hier und jetzt grammatisch in Gestalt der Syntax wahr sein kann, in seiner Wirklichkeit ausgesagt zu werden vermag. Dies also ist der Grund von der ontologischen Aussagbarkeit des Weltseins, so daß wir mit Fug und Recht in Gestalt einer Behauptung sagen können, dieses Seiende ist, jenes nicht, weil es nicht sein kann, denn es erfüllt nicht die Bedingungen der Möglichkeit, überhaupt sein zu können. Diese Bedingung ist seine Weltförmigkeit, nämlich daß es dem Satz der Identität genügt. Wenn von der Weltförmigkeit im Zusammenhang mit dem Satze der Identität gesprochen wird, so heißt dies, jedwedes Seiende muß ein in sich Ganzes, mit sich selbst gleiches Sein, ein sich immer gleich bleibendes Sein sein, damit überhaupt etwas über es objektiv ausgesagt werden kann, es sei denn, ich bestreite, daß jedwedem Seienden ein Wesen zugrunde liege.

Dann freilich fiele die Möglichkeit, über Seiendes überhaupt etwas aussagen zu können. Die Frage aber bleibt: Wie muß dieses Subjekt geartet sein, damit selbst auf dem Weg der Konstruktion einer Welt des Wissens mit Fug und Recht etwas als wahr verifiziert werden kann? Dies heißt aber, die Frage nach dem Wesen eines Seienden, das nicht Mensch ist, ist zurückzuverlagern in die Seinsverfassung oder Wesensverfassung des Subjektes Mensch, falls ich herausbringen will, welches der Grund der Möglichkeit ist, überhaupt über Welt, über Prinzipien etwas wissen zu können.

Aus diesem Grunde besteht die Weltförmigkeit des Seienden nicht darin, daß es in einem allgemeinen und universalen Sinn nur jeweils Welt und sonst nichts zu sein vermag. Denn eine sogenannte ontologisch reine Welt, ein sogenannter mundus purus, eine bloße Welt barer Wirklichkeit, die ob ihrer Einheit bloß wirklich wäre, wäre in keiner Weise bestimmbar oder aussagbar. Denn wo sollte sie antreffbar sein, in einem Subjekt, das dazu verurteilt ist, einen Akt des Denkens, wo auch immer, in der Eingeschränktheit von Zeit vollziehen zu können?

Denn das bloß Wirkliche, das des Wesens entbehrte, von dem wir nicht zu sagen vermöchten, so und nicht anders vermag die Welt als Welt, die Wirklichkeit als Wirklichkeit, allein zu sein, wäre das Wesenlose und damit das Bestimmungslose und die Unwirklichkeit selbst. Damit aber hätte sich die bloße, pure Wirklichkeit, also das bare, kraftlose Nichtsein enthüllt, ja nicht einmal enthüllt, denn enthüllt zu werden vermag nur das, was etwas und nicht Nichts ist, was dem Satz der Identität genügt. Somit wäre die bloße Wirklichkeit als das bare Nichts weder enthüllbar noch nicht enthüllbar. Es vermöchte dem Satz des Widerspruchs nicht zu genügen.

Das bare Nichts ist ohne Alternative. Es läßt sich auch nicht sagen, daß das Nichts sich gemäß dem Satze vom ausgeschlossenen Dritten verhalte. Entweder ist das Nichts oder es ist nicht, ein Drittes gibt es nicht. Weil also das Nichts ohne ontologische Alternative ist, da es weder etwas einschließt noch ausschließt, steht es jenseits jeder Ausschließlichkeit, also jenseits des Satzes der Identität, des Widerspruches, des ausgeschlossenen Dritten und damit jenseits der metaphysischen Prinzipien einer ontologisch grundgelegten Sprache.

Somit wäre die bloße Wirklichkeit durch Sprache weder sinnenthüllend noch enthüllbar. Das bare Nichts ist ohne eine Sprachalternative.

Sein in Zeit

Doch — und nun setzt hier das Problem der je größeren oder geringeren, je stärkeren oder schwächeren Gegenwart von Seiendem ein — wenn etwas hier und jetzt also nur als möglich zu sein vermag, kraft seines Urseins, an dem es auf mannigfache Weise Anteil hat, dann heißt dies, daß dieses Ursein je größer oder geringer gegenwärtig ist in dem jeweils verschiedenen Sosein hier und jetzt. Den Gedankengang der Ontologie legen wir nun durch den der Intensität aus.

Soll dies heißen, daß die je stärkere und schwächere Gegenwart von Sein in Zeit schon die Rede von einer stärkeren oder schwächeren, dichteren oder lockeren Identität des Seins von Seiendem sein soll?

Gewiß, Seiendes individuiert die Gegenwart des Seins durch seine jeweilige Soseinsidentität. Doch worin hat dies seinen Grund, daß es diese wiederum selbst in je stärkerer oder schwächerer Intensität zu tun vermag? Wie kommt es, daß das Sein hier und jetzt trotz seiner Soseinsindividuität anscheinend doch einem Wirklichkeitszerfall unterliegen kann, obgleich es in seiner Soseinsindividuität grundgelegt ist und dadurch allein in dieser seiner Wesensdifferenz so und nicht anders wirklich zu sein vermag? Wie kann also Seiendes, das so ist, dennoch in Zeit verfallen? Wie kommt es, daß Seiendes trotz dieser seiner Sinnwirklichkeit in einem raumzeitlichen Dasein verfallen oder zum Zerfall gebracht werden kann, so daß es den Anschein hat, daß in dem Etwas, das so und nicht anders allein zu sein vermag, dennoch die nichtende Endlichkeit wirksam ist, als ob seine Wesensdichte aufgelockert zu werden und schließlich ins Nichts zu zerfallen vermöchte?

Wir sagten, daß das Sosein jedwedes Seienden oder seine individuierte Wesensbestimmtheit der Grund für die Mannigfaltigkeit des Seienden überhaupt und damit auch für seine mannigfache sprachlogische Bedeutung ist. Wir halten fest: Das Sosein oder die individuierte Wesenswelt eines Seienden ist der Grund dafür, daß wir ein Seiendes von einem anderen zu unterscheiden vermögen und damit zu einer Wesenswirklichkeit des Seienden überhaupt Zugang haben, also zu seinem Weltsein, das wir in seinen mannigfachen Bedeutungen, wie es uns in dem jeweils Seienden begegnet, individuiert logisch zu begreifen und sprachlich auszudrücken vermögen.

Der Grund dieser Möglichkeit aber ist die eine sprachontologische Ausgesagtheit und Sinnerfülltheit des Urseins, an dem Seiendes sprachlogisch auf mannigfache Weise in vielen Bedeutungen Anteil hat. Diese analogische Sprachmetaphysik besagt, daß die je verschiedene Wesensbedeutung des Seienden der Grund dafür ist, daß Seiendes durch seine je verschiedenen Wesens- und Sinngehalte und Bedeutungsgehalte eine je verschiedene Evokationsenergie oder Aussagekraft hat.

Der Grad der Aussagekraft ist durch die je verschiedenen Soseinsdifferenzen des Seienden bestimmt. Die Kraft des Wortes aber beruht auf der ontologischen Evokationsenergie oder Aussagekraft des Seienden, das in Rede steht.

Alles und jedes Seiende hat an der Ausgesagtheit des Urseins Anteil. Das Ursein ist die Sprache seiner selbst.

Durch diese sprachmetaphysische Anteilhabe an dem Sein des einen Urseins kann das Seiende nicht nur sein, sondern auch sprachlogisch verstanden werden. Darin besteht die Sprachindividuität eines Soseienden oder die Eindeutigkeit seiner Bedeutungsnatur, die freilich nicht nur auf die verschiedene Weise ausgesagt werden kann und muß, wenn man die sprachmetaphysische Analogie des Seins von Seiendem in Anschlag bringt, sondern die — kraft der Endlichkeit des Daseins eines Seienden hier und jetzt — nur mehr oder minder eindeutig ausgesagt werden kann. Wir halten also auseinander: Die sprachmetaphysisch grundgelegte Bedeutungsnatur eines Soseienden oder seine analogische Sprachlichkeit, die ihren Grund in der je verschiedenen Soseinsindividuität des Seienden hat, und den Akt des Denkens und Sprechens, der sich hier und jetzt nur in der Weise der Zeit vollzieht, obgleich er den Grund seiner Möglichkeit überhaupt und seinen Ursprung in dem einen zeitüberlegenen Grund der Sprachlichkeit und der Ausgesagtheit des Seins hat. Diesen Seinsgrund begreifen wir als den Inbegriff der Möglichkeiten des Denkens und Sprechens. Sein Name ist der Logos des Urseins.

Der Logos ist Grund und Ursprung der Einheit von Denken und Sprechen, von Gedanken und Wort.

REPRISE

Erster Abschnitt

Der Sachausdruck Metaphysik

Läßt man im Kreise von Philosophen, seien es solche vom Fach oder seien es gar Ideologen, das Wort Metaphysik fallen, so setzt man sich zuweilen dem Verdacht aus, daß man nicht wisse, welche Stunde es in der Philosophie geschlagen habe, — so als nähme man die Sache der Philosophie unter einem historistischen Gesichtswinkel, der gerade nicht zulasse, diese Sache in den Blick zu bringen.

Haben wir es bei der Rede von Metaphysik mit einem Fachausdruck oder mit einem Sachausdruck zu tun? Diese Unterscheidung zwischen dem Ausdruck einer Sache und einem Ausdruck, den eine Wissenschaft sich von einer Sache, deren Sinn erst erarbeitet werden soll, bildet, ist deshalb von ausschlaggebender Bedeutung, weil sie die Frage entstehen läßt, ob ein Denken, das wissen will, wie die jeweilige Sache, die das Denken des Menschen in den Blick zu nehmen beginnt, selbst eine zureichende Grundlage dafür sein kann, daß wir zwischen einem Sachausdruck und einem zu bildenden Fachausdruck in der Wissenschaft unterscheiden, um uns an der zu denkenden Sache zu orientieren. Denn diese Unterscheidung verlangt einen Orientierungspunkt, der zum Anfang des Werdeganges oder der Bildung von Ausdrücken überhaupt nicht nur genommen werden kann, sondern genommen werden muß.

Schon die landläufige Rede, daß man einen Ausdruck für etwas suche, sei es, daß es der Außenwelt angehört, sei es, daß es in der Vorstellungswelt des Bewußtseins entstanden ist, lenkt das Denken auf die unterscheidende Frage: ob dieses Etwas, für das ich einen Ausdruck suche, an sich schon dieses oder jenes ist, oder ob ich meine Rede von diesem oder jenem einzig und allein an der Vorstellung orientiere, die ich mir von ihr gebildet habe und welche ich dann einen sprachlichen Ausdruck und nicht einen Sachausdruck nenne, den ich ja nur finden kann, falls die betreffende Sache unabhängig von meinem Vorstellungsvermögen eine solche und keine andere ist, — die also nicht nur eine Vorstellung ist. Die Rede von einem Ausdruck für ein Etwas läßt die Frage nach der Seinsart dieses Etwas noch offen, ob es ist und geworden ist ohne mich oder ob ich selbst der Urheber der Sache bin, für die ich einen Ausdruck suche.

Sprechen wir in einer durch langen Umgang mit Dingen und Menschen entstandenen Bedeutung von Sache, für die wir einen Ausdruck suchen, so setzen wir stillschweigend voraus, daß sie uns gegeben sei wie Objekte, die wir vorfinden und von welchen wir, als wir genötigt wurden, mit ihnen umzugehen, uns eine Vorstellung zu bilden hatten, damit wir sie nicht mit anderen Gegebenheiten verwechselten. Dies setzt allerdings ein Identifizierungsvermögen voraus, das sich Orientierungspunkte schaffen muß, wenn es sich bei diesem Identifikationsverfahren nicht irren will.

So scheint es also keinen Unterschied zu machen, ob wir einen Ausdruck für etwas suchen, das vorhanden ist, oder für etwas, das nur als Nurgedankliches gegeben ist. In jedem Falle haben wir es mit Gegebenheiten zu tun. Zu unterscheiden ist nur die Weise der Gegebenheiten. Doch geht es hier wirklich nur um den Unterschied in der Art und Weise der Gegebenheit, so daß beide Gegebenheitsweisen einander ebenbürtig sind, so daß jede ihren ihr eigentümlichen Grund ihrer selbst hat? Oder ist nicht vielmehr ein einziger Grund auszumachen, eine einzige ratio, die beide gegeben sein läßt, so daß wir, wenn wir von etwas einen Ausdruck suchen, immer auf ein und dieselbe Sache abzielen, so daß es eine Ur-Sache ist, auf die wir zurückgehen müssen, ob wir für ein real gegebenes Ding, das ist, oder für ein Gedankending einen Ausdruck suchen. Ist dies so, dann ist das Etwas-Sein der Grund für die Möglichkeit, überhaupt etwas ausdrücken zu können, sei es nur als Gedanke gedacht oder sei es wirklich vor jedem nur gedachten Etwas.

Für die Frage nach dem Grund der Möglichkeit beider ist es gleichgültig, wie es Etwas ist, ob nur gedanklich wirklich oder real wirklich. Gäbe es nicht zu beiden einen gedanklichen Zusammenhang, wäre unsere Rede: ich suche einen Ausdruck für etwas, beschränkt auf die Gedankenwelt und unsere Rede von einer Dingwelt bliebe hinfällig.

Doch der Orientierungspunkt für Ausdrücke ist der Sachverhalt, daß das Denken sowohl bezogen ist auf sich selbst als auch auf Dinge. Diese Intentionalität ist die Voraussetzung dafür, daß ich einen Ausdruck für etwas überhaupt suchen kann, dessen Sinn ich durch die Bildung einer sprachlichen Bedeutungseinheit, eines Wortes, ausdrücke, sei es durch ein Wort, das ich Gedankendingen zuspreche, um sie mitteilen zu können, sei es, daß ich Worten reale Dinge zuspreche, die unabhängig von meiner Gedankenwelt so sind, wie sie sind. Somit ist die Intentionalität des Bewußtseins sowohl auf Gedankendinge als auch auf real gegebene Dinge gerichtet. Sie setzt durch ihre Inblicknahme stillschweigend voraus, daß beide erblickbar sind als Phänomene der Einsichtigkeit des Seienden.

Die Stellung der Metaphysik

Die Stellung der Metaphysik im landläufigen Sinne, ihre geschichtliche Postierung scheint dadurch erschüttert worden zu sein, daß in der ersten Hälfte unseres Jahrhunderts zunehmend von der Verwindung von Metaphysik gesprochen wurde, so als sei Metaphysik ein philosophisches Gebilde gewesen, das ein für allemal alle Fragen einer Philosophie, die sich als Begründungswissenschaft versteht, lückenlos gestellt und beantwortet hat.

Eine solche Vorstellung von Metaphysik, die nur einen Anlaß braucht, um Philosophie jenseits von Metaphysik zu etablieren, greift aber nicht deshalb zu kurz, weil sie das philosophische Denken durch Jahrhunderte, ja Jahrtausende hindurch und seine Arbeitsleistung überbieten zu können vermeint, sondern weil eine solche Auffassung von Metaphysik forderte, was nur ein göttliches Denken immer schon vollbracht haben müßte.

Was ist also Metaphysik?

Metaphysik ist aber die Wissenschaft von den Seinsprinzipien der Welt, einer Welt allerdings, die allein in der mundanen Seinsverfassung des Menschen zu entdecken ist. Wir nennen die Architektur jener Einheit, die der Seinsverfassung des Menschen zugrunde liegt, beim Sachnamen: *Welt*. Wie auf eine Formel gebracht, lautet unser Kernsatz: Der Mensch, das weltseiende Subjekt, das durch Vernunft, Sprache und Freiheit bestimmt ist, läßt durch schöpferische Handlungen *Welt* dadurch Gestalt gewinnen, daß es die Weltgestalten der Kultur hervorbildet. Wir sprechen also nicht von einer kosmischen Seinsverfassung des Menschen, sondern von seiner welthaltigen und weltbildnerischen und darum morphopoietischen Verfaßtheit. Dies ist die Achse, um die sich unsere Nachdenklichkeit bewegt.

Metaphysik ist Weltwissenschaft; ihre Aufgabe ist es, die mundane Seinsverfassung des Subjektes Mensch so herauszuarbeiten, daß einsichtig wird, in welchem universalen Sinne das Subjekt Mensch, wenn auch unter den Bedingungen des endlichen Zeitspielraumes alles, das Ganze und darum Welt ist.

Der Sinnpunkt

Der Mensch ist das *Urbeispiel* für Welt. Der universale Beispielcharakter des Menschen besteht darin, daß er im Hinblick auf alles und jedwedes Seiende jenes Individuum ist, auf das alles, was seiend hier und jetzt ist, wie auf einem Kristallisationspunkt zentriert ist, und zwar in dem Sinne, daß sich nicht nur alles, was Seiend ist, auf den Menschen hin intentional sammelt, sondern daß er der Ort ist, an welchem die Prinzipien jedwedes und alles Seienden hier und jetzt in sich aufleuchten können, weil er sich sinnbewegt allem, was ist, zuzuwenden vermag. Auf diese Weise kann der Mensch, sich begreifend und in sich begreifend, alles, was ist, sich intentional zueigen machen. Dies aber ist seine apriorische Weltnatur.

Die Weltaufgabe des Menschen

Wenn die tiefgreifende Frage nach der Weltnatur des Menschen aufgeworfen wird, so heißt dies, daß das Schicksal des Menschen auf dem Spiele steht. Diese Fragestellung verschärft sich schon beim ersten Schritt des Nachdenkens, sobald man sich vor Augen hält, daß die Weltnatur des Menschen für die Gestaltung der Zukunft der Menschheit wie für die geschichtlichen Erwartungen des einzelnen nicht minder unausweichliche Folgen auf sich zieht, wie für das dereinstige Geschick aller Menschen, die wir in der landläufigen Sprache die Nachfolgenden zu nennen pflegen.

Wer den Blick für das geschichtliche und soziale Umfeld des Menschen geschärft hat, der überschaut die Gegenwart und das vermeintlich Vergangene in einem, der sieht, daß die Beschwernisse der einen Geschichte, die in der vergangenen oder zumeist vergessenen Vergangenheit endgültig verschlossen scheinen, auf den Menschen ebenso zukommen wie die bedrängenden Vermutungen, die der aufgerissene Horizont eines Zeitentwurfes bestimmt, an dem wir selbst mitgearbeitet haben.

Bei solchen Erwägungen mag der Gedanke in das Feld unserer Nachdenklichkeit treten, daß uns die Vergangenheit auf dem Umweg über die Zukunft vielleicht immer schon eingeholt hat, ehe wir nur zur Frage ansetzen, wie wir die Zukunft denn gestalten sollen. Bleibt uns daher nur, die knappe Laufzeit unseres geschichtlichen Daseins so sinnvoll zu gestalten, daß es gefristet zu haben wertvoll genug erscheint? Oder ist uns doch die große Aufgabe zubeschieden auszukundschaften, ob ein Mensch auf der Fährte der Zeit über die Zeit dadurch Herr zu werden vermag, daß er sein Dasein zum „Klima" werden läßt, das ihn zur Weltgestaltung reizt?

Diese Weltaufgabe zielt in jedem Menschen gerade durch ihn selbst so zentral auf die Frage seines künftigen Geschickes hier und dereinst, daß der, welche auf die Möglichkeit einer Kunst der Weltgestaltung durch sich selbst für alle Zeit verzichten wollte, einer Weltaskese zutriebe, die ihn, wenn dies überhaupt möglich wäre, schon zu Lebzeiten auf den Stand eines zeitlosen und darum utopischen Wesens Mensch reduzierte.

Wird unsere Nachdenklichkeit in diesem Zusammenhang auf das Thema Welt und Zeit geführt, so stellt sich wie von selbst das Problem der Weltgestaltung. Oder gibt es denn eine Alternative, daß wir uns in die Weltsituation unserer selbst bringen können, indem wir abwarten, was die Welt über uns verfügt und wohin wir uns in diesem Weltprozeß bilden, ohne daß uns der Verlauf unserer Weltzeit in eine Entscheidung führt, durch die wir gewahr werden, daß Zeit und Tat des Menschen nicht voneinander zu trennen sind, so daß der Mensch es buchstäblich in seiner Hand hat, was mit der Zeit seines Lebens geschehen soll?

Was heißt morphopoietische Metaphysik?

Sprechen wir von einer morphopoietischen Metaphysik, so ist keine Kosmogonie gemeint; denn wir sprechen nicht von morphopoietischer Metaphysik in einem vorkritischen Sinne, der die „gegebene Natur" zum Anlaß wird, nach ihrem Grunde oder nach der Idee des Kosmos zu fragen, nach ihrer Urgeschichte, die eine Geschichte natürlicher Gegebenheiten ist.

An die Stelle einer Kosmogonie tritt vielmehr eine metaphysische Mundanologie, und zwar eine Metaphysik, deren Ursprung das kreative Subjekt setzt, indem es „Welt" hervorzubringen hat.

Dies aber ist der Weltimperativ, das harte Sollen der Arbeit, Welt hervorbringen zu müssen, nicht als Chaos, sondern als das System einer Ordnung, deren Möglichkeiten die eines kreativen Subjektes sind, dessen Wesen Geist in Gestalt von Vernunft, Freiheit und Sprache ist. Aus diesem Grunde ist der Ursprung von Welt das konstruktive Weltsubjekt Mensch, das sich selbst in den Weltgestalten seiner Subjektivität in einer wesenhaft anderen Größenordnung als der Natur objektiv wird.

Grund und Ursprung der morphopoietischen Metaphysik ist daher das morphopoietische Weltsubjekt Mensch, das die Weltgestaltung seiner Selbstanschauung erfindet.

Darum ist auch der Gegenstand der metaphysischen Mundanologie oder der Lehre von der ursprünglichen Welthervorbringung durch das morphopoietische Weltsubjekt nicht nur graduell, sondern essentiell von jeder Kosmosvorstellung, sei es die einer außerirdischen Weltschöpfung, verschieden. Der Differenzpunkt ist die morphopoietische Weltnatur des Menschen, des Weltbildners seiner selbst. Dies aber meinen wir, wenn wir die metaphysische Mundanologie *demiurgisch* nennen. Dies heißt, daß die Weltbildung für sie integrierend ist. Begreift der Mensch sich als Demiurg, so blickt er nicht auf Vorbilder, indem er sich eine Ideenwelt vorstellt, sondern er *tätigt* die weltbildnerische Schöpfungskraft seiner Weltnatur.

Durch unsere morphopoietische Metaphysik wird also ein Dimensionswechsel, ein Übergang von Natur zur Welt geleistet. Da der Mensch in seinem Grunde nicht natureingeschränkte Freiheit ist, die nur wollen kann, was die Notwendigkeit einer Teleologie der Natur vorzeichnet, sondern wollen kann, was der Wille durch die Kraft des Logos, der Seinsverfassung des Weltsubjektes Mensch schöpferisch, und dies meint, uranfänglich will, sind die Hervorbringungen des schöpferischen Geistes des Weltsubjektes Mensch — wenn auch unter endlichen Bedingungen — nicht Entwicklung oder Evolution eines Naturprozesses, sondern Setzung eines Anfanges aus Freiheit, durch den allerdings eine Entwicklung eingeleitet wird, die vorher nicht vorherzusehen war.

Der frei gesetzte Anfang einer Entwicklung war vorher nicht. Das schöpferische Moment, die mundane Inchoation oder Initiierung besteht darin, etwas anfangen lassen zu können, was zuvor noch nicht war, jetzt aber geworden ist, jetzt erst in Gang geriet und somit uranfänglich begann.

Die Reduktion des Schöpfertums auf die Notwendigkeit der Naturentwicklung braucht sich allerdings die Frage nicht zu stellen, wie denn kreativ ein Anfang überhaupt beginnen kann oder welches der Grund dafür ist und allein sein kann, daß ich etwas anfangen lassen kann, der Grund dafür, daß der Anfang in der Gewalt meiner Freiheit ist.

Erst wenn erkannt ist, daß nicht die Notwendigkeit der Natur, sondern die Freiheit der notwendige Grund dafür ist, daß ich etwas überhaupt beginnen lassen kann, habe ich die Differenz von Natur und Freiheit, von Natur und Notwendigkeit, also die von Natur und Geist erkannt. Eine Tat ist nur dann frei, wenn ich die Entwicklung, die ich durch sie einleite, von Anbeginn an selbst bestimme und mich nicht darauf beschränke, einen Prozeß, der schon begonnen hat, bevor ich handle, im nachhinein zu steuern oder umzukehren.

Unsere Überlegungen zum Problem eines Anfanges einer morphopoietischen Metaphysik haben also Antwort auf die Frage zu geben versucht: Wie ist Schöpfung oder schöpferische Freiheit überhaupt möglich? Wie kann Freiheit, die ist, überhaupt erstmalig etwas anfangen lassen? Wie kann Freiheit erwirken, daß Freiheit beginnt, daß der Beginn anfängt, so daß wir von Anbeginn von der Uranfänglichkeit oder von der Freiheit als ursprünglichem Anfang oder vom Ursprung als Freiheit mit Recht sprechen können?

Etwas freitätig und selbständig entspringen lassen zu können, heißt also, selbst die Kraft entfachen, durch eigene und darum durch selbsttätige Kraft, nicht durch Zwang oder Nötigung, einen Anfang setzen zu können, der ein wahrer Anbeginn ist. Wir sprechen demnach von dem freitätigen und selbsttätigen und darum urgestaltigen Ursprung, dessen Apriorität darin liegt, nicht blinde Indifferenz oder plane Anlage oder reine Potenz zu etwas zu sein, bloß etwas vermögen zu können, sondern die Ursprünglichkeit des Ursprunges des seienden Weltsubjekts, die tätige Substanz, das Leben des Geistes selbst zu sein, der, wenn er frei handelt, dies nicht tut, weil er dazu genötigt wird, sondern weil er freiseiend das Freisein selber ist, das die Wahlmöglichkeit hat, einen Anfang zu setzen, der ein Anbeginn ist, der, weil er als frei gesetzt ist, Wirklichkeit durch die gestaltende Kraft der Vernunft werden lassen kann.

Der Weltblick

Was meinen wir, wenn wir vom Weltblick des Philosophen sprechen? Zunächst ist zu beachten, daß die Rede vom Weltblick des Philosophen nicht besagen will, daß es *allein* dem Philosophen zukomme, zu erkennen, „was die Welt im Innersten zusammenhält". Es ist aber auch nicht gemeint, daß der Philosoph *allein* wisse, was es in der sogenannten Welt geschlagen habe, oder daß er *allein* einen Sinn für die Realität des Hier und Heute besitze und entwickelt habe, daß er allseitig und damit vollkommen orientiert sei über den Lauf der Welt und alles, was sich in der Welt begeben habe und was ihm dereinst Welt noch aufgeben könnte.

Wäre dies so oder ließe sich zeigen, daß es in der Tat so ist, falls ein Mensch gelernt hat, philosophisch zu denken und sich über undurchdachte Selbstverständlichkeiten zu erheben, dann freilich könnte man sagen, daß die wahren weltläufigen Menschen die Philosophen sind, ja man könnte sogar sagen, daß die Philosophen deshalb die wahren Weltpraktiker sind, weil sie sich ein Auge des Geistes ausgebildet haben, das die Dinge und das Geschehen menschlichen Daseins bis auf den Grund durchschaut und darum kaum getäuscht werden kann. Denn der Philosoph hat sich mit dem Satz des Augustinus vertraut gemacht: „si enim falor sum" — wenn ich mich täusche, bin ich. Dieser Schatten des Seins hat mich immer schon eingeholt, schon ehe ich auch nur angefangen haben, mir bewußt zu werden, daß eine Täuschung, wie sehr sie mich auch immer anrühren mag oder wie tief sie mich auch erschüttern kann, je als menschenmöglich erwogen werden könnte. Wenn mich die schattenlose Wirklichkeit selbst inmitten meiner Raumzeitlichkeit nicht immer schon eingeholt und damit unterfangen hätte, dann hätte mich der Zweifel unterschwellig zu rühren begonnen.

So scheint es, daß gerade die ontologische Mitgift des Menschen es ist, die seine Weltläufigkeit ermöglicht; denn wäre er überhaupt nicht, dann vermöchte er nicht zu zweifeln oder getäuscht zu werden. Was wir die Weltläufigkeit des Philosophen oder seinen Weltblick nennen, ist ermöglicht durch eine Wirklichkeit, die ganz und damit rundum universal immer schon gewesen ist, jetzt ist und dereinst sein wird, was sie hier und jetzt ist, auch wenn sie jeweils nur für den Nu eines Augenblicks zu sein scheint. Sie ist der Grund dafür, daß ein Mensch befähigt ist, das Ganze des Weltalls seiner selbst in den Blick zu nehmen, rundum ohne Abstrich oder Zutat.

Nun mag man einwenden, unser Blick sei doch durch den Raum beschränkt. Wie soll er sich denn in eine Weite spannen können, die den dreidimensionalen Raum aufzuheben scheint? Wenn Länge, Breite und Tiefe den Charakter begrenzter Raumzeitlichkeit verlieren und zu einer Einheit werden, die nur noch in einer Umschriebenheit erfaßt wird, deren Sinnbild die Kugel und deren Figur der Kreis ist, so ist der Grund hierfür jenes unteilbare und nur als Ganzes mitteilbar Eine, das wir gemeinhin Welt zu nennen pflegen.

Darum sprechen wir jetzt nicht mehr vom Rundblick des Menschen, der das Ganze Welt nur perspektivisch und segmenthaft zu erfassen vermag, indem er sich im Kreise dreht und somit eine kreisende Bewegung innerhalb seiner Raumzeitlichkeit zu tätigen vermag, sondern vom Weltblick des Philosophen, dessen Denken sich gerade nicht in immerwährender Wiederholung um eine raumzeitlich zu fixierende Achse dreht. Wir sprechen vom Weltblick des Philosophen, der, weil er das Weltauge seiner selbst ist, aus dem Ursprung und Grund der Einheit des Ganzen, das er als Weltwesen ist, denkt und handelt.

Doch schon die wie selbstverständlich geübte Unterscheidung von Denken und Handeln scheint uns wieder aus dem Zentrum unserer selbst zu exzentrieren, indem wir das Handeln zumindest vom Denken abheben, so daß wir durch diese Unterscheidung den philosophischen Abstraktionsvorgang dem Anscheine nach rückläufig werden lassen. Dies scheint so selbstverständlich zu sein, daß unsere gängige Rede sagt, er handle gedankenlos oder er tue dies bedenkenlos. Wenn wir diese Bedenkenlosigkeit bewerten, durch die der eine oder andere in Mitleidenschaft gezogen wird, so nennen wir sie skrupellos.

So kann sich das Handeln vom Denken lösen, seine Mitte verlieren und wurzellos werden. Dann ist es der Vernunft entraten und hat sich von der denkerischen Selbstanschauung emanzipiert. So wie eine Bewegung nur dann nach einem Maßstab bemessen werden kann, so bewegt sich eine Handlung nur dann im Umkreis sittlicher Bedeutsamkeit, wenn sie an der Logik der sittlichen Vernunft ihren Maßstab hat, deren Nerv oder Prinzip das Gewissen ist. Dies ist die Synthesis von Denken und Handeln oder die unauflösbare Einheit beider, freilich nur so lange, als das Handeln gemäß der normierenden Kraft des Gewissens geschieht und sich nicht auf die sogenannte normative Kraft des Faktischen verläßt, das als solches sittlich bedeutungsfrei ist. Allein das normgebende Wissen, das sich mit der Vernunft berät und darum gemäß seiner Logik eine Handlung beurteilt, schon ehe der Anfangspunkt oder der Endpunkt des Handelns erreicht ist, kann Prinzip humanen Handelns sein. Geschieht dies nicht und folgt das Handeln allenfalls einer Regel, die die Durchführung und den Ablauf einer Handlung garantiert, nicht aber einem Prinzip, durch das sie den Charakter des Humanen erhält, so wird auch nur eine Regel die Abfolge einer Bewegung sichern; diese aber kann wechseln. Eine Bewegung wird erst dann zur Handlung, wenn sie dem Prinzip „Vernunft, Sprache und Freiheit" folgt, nicht einer statistischen Regelmäßigkeit oder einer reinen Gesetzmäßigkeit; beide können freilich im Bereich der Somatik eines Menschen wirksam sein.

Zweiter Abschnitt

Eine ontologische Wiederholung?

Individuation oder Individuierung heißt nicht Vereinzelung oder Verbesonderung, sondern Einzelheit, Besonderheit, Einmaligkeit, Einzigartigkeit eines Ganzen. Darum sprechen wir dem Beispiel Einmaligkeit und Einzigartigkeit zu. Ein Beispiel kann nur einmal in seiner Aufgabe als Beispiel vorkommen. Es kann nur das einzige seiner Art sein, nur dann ist es das, wodurch die Art ausgezeichnet ist, daß es sie nur einmal geben kann. Wie sollte sie sonst als Prinzip der Einzigung verstanden werden können, wie sollte sie sich sonst als Prinzip des Einzelnen verstehen können, wie könnte sie sonst zur Kategorie, also zur Aussage- und Verstehensweise werden können, wenn sie nicht die Inbegrifflichkeit wäre und also auf eminente Weise überragend das Einzige nicht immer schon in sich begreifen könnte. Gerade weil sich in jeder Vereinzelung und Verbesonderung das Allgemeine nicht als Stück und Teil, sondern als das besonderte Allgemeine und als ganze Einzelheit seiner selbst gegenwärtig, darum ist es als ein Individuum Wirklichkeit, zu dessen Begreifen es gehört, daß es weder teilbar ist noch in Einzelheiten zerlegt werden kann. Die Besonderung des Allgemeinen ist nicht seine Teilung.

Darin besteht ja gerade die Individuität des Individuum oder seine Identität. Deshalb ist das Individuum die Einheit einer Mannigfaltigkeit und das System eines Ganzen in sich, das wir einen Organismus nennen. Für diesen aber ist es wesentlich, daß er eine durchgegliederte systematische Einheit in seinem ganzen Aufbau ist. Darum kann man sagen, jedes Beispiel, sofern es ein Individuum ist, ist die erfinderische Wiederholung der Idee des Allgemeinen, also der Urwirklichkeit, die in sich jedwede mögliche Individuität als Sein begreift.

Darum besteht das Erfindertum, also die Urheberschaft oder die Kreativität überhaupt gerade darin, das Sein der Idee oder die Urform, nun allerdings unter den Bedingungen der Zeit, zu individuieren. Gelingt ein Kunstwerk, so hat der Künstler kraft seiner Kreativität durch seine Neuschöpfung die Wirklichkeit der Idee eingeholt. Sein schöpferischer Akt wird zur Wiederholung jener Urwirklichkeit, die nicht das Entstehen, sondern das in sich bewegte Sein des Handelns ist. Diesen Hervorgang gilt es also erfinderisch zu wiederholen, und zwar dadurch, daß Zeit als die Bedingung individuellen Schaffens und des individuierten Kunstwerkes erfaßt wird. Im Akt selber individuiert sich die Zeit, sie wird objektiv, zwar nicht durch sich selbst, wohl aber durch das im Akt der Wiederholung eingeholte Sein der Idee, deren Schöpfertum darin besteht, daß sie das Sein, das sie ist, nun in einer individuierten Zeit- und Raumgestalt im Akt organischen Schaffens unter ihren eigenen Bedingungen der Raumzeitanschauung wirksam werden läßt. Durch die individuierte Zeit im Kunstwerk gewinnt das kreative Handeln Spiel, denn es wird zu einem einzigen Akt, durch den das Allgemeine das Individuelle als Gestalt auslegt.

Was im künstlerischen Schaffensakt wie eine Neuschöpfung aus Nichts sich zu geben scheint, ist in Wahrheit ein Hervor-Setzen, und zwar dergestalt, daß dieses erfinderische Tun in der Tat eine Wiederholung des *Seins* ist, *das* sich jetzt zeitlich individuiert. Aus diesem Grunde kann das Allgemeine als Prinzip keine abstrakte, leere Allgemeinheit sein, es ist vielmehr der Inbegriff oder der Organismus eines Ganzen, das wir Welt nennen. Allgemeinheit heißt inhaltlich Welt, darum ist die erfinderische Wiederholung des Seins ein Weltakt. Indem das Individuum Mensch ihn vollzieht, handelt es weltförmig, drückt es sich gestaltend auf welthafte Weise aus und sein hervorgebrachtes Werk hat Weltstil gewonnen. Dies aber heißt: Es ist wirklich. So entsteht durch die erfinderische Wiederholung des Allgemeinen Weltwirklichkeit, die der Ursprung von Erfindung und Entdeckung ist. Darum kann allein das erfinderische Tun eine ontologische Wiederholung sein.

Was wird wiederholt? Die organische Einheit der Welt, die Mannigfaltigkeit wirklicher Möglichkeiten, die das Allgemeine der Idee auf eminente Weise in sich begreift. Diese Mannigfaltigkeit der Einheit aber nennen wir die organische Vielfalt des einen Allgemeinen, die ob ihrer Totalität Welt heißt. Da sich Welt aber als Weltidee des Allgemeinen nur unter den Bedingungen der Zeit zu individuieren vermag, deshalb ist die einzigende Weltgestaltung ein Akt erfinderischer Wiederholung, eine recapitulatio des Prinzips, das nun in Zeit- oder Raumgestalt durch den Stil des Kunstwerkes sich geschichtlich gegenwärtigt. Was wir als erfinderische Wiederholung durch den Stil des Kunstwerkes fassen, erscheint vor der Tat als Indifferenz, die die Erfindung erheischt. So erweist sich im Akt der Individuierung des Seins das Allgemeine, also Welt als Kategorie der Totalität, als Wiederholung, allerdings einer solchen, die schöpferisch Wirklichkeit als Weltgestalt hervorbringt. Die Zeit zwingt dazu, daß durch das kreative Wiederholen Zeit generativ wird, damit durch das Anfangenlassen eines Kunstwerks der Weltgrund des Seins als Ursprung eingeholt wird.

Das mit sich einige Ganze

Könnte Welt überhaupt da und dort, heute und morgen sein, wenn überhaupt nichts wäre? Oder muß Etwas sein, damit wir auch nur den Begriff Welt bilden können, auch wenn wir noch nicht erkannt haben, ob dem Gedanken Welt eine wirkliche Welt entspricht? Oder ist der Begriff Welt nichts anderes als der Entwurf eines Denkens, das sich immer selbst als Ganzes mit sich Einiges begreifen muß, um die „Modellvorstellung" dieses Ganzen Welt auch nur entwerfen zu können?

Oder ist Welt der *Entwurf* eines Daseins, in das der Mensch als Wesen eines Ortes und einer Zeit eingefügt ist, um sich in diesem einen *mit sich Einigen* Ganzen allererst da und jetzt als Etwas behaupten zu können?

Oder ist Welt für den Menschen ein als Raum umgreifender Horizont und eine ihn zugleich als Zeit durchgreifende Dimension, so daß Raum und Zeit immer schon die eine Sphäre des Menschen sind, ehe er Welt als dieses der Selbstbesinnung mächtige Etwas zu reflektieren beginnt?

Weltexperiment

Wie kann der Mensch zur Gewahrung von Welt gelangen? Die Beantwortung dieser Frage ist weder in das Belieben des Menschen gestellt, noch kann der Mensch diese Frage beliebig beantworten. Wäre dies so, dann wäre das Wissen von Welt dem Zufall ausgesetzt.

Wie also kann es zu einem Weltexperiment überhaupt kommen? Welches ist der Modus, um das, was das Phänomen Welt an unerschlossenen Möglichkeiten noch latent sein läßt, zu entbinden, so daß wir sagen können, wir sind um der Weltgewahrung willen genötigt, Welt als Phänomen im Übergang zur Welt als Wirklichkeit zunächst als Potenz zu fassen? Welt scheint das Vermögen innzuwohnen, auch in Wirklichkeit sein zu können.

Doch warum scheint uns das Gewahrenwollen von Welt zunächst an Welt als Phänomen verwiesen? Wie läßt sich dieser Phänomencharakter von Welt oder ihr immer vorlaufender Schein anders fassen als in der Einheit des Erscheinungsfeldes der Fragilität von Welt, ihrer Ambivalenz oder im Scheine der Gebrochenheit und der Zweideutigkeit?

Sind wir gerade wegen des fraglichen Charakters von Welt sogar genötigt, uns auf Welt nur in Gestalt des Phänomens überhaupt einzulassen, damit uns die Wirklichkeit Welt nicht selbst zerstört, ehe wir an sie gerührt haben? Welt als Phänomen meint also die Einheit des Erscheinungsfeldes der Fragilität des Endlichen, die, wenn wir beginnen, nach der Wirklichkeit von Welt zu greifen, in dem Maße sich zu entziehen und in sich zu zerfallen scheint, als man den Versuch macht, durch den Zugriff des Denkens ihr Wesen erfassen oder gar ihren Sinn auf den Begriff bringen zu wollen; es sei denn, daß man durch Vernunft den seienden Sinn von Welt gewahr wird, der metaphysisch Idee von Welt heißt.

Welt als Phänomen und Idee

Die Aufgabe aber, die dem Denken gestellt ist, wenn es des Phänomens Welt ansichtig wird, zeichnet sich durch die dialektische Spanne von Welt als Phänomen und Welt als Idee dadurch ab, daß wir den Sinn von Welt in dem Maße verstehen lernen, als sich uns das, was uns als Etwas gewiß ist, nun in Gestalt der Einheit des Phänomens als das Ganze der Einheit des Erscheinungsfeldes von Welt zu lichten beginnt.

Diese Erhellung des Weltverstehens begibt sich allein dadurch, daß der endliche Geist durch das Urwissen eines Ganzen oder durch die ihm innewohnende Weltidee immer schon im voraus durch ein Weltwissen initiiert ist. Aufgrund dieses Urwissens um Welt ist der endliche Geist selbst die Bedingung dafür, den im Phänomen Welt sich lichtenden Sinn durch die seiende Idee Welt vernehmen zu können.

Die Frage, ob Welt überhaupt wirklich ist und damit die ist, die sie ist, wäre überhaupt nicht verständlich, wenn dem *intellectuellen* Gewissen des weltseienden Menschen nicht von Grund auf ein Urwissen um dieses Ganze Welt innewohnte. Doch die Endlichkeit dieser Einsicht zwingt dazu, den Schritt vom Phänomen Welt, also vom Erscheinungsfeld des Ganzen Welt zum Grund des Phänomens, also zur Wirklichkeit Welt im Erkennen zu tun. Das als Urwissen um die Weltidee dem Gewissen innewohnende Wissen bewegt, genötigt durch Welt als Phänomen, durch die antinomische Architektur von Welt als Erscheinung und Welt als Wirklichkeit, darin nicht nur wissen zu können, was Welt in der Tat ist, sondern auch wissen zu müssen, warum die Wirklichkeit Welt trotz ihrer Fragilität in Wahrheit ist.

Das Phänomen Welt ist das Erscheinungsfeld ihrer Wirklichkeit in Gestalt der Fragilität, der Ambivalenz und der Antinomik. Als Phänomen ist Welt die Einheit der Durchlässigkeit ihres Sinnes, der zu verstehen gibt, daß das Phänomen Welt inhaltlich bestimmt ist als Etwas, das sich nur als unvermittelte Idee der Wirklichkeit, einfach als Einheit des Etwas, das als Ganzes Wirklichkeit ist, zu erkennen gibt.

So ist also das *Etwas* die Chiffre für jene in sich seiende Weltidee, die zwar der Grund der Wirklichkeit Welt ist, die jedoch nur in Gestalt ihrer Endlichkeit als Fragilität, Antinomik und damit Ambivalenz zu erscheinen vermag. So ist die Zugänglichkeit der Idee von Welt nur innerhalb des Erscheinungsfeldes ihrer Endlichkeit möglich. Der Grund der Wirklichkeit von Welt aber ist ihre Zentrierung in der Ganzheit oder der Weltheit des Etwas, sei es Ding oder Mensch, das Wesen der seienden Dinge oder das dem Gewissen immer schon innewohnende Wissen um den Sinn von Welt. So allein ist es möglich, den Anspruch von Welt in Gestalt ihrer Fragilität im Gewissen verbindlich vernehmen zu können, um ihm zu genügen.

Das Phänomen Welt weist zwar auf Einheit hin, doch auf die gebrochene Einheit durch den Charakter ihrer Fragilität. Diese phänomenale Einheit Welt ist die härteste Erprobung der Freiheit des Gewissens, und zwar dessen, der wissen will, was Welt ist, und der wissen wollen muß, was Welt aufgibt, weil der Sinn jedwedes Handelns nur im Horizont des Ganzen von Welt vernehmlich wird.

Wie aber läßt sich dieses Ganze Welt selbst auch nur im Phänomen fassen, wenn die Fragilität von Welt sich gerade darin zeigt, daß dann, wenn wir meinen, im Phänomen Welt die Wirklichkeit erfaßt zu haben, sie sich zu entziehen scheint? Diese seltsame Beweglichkeit des wirklichen Etwas Welt ist gerade durch ihr Erscheinen in Gestalt ihrer phänomenalen Fragilität, ja Antinomik, die gefährlichste Erprobung der Freiheit des Welterkennens.

Der Weltanspruch des Gewissens

Die Weltbetroffenheit des Menschen besteht also darin, das Ganze von Welt immer wählen zu müssen, wenn man wählt, ohne je von dieser Wahl im Ganzen entbunden werden zu können: also etwas tun zu müssen, was die Fragilität von Welt, insbesondere die des weltseienden Wesens Mensch, nie zur Vollendung kommen läßt. Der Zwiespalt, dem Weltanspruch nie ganz genügen zu können, ist ein abermaliger Hinweis auf die Fragilität jedwedes Seienden als Welt.

Der Mensch als weltseiendes Wesen ist das in Endlichkeit verfaßte Prinzip von Welt. Weil er aber der Inbegriff des Weltseins ist, ohne je das Prinzip von Welt im Phänomen Welt restlos verifizieren zu können, deshalb ist die Endlichkeit selbst im weltseienden Wesen Mensch unüberholbar.

Dies ist die Unvermeidlichkeit des Weltphänomens als Medium und damit als Zugang zur Erkenntnis der Wirklichkeit von Welt, die man, angelockt durch das Phänomen Welt, zwar angehen kann, jedoch nie zur abschließenden Tat ohne Rest werden zu lassen vermag.

Welt entzieht sich also im Phänomen der Einheit ihres Erscheinungsfeldes kraft der Beweglichkeit ihrer Fragilität, indem das als Idee dem Gewissen des Menschen innwohnende Urwissen von Welt sich zwar im Phänomen zu vermitteln vermag, sich aber nie durch Tat in die Wirklichkeit universal umsetzen kann.

Der Mensch ist zwar durch die Endlichkeit seiner selbst und die der Dinge vom Phänomen Welt betroffen, er vermag jedoch nie die Wirklichkeit dessen zu werden, dessen „fragiles" Prinzip er ist, da Welt ihn sowohl transzendiert als auch seine raumzeitliche Endlichkeit durchmißt. Vermöchten Mensch und Weltwirklichkeit identisch zu werden, dann wäre Welt im Weltwissen des endlichen Gewissens absolut und der Mensch wäre als weltseiendes Wesen die Wirklichkeit überhaupt!

Was interpretieren wir denn, wenn wir Welt auslegen?

Warum lassen wir es denn nicht dabei bewenden, im Interpretieren Welt aus sich selbst zu erklären, so wie man eine Sache erklärt, um sie begrifflich zu machen, oder so, wie man einen Vorgang erklärt, um einleuchtend zu machen, was geschieht? Wir erklären Vorhandenes und Gegebenes, das in die Augen springt. Wir erklären noch nicht Verstandenes, um uns seinen Sinn verständlich zu machen. Wir erklären etwas, um eine Sache oder sich auf eine Sache verstehen zu lernen. – Doch was ist das Erklären selbst? Warum können wir überhaupt etwas erklären oder verstehen oder zu verstehen geben wollen? – Deshalb, weil in uns immer schon ein Vorverstehen, eine Vorwegerklärung, eine schon vorverstandene Selbsterläuterung das interpretierende Verstehen ermöglicht.

Welt erklärt sich durch das Dasein des Menschen

Welt erklärt sich allerdings im Menschen nicht so, wie wir irgendein Ding oder irgendeine Sache erklären, sondern Welt klärt sich im Menschen, indem sie sich in ihm in dem Maße lichtet, als ihm Existenz gelingt und damit das Ganze des Daseins geschichtliche Weltgestalt gewinnt. Deshalb kann die Einmaligkeit und Einzigartigkeit von Welt in ihm und durch ihn als Erscheinungsfeld ihres Sinngrundes aufleuchten. Welt ist eine, weil der Mensch in sich eins ist und nicht in die Welt der sogenannten Gegenständlichkeiten abzugleiten vermag. So ist der Mensch durch sich selbst der Dolmetscher des Sinnes von Welt, die Welt- und Sinnbestimmung seiner selbst. Wollen wir darum wissen, welches der Weltsinn des Einzelnen ist, so muß seine Verortung die Verzeitigung im Ganzen des Daseins durch die Gestalt seiner erworbenen Existenz offenkundig werden.

Nur weil Welt sich als Dreigestirn von Vernunft, Freiheit und Sprache im Menschen punktet, deshalb kann der Mensch das Wissen um sich selbst als *Weltwissen* fassen. Nur weil Welt im Menschen gewiß werden kann, deshalb kann er im *Gewissen* sich auf sich selbst stellen, um im Blick auf das Ganze alles, was er tut, im Horizont von Welt auf seinen Sinn hin zu überprüfen.

Weltzeit und Weltgewissen

Das Gewissen ist der Weltort, und die Gewissensentscheidung ist der Augenblick der wahren Weltzeit der Freiheit. Darum kann der Mensch, wann und wo immer er als Welt existiert, in Verantwortung genommen werden. Das Urwissen von Welt artikuliert sich im Gewissen des Menschen als Potenz, immer gemäß dem Sinn des Ganzen Welt entscheiden zu können. Darin besteht die mundane Unanfechtbarkeit der Gewissensentscheidung.

Der Mensch wird zuweilen das Weltgewissen genannt, an das man meint, wie an ein Abstraktum appellieren zu können. Was aber ist das Weltgewissen in Wahrheit? Es ist der Anspruch des Daseins, das im Einzelnen deshalb als Stimme der Ewigkeit laut zu werden vermag, weil Ewigkeit im Menschen so gegenwärtig ist, daß er schon in Zeit sich als Überzeitlichkeit zu zeitigen vermag, als das, was einst sein wird, wenn die Gestalt der Endlichkeit seines Daseins zerfallen ist und das Gezeitigte immerdar bleiben wird, nämlich das, was der Mensch an Unbedingtem schon in der Zeit durch die Weltinstanz seiner Freiheit des Gewissens in die Gestalt seiner Existenz integriert.

Sprechen wir von einem Weltethos, so vermögen wir dies nur, wenn wir damit das freie Weltgehaben des Menschen meinen, das sich als Sinn des zeitfreien Weltgrundes (Seinsgrundes) zu erkennen gibt.

Dieser ursprüngliche Sinn für das zeitfreie Ganze, das in Wahrheit das Ursein ist, ist die wahre Weltoffenheit, die schon in der Zeit zur Erscheinung bringt, was dereinst sein wird. Allein um dessentwillen ist ein weltgemäßes Handeln eine sittliche Pflicht, die allerdings nicht als Akt der Notwendigkeit, sondern als Tat der Freiheit sich welthaft verlautbaren kann. Pflicht ist darum kein sittliches Postulat, dessen Grund man nicht nennen kann, sondern Pflicht ist die Nötigung des Menschen, dem Sinn des Weltseins gemäß zu handeln, das wir darum Welt nennen, weil gerade ihre Bedingtheit Zeichen der Transparenz des Unbedingten ist.

Allein dieser Transparenzcharakter von Welt läßt einsichtig werden, warum das, was wir gemeinhin sittliche Pflicht nennen, in Wahrheit die Nötigung der Freiheit ist, dem Ganzen des Unbedingten gemäß so zu handeln, daß im Handeln des Gewissens die Welttransparenz des Unbedingten verbindliche Gestalt gewinnt. Die Notwendigkeit des ethischen Postulates, der Charakter der Forderung und des Anspruches im Ganzen des Daseins nicht durch Natur, wohl aber durch Freiheit, Welt entstehen zu lassen, wird durch die sittliche Entscheidung transparent. Der Mensch ist allein durch seine Freiheit sittlich genötigt, als weltseiendes Wesen sich für die Zeitigung seiner Existenz oder gegen diese entscheiden zu müssen. Dies aber heißt, sich ganz zu wählen und damit das Unbedingte in Welt transparent werden zu lassen oder die Wahl ruhen zu lassen und damit ein Dasein frei von Existenz zu fristen. Welche Welt aber als das Ganze der Existenz transparent wird, hat seinen Grund in der Entscheidung der Freiheit.

Die ethische Bedeutsamkeit von Welt wird durch die Freiheit des handelnden Menschen als Existenz anschaulich. Freiheit als sittliche Tat entzieht der Welt ihre Endlichkeit und gewährt ihr den Rang des Unbedingten.

So allein wird auch in einem neuzeitlichen Verständnis die Frage nach der Ewigkeit von Welt sinnvoll. Dies heißt keineswegs, die Frage nach der Verewigung der Endlichkeit aufzuwerfen. Dies wäre eine sinnfreie Frage. Es heißt vielmehr: Welt durch das weltseiende Wesen auf die Transparenz des immerdar Währenden hin schon in der Zeit zu stellen.

Weil Welt durch den Menschen eine ewige Bestimmung hat, darum ist sie in Zeit nicht zu fassen. Weil aber Welt sich im Gewissen als Etwas punktet, darum kann das Gewissen die wahre Instanz der weltförmigen Betroffenheit des Menschen durch Einigkeit sein. Damit wird die Weltbetroffenheit des Menschen zur Betroffenheit durch Etwas, das als Weltpunkt die Evidenz der Ewigkeit im Gewissen transparent macht.

Die Inständigkeit der Welt hat ihren Grund im Etwas. Das Etwas aber ist die Weltmitte des Gewissens, das durch die Indifferenz der Freiheit der Ort der schwebenden Transparenz der Ewigkeit im weltseienden Menschen ist. Wir sprechen deshalb von der schwebenden Transparenz, weil wir das Etwas als Phänomen des Gewissens fassen, durch das der immerseiende Sinn der Welt als Idee vernehmlich wird. So ist es also die Idee von Welt, die den Menschen im Gewissen stellt. Dies aber ist der immerwährende Sinn der Endlichkeit, der im Gewissen als Sinn der Welt dadurch evident wird, daß das Gewissensphänomen Etwas zum Erscheinungsfeld der ewigen Bestimmung von Welt wird. Ort und Zeit dieser ewigen Bestimmung von Welt aber ist das Gewissen des weltseienden Menschen, das durch Freiheit zum Ereignis übergeschichtlicher und überzeitlicher Existenz werden kann.

Wäre der Mensch nicht ein weltseiendes Wesen, also ein Seiendes, das im Ganzen des Sinnes von Welt, freilich im Modus der Endlichkeit, immer schon ist, nie und nimmer könnte er fassen, was Welt ist. Denn frei von Ewigkeit ist Welt Nichts. Als Phänomen der Transparenz des Ewigen aber ist sie alles, und darum kann sie als Phänomen der Weltsinn des Menschen sein. Der Weltanspruch an den Menschen kann nur durch den Menschen im Gewissen verbindlich vermittelt werden.

Wovon also ist der Mensch betroffen, wenn Welt ihn betrifft? Er ist von sich selbst betroffen. Könnte sich der Mensch der Betroffenheit von Welt im Gewissen entledigen, dann freilich wäre Welt instanzlos und der Mensch der Spielball des Daseins.

Die Unruhe der Welt im Gewissen aber wird verursacht dadurch, daß Etwas und Idee als Erscheinungsfeld der Ewigkeit in Zeitfreiheit und das Sein der Ewigkeit nie eins zu werden vermögen. Deshalb ist der Weltanspruch des Gewissens aber bestimmt durch Freiheit als das unerzwingbare Verhalten des Menschen zum Ganzen eines bedingten Daseins.

Der Sachverhalt Welt

Wenn es zutrifft, daß Welt Etwas ist und somit nicht Nichts, dann ist kaum überraschend, wenn wir nun vom Sachverhalt Welt sprechen. Ist das Etwas der Urbezugspunkt des Daseins, so heißt dies, daß Welt alles, was in Zeit endlich ist, in eine Relation zu sich zu bringen hat. Diese Relationalität aber ist durch die Idee als dem seienden Sinn des endlichen Ganzen bestimmt, so daß jedwedes Seiende durch das Etwas als Weltbezugspunkt damit seinen Sinnort und seinen Sinnaugenblick im Ganzen des Daseins hat. Damit wird erst deutlich, warum wir von Welt als einem Erscheinungsfeld der zeitdurchdrungenen und raumerfüllten Einheit der Endlichkeit des Daseins sprechen können.

Welthaft oder weltgerecht handeln heißt, für sich selbst den seienden Sinn der Welt ins Spiel des eigenen Handelns zu bringen, nicht Nichts, wohl aber den Sinngrund als Etwas maßgebend sein zu lassen. Welches ist aber dieser Sachverhalt Welt, zu dem der Mensch sich seinsbestimmend verhalten soll?

Diese Frage wird dann unvermeidbar, wenn der Mensch als Ort und Augenblick von Welt so begriffen wird, daß er sich durch sein Gewissen immer schon vorlaufend in seiner Weltbestimmung inne ist, ehe er darum weiß. Dieser Sachverhalt ist die Wahrheit als das Eine in jedem und in allem, das Welt trotz Endlichkeit sinnvoll sein läßt.

Wenn wir sagen, der Mensch sei ein weltseiendes Wesen, so meinen wir, er sei kraft seines Gewissens von Sinn durchstimmt. Darum kann er seinem Handeln den Rang der Bedeutung des Ewigen geben.

Der Sachverhalt Welt meint also die Idee Welt, deren Konkretion in Endlichkeit das Etwas als Urbezugspunkt des Daseins ist, meint also ihre Sinngestimmtheit, die Grund ist für die Sinnbestimmtheit des Weltalls, das der Mensch in sich begreift.

Wir bezeichnen die Urkategorie des Sinnes in Welt deshalb als Sachverhalt, um die *Subjektität* des Etwas als Urbezugspunkt deutlich zu machen. Verhält sich also ein Subjekt kraft seines Gewissens sinngemäß, so wird die dem Subjekt innewohnende Objektivität im Gewissen zum Erscheinungsfeld ihres Sinnes. Das Etwas wird dann als Idee oder als der seiende Sinn jedwedes Seienden, das Etwas ist, einsichtig.

Sprechen wir also vom Sachverhalt Welt, so meinen wir ihre Sinngestimmtheit, die ontologisch alles Daseiende in seine Einheit, also in das Ganze von Welt zu zentrieren vermag, so daß alles, was endlich ist, trotz Zeit und Raum, ja gerade durch Zeit und Raum als bedingende Momente der Endlichkeit, im Etwas Welt zentriert sein muß, um sich als Dasein zu bewahren, so daß jedwedem Seienden auf seine Weise der Sinn von Welt im Phänomen des Etwas apparent wird. Das Dasein jedwedes Seienden und des Menschen zumal ist von Grund auf durch das Etwas von der logoiden Bestimmtheit von Welt betroffen, einmal, insofern es Etwas ist, und zum anderen, insofern Welt als Sinnrelation des Ganzen durch sich zum Erscheinungsfeld der Idee Welt werden kann. Durch das Etwas ist jedwedes Seiende in den Sinn von Welt eingestimmt. Indem Seiendes Welt in sich tätigt, verhält es sich zur Sache Welt und bringt seine *Subjektität* dadurch zur Erscheinung, daß es die Idee seiner selbst als Welt sinntransparent, diaphan werden läßt. Die der Subjektivität von Seiendem zugrundeliegende Objektivität ist der in jedem Seienden einbegriffene Sachverhalt Welt als Orientierungsvermögen im Ganzen des zeitdurchdrungenen und raumerfüllten Daseins der Endlichkeit, so daß Seiendes nur in dem Maße dazusein vermag, als es dieses welthafte Urverhältnis alles Seienden manifestiert.

Welt als Erscheinungsfeld von Wahrheit

Der Grund aber, daß solches geschehen kann, ist die Idee von Welt, die sich zunächst nur im Etwas als Urbezugspunkt von Seiendem fassen läßt, das sich zu jedwedem Ganzen sinnvoll zu verhalten vermag und damit da ist oder als Welt existiert.

Was aber ist die Idee der Ganzheit? Sie ist Welt. Wodurch vermögen wir Welt als Idee zu gewahren? Dadurch, daß sie Etwas ist. Wodurch wissen wir, daß alles, was ist, Weltcharakter hat? Dadurch, daß jedwedes Seiende zum Erscheinungsfeld der Ganzheit zu werden vermag und seine welthafte Sinngefügtheit transparent werden läßt.

Welches aber ist der Grund dafür, daß das Etwas als Zentrierungskraft des Sinnes alles Seienden sich als die zeitliche Verborgenheit des Sinnes alles Seienden von Welt fassen läßt? Der Grund hierfür ist die der Welt zugrundeliegende Wahrheit.

Welt und Seiendes verhalten sich immer schon so zueinander, daß die Subjektität des Seienden dann ihre Objektivität bewahrheitet, wenn sie ihren Sinn im Ganzen des Daseins durch Verortung in der Weltstelle des Gewissens und durch Gegenwärtigung in einem Weltaugenblick schon in Endlichkeit zu erkennen gibt.

Das Weltverhältnis des Menschen ist durch das Verhältnis zu sich selbst im Etwas des Gewissens bestimmt. Weil Welt im Ganzen ihres Daseins und ihrer Existenz durch die Momente von Raum und Zeit bedingt ist, ist die Gewissensentscheidung die Sinnstelle und der Sinnaugenblick, da sich das Weltsubjekt am immerwährenden Logos des humanen Seinsgrundes durch Freiheit zu erproben hat.

Zwischen Endlichkeit und Immerwährendheit vollzieht sich die Erprobung endlicher Freiheit. Weltbejahung kann daher nur heißen: Zeit durch Ewigkeit und Endlichkeit durch immerwährende Wahrheit zu bejahen.

Würde darum Negativität zum maßgebenden Instrument der Weltauslegung, dann wäre der Irrtum besiegelt: Freiheit wäre Nichts, Notwendigkeit aber Alles.

Sagen wir aber, Welt ist, die sie ist, so meinen wir, sie kann sein, die sie ist, weil Welt im Gewissen durch Freiheit von Ewigkeit immer schon berührt ist. Dies ist die wahre Authentizität von Welt.

Dritter Abschnitt

Morphopoietische Individuität und Tod

Der Mensch ist Mensch, indem daß er die Gattung der Lebewesen spezifisch durch die sondernde Vernünftigkeit auslegt. Diesen Prozeß nennen wir seine anthropologische Spezifikation. Deshalb ist der Geist des Menschen kein sogenanntes Gattungsmoment der Menschheit; vielmehr ist er eine Spezifikationskraft, die bei der ontologischen Menschwerdung des Menschen in seine Einzelheit die Differenz nicht als einen imaginären Menschen setzt, die ein logisches Gebilde des menschlichen Abstraktionsvermögens ist, sondern eine ontologische Differenziertheit, durch die sich das Individuum Mensch in Gestalt seiner Individuität zur „einzig-artigen" Person spezifiziert.

Was aber die Differenz von Mensch und Tier markiert, ist die Vernünftigkeit des Menschen, die sich von der Unvernunft des Tieres trotz dessen logoider Natur fundamental unterscheidet. Unterscheiden wir aber Tier und Mensch im Hinblick darauf, daß von jedem der beiden Seienden gesagt werden kann, daß sie hier und jetzt sind, also Realität haben, so ist unter dieser Rücksicht sowohl der Mensch wie das Tier bloß als reales Ding gedacht.

Doch der Modus, wie jedes der beiden Dinge hier und jetzt dazusein vermag, wie es sein Sein unter den Bedingungen des Daseins auszeugt, wie das, was es von Grund auf ist, worauf es also angelegt ist, sich entfaltet, dies ist schon entschieden, ehe ein Seiendes tätig zu werden vermag, sei es als Pflanze, als Tier oder sei es gar als Mensch.

Ob sich aber der Mensch zur Existenz erhebt, wenn er sein will, was er sein soll, um durch seine Geistigkeit jene allein dem Subjekt Mensch schöpferisch zukommende Kraft zu aktualisieren, durch die ein neuer Anfang als Gestalt gebildet wird, dies ist immer schon — und darum ontologisch — der Freiheit seiner Seinsnatur überantwortet. Und er kann diese ontologische Differenz so ausbilden, daß das individuelle Dasein durch die Kunst der Existenz die Person als Gestalt hervortreten läßt.

Die Personalität des menschlichen Subjektes stützt sich zunächst auf die Individuität, dies besagt, daß die Person als Individuum eine unteilbare Ganzheit ist und in diesem Sinne zu ihrer Identität keines anderen bedarf; dies aber heißt, daß die idiomatische und personale Identität des Individuum Mensch substantial zu fassen ist.

Die Wesenszüge der Personalität des Individuum Mensch sind: Reflexivität oder das Identitätsbewußtsein des Ich, Spontaneität oder selbsttätige Freiheit, einen Anfang als Entwicklung von Gestalt setzen zu können, und Dialogizität oder die Identität des Wir in Gestalt der Relation von Ich und Du.

Die personale Individuität oder dialogische Identität kann nach dem Satz des Widerspruches deshalb ausgelegt werden, da das eine Ich nicht zugleich und unter gleicher Rücksicht das andere Ich zu sein vermag. Doch diese personale Differenz hat ihr Prinzip in der Wirheit.

Durch die Logoität der Reflexion, die ihrem Sinn auf den Grund zu kommen vermag, legt sich die Person nach dem Satz des zureichenden Grundes aus.

Denn obgleich das Individuum sich nach den ontologischen Grundsätzen durch Reflexivität, Spontaneität und Dialogizität, also durch Vernunft, Freiheit und Sprache, personal auszulegen vermag, bleibt dieser Akt an die einschränkenden und begrenzenden Bedingungen der Raumzeitlichkeit eines endlich vorhandenen Daseins gebunden.

Unter allem Seienden aber, dessen Dasein sich auf eine endliche Vorhandenheit beschränkt, ist es diese personale Differenz, die ermöglicht, daß das Subjekt Mensch das vorhandene Dasein zum Stoff der Weltgestaltung seiner selbst werden lassen kann; Ausdruck hierfür ist die begriffene oder bewußte, spontane und darum freie Hervorbringung der personalen und darum sprachverfaßten Weltgestalt der Existenz.

Wäre jedoch das spontan gestaltende Subjekt Mensch nicht schon substantial bei sich und deshalb mit sich identisch und vermöchte es nicht aus dem Sinngrund seiner selbst die Weltgestalt der Existenz hervorzubringen, so könnte es nicht der *endlich* zureichende Grund seiner selbst sein. Könnte das Subjekt nicht wissen, daß es kraft seines Ichbewußtseins sich von jedem anderen Ich unterscheidet, obgleich es sich dialogisch nach dem Prinzip Wir gestaltet, so könnte es nicht dem Satz vom Widerspruch genügen.

Wenn es aber zutrifft, daß es das Ziel der Weltgestaltung des Subjektes ist, sich von der Negativität der Endlichkeit zu befreien, dann scheint der Tod der Widerspruch des Lebens zu sein. Welches Leben aber ist gemeint? Dasjenige, das geboren wird und stirbt, nicht aber das Leben des personalen Geistes, der sich nun, nachdem er seine Weltgestalt der Existenz gebildet hat, sich von den endlichen Bedingungen des Daseins löst. Darum gehört die gewordene Weltgestalt der Existenz nach dem Verfall des Daseins nicht mehr in die Tatsachenwelten vorhandener Dinge, sondern in den Raum jener Freiheit, die zur dialogischen Spontaneität der Zuwendung von Existenz zu Existenz nicht mehr der endlichen Bedingungen des Daseins bedarf.

Weil dies aber ein schöpferischer Akt ist, dessen Wesensgrund das Leben des Geistes ist, der sich zu wissen, zu wollen und zu verlautbaren vermag, was dem Tier ontologisch versagt ist, so zeigt sich durch die Freiheit des Geistes, die die Notwendigkeit der Seinsnatur der Person ist, daß es allein dem Subjekt Mensch vorbehalten ist, sich zur Kunst der Existenz, sich zur Einzigartigkeit der Person zu bilden.

Doch die Kunst der Existenz ist nur dadurch zu tätigen, daß dieses Subjekt Mensch sich dialogisch identifiziert, dies heißt, die Einheit seiner personalen Seinsnatur und somit seine humane Individuität kann nur dann die Gestalt der Existenz gewinnen, wenn ein Ich zu einem anderen Ich *transzendiert*, wenn es sich in diesem Ausgriff zu einem anderen Ich hin als das Du seiner selbst versteht, so daß diese personale Transzendenz und Resonanz oder diese Ich-Du-Verwiesenheit des Subjektes Mensch als die Natur oder das Wesen des Geistes nicht nur erkannt werden kann, sondern zugleich als dialogische Weltgestalt des Menschen anschaulich zu werden vermag.

Wäre die Natur des Menschen nicht immer schon vor jedwedem Seienden durch seine Reflexivität (durchdachte Vernünftigkeit), durch die Spontaneität der Freiheit und durch die Sprachlichkeit unterschieden und geschieden zugleich und damit seine Wesensanlage als personaler Logos definiert, dann könnten wir nicht von der humanen Kunst der Existenz des Menschen sprechen.

Dies ist freilich eine universale Kunst, denn durch sie wird die immer währende Welt zur Gestalt der Existenz gebildet, so daß der Mensch das Werk der Kunst der Existenz zu werden vermag, deren Erfüllung der Tod ist.

Der Tod als Widerspruch des Daseins

Wenn nach der gebräuchlichen Redeweise der Tod unbesehen als Widerspruch des Lebens aufgefaßt wird, so geschieht dies insofern zu

Recht, als das Leben der Endlichkeit des Menschen mit der Negativität des Daseins behaftet ist. Diese Negativität zeitigt das Dasein durch die begrenzte und beendigte Lebenszeit eines Subjektes Mensch als Verfallenheit des Lebens an den Tod. Diese Rede kann solange als vernünftig angesehen werden, als noch nicht in Ansatz gebracht ist, daß ein Subjekt von der Seinsart des Menschen gerade wegen der Möglichkeit der freien und wissenden Auszeugung seines spezifischen Seins zur Weltgestalt der Existenz die Einschränkungen und Begrenzungen durch sein endliches Dasein lediglich als Bedingungen, nicht aber als Grund der Weltgestalt der Existenz haben kann.

Dies hat zur Konsequenz, daß der Tod mit Fug und Recht als der Widerspruch zum Leben endlichen Daseins angesehen wird, aber nicht als Widerspruch in sich selbst. Und er muß als Widerspruch angesehen werden, da der Mensch im Bereich seiner Endlichkeit nicht zugleich dasein und nicht dasein kann. In diesem Sinne ist der Tod der Widerspruch des Daseins zum Leben.

Hat man aber erkannt, daß der Tod die Destruktion der Negativität des Daseinsstatus ist, daß er die reine Positivität der durch die Kunst der Existenz herbeigeführten Endlichkeit der Weltgestalt eines individuellen Subjektes ist, dann ist der Widerspruch hinfällig geworden, dann ist das Ende, aber nicht die Endlichkeit aufgehoben und auf diese Weise die Differenz zwischen Daseinsbedingungen und dem Grund der individuellen Weltgestalt des Menschen markiert.

Die morphopoietische Wirklichung der Weltgestalt eines individuellen Subjektes von der Seinsart des Menschen wäre nicht möglich, wenn die Seinsverfassung des Subjektes Mensch auch als Individuum, das Ich sagt, nicht immer schon durch den Absolutpunkt des Gewissens — wenn auch geschichtlich bedingt — ontologisch signiert wäre.

Der Widerspruch des Todes hat nur unter Rücksicht von Daseinsbedingungen sein Recht, vom Prinzip her gedacht aber ist er in Wahrheit durch den Absolutpunkt des Gewissens überholt.

Anmerkungen

1. Vgl. II, Systematischer Teil, Vom Dasein zur Existenz.
2. Vgl. hierzu auch R. Berlinger, Vom Weltcharakter der philosophischen Urfrage, in: Philosophie als Weltwissenschaft, Rodopi, Amsterdam 1975, S. 17-25.
3. Vgl. R. Berlinger, Das Individuum in Gestalt der Person; in: Perspektiven der Philosophie. Neues Jahrbuch, Bd. 8, Amsterdam 1982.
4. Vgl. Wiebke Schrader, Die Dringlichkeit der Frage nach dem Individuum, in: Perspektiven der Philosophie. Neues Jahrbuch, Bd. 8, Amsterdam 1982.
5. Aus diesem Grund kann die idealistische Philosophie den Personbegriff nicht ansetzen und auch nicht zeigen, weshalb der Mensch ein dialogisches Wesen ist.
6. Den Terminus Subjekt gebrauchen wir vorzüglich im Zusammenhang mit dem Weltbegriff; in der Sache stimmt er mit dem Personbegriff überein.
7. Vgl. R. Berlinger, Das Nichts und der Tod, 2. Auflage, Frankfurt 1972, S. 150.
8. a.a.O., S. 139 ff.
9. Dies war gemeint, wenn die Alten vom Menschen als einem „prosopon" oder von einer „persona" sprachen. Das „soma", also die Leibgestalt, wurde personal verstanden, als sei dies das ontologische Gesicht des Menschen. Erst nach und nach wurde der „persona"-Begriff als Maske und Rolle genommen, die einer sich vorsetzt, die einer spielt, die einer aber auch wie selbstverständlich ablegen kann. Die Tiefenpsychologie war es schließlich, die den Übergang vom Individuum zur Person dadurch zerfallen ließ, daß sie Person als archetypische Resonanz auffaßte, in welcher der Einzelne aufhört, als Individuum das Gestaltungsgesetz seiner selbst zu sein. An die Stelle der Transzendenz der Person ließ C.G. Jung das reine Durchströmen dessen treten, was der Arche-Typus vorzeichnet und dann durch die Maske als seinem Mundstück kundgibt. Damit war das Individuum dazu verurteilt, die Rolle des Archetypus zu spielen. Es war dem Philosophen und Jung-Schüler Friedrich Seifert vorbehalten, die philosophische Natur des Person-Begriffs wieder herzustellen.
10. Vgl. R. Berlinger, Augustins dialogische Metaphysik, vor allem das Schlußkapitel „Metaphysik des Wortes", Frankfurt a.M. 1962.
11. „Wirkliche Möglichkeit"; vgl. Anm 10.
12. In diesem Zusammenhang sei an die Dialektik von Suchen und Finden bei Augustinus erinnert; vgl. R. Berlinger, Augustins dialogische Metaphysik, S. 30.
13. Vgl. W. Schrader, Gott als Weltproblem oder der Begründungsengpaß des anthropologischen Weltgrundes; in: Perspektiven der Philosophie, Amsterdam 1977, Bd. 3, S. 115-132; vgl. auch: Die Auflösung der Warumfrage, Amsterdam 1975, 2. Auflage, sowie einschlägige Abhandlungen der Verfasserin zum Weltproblem; vgl. Philosophische Perspektiven, Ein Jahrbuch, eds. Rudolph Berlinger —

Eugen Fink. Frankfurt/Main 1969-1973; — Neues Jahrbuch Perspektiven der Philosophie, Amsterdam 1975 (13 Bände 1975-1987), eds. R. Berlinger, E. Fink †, F. Kaulbach, W. Schrader, J.-H. Königshausen.

14. Vgl. „Idiomatische Differenz" im systematischen Teil.

15. F.W.J. Schelling, Bruno, oder über das göttliche und natürliche Prinzip der Dinge. Ein Gespräch, 1802, Schröder-Ausgabe, 3. Band, S. 161.

16. Schelling, Über die Methode des akademischen Studiums, Schröder-Ausgabe, 6. Vorlesung, ebd. S. 289.

17. Ebd. 3. Vorlesung, S. 263.

18. Vgl. vom Verfasser, Der musikalische Weltentwurf; in: Philosophie als Weltwissenschaft, Bd. 1, Amsterdam 1975, S. 107 ff.

19. Vgl. K.H. Stockhausen, Die Einheit der musikalischen Zeit, in: Zeugnissen, Th.W. Adorno zum 60. Geburtstag, Frankfurt a.M. 1963.

20. Dahinter steckt nun das für die Theodizée zentrale Problem, ob denn ein absolutes Sein mit sich selbst identisch ist und nicht ein anderes sich selber gegenüber haben müßte, falls dieses absolute Sein als Einheit sollte gedacht werden können.

21. Zur Systematik und Problemgeschichte des Buches vgl. auch Wiebke Schrader, Das Experiment der Autonomie, Rodopi, Amsterdam 1977; Wiebke Schrader, Die Selbstkritik der Theorie, Rodopi, Amsterdam 1978; Wiebke Schrader, Ob Aristoteles Gott hat beweisen wollen? Erscheint 1989; s. Vorabdrucke in: Perspektiven der Philosophie, Bd. 11, 1985 ff.

Rückschau und Ausblick

In diesem Nachwort geht es uns weniger um eine Nachlese als um eine einholende Erinnerung an so manche Mühsal der Nachdenklichkeit in der Werkstatt philosophischer Arbeit. Der Anlaß zu solcher Besinnung ist der Abschluß des Buches „Die Weltnatur des Menschen". So wie das Problem „Welt" das einsicht- und grundsuchende Denken beunruhigte und heimsuchte, soll es dem Leser nun wie in einem Kristallisationspunkt vor Augen gestellt werden.

Es war Manfred Schröter, ein Schüler Wilhelm Diltheys, der den Verfasser schon vor dem Ende des zweiten Weltkrieges ermunterte, die Arbeit an einer morphopoietischen Weltmetaphysik nicht ruhen zu lassen. Freilich waren noch Jahrzehnte auszuharren, bis dieser Traktat einer morphopoietischen Weltmetaphysik entstand.

Auf diesem Weg des Denkens fanden sich Studierende ein, die es sich dann auch als Mitarbeiter sauer werden ließen, der Frage nach der Sachwahrheit zu folgen, ohne jene perennen Fußpunkte der Problemgeschichte der abendländischen Philosophie auszusparen, die für ein überlieferungsbewußtes Denken unverzichtbar sind.

An klassischen Texten hatte sich das eigene Denkvermögen durch minutiöse Interpretation so lange zu erproben, bis sich die *quaestio veri* stellte. Auf diese Weise entstanden Untersuchungen aus eigener Hand und aus der von Schülern, die philosophisches Talent und Gelehrsamkeit bewiesen. Es war jedoch zu beachten, ob Gelehrsamkeit unterderhand zum Selbstzweck wurde oder ob die Arbeit des Einzelnen an der Geschichte des Denkens zum Motiv wurde, sich zu einem philosophischen Individuum zu entwickeln, für welches das Sachproblem „Wahrheit" verbindlich blieb. Es bedarf kaum der Erwähnung, welcher philosophische Reifungsprozeß und welcher selbstvergessene Arbeitswille für ein Denken im Prinzipienhorizont vonnöten sind, damit sich eine metaphysische Handschrift des denkenden Subjektes Mensch zu bilden vermag.

Wie die Leidenschaft der Nachdenklichkeit so durchzubilden ist, daß sie sinngeführt dem Weltsein des Menschen auf den Grund zu kommen vermag, dokumentiert sich in Büchern und Abhandlungen des Verfassers, die unschwer erkennen lassen, daß viele Jahre des Zweifelns durchzustehen waren, bevor methodisch gesicherte und sachlich begründete Aussagen möglich wurden, die für den Leser Impuls sein mögen, es mit dem eigenen Denken aufzunehmen.

Gewahr geworden zu sein, daß eine nachwachsende Generation von Philosophierenden sich der Anstrengung argumentierenden Denkens unterzieht, soll für den Lehrer Genugtuung sein, aber auch zugleich Grund, jener zu gedenken, die in den entschwundenen Jahrzehnten ohne Rücksicht auf sich selbst und unangefochten von schnellebigen Ideologien zu Gefährten philosophischer Nachdenklichkeit wurden.

Stellvertretend für die Assistenten von dereinst nenne ich Frau Kollegin Wiebke Schrader. Sie hat durch die Intensität eines begründenden und synoptischen Denkens die Grundlegung und Gestaltung der morphopoietischen Weltmetaphysik mit ermöglicht. Ihr ist es gelungen, die innere Problemkontur meiner Philosophie im Geleitwort zum 13. Band des Neuen Jahrbuches: Perspektiven der Philosophie 1987 — „Agora" — mit sicherer Hand zu zeichnen. Die sachlich prägnante Darstellung der Grundintention meiner Philosophie und die Erschließung weiterführender Perspektiven sind ihr zu danken.

Aber es sei auch des ehemaligen Assistenten Dr. Kurt Mager gedacht. Er stand mir, unbeeindruckt vom Trend der Zeit, in der bewegten Universitätsphase der siebziger Jahre zur Seite. Nach und nach hat er als Philosophierender Gestalt gewonnen, die manche Ungeduld des Lehrers widerlegt.

Herr Dr. Leonhard Richter hat sich um die abschließende Redaktion dieses Buches verdient gemacht. Herr Privatdozent Dr. Johann-Heinrich Königshausen hat dazu beigetragen, daß manch offenes Problem der Thematik dieses Buches im Dialog geklärt werden konnte. Ihm und seinem Mitverleger, Herrn Dr. Thomas Neumann, sei ebenso gedankt wie dem Amsterdamer Verleger Fred van der Zee, der den Verlag Rodopi nach dem frühen Tode seines uns so teuren Vaters fortzuführen hatte. Fred van der Zee hat unsere wissenschaftlichen Projekte großzügig gefördert.

Die ständige Mitarbeiterin der „Stiftung Metaphysik", Frau Erika Müller, unterstützte durch ihre Arbeitsenergie und ihre stille Verlässigkeit den Fortgang des Denkens und Forschens. Herr Karl Linhart hat mit dem langeingeübten Auge des Fachmannes die Korrekturen mit Sachverstand zügig durchgeführt.

Voll Dank ist zweier Freunde, Eugen Fink und Karl Ulmer, zu gedenken, mit denen der philosophische Sachdialog auch im Gebirge oder am Meer über manches Jahr gepflegt wurde. Sie sind heimgegangen, als ihr Philosophieren noch Zukunft zu haben schien; doch ihre Stunde schlug.

instauratio metaphysica

Diese Rückschau mag durch einen sachlichen Ausblick grundsätzlicher Natur beschlossen werden.

Metaphysik ist uns die Wissenschaft von den Seinsprinzipien von Welt, einer Welt allerdings, welche allein in der Seinsverfassung des Menschen zu entdecken ist. Wir nennen die architektonante Wirklichkeit, die dem Menschen zugrunde liegt, darum beim Sachnamen „Welt". Wie auf eine Formel gebracht, lautet unser Kernsatz: Der Mensch ist Subjekt, dessen Weltnatur Vernunft, Sprache und Freiheit auslegen, das — kraft seiner Weltnatur — Welt durch schöpferische Handlungen Gestalt gewinnen läßt. Wir sprechen also nicht von einer kosmischen Natur des Menschen, sondern von der mundanen, morphopoietischen Seinsverfaßtheit des Weltsubjektes Mensch. Dies ist die Achse, um die sich unsere Nachdenklichkeit bewegt, dies ist zugleich der mundan überspannende Horizont, in welchem die Wahrheitsfrage einer morphopoietischen Weltmetaphysik angesiedelt ist.

Berninis veritas

Die Veritas-Skulptur Berninis in der Villa Borghese in Rom soll einen Fingerzeig geben, der in die Richtung der Wahrheitsthematik unserer Philosophie weist. Bernini war bei seinem Auftraggeber Papst Innozenz X. in Ungnade gefallen. Eifersucht und Neid hatten dies bewirkt. Aber Bernini setzte sich mit künstlerischen Mitteln zur Wehr, so daß wir — paradox genug — calumnia, der Verleumdung, die mächtige Veritas-Skulptur verdanken.

Am blinden Stoff des Steines trägt Bernini diese Lebenskrise aus. Er vertraut darauf, daß die Wahrheit seines künstlerischen Wollens zu gegebener Stunde an den Tag komme und ihm Gerechtigkeit widerfahre.

So ist die Veritas-Skulptur sowohl ein autobiographisches Dokument einer Lebenskrise als auch das Zeugnis für das überlegene Vertrauen auf den Sieg der Wahrheit. Bernini war gewiß, daß sein künstlerisches Ethos eine Bedingung für den Sieg sei.

(Bild: Federzeichnungen)

Glücklicherweise sind uns zwei Entwürfe zur Wahrheitsstatute erhalten geblieben, die Einblick in den Prozeß der Bewahrheitung dessen geben, was er mit seinem künstlerischen Schaffen im Sinn hatte. In der linken unteren Hälfte des Blattes ist eine wie hingelagerte Frauengestalt erkennbar. Die Strichführung ist spontan ungestüm.

Hätte man nur diese Federzeichnung allein, so wäre man vielleicht in Verlegenheit, anzugeben, um welches Motiv es sich handelt. Nimmt man aber die rechte Federzeichnung hinzu, so besteht kein Zweifel, daß es „veritas" ist, die sich aus der irdischen Felsenhöhle der Vergessenheit befreit. Ihre Attribute sind Kugel und Velum. Die Kugel gilt als das Sinnbild der Vollkommenheit im Gedenken an die göttliche Wahrheitskugel des Parmenides. Noch Jamblich lehrt, daß die sphaerica figura Göttliches gegenwärtige.

Die veritas setzt ihren linken Fuß auf die Kugel, und zwar so, als wolle sie diese Kugel von sich stoßen. In der erhobenen Rechten hält sie einen Gegenstand, der noch nicht kenntlich ist. Die Höhle ist — rechts — durch drei Striche angedeutet.

In beiden Entwürfen schlägt sich ganz offensichtlich der Zweifel, ja die Verzweiflung Berninis nieder, ob es der Wahrheit mit der Zeit denn gelinge, ans Licht zu kommen, so daß ihm als Künstler doch noch Gerechtigkeit zuteil werde. Die Verzweiflung hat Bernini um so tiefgreifender erfaßt, als er sich von dem in seiner Zeit wieder geläufigen Sprichwort absetzt: Wahrheit sei eine Tochter der Zeit, des Zeitgottes Saturn. An seine Stelle läßt Bernini das Psalmwort (84.) treten: veritas de terra orta est et iustitia (veritas) prospexit de coelo. Wahrheit ist der Erde entsprungen und die Gerechtigkeit blickte vom Himmel hernieder. In dieser Spannung zwischen aeviterner Weltwahrheit und aeterner Seinswahrheit entstand das Kunstwerk.

Betrachten wir nun die Skulptur vom Fußpunkt der Aufstiegsbewegung her:

Die veritas befindet sich fast zur Hälfte noch im Felsgestein. Sie ist im Begriffe, sich in einer Art Selbstbefreiung der Höhle der Vergessenheit (λήθη) zu entziehen. Dies ist durch das kräftig bewegte Velum anschaulich. Es greift als lodernder Stein über die veritas hinaus. Mit Recht hat man hervorgehoben, mit welch unbeschreiblicher Meisterschaft Bernini den Stein zu falten verstand.

Wie in den Entwürfen setzt die veritas den Fuß auf die Weltkugel. Aber die Weltkugel befindet sich im Felsgestein; das Ende des Velums berührt sie.

Die veritas setzt ihren Fuß auf die Weltkugel, um zu sinnbildlichen, daß Wahrheit als λόγος, als Vernunft Welt durchdringe und bewege. In der weitausholenden rechten Hand hält sie das apollinische Bildnis des Sonnengottes. So entsteht zwischen Wahrheit und Licht eine quergestellte Spannung zur linken Hand, die sich mit skeptischer Gebärde zurücknimmt. Mit dem Ellenbogen stützt sie sich noch auf den Felsen.

Bernini bildet die Leiblichkeit der veritas so plastisch bewegt, daß man meinen könnte, es erhebe sich die zeitbeschränkte Wahrheit der Welt schon in der Zeit aus der Fülle ihres irdischen Lebens über sich hinaus.

Doch wäre diese Weltwahrheit nicht immer schon vom Licht des Seins der logoiden Wahrheit im voraus berührt, vom logoiden Seinsgrund und Ursprung der lauteren Wahrheit selbst, so fände sie nicht die Kraft, sich aus den Banden der Zeithaftigkeit ihres Höhlendaseins zu befreien. Den Befreiungsweg der Weltwahrheit macht Bernini in dieser Skulptur durchscheinend.

Wo aber ist Saturn, der Zeitgott, geblieben? Aus dem Tagebuch des Herrn von Chantelou erfahren wir, daß die Gesamtkomposition der Berninischen veritas „umgestürzte und zerstörte Säulen, Obelisken und Gräber umfassen sollte, die die Zeit hat zu Ruinen werden lassen". Der Zeitgott selbst, so heißt es, sollte über diese Gebilde der Verfallenheit aufgestellt werden. Saturn enthüllt nicht mehr Wahrheit. Er gebietet über Ruinen.

Ob es allein die Tatsache war, daß Bernini sein künstlerisches Ansehen inzwischen wieder gewonnen hatte, die ihn seine weiterreichende Planung vergessen ließ, — dies ist die Frage. Oder war es die Seinswahrheit, die ihn bewog, es bei dem Ebenbild der Wahrheit bewenden zu lassen? Die veritas Berninis als einen Torso zu deuten, hat in der Seinswahrheit ihre Grenze, die Bernini in Gestalt der Skulptur diaphan werden ließ. Der Zeitgott ist besiegt. Hans Kaufmann betont in seinem Wek „Giovanni Lorenzo Bernini": „Wir haben nur ein Blatt mit mehreren Entwürfen ... einzig und allein für ‚veritas' — vor dem Velum ohne Kronos oder Tempus-Saturn über ihr und ohne die vergänglichen Monumente unter ihr" (1970, S. 113).

Doch die befreite Weltwahrheit bleibt nach dem Worte Berninis *simulacrum veritatis*, Ebenbild des zeitfreien Prinzips Wahrheit. Diese hat es freilich nicht nötig, zum Licht befreit zu werden. Denn der Seinsgrund und Seinsursprung Wahrheit ist immer schon Licht.

Bernini interpretiert seine Skulptur als simulacrum veritatis. Doch es ist der Doppelsinn dieser Rede von einem Ebenbild zu beachten. Das simulacrum geht nämlich nicht nur auf die aus Stein hervorgebildete Figur, sondern vielmehr auf den Sinngehalt selbst, den diese aus Stein geschaffene Veritas-Skulptur durchscheinen läßt.

Das simulacrum veritatis in Stein ist nun nicht mehr zu verwechseln mit dem zeitfreien Prinzip Wahrheit, dessen Inbild allein die Weltnatur des Menschen ist.

Das Sein des Grundes und Ursprunges der zeitfreien Wahrheit kann es nicht notwendig haben, befreit zu werden, ansonsten wäre es zwar eine Bedingung, nicht aber unter jeder Rücksicht zureichend Grund dafür, daß ihr Ebenbild als Weltwahrheit begriffen werden kann.

Diese ebenbildliche Weltwahrheit aber muß erst ans Licht kommen. Sie ist durch Endlichkeit verdunkelt und deshalb der Befreiung bedürftig. Dies erkannt zu haben, kann sich Bernini zuschreiben.

Die Sache einer Metaphysik der Welt aber ist es, an der wissenschaftlichen Befreiung der Wahrheit zu arbeiten, damit das Inbild der lichten Wahrheit, der Mensch — durch die Gestaltung von Begriff und Wort als Philosoph Statur gewinne. Philosoph ist ein jeder, der einer Sache auf den Grund geht, aber dies auch weiß.

Fassen wir nun den Unterschied zwischen aeviterner Weltwahrheit und aeterner Seinswahrheit in eine These, so lautet diese:

Weltwahrheit greift durch alle Aeonen, durch jedwedes Weltalter hindurch, darum nennen wir sie aeviternal, — aeviternitas — das Zeitalter. So allein kann gesagt werden, daß Weltwahrheit immer alt und immer neu ist — tam antiqua et tam nova — sie bleibt sich getreu. Dennoch bleibt sie zwar von der Negativität des Nichts betroffen, keineswegs aber von ihr durchgriffen. Deshalb kann sie von keinem Nicht zersetzt werden.

Die Seinswahrheit des Ursprunges und Grundes dagegen ist aetern, ewig und darum immerdar jenseits von Zeit und Geschichte: Principium sine principio, Uranfang ohne Beginn, finis sine fine, Ziel ohne Ende. Diese Spannung zwischen aeterner und aeviterner Wahrheit durch alle Zeitalter hindurch zum Austrag zu bringen, ist Aufgabe metaphysischen Denkens.

Sollte es uns beschieden sein, daß Metaphysik der Welt einmal in Vergessenheit geriete, so wüßten wir mit Grund: Weltwahrheit kann für eine Weile untertauchen, untergehen kann sie nicht. Es bleibt der boethianische Trost der Philosophie, eine Ermutigung, die weiß, warum sie mit Fug und Recht hoffen darf. In diesem Sinne lesen wir nun das Vermächtnis Berninis. Der Künstler wollte, daß unter seine Veritas-Skulptur für kommende Generationen eine Inschrift gesetzt werde.

Inschrift

Simulacrum veritatis tempore detegendae
quod Laurentius Berninius eques
olim calumnia adpetitus
in solatium doloris insculpsit
et transmitti posterius in perpetuum iussit
quo praesente admoneretur
iniurias ferendas poenas non expetendas

Ebenbild der Wahrheit, durch Zeit ist sie zu enthüllen,
welches Laurentius Bernini, der Ritter,
einst durch eine Verleumdung angegriffen,
zum Trost des Schmerzes in Stein gehauen hat,
dessen Übergabe an seine Nachkommen für immer er befahl,
damit sie durch seine Gegenwart ermahnt würden,
Unrecht sei zu ertragen und Strafe nicht zu fordern.

Warum? Weil Wahrheit mit der Zeit doch an den Tag kommt!
Schon der Philosoph Aristoteles hat dem Seinsursprung die königliche Würde eines Herrschers zugesprochen. Aus diesem Grunde

ist das kyriologische, das herrscherliche Ursein der Wahrheit in seiner logoiden Göttlichkeit (θεότης — divinitas) licht.

Davon gab die Göttin Wahrheit des Parmenides dereinst unsterbliche Kunde.

Nun läßt sich die Inschrift: „instauratio metaphysica" entziffern. Instauratio metaphysica heißt uns über den Erneuerungsgedanken hinausgreifen, um aus der morphopoietischen Weltnatur des Menschen einen Anfang von Wahrheit hier und jetzt gelingen zu lassen.

Redaktion:

PERSPEKTIVEN DER PHILOSOPHIE
Neues Jahrbuch

Herausgegeben von Rudolph Berlinger (Würzburg) — Eugen Fink †
Friedrich Kaulbach (Bonnhof) — Wiebke Schrader (Würzburg)
Johann-Heinrich Königshausen (Würzburg)

Redaktion: Prof. Dr. Wiebke Schrader
Mitglieder der Redaktion: Priv.-Doz. Dr. phil. habil. Johann-Heinrich Königshausen, Dr. theol. lic. phil. Albert Franz und Dr. phil. Leonhard Richter

Anschrift der Redaktion:
Prof. Dr. Wiebke Schrader
Frankenstr. 33
8702 Eisingen vor Würzburg
oder
Institut für Philosophie der Universität Würzburg
Lehrstuhl II
Residenzplatz 2
8700 Würzburg
Tel.: (0931) 31855 oder: (09306) 344

Beiträge werden nur in druckfertigem Zustand übernommen. Autorenkorrekturen müssen berechnet werden. Wir bitten die Autoren, auch griechische Zitate nur maschinenschriftlich in das Manuskript aufzunehmen und die Anmerkungen in fortlaufender Numerierung dem Beitrag am Ende beizufügen.

Editions Rodopi B.V.   Verlag Königshausen + Neumann
Keizersgracht 302-304   Postfach 6007
NL — Amsterdam   D — 8700 Würzburg

PERSPEKTIVEN DER PHILOSOPHIE
Neues Jahrbuch
Herausgegeben von Rudolph Berlinger (Würzburg) — Eugen Fink †
Friedrich Kaulbach (Bonnhof) — Wiebke Schrader (Würzburg)
Johann-Heinrich Königshausen (Würzburg)

Das „Neue Jahrbuch nimmt die Intentionen des ehemaligen Jahrbuchs „Philosophische Perspektiven" (1969 — 1973) auf

Band 1 enthält Beiträge zum Thema „Vernunft in Wissen, Beschreiben und Handeln" (Rudolph Berlinger, Friedrich Kaulbach, Fred Kersten, Hans Lenk, Hermann Lübbe, Wiebke Schrader) sowei Abhandlungen zur phänomenologischen Ästhetik, Teil I (Gerhard Funke), zum Ödipus-Problem bei Nietzsche (Eric Blondel), zum Buddhismus (Masako Odagawa), zu Spiel und Feier (Eugen Fink) und zu Solons Staatselegie (Ernst Siegmann). In diesem Band werden zum ersten Mal die Reden zum Tode Edmund Husserls (Eugen Fink, Ludwig Landgrebe, Jan Patocka) der wissenschaftlichen Öffentlichkeit zugänglich gemacht. Eine Würdigung der Philosophen Wolfgang Cramer (Konrad Cramer, Hans Friedrich Fulda) und Aron Gurwitsch (Fred Kersten) schließt diese Rubrik ab. — Buchanzeigen und Rezensionen.
380 Seiten, Amsterdam 1975

Band 2 mit Beiträgen zum Thema „Ende oder Zukunft der Metaphysik" (Franco Chiereghin, Wilhelm Ettelt, Jacques d'Hondt, Poutiers, Dieter Land, Martin Oesch, Josef Stallmach, Xavier Tilliette) sowie Abhandlungen zur phänomenologischen Ästhetik (Walter Hirsch), zur Struktur geschichtsphilosophischer Aussagen (Paul Janssen), zum Bildnis des Sokrates (Thuri Lorenz), zum Drama des bürgerlichen Humanismus (Jean Servier) und zu Comte und d'Eichthal. Briefe (Magda Felice-Oschwald). Dem Andenken an Heinz Heimsoeth (Wolfgang Janke) und Eigen Fink (Gerhard Schmidt) gelten zwei Beiträge. — Buchanzeigen und Rezensionen.
381 Seiten, Amsterdam 1976

Band 3 mit Beiträgen zum Thema „Zur systematischen und praktischen Philosophie" (Rudolph Berlinger, Roderick M. Chisholm, Gerhard Frey, Friedrich Kaulbach, Manfred Riedel, Jakob Julius Schaaf, Wiebke Schrader) und Abhandlungen zur Problemgeschichte der Neuzeit: Aristoteles' Lehre vom Guten (Franz Brentano), Genealogie des valeurs et vérité dans la philosophie de Nietzsche (Jean Granier), Vollendeter Humanismus (Wolfgang Janke), Schopenhauers „Kritik der Kantischen Philosophie" (Johann-Heinrich Königshausen), Montesquieu und die „gesellschaftliche Funktion" der Religion (Hugo Laitenberger), Das Prinzip der phänomenologischen Intelligibilität bei Aron Gurwitsch (Guiseppa Moneta), Das principium identitatis indiscernibilium des Leibniz (Alfred Schöpf), Das Land der Wahrheit ist eine Insel (Wilhelm Teichner). Dem Andenken von Jan Patocka ist ein Beitrag von Ludwig Landgrebe gewidmet. — Buchanzeigen und Rezensionen.
360 Seiten, Hildesheim 1977

Band 4 enthält den ersten Teil der Festschrift zu Ehren von Friedrich Kaulbach „Das Experiment der Vernunft" mit Beiträgen von Friedrich Kambartel, Yvon Belaval, Rudolph Berlinger, Josef Derbolav, Gerhard Funke, Erich Heintel, Ulrich Hoyer, Stephan Körner, Hans Lenk, Klaus Mainzer, Jürgen Mittelstraß, Manfred Riedel, Wiebke Schrader und Oswald Schwem-

mer, — außerdem folgende Abhandlungen: Der Ansatz einer Dialektik der Natur bei Marx (Mihailo Djurić), Die Beherrschung der Wirtschaft durch schöpferisches Denken (Eugen Fink), Mystische Erfahrung und Sprache (Alois M. Haas), Der metaphysische Sinn topologischer Ausdrücke bei Augustin (Shinro Kato), Anthropologie als Grundwissenschaft (Erich Christian Schröder), Der Gott des Monadenalls, Gedanken zum Gottesproblem in der Spätphilosophie Husserls (Stephan Strasser), Der Ausbruch aus der Universitätsphilosophie, eine Erinnerung an die Grundintention des Gesamtwerkes von Wilhelm Dilthey (Carl Ulmer), Das Vorurteil des Hierarchismus (Jörg Willer). — Buchanzeigen von Enrico Berti, Wilhelm Ettelt, Georges Goedert, Helmut Kuhn, Yoitiro Kumada, Wilhelm Teichner und Alfred Schöpf.
505 Seiten, Hildesheim 1978

Band 5 enthält den zweiten Teil der Festschrift zu Ehren von Friedrich Kaulbach „Das Experiment der Vernunft" mit Beiträgen von Ralf Dreier, Volker Gerhardt, Joachim Kopper, Norbert Herold, Wolfgang Ritzel, Helmut Schelsky und Wiebke Schrader. Außerdem folgende Abhandlungen: Die Frage nach dem Ende der Geschichte (Mihailo Djurić), Das transzendentale Ich als Seiendes in der Welt (Robert Welsh Jordan), Axel Hägerström, Über die Wahrheit moralischer Vorstellungen (Dieter Lang), Über die Wahrheit moralischer Vorstellungen (Axel Hägerström), Transzendentale Fundamente der Moral in der Person (Wolfgang Marx), Anthropologie — Pro und Contra (Julius Jakob Schaaf), Gebildete Sinne — Bedingung glückenden Daseins (Hubertus Tellenbach), Der Satz vom Grund als transzendentales Prinzip der Seinserschließung (Beda Thum), Das empirische Denken Carl Braigs (1853-1923) (Franz Träger). — Buchanzeigen und Rezensionen von G.A. Rauche und Dieter Wyss.
382 Seiten, Hildesheim 1979

Band 6 enthält Beiträge zum Thema „Aneignung und Vermittlung": Zum „künftigen Denken" aus der Ferne (Yoshiaki Yamashita), Die Struktur des ästhetischen Bewußtseins bei K.W.F. Solger - Die Bedeutung der dialektischen Ironie (Kiyokazu Nishimura). Außerdem „Vermischte Abhandlungen": Vom Grund der Conditionalität. Ein Problem der spekulativen Grammatik (Rudolph Berlinger), „Wohin?", „Wozu?": Ein Kulturproblem. Wahrheit und Leben bei Hume und Nietzsche (Eric Blondel), Die Abhängigkeit der Methoden von den Zielen der Wissenschaft. Überlegungen zum Problem der „Letztbegründung" (Matthias Gatzenmaier), Platons Phaidon als bewußtseinstheoretischer Dialog (Karen Gloy), Die Idee der Humanität. Zur Geschichte und Problematik der Menschenrechte (Walter Hirsch), Ist der Marxismus ein Existentialismus? Eine Umkehrung (Wolfgang Janke), Das perspektivische Wirklichkeitsprinzip in E.T.A. Hoffmanns Erzählung „Der Sandmann" (Wilhelm Ettelt), Alexander Pfänder: Welche Probleme stellt die heutige Zeit der Philosophie? Zwei Rundfunkvorträge aus dem Jahre 1927 (Eberhard Avé-Lallement), Die Erprobung der Mitte. Abbreviatur zu einem augustinischen Topos (Anmerkungen und Exkurse II (Wiebke Schrader), Extralinguistische Prozessualität und Verbalsemantik (Klaus Trost), Die Aufnahme der Philosophie Spinozas im Denken Schillers (Winfried Weier). — Buchanzeigen und Rezensionen. „Zur Erinnerung an Willi Lautemann" (Ein Gedenken der Schüler).
397 Seiten, Hildesheim 1980

Band 7 enthält Beiträge unter dem Titel „Friedrich Nietzsche: Interpretation und Kritik": Nietzsches Erschließung der europäischen Moralistik (Hans Peter Balmer), Nietzsches arkadische Landschaft (Rudolph Berlinger), ‚Götzen aushorchen': Versuch einer Genealogie der Genealogie (Eric Blondel), Zum Begriff der Macht bei Friedrich Nietzsche (Volker Gerhardt), Zur

Notwendigkeit des Bösen in Nietzsches Projekt vom Übermenschlichen (Georges Goedert), Die Tugend der Gerechtigkeit und das philosophische Erkennen (Friedrich Kaulbach), Fichte und Nietzsche (Oswaldo Market), Die metaphysische Rescendenz im Denken Nietzsches (Karl-Heinz Volkmann-Schluck). „Vermischte Abhandlungen": Konkretisierte Existenzstrukturen in Sartres Tragödie ‚Die schmutzigen Hände' (Margot Fleischer), Platons Phaidon als bewußtseinstheoretischer Dialog (Karen Gloy), Phänomenologie der Zeit nach Husserl (Klaus Held), Theorie der Leiblichkeit. Eine Skizze (Shinro Kato), Lavelles philosophische Selbstbezeugung (eingel. v. Karl Albert - übers. v. Konrad Jacobs), Das Recht der spekulativen Erkenntnis (Gerhart Schmidt), Die Erprobung der Mitte. Eine Abbreviatur zu einem augustinischen Topos (Anm. u. Exkurse III) (Wiebke Schrader), Denkt die Wissenschaft nicht? (Josef Stallmach), Die absolute Idee als begreifendes Anschauen. Zu Hegels Begriff der spekulativen Idee (Günter Wohlfart). „Buchbesprechungen und Diskussionsbeiträge": Kerygma und Logos. Beiträge zu den geistesgeschichtlichen Beziehungen zwischen Antike und Christentum (Edgar Früchtel), Eugen Fink: Sein und Mensch. Vom Wesen der ontologischen Erfahrung (Paul Janssen), Heinrich Beck. Kulturphilosophie der Technik. Perspektiven zu Technik - Menschheit - Zukunft (Günther Pöltner).
382 Seiten, Hildesheim 1981

Band 8 enthält Beiträge unter dem Titel „Individuum und Daseinsbedingung": Bildnisse griechischer Philosophen — Die Kyniker (Thuri Lorenz), Die Dringlichkeit der Frage nach dem Individuum (Wiebke Schrader), Das Individuum in Gestalt der Person (Rudolph Berlinger), Das Problem des Menschen und der Natur bei Degen (Kogaku Arifuku), Philosophische Aspekte von Wagners »Tristan und Isolde« (Margot Fleischer), Das Individuum in der japanischen Ästhetik (Kazuyoshi-Fujita), Gerechtigkeit in der Gesellschaft und die Freiheitsrechte des Individuums (Fritz-Peter Hager), Das Individuum in der Philosophie John Locke's (Norbert Herold), Herrschaft und Nähe (Pierre Pénisson), Der Prozess im Subjekt — Das Subjekt im Prozess (Wiebrecht Ries), Relationstheoretische Analyse des gesellschaftlichen Seins (Julius Schaaf); unter dem Titel „Philosophie und Praxis der Erziehung": Erziehungsnormen und das geltende Recht (Heinrich Kanz), Die taxonomischen Stufen als Bildungsproblem (Wolfgang von der Weppen). „Vermischte Abhandlungen": Kant und Husserl. Vom Primat der praktischen Vernunft. 1. Teil (Gerhard Funke), Meister Eckhart und die Spiritualität der Beginen (Kurt Ruh), L'existence injustifiée. Überlegungen zu Jean-Paul Sartress Roman *La Nausée* (Dieter Lang). Unter dem Titel „In memoriam" Beiträge: Ansprache zur Bestattung von Karl Ulmer (Rudolph Berlinger), Philosophieren im Zeitalter der metaphysischen Rescendenz. Zum Tode von Karl-Heinz Volkmann-Schluck (Wolfgang Janke). „Buchanzeigen und Diskussionen": Dieter Lang. Wertung und Erkenntnis (Thomas Mautner) sowie eine Notiz zur Gesamtausgabe der Schriften Karl Bühlers.
374 Seiten, Amsterdam

Band 9 enthält Beiträge unter dem Titel „Zur frühen Heidegger-Kritik": Grenzen und bleibende Bedeutung von Heideggers ‚Sein und Zeit' (Hansgeorg Hoppe), Das Sein Heideggers als Beziehung (Julius Schaaf), Kritik und Rezeption von ‚Sein und Zeit' in den ersten Jahren nach seinem Erscheinen (Claudius Strube), Kant und das Problem der Sprache bei Heidegger (Günter Wohlfahrt). „Philosophie der Erziehung": Bildungsphilosophisch-/theoretische Ansätze der Erziehungswissenschaft (Josef Derbolav), Bildung im technischen Zeitlater (Walter Hirsch), Herr der Welt. Mit J.A. Comenius unterwegs zu einer Pädagogik der Rationalität und Intersubjektivität (Klaus Schaller). „Vermischte Abhandlungen": Vom Grund der Phänomene (Rudolph

Berlinger), Das Mathematische als Daseinsbedingung (Wilhelm Ettelt), Kant und Husser. Vom Primat der praktischen Vernunft. 2. Teil (Gerhard Funke), Zur Vorgeschichte des ontologischen Gottesbeweises. Anselm und Parmenides (Klaus Held), Zweifel und Überzeugung. Peirces Kritik an der Cartesischen Zweifelsargumentation (Jochem Hennigfeld), Das Wahrheitsproblem des Aristoteles. Zum Ansatz der Problematik (Johann-Heinrich Königshausen), Sittliche Einsicht und Normenethik. Das Aristotelische Grundlegungsproblem (Jürgen-Eckardt Pleines), Fichtes Wissenschaftslehre in der zeitgenössischen Kritik (Martin Oesch). „Nachruf": Nachruf auf Alois Dempf (Rainer Specht). „Zur Diskussion": Zur Erneuerung der Frage nach der ‚Ersten Wissenschaft' (Wiebke Schrader), Zum Gegenstandsbereich der Hermeneutik (Hans Köchler), Anaximander — eine Studie (Christian Többicke). „Rezensionen": Hans-Dieter Voigtländer: Der Philosoph und die Vielen (C. Joachim Classen), James P. Lowry: The Logical Principles of Proclus' Stoicheiosis Theologike as Systematic Ground of the Cosmos (Edgar Früchtel), W. Helleman-Elgersma: Soul Sisters. A Commentary on Enneads IV 3 (27), 1-8 of Plotinus (Edgar Früchtel), Buchanzeige: J.-E. Pleines. Praktische Wissenschaft. Erziehungswissenschaftliche Kategorien im Lichte sozialphilosophischer Kritik (Jürgen-Eckardt Pleines), Josef Derbolav. Abriß europäischer Ethik. Die Frage nach dem Guten und ihr Gestaltwandel (Lothar Wigger).
376 Seiten, Amsterdam · Würzburg

Band 10 enthält unter dem Titel „Philosophie der Politik": Handlungstheorien im Politischen (Klaus Hartmann), Hegel on International Law (Michael H. Mitias), Praktische Philosophie als Philosophie des Praktischen (Ernst Vollrath); unter dem Titel „Philosophie der Erziehung": Über Bildung und Maß (Theodor Ballauff), Die pädagogischen Schriften Ernst Blochs (Ernst Hojer), Der Schulbegriff in Hegels Gymnasialreden (Lothar Wigger); unter dem Titel „Vermischte Abhandlungen": Philosophie und Religion bei Louis Lavelle (Karl Alber), Transzendentalphilosophie und Psychologie. Zum Begriff der ‚Phänomenologischen Psychologie' bei Husserl (Gerhard Arlt), Vom Sprachgrund der Welt. Ein Problemaufriß (Rudolph Berlinger), Portrait im Gegenlicht — G.W.F. Hegel (Johann Ludwig Döderlein), Zur Motivation des Handelns bei Homer (Hartmut Erbse), Aristoteles' Zenon-Kritik (Karen Gloy), Wie ist Monadologie möglich? (Klaus Erich Kaehler), Apriorität des Denkens bei Kant (Johann-Heinrich Königshausen), Raphael und das antike Rom. Bemerkungen zu seinem Brief an Leo X (Thuri Lorenz), Meister Eckharts Pariser Quaestionen 1-3 und eine deutsche Predigtsammlung (Kurt Ruh), Aristoteles' ‚Erste Wissenschaft' als Relationstheorie betrachtet (Julius Schaaf), Wie kommt der Gott in das Denken? Ein Problemaufriß (Wiebke Schrader); unter dem Titel „Rezensionen und Buchanzeigen": Dieter Wyss. Zwischen Logos und Antilogos. Untersuchungen zur Vermittlung von Hermeneutik und Naturwissenschaft (Lothar Eley), Platonismus und Christentum. Festschrift für Heinrich Dörrie (Edgar Früchtel)

Band 11 enthält unter dem Titel „Vermischte Abhandlungen": Von der Sinnlichkeit des Geistes (Rudolph Berlinger), Phänomenologie des Gewissens im Zusammenhang von ‚Sein und Zeit' (Heinrich Hüni), Sprachverlorenheit und Winke der Götter (Wolfgang Janke), Zeit und Zeitlichkeit. Zeit als Realisierungsbedingung der Erkenntnis und die Zeitlichkeit des Erkennens (Paul Janssen), Zum Verhältnis von analytischer und sysnthetischer Philosophie. I. Teil (Bernulf Kanitscheider), Sartres Begriff der menschlichen Freiheit. *Übersetzt von Gerhart Schmidt* (Guy Planty-Bonjour), Selbstnegation und Vermittlung (Julius Schaaf), Fragen philosophischer Propädeutik (Leonhard G. Richter), Ob Aristoteles Gott hat beweisen wollen? I. Teil (Wiebke

Schrader), Der Naturbegriff in John Lockes ‚Essay' (Rainer Specht), Geschichte und ihre Zeit. Erörterung einer offenen philosophischen Frage (Elisabeth Ströker), Die Verantwortung der Philosophie als Wissenschaft oder die Verwechslung des Einfältigen mit dem Einfachen (Karl Ulmer †), Der existentielle Charakter des sittlichen Sollens (Winfried Weier); unter dem Titel „Philosophie der Politik": Handlungstheorien im Politischen. II. Teil (Klaus Hartmann), Die Idee bei Platon und Kant und das Staatsideal (Walter Hirsch); unter dem Titel „Philosophie der Erziehung": Platons Ideen zur Kulturkritik und zur Neubegründung der Kultur und Bildung (Fritz-Peter Hager), Giovanni Gentile: Pädagogik zwischen Idealismus und Faschismus (Ernst Hojer), Das Problem der Normenbegründung und die Pädagogik (Herbert Zdarzil); unter dem Titel „Buchbesprechungen": Einige Bemerkungen zu Fritz-Peter Hagers Platonforschung (Edgar Früchtel)

Band 12 enthält unter dem Titel „Griechische Philosophie im Manichäismus. Zum Problem von Gnostik und Mystik": Denkformen hellenischer Philosophie im Manichäismus (Alexander Böhlig); Syzygos und Eikon. Manis himmlischer Doppelgänger vor dem Hintergrund der platonischen Urbild-Abbild-Theorie (Wolfgang Fauth); Weltflucht und Weltentfremdung. Zur Interpretation von Plotin II,9,13 (33,13) (Edgar Früchtel); Gnostik, Urform christlicher Mystik (Carl-A. Keller); unter dem Titel „Vermischte Abhandlungen": Metaphysik der Weltgestaltung. Das morphopoietische Problem (Rudolph Berlinger); Zum Verhältnis von analytischer und synthetischer Philosophie. II. Teil (Bernulf Kanitscheider); Vorüberlegungen zur Bedeutung der aristotelischen Problemformel „τὸ ὂν ᾗ ὄν" — zu Met. Γ 2, 1003 b 6-10 (Johann-Heinrich Königshausen); Ob Aristoteles Gott hat beweisen wollen? II. Teil (Wiebke Schrader); Bemerkungen zu G.W.F. Hegels Interpretation von Aristoteles' ‚De anima' III 4-5 und ‚Metaphysica' XII 7 u. 9 (Horst Seidl); unter dem Titel: „Philosophie der Erziehung": Humanität als Prinzip des Staates bei Wilhelm von Humboldt (Clemens Menze); Die Wissenschaft als Orientierungspunkt der Universitätsreform (Hermann Röhrs); unter dem Titel: „Diskussionsteil": Moralisches Sollen, Autonomie und gutes Leben. Zur neueren Ethik-Diskussion (Hans Krämer); unter dem Titel: „Buchbesprechungen": Christoph von Wolzogen: Die autonome Relation. Zum Problem der Beziehung im Spätwerk Paul Natorps (Jürgen-Eckhardt Pleines); Rudolf Löbl: Die Relation in der Philosophie der Stoiker (Julius Schaaf); und unter dem Titel „Nachruf": Homo absconditus. Zum Gedenken an Helmuth Plessner (Elisabeth Ströker)

Die ersten 10 Bände der PERSPEKTIVEN DER PHILOSOPHIE. NEUES JAHRBUCH sind noch lieferbar. Bestellungen im deutschsprachigen Raum richten Sie bitte an den Verlag Königshausen + Neumann, Postfach 6007, D-8700 Würzburg oder an Ihre Buchhandlung.

ELEMENTA

Schriften zur Philosophie
und ihrer Problemgeschichte

Herausgegeben von
Rudolph Berlinger und Wiebke Schrader

Band 1: Hfl. 20,—
Schrader, Wiebke: Die Auflösung der Warumfrage. 2.unveränderte Auflage. Amsterdam 1975. 60 pp.

Band 2: Hfl. 50,—
Berlinger, Rudolph: Philosophie als Weltwissenschaft. Vermischte Schriften Band I, 2. korrigierte Aufl. Amsterdam/Hildesheim 1982. 240 pp.

Band 3: Hfl. 56,—
Scheler, Max: Logik I. Mit einem Nachwort von Jörg Willer. Amsterdam 1975. 295 pp.

Band 4: Hfl. 70,—
Farandos, Georgios D.: Kosmos und Logos nach Philon von Alexandria. Amsterdam 1976. III,319 pp.

Band 5: Hfl. 40,—
Sauer, Friedrich Otto: Physikalische Begriffsbildung und mathematisches Denken. Das philosophische Problem. Amsterdam 1977. 217 pp.

Band 6: Hfl. 40,—
Königshausen, Johann-Heinrich: Kants Theorie des Denkens. Amsterdam 1977. II,207 pp.

Band 7: Hfl. 40,—
Schrader, Wiebke: Das Experiment der Autonomie. Studien zu einer Comte- und Marx-Kritik. Amsterdam 1977. III,196 pp.

Band 8: Hfl. 40,—
Schrader, Wiebke: Die Selbstkritik der Theorie. Philosophische Untersuchungen zur ersten innermarxistischen Grundlagendiskussion. Amsterdam 1978. 177 pp.

Band 9: Hfl. 40,—
Neumann, Thomas: Gewissheit und Skepsis. Untersuchungen zur Philosophie Johannes Volkelts. Amsterdam 1978. VI,175 pp.

Band 10: Hfl. 40,—
Bailey, George W.S.: Privacy and the Mental. Amsterdam 1979. 175 pp.

Band 11: Hfl. 45,—
Djurić, Mihailo: Mythos, Wissenschaft, Ideologie. Ein Problemaufriss. Amsterdam 1979. 219 pp.

Band 12: Hfl. 40,—
Ettelt, Wilhelm: Die Erkenntniskritik des Positivismus und die Möglichkeit der Metaphysik. Amsterdam 1979. 171 pp.

Band 13: Hfl. 30,—
Lowry, James M.P.: The Logical Principles of Proclus' ΣΤΟΙΧΕΙΩΣΙΣ ΘΕΟΛΟΓΙΚΗ as Systematic Ground of the Cosmos. Amsterdam 1980. XIV,118 pp.

Band 14: Sold out
Berlinger, R.: Philosophie als Weltwissenschaft. Vermischte Schriften Band II. Amsterdam/Hildesheim 1980. X,240 pp.

Band 15: Hfl. 90,—
Helleman-Elgersma, W.: Soul-Sisters. A Commentary on Enneads IV 3 (27), 1-8 of Plotinus. Amsterdam 1980. 485 pp.

Band 16: Hfl. 30,—
Polakow, Avron: Tense and Performance. An Essay on the Uses of Tensed and Tenseless Language. Amsterdam 1981. 153 pp.

Band 17: Hfl. 25,—
Lang, Dieter: Wertung und Erkenntnis. Untersuchungen zu Axel Hägerströms Moraltheorie. Amsterdam 1981. 113 pp.

Band 18: Hfl. 30,—
Kang, Yung-Kye: Prinzip und Methode in der Philosophie Wonhyos. Amsterdam/Hildesheim 1981. 143 pp.

Band 19: Hfl. 40,—
Oesch, Martin: Das Handlungsproblem. Ein systemgeschichtlicher Beitrag zur ersten Wissenschaftslehre Fichtes. Amsterdam/Hildesheim 1981. 203 pp.

Band 20: Hfl. 60,—
Echeverria, Edward J.: Criticism and Commitment. Major Themes in contemporary 'post-critical' philosophy. Amsterdam/Hildesheim 1981. 274 pp.

Band 21: Hfl. 30,—
Thomas Hobbes: His View of Man. Proceedings of the Hobbes symposium at the International School of Philosophy in the Netherlands (Leusden, september 1979). Edited by J.G. van der Bend. Amsterdam 1982. 155 pp.

Band 22: Hfl. 30,—
Träger, Franz: Herbarts Realistisches Denken. Ein Aufriß. Amsterdam/Würzburg 1982. X,139 pp.

Band 23: Hfl. 40,—
Takeda, Sueo: Die subjektive Wahrheit und die Ausnahme-Existenz. Ein Problem zwischen Philosophie und Theologie. Amsterdam/Würzburg 1982. 190 pp.

Band 24: Hfl. 35,—
Mager, Kurt: Philosophie als Funktion. Studien zu Diltheys Schrift "Das Wesen der Philosophie". Amsterdam/Würzburg 1982. 179 pp.

Band 25: Hfl. 50,—
Heinz, Marion: Zeitlichkeit und Temporalität. Die Konstitution der Existenz und die Grundlegung einer Temporalen Ontologie im Frühwerk Martin Heideggers. Amsterdam/Würzburg 1982. 233 pp.

Band 26: Hfl. 50,—
Punter, David: Blake, Hegel and Dialectic. Amsterdam 1982. 268 pp.

Band 27: Hfl. 35,—
McAlister, Linda: The Development of Franz Brentano's Ethics. Amsterdam/Würzburg 1982. 171 pp.

Band 28: Hfl. 60,—
Pleines, Jürgen-Eckardt: Praxis und Vernunft. Zum Begriff praktischer Urteilskraft. Amsterdam/Würzburg 1983. 275 pp.

Band 29: Hfl. 50,—
Shusterman, Richard: The Object of Literary Criticism. Amsterdam/Würzburg 1984. 237 pp.

Band 30: Hfl. 40,—
Volkmann-Schluck, Karl-Heinz: Von der Wahrheit der Dichtung. Interpretationen: Plato; Aristoteles; Shakespeare; Schiller; Novalis; Wagner; Nietzsche; Kafka. Hrsg. von Wolfgang Janke und Raymund Weyers. Amsterdam/Würzburg 1984. 206 pp.

Band 31: Hfl. 40,—
Decher, Friedhelm: Wille zum Leben — Wille zur Macht. Eine Untersuchung zu Schopenhauer und Nietzsche. Amsterdam/Würzburg 1984. 195 pp.

Band 32: Hfl. 30,—
Weppen, Wolfgang von der: Die existentielle Situation und die Rede. Untersuchungen zu Logik und Sprache in der existentiellen Hermeneutik von Hans Lipps. Amsterdam/Würzburg 1984. 146 pp.

Band 33: Hfl. 40,—
Wolzogen, Christoph von: Die autonome Relation. Zum Problem der Beziehung im Spätwerk Paul Natorps. Ein Beitrag zur Geschichte der Theorien der Relation. Amsterdam/Würzburg 1984. 182 pp.

Band 34: Hfl. 50,—
Mitias, Michael H.: Moral Foundation of the State in Hegel's "Philosophy of Right": Anatomy of an Argument. Amsterdam/Würzburg 1984. 197 pp.

Band 35: Hfl. 50,—
Seidl, Horst: Beiträge zu Aristoteles' Erkenntnislehre und Metaphysik. Amsterdam/Würzburg 1984. 214 pp.

Band 36: Hfl. 30,—
Richter, Leonhard G.: Hegels begreifende Naturbetrachtung als Versöhnung der Spekulation mit der Erfahrung. Amsterdam/Würzburg 1985. 127 pp.

Band 37: Hfl. 35,—
Löbl, Rudolf: Die Relation in der Philosophie der Stoiker. Amsterdam/Würzburg 1986. 150 pp.

Band 38: Hfl. 70,—
Dempf, Alois: Metaphysik. Versuch einer problemgeschichtlichen Synthese. In Zusammenarbeit mit Christa Dempf-Dulckeit. Amsterdam 1986. 332 pp.

Band 39: Hfl. 80,—
Classen, Carl Joachim: Ansätze. Beiträge zum Verständnis der frühgriechischen Philosophie. Amsterdam 1986. 288 pp.

Band 40: Hfl. 25,—
Middendorf, Heinrich: Phänomenologie der Hoffnung. Amsterdam/Würzburg 1985. 99 pp.

Band 41: Hfl. 80,—
Glouberman, M.: Descartes: The Probable and the Certain. Amsterdam 1986. 374 pp.

Band 42: Hfl. 30,—
Creativity in Art, Religion, and Culture. Edited by Michael H. Mitias. Amsterdam/Würzburg 1985. 134 pp.

Band 43: Hfl. 40,—
Böhm, Peter: Theodor Lessings Versuch einer erkenntnistheoretischen Grundlegung von Welt. Ein kritischer Beitrag zur Aporetik der Lebensphilosophie. Amsterdam 1986. 127 pp.

Band 44: Hfl. 85,—
Weier, Winfried: Phänomene und Bilder des Menschseins. Grundlegung einer dimensionalen Anthropologie. Amsterdam 1986. 337 pp.

Band 45: Hfl. 50,—
Text, Literature, and Aesthetics in Honor of Monroe C. Beardsley. Edited by Lars Aagaard-Mogensen & Luk De Vos. Amsterdam 1986. 229 pp.

Band 46: Hfl. 48,—
Hager, Fritz-Peter: Gott und das Böse im antiken Platonismus. Amsterdam/Würzburg 1987. 165 pp.

ELEMENTA–TEXTE

Herausgegeben von

Rudolph Berlinger — Wiebke Schrader
Johann-Heinrich Königshausen

Die Reihe ELEMENTA–TEXTE will der philosophischen Forschung und der Arbeit in Seminaren Schriften der philosophischen Überlieferung bereitstellen, die entweder nur schwer zugänglich sind oder nicht zweisprachig vorliegen.

Band I

ARISTOTELES
ZWEITE ANALYTIKEN

griechisch · deutsch

Mit Einleitung, Übersetzung und Kommentar
herausgegeben von Horst Seidl

356 Seiten, kt. DM 50,— / geb. DM 90,—

Band II

FRANCIS BACON
VALERIUS TERMINUS
of the Interpretation of Nature

englisch · deutsch

Mit Einleitung und Übersetzung
herausgegeben von Franz Träger

112 Seiten, kt. DM 18,—

Bestellungen richten Sie bitte an den Verlag Königshausen + Neumann, Postfach 6007, D-8700 Würzburg, oder an Ihre Buchhandlung.

www.ingramcontent.com/pod-product-compliance
Lightning Source LLC
Chambersburg PA
CBHW022007300426
44117CB00005B/71